回望·第三极

——黄会林、绍武60年教育思想

罗军 主编

北京师范大学出版集团
BEIJING NORMAL UNIVERSITY PUBLISHING GROUP
北京师范大学出版社

1 2
3
4

1. 黄会林
2. 绍武
3.4. 研讨会现场

1
2 3 4 5 6

出席研讨会的校领导：1. 党委书记程建平；2. 校长董奇；3. 原党委书记刘川生；4. 副校长陈丽；5. 原副校长陈光巨；6. 副校长周作宇代表校领导致辞，充分肯定黄会林资深教授为“新中国自己培养的戏剧影视学教育家”

1	2
3	4
5	6

1. 曹卫东；2. 谢维和；
3. 郑君礼；4. 安乐哲（美）；
5. 翟俊杰；6. 齐鸣秋。

1
2 3
4 5

1. 白庚胜(右)
2. 龙新民
3. 高　峰
4. 于　丹
5. 胡智锋

1	2	3
4	5	6
7	8	9

1. 海　霞；2. 郝清杰；3. 赵葆华；
4. 彭吉象；5. 曾庆瑞；6. 贾磊磊；
7. 张同道；8. 向云驹；9. 陈犀禾。

1	2	3
4	5	6
7	8	9
10	11	12

1. 柳竹慧；2. 饶曙光；3. 马润生；
4. 罗　军；5. 冀　星；6. 刘江凯；
7. 俞　虹；8. 孔朝蓬；9. 张　东；
10. 厉震林；11. 周　雯；12. 田卉群。

1	2	3
4	5	6
7	8	9
10	11	12

1. 王宜文；2. 杨乘虎；3. 梁　玖；
4. 庚钟银；5. 樊启鹏；6. 卢　炜；
7. 杨越明；8. 孙振虎；9. 马　蒂；
10. 沈　鲁；11. 闫玉清、12. 张立慧。

1	2	3
4	5	6
7	8	9
10	11	12

1. 陶玉玲；2. 喻国明；3. 张颐武；
4. 王　甫；5. 色　音；6. 史可扬；
7. 吴建民；8. 陈大立；9. 高鸿鹏；
10. 方　宁；11. 方　红；12. 黄　珊、杨昀达夫妇

“黄会林、绍武教育思想研讨会”合影

1
2

1.1956 年绍武、黄会林在北京师范大学学习
2.1958 年结为伉俪

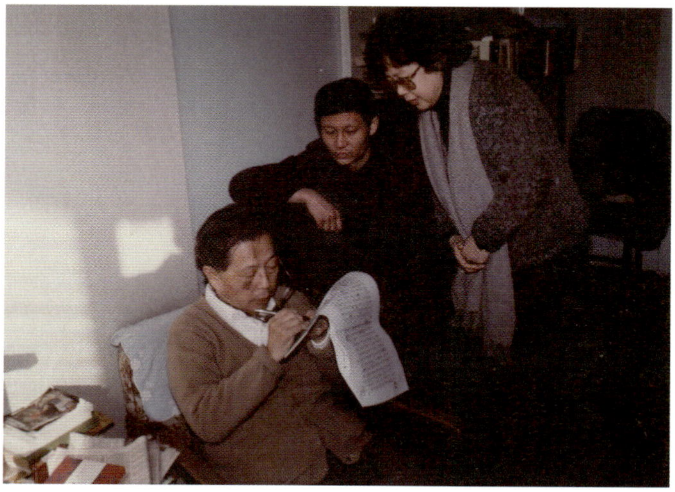

1
2
3

1. 黄会林授课；2.1985 年，黄会林开设《现代戏剧研究》课程，与绍武组织学生戏剧创作，图为与夏淳导演和学生们讨论；3. 邀请曹禺先生指导学生创作

1
2 3

1.1986 年，黄会林开始教学改革，创办北国剧社，与绍武、林建创建北国剧社，黄会林任社长，绍武任艺术指导、党支部书记；2. 吴祖光先生参加北国剧社成立大会；3. 曹禺先生为北国剧社题词

1	2
3	

1.1992 年，黄会林受命担任北京师范大学艺术系主任，从零起步创建北京师范大学影视学科；2.1933 年，黄会林等创办大学生电影节，作为学科建设重要实践支撑 ；3. 黄会林、陈至立向大学生电影节获奖作品颁奖；

1	2
3	

1.1995 年，北京师范大学获批中国高校第一个电影学博士点，次年，黄会林招收首届 3 名博士生；2.2000 年黄会林指导博士后研究；3. 黄会林共培养硕士生、博士生和博士后超过 150 人，图为与部分弟子

1 1. 黄会林提出“中国影视民族化”理论；

2 2.1998 年，黄会林等创办中国高教学会影视教育专业委员会，任会长

1 2
3 4
5
6

1.2. 黄会林接待田 家炳先生一行；
3.2001 年，田家炳艺术书院落成；
4. 黄会林督建田家炳艺术书院；
5. 北京师范大学“田家炳艺术书院”落成典礼；
6.2002 年，北京师范大学艺术与传媒学院成立，黄会林任院长

1 2
3

1.2009 年，黄会林、绍武提出“第三极文化”理念，2010 年，黄会林创立中国文化国际传播研究院，担任院长；2.2010 年起每年 11 月召开“请进来”第三极文化论坛，图为黄会林接待美国前总统卡特参加论坛；3.2012 年起每年出国主办“走出去”论坛，图为黄会林在美国洛杉矶发言

1
2 3

1.2011 年，黄会林创办“看北京 · 中外青年暑期 DV 计划”，2013 年发展为“看中国 · 外国青年影像计划”；2. 黄会林向外国青年授旗；3. 黄会林赴河南郭亮村实地指导外国青年

1
2　3

1.2011 年，黄会林启动“中国电影国际传播全球数据调研”系列研究；2.2012 年，黄会林启动《银皮书·中国电影国际传播年度报告》；3. 黄会林发布首部“银皮书”

1	2
3	

1.2013 年，黄会林主编英文期刊 *International Communication of Chinese Culture* 创刊；2.ICCC 封面；3.2014 年，北京师范大学会林文化基金成立，2015 年，创办"会林文化奖"

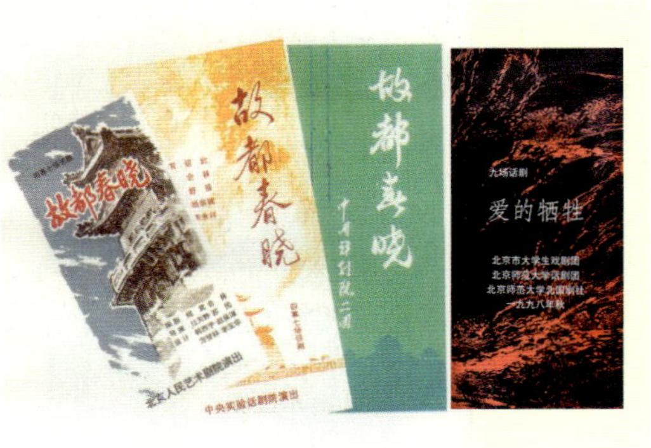

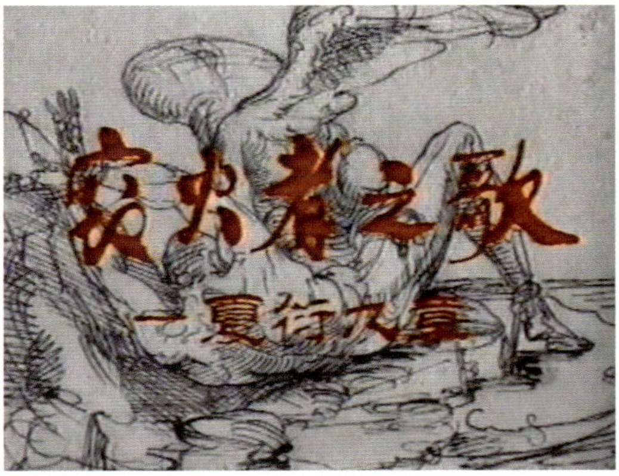

左图：
1. 主编系列丛书
2. 主编系列教材
3. 专著
4. 研究院代表著作

右图：
1. 电影代表作
2. 话剧代表作
3. 长篇小说代表作
4. 电视片代表作

1
2　3

1.2008 年，绍武、会林从教五十年；2.2016 年，荣获北京市师德榜样称号；3.2018 年，荣获北京师范大学教育育人模范党员称号

1
2
3

1.2017年黄会林、绍武带领学生们参观展览，进行思想教育；2.黄会林不断刷新博士生纪录；3.黄会林、绍武与部分学生

代　序　周作宇副校长在“黄会林、绍武教育思想研讨会”上的发言

阳春三月，万物复苏，今天我们欢聚一堂共同庆祝黄先生和绍先生执教60周年，研讨他们的教育思想、分享他们的人生智慧，启迪每一位后学之生的思维。师徒相拥肝胆互鉴，穿越时空，吉庆有余。请允许我代表北京师范大学向黄先生、绍先生执教60周年表示热烈的祝贺和崇高的敬意！也对各位校友、各位来宾的到来表示热烈的欢迎！

黄先生是我校资深教授，是新中国培养的第一代影视教育家。黄先生自1958年开始在中文系执教，60年杏坛绽放芳华，尽显风采。黄先生还曾经历抗美援朝的风雨，讴歌铿锵玫瑰的激越，功勋在册。她从零起步创建我校的影视学科，带领艺术学科从重建到多元发展，形成当前全面的可持续发展的大学科的构架。在她的带领下，我校的戏剧影视学科已经进入国家一流学科的榜列。黄先生、绍先生多年致力于中国现代戏剧和中国民族化影视理论研究，在文化学术界开启了中国影视学派研究热潮；主编并且撰写多部在当代中国影视研究与教育领域具有里程碑意义的重大成果，发表影视、戏剧、文学、文化领域的著作、文艺作品约770万字；承担国家级、省部级重大项目及各类科研项目十余项。先生践行依托综合类学校大艺术理念创建的北京大学生电影节已连续举办24届，在我国电影界、教

育界、文化界反响强烈。黄先生与绍先生共同创建的北国剧社更是北京乃至全国校园剧社的标杆。黄先生与绍先生倾心杏坛耕耘，教书育人，为祖国培养了并且仍在培养一批又一批戏剧影视人才。黄先生培养了中国大学第一位电影学博士，迄今指导的硕士生、博士生、博士后已逾150人，可谓桃李满天下。她关心戏剧影视学界一批又一批中青年学者，俯下身子为学术后继者充当指路灯和铺路石，续写清兰，盛传星火。她的学术修养和道德风范在戏剧影视教育界赢得普遍赞誉和尊重。

近年来，黄先生和绍先生二老致力于中国文化国际传播，是“第三极文化”首创者和身体力行者。先生创办的“看中国·外国青年影像计划”被习近平总书记高度评价，也深得参与者的喜爱。黄先生将多年积累的影视学科优势转化为推动中国文化国际传播的重要力量，扎根于中国的影视民族化教育实践的同时放眼世界，她的影视教育思想和教育情怀在我国影视教育理论和教育实践领域都有着广泛和深远的影响。我们学校有像黄先生、绍先生这样一批德高望重的大师，值得庆贺，值得庆幸，更值得自豪。

在今天这样一个喜庆的日子里，我要再次代表学校向两位先生表示祝贺，对两位先生六十年来为我国戏剧影视教育事业和科学研究工作做出重大贡献致以衷心的祝贺和诚挚的谢意！中国影视发展需要像黄先生、绍先生这样的教育家，北京师范大学的未来发展更需要像先生这样的大师们。最后，祝愿黄先生、绍先生身体健康，事业长青！祝各位万事顺意！

代前言　“黄会林、绍武教育思想研讨会”开场视频文案

罗　军　祁雪晶

黄会林、绍武，一位是名门之后，耕读世家；一位是烈士遗孤，寄身戎马。虽出身迥异，生于动荡，但始终与祖国同呼吸，与时代共命运。

他们传奇的人生轨迹：在1954年的北京师范大学工农速成中学相识，结合于1956年的北京师范大学校园，凝聚在1958年。那年，绍武进入北京师范大学政教系，黄会林加盟中文系。从此，二人水乳交融，比翼双飞，开始了60载杏坛生涯，形成了以绍武为主艺术创作和以会林为主教学科研的互补格局，相得益彰、硕果累累，开创和见证了诸多中国高校的“第一”。

风雨如晦的年代，他们不惧强权，埋头写作。功夫不负有心人，在中国戏剧先驱夏衍先生亲自指导下，其电影剧作《梅岭星火》终获成功，话剧《故都春晓》享誉全国。

1985年，黄会林在中文系开展《现代戏剧研究》课程教学改革，与绍武组织学生创作、编导并演出六部小话剧。次年，黄会林、绍武、林建创建北国剧社，逐渐成为业界公认的高校戏剧“第一举旗手”，影响力延续至今。

1992年，58岁的黄会林受命担任艺术系主任，从零起步创建北京师范大学影视学科；同年，绍武调入艺术系，协助影视

学科创立。1993年，艺术系获批硕士点，创办“北京大学生电影节”；1994年招收首届影视教育专业本科生；1995年获批中国高校第一个电影学博士点，黄会林任博导。“三年三大步”，令国内同行瞩目。其中大学生电影节至今已举办24届，成为国家级文化名片之一。

1994年，绍武离休，更加潜心于创作。会林在教学科研岗位继续高飞，1995年明确提出学科建设“创建中国影视民族化与现代化”的总思路。1999年，《中国社会科学》登载黄会林等关于中国影视艺术民族化的系列论文。

2002年，北京师范大学艺术与传媒学院成立，黄会林担任学院院长。学院实现跨越式发展，在学科建设、学风确立、教师队伍、品牌树立等诸多方面取得长足进步。2007年，北京师范大学艺术与传媒学院电影学获批全国重点（培育）学科，2017年戏剧影视学成为国家级“一流学科”。

2009年，黄会林先生获评北京师范大学资深教授；同年，提出“第三极文化”理念。2010年，以“第三极文化”理论为指导的中国文化国际传播研究院成立，黄会林担任院长，开始了新的人生征程。其间，绍武、会林新作长篇小说《红军家族》成功出版，献礼党的十八大。

研究院成立以来，逐步成为以“看”“问”“论”“刊”“创”“会”“研”七字指导下集教学、研究、实践、创作、交流为一体的中国文化国际传播前沿堡垒。“看中国·外国青年影像计划”更是一枝独秀，成为跨国界影视教育的崭新案例，得到习近平总书记高度评价。

会林先生从1981年迄今，直接指导硕士生43人、博士生76人、博士后34人。这些学生师从黄先生的同时，都无一例外地得到绍武先生的亲切关怀和严格要求。学生们取绍武的“武”、会林的“林”，戏称师门为“武林门”。每一位学生都谨记着“严是爱，松是害”的师训，在国内外戏剧影视学等诸多领域开枝散叶。

今天，两位先生弟子的弟子都已经成为博导，四世同堂的景象令人感慨万千。阳春三月，草长莺飞。一场春天里的聚会即将开始，让我们再度走近黄会林、绍武先生，一同领悟先生们执守杏坛60载带给后学的教育哲思。

目　录

第一编　黄会林、绍武教育思想研讨会实录

第二编　黄会林执教文选

第三编　绍武、会林作品录

第四编 学位论文中的黄会林、绍武

第五编　学生笔下的黄会林、绍武

第六编　媒体报道的黄会林、绍武

第一编

黄会林、绍武教育思想研讨会实录

北京体育大学党委书记、北京师范大学原副校长曹卫东教授

尊敬的黄先生、绍先生，大家早上好！今天的确是非常非常特殊的日子，从教 60 年，一个甲子，这不是每个人都能够有的一份荣耀。首先请允许我代表我个人向两位先生送上深深的祝贺，也送上深深的祝福！

刚才我们看了两位先生的生平事迹、学术历程，我想到葛兰西当年讲，知识分子有两种——传统的知识分子和有机的知识分子。作为马克思主义者的葛兰西显然是批判传统的知识分子，而推崇有机的知识分子的特点是什么？其实你仔细想想，就在于他和这个时代里的民族、人民能够保持紧密的联系。我们可以看看两位先生走过的 60 年学术历程，可以说和每一个时代都保持着紧密的联系。我想在座学者当中也没有哪位能够像黄先生那样，当年奔赴战场最前方保家卫国，回来以后永远走在时代学术最前沿。我们也很难看到有学者像两位先生一样和自己民族的历史保持血脉联系。我们都知道“第三极文化”，到今天我们提出文化自信和“第三极文化”相得益彰。我们很容易夸赞我们历史上有个伟人是睁眼看世界第一人，但是到了今天我们更需要让世界睁眼看中国，黄先生的“看中国”系列就是让外国人真正睁开眼睛好好看中国。这些有机联系贯穿在他们 60 年学术生涯中，也集中体现在他们的文学创作和学术研究当中。其实，更多的还贯穿在他们教书育人的点滴实践当中。

我们都知道凡是有机的必是健康的，所以在这里祝两位先生身体永远健康，永葆学术青春！谢谢大家！

清华大学校务委员会副主任、
北京师范大学原副校长谢维和资深教授

尊敬的黄先生、绍先生，尊敬的各位嘉宾，上午好！我首先代表清华大学，

也以我个人名义，向两位先生执教60年表示祝贺！同时对他们在教育、在科研、在我们国家文化建设方面取得的成就表示祝贺！

认识他们两位很长时间，多次参加他们的活动，但是今天参加这样一场“黄会林、绍武教育思想研讨会”，确实让我感觉到是一件非常有价值的事。刚才大家都看了短片，黄先生、绍先生在教育事业上的辛勤耕耘，培养这么多的人才，有大量的成果。刚才曹卫东先生做了很好的发言，我相信后面还有很多专家会有很精彩的发言。我想从教育思想上，给两位我尊敬的长辈说一点什么，说得不一定对。但是我个人觉得，除去他们在人才培养，在著作、创作理论上的成就，他们两位最大的成就是什么？是他们找到了他们自己。他们真正地发现、真正地找到他们自己，这是教育最难的也是最高的境界。中国教育也好、西方教育也好，讲到最后都是要去认识和发现自我。很多人之所以在教育中、在成长中有困惑，就是找不到自己。但是他们两位找到了自己，找到他们自己最适合的最钟爱的事业，找到他们最擅长的那一块领域，和自己最乐于与自己生命、身体融为一体的事情。这是最高的境界。

为人不易，为学实难。人最难的是找到生命的核心，他们两位做到了。他们这样一种教育思想，这样一种人生体验和他们的言行举止恰恰是最宝贵的，也最值得我们后人去学习、去追随、去研究。我们每个人也许都能从他们身上发现或者得到一种领悟：我们怎么发现我们自己？我相信今天探索二位教育思想的研讨会对我们各位，乃至于对北京师范大学教育思想的总结发展都会产生很好的启发作用。

祝今天的研讨会成功，祝各位能够度过非常愉快的一天！也祝二位健康长寿！谢谢大家！

北京大学哲学系安乐哲教授

最近几年，黄老师每年都邀请我走进她的教室讲课，从她的教室我们可以了解中国教育的特点，这个特点是什么？教室是家庭，教育的目标不是学习什么学科，而是做人，这是育人的过程。上她的课可以了解一个老师跟她的学生们是一个整体。同时我们可以从她的教室理解孝道的概念，一个人的成就是一个家庭的成就，而不是个人的。从她的教室我们可以了解，如果我们看甲骨文的“学”这个字，学跟教是分不开的。这个教室里面，黄老是最有智慧的一个老师，可是她也是最好学的学生。黄老师的教室让我们更多了解中国教育的特点。我很荣幸她能够邀请我参加北京师范大学中国文化国际传播研究院。在她的教室，我们看起来是学生，我们看起来是齐家治国，可是这个过程是为了平天下。北京师范大学一定要谢谢黄老师、绍老师，中国应该谢谢黄老师、绍老师，我们外国也要谢谢黄老师、绍老师！

重大革命和历史题材影视创作领导小组成员翟俊杰

尊敬的黄会林先生、绍武先生，尊敬的各位专家教授、新闻媒体朋友们，今天我出席“黄会林、绍武教育思想研讨会”非常感动、非常荣幸！60年前，当我刚刚参军，在遥远的西藏喜马拉雅风雪高原成为一名人民军队文艺娃娃兵的时候，黄会林、绍武两位先生已经在北京师范大学留校执教，至今已然60个春秋了。在漫长的60年岁月里，两位先生在中文系、政教系、艺术系、艺术与传媒学院任教，渐渐形成了以绍武为主的艺术创作和以黄会林为主的教学科研相辅相成、相得益彰的格局，为国家培养了大批人才。我和会林先生相识几十年了，更与她的艺术之家有着深厚亲情。会林先生的兄长黄国林同志是原中国人民解放军总政治部艺术局局长，是我的首长、老大哥。会林先生的嫂夫人，著名的电影表演艺术家陶玉玲同志是我的战友、老大姐。我也经常在北京师范大学这样一个令我神往的学府里见到会林先生，没大没小地叫姐。非不敬，是亲！先生给我的深刻印象是高度的文化自信，坚守中华文化，并以此教书育人，桃李满天下，赢得了国内以及海外艺术教育界的爱戴和尊重。

每每想起两位先生，我的脑海里总会情不自禁地浮现出《故都春晓》《梅岭星火》《红军家族》、“北京大学生电影节”“看中国·外国青年影像计划”、会林文化基金，乃至振奋中华民族精神的“第三极文化”，真是契合。我当年亲眼看到敬仰不已的喜马拉雅山珠穆朗玛峰，感觉那就是博大精深的中华文化，雄踞在世界东方的“第三极”。

祝愿“黄会林、绍武教育思想研讨会”圆满成功，祝福黄会林老大姐、老师，绍武老大哥、老师健康长寿，学术青春永驻，为中国文化国际传播研究取得更多成就，为铸就中国文化艺术传媒更大成就、为实现中华民族伟大复兴的“中国梦”阔步前行！祝福各位同样和黄老师、绍老师一起取得更多成就，服务我们祖国，服务我们人民！谢谢！

会林、绍武先生的影视教育思想与学科贡献

北京师范大学教授、艺术与传媒学院院长　胡智锋

有黄先生、绍先生二老作为授业解惑的恩师，是我人生中的一大福分。在与二老相识30多年的历程当中有几个时间节点，是我一生难以忘怀的。初识二老是在1985年中央戏剧学院举办的中国话剧文学研究会成立会议上。黄先生是首届中国话剧文学研究会总干事和发起人之一，参加会议的还有夏衍先生、曹禺先生、吴祖光先生等一大批令人敬仰和尊重的元老级艺术家。从那时起，我跟黄先生成为忘年交，并一直延续到1988年我来北京。1992年，北京师范大学重建艺术系，黄老师给我打了一个电话：“我来北京师范大学艺术系了，现在招兵买马，来不来？我在这儿等着你。”黄老师一直惦记着我，这令我非常感动。但当时我也是由于多种原因无法抽身前往。1996年，黄老师设立了第一个电影学博士点，又一次打电话给我：“要不要成为中国第一个电影学博士？我第一个想到的还是你。”当时我正任教于北京广播学院，千余名师生，就只剩下我一个在系领导岗位上支撑，并且当时也正值广播学院建立全国首个电视学院最紧张的筹备阶段，更加无法抽身，因此又错过了时机。直到1998年我到美国静心访学时，才下定决心补课备考，1999年终于回到了黄老师身边，在世纪之交成为黄门一员。从此我有幸跟着先生一起参与了大大小小各种各样的论证会议、鉴定策划、高研班等。回顾与两

位先生相识相知30多年历程中的点点滴滴，体会先生每一个思想、每一个举措的微言大义，很多当时捉摸不透的事情现在却体会越来越深。从黄先生创立艺术与传媒学院并首任院长一职，直到这个接力棒传到我的手中，可谓任重而道远。

相较于诸多影视教育大家或文化传播大家，黄会林、绍武两位先生的教育思想中最重要的，也是最闪闪发亮的则是他们有情怀，有格局，知行合一。他们既有敢于担当、甘于奉献的家国情怀，又有能为事业发展进行谋篇布局的视野和能力，可以说情怀是根，格局是本，而最为核心的则是在热切情怀与宏阔格局之上，始终秉持与践行的知行合一的理念。情怀、格局与知行合一三者的深刻结合，是二老的学问基业与成就能够在今天拥有如此深度、厚度和高度的最重要原因。具体来说，二老的教育思想以及对学院未来发展的诸多有创建性的观点中，有四个理念是特别需要总结梳理和传承发扬的。

第一，战略性。没有战略性的思维定位和布局，就很难有长远的可持续发展的能力。先生在布局顶层设计上真正体现了真知灼见，20多年前就一手建立了学科的博士点。在当时基础条件并不丰厚的北京师范大学建立影视学科的博士点，这让很多人不解，当年就有许多学者认为我们影视学科培养能拍摄影片的本科生足矣，并不需要培养博士。先生为什么敢于提出这样一个让大家都没有信心的设想？我认为她着眼的并不是眼前的现实条件，而是未来的远大前景。黄先生当时着眼的现实境况与未来考量是，国家当时面临着影视文化的下行态势，为了避免一代青年被糟糕的影视作品污染，我们需要高层次上的布局来影响他们，继而改变现实局面。没有这样的远见我们无法想象戏剧影视学科的建构与发展。2002年，艺术与传媒学院成立，而“一体两艺”等的战略性学院发展思维，也都并非基于当时现实条件的许可，而是考虑到国家未来发展的必然需求。

第二，原创性。二老之所以能够在大师林立的影视学界立得住脚，展得开天地，光有战略布局是远远不够的，还必须要有原创性的思想和学说来支撑。从中国影视民族化学说到如今已被学界高度认同并引发深刻共鸣的中国文化“第三极”学说等，这些都为我们戏剧影视学科的原创性理论打下了深厚的基础，开拓了宽广的视野。这些思想精深、精神丰厚的原创性学术理论不仅在过去首提之时让人眼前一亮，在当今也正在被后生学者不断延伸和发挥，想必也将会在未来继续启发和指引着戏剧影视学科的理论发展与学术创新。

第三，标杆性。精益求精、追求卓越是两位先生毕生的处事、处世标准和原则，他们永远以最高级的完美标准来要求自我。北京大学生电影节、“看中国”以及一系列学术论著和影视作品都确立了高水准、高质量的学术标杆和艺术标杆。我记得一次一家报刊跟先生约两千字的文稿来写电视艺术，先生为了这篇文章多次给我打电话征求我的修改意见。我当时认为一篇报刊千字小文章没必要如此认真，但先生为了一篇小文一次又一次与我探讨、润色，今天回头来看，先生之所以留下来的每一次发言、每一篇文章都是那么扎实稳健，就是她不将就、不对付，永远心存敬畏，永远高立标杆使然。再如我们去国外参加学术活动，尽管每人只有十分钟的发言时间，但先生要求我们必须认真彩排演练，结果我们真的就像小学生一样，在先生办公室一个一个过筛子，谁也不能请假，最后大家都把自己的演讲稿演练的驾轻就熟，这就是先生标杆性的要求，这也是为什么先生能够立得住的原因所在。

第四，建设性。这是两位先生所有教育思想当中最为根深蒂固的方面，它体现在对物质大楼和精神大厦的建设之中。大到一个学院，小到一个学科的创立建设，没有基础是万万不行的。先生奔波筹资建盖的艺术与传媒学院所在的艺术楼，为艺术学科的发展提供了坚实的物质基础。在队伍建设方面，先生从高研班时就在谋划布局，我们的师资也是从本科到硕士，再到博士，逐层级的推进和提升。在这样立体化的建设当中，我们的学科也在逐渐成熟。我认为这就是二老留给我们最重要、最宝贵的财富。

黄会林、绍武两位先生的教育思想是知行合一的结晶，二老的战略性思维与布局，原创性学术与实践，标杆性的水准与追求，建设性的建构与推进，使得我们艺术与传媒学院在学科评估和双一流建设中获得了一流的资质。对于二老留下的宝贵财富，我们唯有好好珍惜、好好传承、好好学习、好好领悟，把它不折不扣的融汇到我们为学为人、处事处世的每一个细节当中，浸润到人才培养、科学研究、社会服务和文化建设当中。以我们扎扎实实、一点一滴的推进，来回报我们学科的创始人、伟大事业的开拓者——大家共同的恩师黄会林先生、绍武先生。最后祝福二位老师健康长寿，青春常在，永远幸福，美满如意！也祝福各位幸福、健康、如意！

“严是爱，松是害”与底线教育

北京师范大学教授、首都文化创新与传播工程研究院院长　于　丹

“严是爱，松是害”这六个字在艺术与传媒学院几乎是我们的口令。曾经在中央电视台录节目的时候，朱军问过艺术与传媒学院的孩子们，在完全没有排练的情况下这些孩子们异口同声说出了这六个字。大家知道我们的艺术楼在当时还是一座漂亮显赫的大楼，这座楼也用于北京师范大学的公共教育，很多不同院系的学生在我们的大教室上公共课。怎么样识别艺术与传媒学院的学生？黄先生说过一句话，无论是上下楼还是出入电梯，凡是叫“老师好”的一定是艺术学院的学生。这就是“家教”。“严是爱，松是害”，就是艺术学院的底线教育。在今天我们的教育里，关于人大有作为的鼓励太多了，有所不为的提点太少了。关于幸福，我们已经畅想得太远；而关于苦难，我们已经忘记得太多。关于规模有多大，我们都在教技巧；关于规则在哪里，我们反而忽略不计。一个学院的归属并不一定只有高精尖的知识的拥有量，还包括一些人生常识。向老师打招呼，这就是常识。

大家当然也知道，中国现在的大学生很多是独生子女。独生子女在家里面有一些教育就是缺失的。来到大学不仅要补专业课，更重要的是补常识教育。那就需要做老师的人以母亲一样的心说出“严是爱，松是害”。严在什么地方？我想讲黄老师教学的三个方面，第一，做人品德之严；第二，治学方法之严；第三，做事效率之严。我的身份在黄老师面前有很多重。我是黄老师的博士生，我也是黄老师的下属。黄老师作为创始院长创立了学院，黄老师做院长的时候我做影视系系主任。而更重要的是二十几年在先生面前受教，我们情同母女。我自己深刻见识了先生爱的三个方面对人的一生有多么大的作用。

我记得1994年，黄先生要下来政策，艺术系允许开始招生，我们当时招了一些艺术特长生。这些孩子漂亮，有表达能力，有沟通的技巧，他们可以从事一些与公关甚至表演相关行当。但是这些孩子的考分很低，规矩也不严。我至今都记得1994级在他们长大过程中黄先生的严给整个年级留下的烙印。坦率地说，那届

学生有被开除的、有受警告和各种处分的。这个年级的所有青春的成长都是带着伤痛的，这就是我关于那个年级的所有记忆。那个年级的学生比我小不了多少，大家现在还都有来往。今天这个年级的学生，王可然在这里，已经是赖声川先生的制作人。到今天为止，一级一级的孩子刚进这个“家门”的时候，都感受到了严谨的学风。现在北京师范大学戏剧与影视学已经是全国“双一流”重点学科，在全国排名第一。从 1994 年到今天，大家看见的可能是学术上的建树，但我看到的更多的是学风树立的意义与价值。

我经常回忆起那个时候黄先生跟绍先生在我们的小院里，树立的一种严格的标准。当时从硬件上讲，我们是有欠缺的，但是在道德教育上，这个团队是不亏心的。

学问之严，黄先生为学生批改论文，经常是一页论文，先生的批文和意见与正文论述齐平。而且先生改完一稿再改一稿。当时我的博士论文，先生密密麻麻改了四稿。我们很多人现在都做了老师，做了博导。我们最早的学问是怎么做出来的，就是先生这么改出来的。我常常感到内疚，因为我们今天做导师不如先生。看到老师还这么勤勉，我认为我没有资格懈怠。做学问靠严谨。中国文化立起了它的“第三极”，每个人在这一极上添砖加瓦的时候，法乎上得乎中，如果法乎中只能得乎下。

我见证了大学生电影节的创办经历。很快，大学生电影节就已经第 24 届了。当初电影节筹备的时候，大家是骑着自行车出去筹款的。请名家，黄先生是一位一位动员来的。黄先生是典型的用私人交情办公家事。我们的艺术楼，是黄先生跟绍先生天天戴着安全帽走在那片土地上，用他们天天“化缘”的钱建立的。如果说今天我们从先生身上学到最珍贵的，那就是这样一个理念：用心去管，把严抓到实处，从做人的规矩到做事的信念、做事的效率。所以衷心地感谢先生！

作为教育家的黄会林、绍武先生

中国文化国际传播研究院副院长、会林文化基金秘书长　罗　军

2003 年春天的一个下午，于丹老师领着我第一次拜见了黄会林老师，承蒙先

生不弃，被接纳为门下弟子。2009年博士毕业后的第三年2012年，我加盟中国文化国际传播研究院，再次回炉加工，较为密集地接受两位先生捶打，对老师的教育有很多近距离感受。所谓“近水楼台先得月”，加之近年来断断续续为先生采录口述史，对先生的生平有了更全面的了解，因此斗胆作为本次研讨的先头部队，抛砖引玉，严肃地将会林、绍武先生当作新中国培养的第一批教育家的优秀个案进行研究。

先生教育生涯有一个与众不同的突出特点，就是会林、绍武两人携手并进，水乳交融，各有侧重，相互滋养，彼此扶持。他们逐渐形成的“绍武先生偏重于艺术创作，而会林先生则倾斜在教学、管理及学术研究”的格局，成为他们教育生涯独一无二的发展模式，也是其教育思想的独特支撑。

由于黄会林先生更直接地从事教学，因此今天的某些研讨可能不会直接提及绍武先生，但是绍武先生没有一分钟脱离了会林先生的教学事业，他的支撑不仅是情感的，也是学术的、观念的，有时甚至是行政的。

首先，简短回顾一下二老作为教育家的主要成就。2016年，我代表校工会向北京市教委推荐黄会林先生为师德模范，我在陈述中列举了先生的三大类主要成绩。

一、言传身教，成绩卓著，桃李满天下

黄先生早年参加抗美援朝，后于1958年提前批毕业从教，至今已越甲子，仅仅统计指导过的硕士、博士、博士后，数量就超过了150人，博士生中有文化名师于丹、“长江学者”胡智锋、《新闻联播》主播海霞等学界、业界、管理界精英，包括相关院校正副院长，今天他们部分在座并将发言。她发表文化领域著作、文章约550万字；与绍武合作创作电影、电视、话剧、小说、报告文学等约320万字，编辑或主编出版书籍1440余万字，共约2310万字；承担国家级、省部级重大、重点科研项目及各种横向科研项目十余项，其中包括目前正在主持的国家哲学社会科学研究重大课题“当代中国文化国际影响力生成研究”等。

二、填补空白，持续创新，事业先天下

1985年，中国话剧处于低谷，作为当时教学改革的一项尝试，黄会林、绍武、林建创建北国剧社，剧社活动至今30余年，在国内外形成较大影响。1992年，先生受命恢复北京师范大学艺术系，创建影视学科，后主导募集善款并督建我校田家炳艺术楼，为艺术与传媒学科腾飞奠定了基础；1993年，创办北京大学生电影节，为中国电影提供了"青春激情、学术品位、文化意识"的标准；1994年，在学科建设中，首创"中国影视民族化"理论，《中国社会科学》刊载相关系列论文后，认为"具有开创性和奠基性意义"；1995年，领衔申报、获批全国高校第一个电影学博士点；1998年，领衔申报、获批全国首批艺术学博士后流动站；2001年，创建我校艺术与传媒学院，为中国第一个高校艺术学科最齐全的所在；2011年，成立中国文化国际传播研究院；2013年，与德国斯普林格出版集团合作，创办《中国文化国际传播》英文期刊，为世界上首个关于此交叉领域的学术期刊，有16个国家、地区32位编委按照匿名评审惯例运行，已出版12期。这些都是一个一个的"第一"，掷地有声地留在北京师范大学发展的历程中。

三、立足民族，放眼世界，影响达天下

2009年，基于与绍武先生的反复讨论，黄先生提出"第三极文化"理论，在西方价值观覆盖世界的危局中，为中国文化探寻一条通往世界的路径。2010年，创办我院后，黄先生更是以80岁高龄，频繁出访美国、法国、英国、俄罗斯、瑞典等国，从事高端文化对话，并开设论坛，邀请国际知名学者前来为中国文化出谋划策。

2011年，黄先生创办"看中国·外国青年影像计划"，邀请外国青年来华拍摄中国文化短片。活动已开办五届。2015年11月，习近平总书记在新加坡国立大学

发表重要演讲，提到“看中国”，充分肯定了此项目用镜头记录现代中国，传递中华文化的纽带作用。

2013年，黄先生和弟子们共同捐资创立北京师范大学会林文化基金，用以资助研究院各项工作，尤其是2014年由黄先生创办的“会林文化奖”。该奖项旨在奖励对中国文化国际传播做出突出贡献的中外学者，每年评选中外各一位获奖者，每位获奖者颁发奖金30万元人民币，为世界树立了一个关于中国文化的标杆。

可以说“桃李满天下、事业先天下、影响达天下”是会林、绍武先生教育事业的主要成就。今天这个研讨会的目的，已经不再是歌颂先生的教育成就，而是探讨先生如何取得这样的教育成就，背后的道理是什么，教育思想有什么内涵、有什么特点，是什么让这位教育家与众不同，等等。

纵观先生一个甲子的教育生涯，会林、绍武显然属于可以左右学科走向、学院发展、品牌生死的具有国家级影响的战略级别的教育家，探讨其教育思想，主要不是总结其作为普通教师的点点滴滴，而应该从一定战略高度来解剖和分析，包含以下几个方面。

一、以忧患意识发现教育的战略问题

在2016年北京市师德模范评选中，会林老师在答辩时说：“16岁之后参加抗美援朝，战争的经历告诉我，只有不断进取，才能对得起倒下的战友，对得起他们用生命和鲜血换来的美好生活。‘活着干、死了算’，曾是我长期的座右铭。

24岁之后在北京师范大学任教至今，岁月的磨砺告诉我，必须直面社会的困惑，用自己的专业和胆识回应教学、科研中遇到的难题，填补空白、开创局面，是我毕生的追求。”

先生的教师生涯，处处都能发现一种浓浓的忧患意识。用俗话可以这么说，先生有操不完的心，学科的事、学院的事、学校的事、学生们的事、退休干部的事、社会的事、民族的事、国家的事，天下事，事事操心。

上课前，她担忧自己没有准备好。先生曾经跟我说："我讲了一辈子课，每节课我都是认真备课的。不备课就上台，对我来说是不可思议的。"现代戏剧课程改革，他们能洞察到校园戏剧的巨大潜力；建立北京师范大学的影视学科，他们担忧"我们的特色何在"，因此提出"一个目标——培养头脑型复合型人才；两个翅膀——艺术与传媒，双翼齐飞；三个支柱——教学、科研、实践，缺一不可；四个特色——整合建制、人才梯队、理论研究、实践品牌"，以及"中国影视民族化与现代化"的核心理念，并提前预测硬件需求，着手募资兴建田家炳艺术楼。这种忧患意识使得先生练就火眼金睛，可以永远立于时代前列，预测教育事业的发展趋势，提前占位，因此才有了北京师范大学领先专业院校获批中国高校第一个电影学博士点这样的"弯道超车"，以及北京大学生电影节一分钱赞助没有的情况下"强行起飞"的奇迹。先生的教育思想从来都带有强烈的社会责任和明确的改造目标。

对社会问题的洞察力与解决这些问题的执行力之间的平衡，正好体现了先生教育思想的第二个内涵。

二、以资源意识实现教育的战略整合

多少人反复问过，黄会林怎么能做什么成什么？她的秘诀何在？

近年来，先生不断提醒我们"知行合一""知是行之始，行是知之成"。这即是对我们的殷切希望，也是历经60载酸甜苦辣后的大彻大悟。理论与实际、教学与实践、学术与创作，先生一直在寻找着这种广义的知与行的平衡。早期中文系现代文学课，会林老师就非常重视诗歌朗诵、剧作练习，后来开设现代戏剧课程，又将北国剧社作为教学改革的举措推出。今天影响巨大的北京大学生电影节，最早也是学科建设的实践环节。会林先生一边完成教学科研和管理工作，一边和绍武先生共同进行艺术创作，也是知行合一的体现。"看中国·外国青年影像计划"既是外国青年以短片创作为目的的文化体验，也是跨文化研究的文本积累，同时，也是中国文化国际传播的研究实验。

但是我想指出的是，进一步剖析会林、绍武若干次关键性的成功案例，我们会发现，在“知行合一”这一指导思想下，先生非常善于整合战略资源。

1992年草创艺术系以及2001年举办“影视学高研班”，本校的教师队伍不够充足，老师就整合北京最好的师资和专业精英前来授课；影视学没有教材，老师就整合全国的院校资源共同编写；创建艺术与传媒学院没有校舍，老师数度南下香港、广东，整合慈善家资源，争取到田家炳先生的资助，兴建了艺术楼；北国剧社、北京大学生电影节、“看中国·外国青年影像计划”等，每个项目的资源整合难度都非常大。善于识别关键性的资源、敢于动员这些资源，表现出老师的眼光、胆识和魄力。

三、以人梯意识完成教育的最终落地

在对先生的多次采访中，我发现先生是那么多人生命中的“贵人”，也就是起到关键性的促进和提携作用的人。“千里马常有，而伯乐不常有。”我询问先生，何以做到这点？她反复强调作为教师在认识上的几个前提：1. 学生是可以塑造的；2. 老师是不是用真心对待学生，学生是清楚的；3. 严是爱，松是害。

如果把视角从教学放大到先生所从事的广义的教育，以及管理、科研、创作、社会兼职等工作，我们就会发现，其教育思想中还有一种甘为人梯的意识，这不仅仅体现为一种对学生的爱和较高的自我要求，而且也是必要时甘愿充当红脸、敢于提出要求，进而迫使学生进步。我们2003级博士课程的第一堂课，老师就说：“你们要超过我，不超过我就不要读我的博士。”这几年在老师身边，无数次见证了老师对每一位学生的点滴进步而感到由衷欣慰的场景。

在教育管理的实践中，除了大多数管理者都采用的制度建设、奖优罚劣等技术，老师也将这种“人梯”意识无形地融化在对待下属、凝结团队以及搭建继任班子之中。今天，先生开创的若干重大事业都由学生或者过去的下属接替，可以说每一项事业的延续先生都送上了自己的肩膀。

最后还要指出，先生的教育思想中包含了浓重的对北京师范大学的归属感、认同感和自豪感，可谓一往情深。两位先生一直感恩于北京师范大学诸多名师的指点，对北京师范大学情有独钟，表现出持续的忠诚，非常重视自身对北京师范大学严谨的师道的传承，同时也将自己的艺术创作、学术研究、教学实践和社会影响紧紧和北京师范大学绑定在一起。举一个例子。先生自己的会林文化基金一直挂在北京师范大学教育基金会下面，其中会林文化奖的奖金需要全球支付，而北京师范大学教育基金会必须走学校财务，因此支付中遇到过很大的困难，有人动员老师把会林文化基金的哪怕一部分放到校外，老师都断然拒绝。

许慎《说文解字》将“教育”分别解作“教，上所施，下所效也”“育，养子使作善也”。会林、绍武两位先生用生命中最宝贵的60年为我们做了最好的诠释。

新时代需要正能量的影视教育

《求是》杂志社文化编辑部副主任　闫玉清

首先向两位恩师致以崇高的敬意！

之所以定了这个题目，我是想从刚刚出炉的党和国家机构改革说起。电影从原广电总局管理职责剥离，划归中宣部，这一方面是要加强对电影的集中统一领导，电影受重视程度得到充分体现；另一方面也说明了电影在进一步构建主流意识形态中的必要性。此次方案改革，无疑会进一步强化电影在弘扬民族精神和主流文化价值传播方面所应起到的重要作用。面对新时代、新形势、新要求，我国影视教育领域还存在亟待解决的问题。我们的发展战略还不十分明确，学术原创能力不强，人才总体素质还有待提高等。但在总体上有数量缺质量、有专家缺大师的状况下，两位老师以其几十年始终如一充满正能量的影视教育，实现了向大师的成功迈进。

在我读黄老师博士的20世纪90年代末，绝大多数研究者把目光投向西方，囫囵吞枣地当着西方影视理论的搬运工。后现代主义的颠覆性和否定性，彻底消解着精神价值；大众文化思潮更驱逐着历史感、时代感；一浪高过一浪的商品化大潮，让思想性、艺术性淹没在物质欲望之中。不管中国文化特点，不论民族特点，造成了富有中国本土特色的主体文化精神难以确立。而影视的中国文化特征模糊，也导致了中国影视理论严重滞后。黄老师、绍老师发现了中国影视理论研究的这一重大欠缺，逆潮流而动，带着学生将视角伸向中国传统文化的深处，致力于研究中国影视美学民族化特质。至此，我们在影视理论界高扬起坚守民族文化精华、走民族化道路的旗帜。

21世纪初，目睹中国当代文化缺乏足够的定力、模仿照搬之风盛行所带来的一系列乱象，一种危机感扑面而来。为给中国文化重新定一个坐标，一个崭新的概念被两位老师提出来，这就是“第三极文化”。其特点一是体现着继承性、民族性，它融通了马克思主义资源、中华优秀传统文化资源、国外哲学社会科学资源，并挖掘了中国人几千年来积累的知识智慧和理性思辨。二是体现着原创性、时代性，理论有没有中国特色，归根结底要看有没有主体性、原创性，“第三极文化”以我国实际为研究起点，不忘本来，吸收外来，面向未来，没有跟在别人后面亦步亦趋，当之无愧成为我国哲学社会科学领域的一大理论创新成果。

这些年，影视界散布着一种“轻时代”理论，不再过多关心时代，不再过多关心社会，非意识形态化、非现实主义、非英雄主义，与我们这个波澜壮阔的新时代格格不入。历史虚无主义也展开了对我们制度、理论、道路、文化等的刻意歪曲。针对这股逆流，黄老师挺身而出、亮剑迎击，在《红旗文稿》发表《别让影视领域成为历史虚无主义的重灾区》。文章指出，影视领域克服历史虚无主义，要靠唤醒文化责任，关键是要坚定创作者的社会主义核心价值观、坚持以人民为中心的创作导向，不能自我殖民、自我矮化。这篇文章经中国社科院《舆情参考》上报中央。

回首过去，初心不忘；检视当下，知行合一；眺望未来，雄关且迈。两位老师以清醒的理论自觉、坚定的政治信念，将中国特色社会主义文化自信贯穿于研究和教学全过程，立时代之潮头，发思想之先声。在我国影视教育领域浓墨重彩写就大美华章。

多少岁月，凝聚成这一刻。再次感谢两位恩师的辛勤哺育！

大学教育要传承知识，更要创造知识！
——黄会林教育思想的一个闪光亮点

中国传媒大学教授　曾庆瑞

会林教授、绍武教授上午好！大家好！

今天参加这个很有意义的集会，有机会学习会林教授和绍武教授的教育思想，真的很高兴。听了上面一些朋友的发言，我有一种真切的获得感，觉得受益匪浅。我现在说一点学习心得，向两位教授讨教，也跟各位交流。

我谈谈会林教授教育思想的一个闪光的亮点，就是她用自己宝贵的理论创新和实践创新再一次证明了一个真理，就是大学教育要传承知识，更要创造知识！要是在历史的长河里、世界的格局中来看，这个亮点的光辉真的十分夺目。

我们知道，最早的现代意义上的大学，人们现在倾向于认为是1088年创办的意大利境内的博洛尼亚大学。不过另外一种看法是，1810年德意志人创办了世界上第一所现代意义上的大学——柏林洪堡大学。作为创办人，德国教育之父洪堡在1810年9月29日宣告了这所大学的诞生。根据洪堡的理念，现代的大学应该是知识的总合，教学与研究同时在大学内进行。他提出了著名的“洪堡大学的三原则”和著名的“洪堡科学的五原则”。

一般来说，现代大学主要有三大功能，即人才培养、科学研究、社会服务。人才培养是大学的核心工作；科学研究是大学的重要职能，也是人才培养的重要载体；社会服务是人才培养和科学研究功能的延伸。这三大功能相互联系，不可分割。但是，它的支撑点是科学研究创造知识。历史已无可辩驳地证明，这种现代意义上的大学，既要传承知识，更要创造知识。这是培养最优秀的人才，并且推动人类社会发展进步的必由之路。

我们现在评价一所大学质量和水平的优劣，以及它在大学丛林里的地位和影响重要到了什么程度，标准可以列出许许多多来，但是，创造知识，无疑是最重要的一条。比如，世界上大学评价体系里，有一条很被大家看重，就是获得诺贝尔奖。据统计，诺贝尔奖从1901年颁发以来，三大科技类奖项，就大学而言，有一个资料显示的排名是——英国剑桥大学56人，美国哈佛大学38人，美国哥伦比亚大学32人，美国芝加哥大学22人，法国巴黎大学19人，英国牛津大学18人，美国加州大学17人，美国加州理工学院16人，德国柏林大学16人，德国慕尼黑大学15人，美国麻省理工学院13人，美国普林斯顿大学13人。这前12名的大学里，美国7所，英国2所，德国2所，法国1所。诺贝尔奖，特别是自然科学奖项意味着什么？意味着创造知识！像李政道和杨振宁1957年获得物理学奖，因为他们“发现宇称原理的破坏”，丁肇中1976年获得物理学奖是因为他“发现一类新的基本粒子”，李远哲1986年获得化学奖是因为他“发明了交叉分子束方法使详细了解化学反应的过程成为可能，为研究化学新领域——反应动力学做出贡献”，朱棣文1997年获得物理学奖是因为他“发明了用激光冷却和俘获原子的方法”，崔琦与德国的霍斯特·斯托尔默、美国的罗伯特·劳克林1998年获得物理学奖是因为他们在量子物理学研究上做出了重大贡献。这都是创造知识。

我们中国，古老的北京大学，还有西南联大，在历史上都是十分注重创造知识的。

这里可以举一个西南联大的例子。

我们在1964年10月16日成功试爆第一颗原子弹，这里面的核科学知识，其实在西南联大时期就开始了一个自主创造的过程。大家知道，“七七事变”后南下的时候，清华大学的赵忠尧教授是冒险随身带着居里夫人赠送的50毫克的放射性镭走的。这50毫克的放射性镭，他装在一个防辐射的玻璃容器里，又把整个容器放在一个老百姓腌菜的小坛子里，抱着这个小坛子寸步不离，颠沛流离到了昆明。在昆明，他们师生动手做粒子加速器，虽然不成功，却在理论上打下了中国最早的核科学的基础。1944年的一天，物理系二年级学生邓稼先，课余勤工俭学，背着工具包走街串巷给人修电灯。在昆明城里一家小饭馆修完灯，老板好意留他吃顿便饭，他先在桌子上做作业。一个美军顾问团的军官进来吃饭，看他这样，就说：“你看你们中国多穷，物理系的大学生还得背着工具包出来修电灯。”邓稼先不卑不亢地回答他：“再给我们20年，你们现在有的，我们20年后都会有！”果然，整整20年后，我们在罗布泊把核爆的蘑菇云送上了天。

我们中国的知识分子就有这样的传统——创造知识!

现在，我们已经有了太多的这样的知识分子，在大学教育园地里，在不断地创造知识!

我们眼前的会林教授就是这样的一位。我这一提，各位就知道，我是指的“第三极文化”理论了。

关于“第三极文化”，会林教授已经有了系统的理论问世，大家说得也挺多的了，我今天自然不应该多讲。我只是想说明，我们中国文化是一个有独立传统，且具有强大文化根基和绵长生命力的持久存在。改造和创新，探索文化复兴之路，是今天中国文化的要义。“极”的原词具有多义性，“第三极”，取其“端”“顶”“准则”之含义。自然科学中的“南极”“北极”“第三极”(青藏高原)之义，指代在地球的地理位置上最具特点的三个地方，分别是最南、最北、最高。如果认为欧洲文化、美国文化为世界文化之两极，则中国文化可称为世界文化之“第三极”。具有数千年传统的中国文化在其独特性、影响力和对世界文明的贡献上，也可以作为世界文化格局中的“第三极文化”，与其他文化相互影响、相互借鉴，共同构成丰富多彩的人类文化图景。我有幸去过了地球的地理位置上的“南极”“北极”和青藏高原“第三极”，体验过在这“三极”饱览无限风光的幸福获得感，再看文化上的“三极”，自然别有一番滋味在心头。事实上，文化“第三极”可引申为文化、艺术。作为“第三极”的中国文化艺术源远流长。这个提法并非数字排序，并非居于欧美之后的第三种派生物，或者是吐纳之后新生成的文化，而是指首先要在中国文化自身系统内部进一步梳理、总结、继承和发扬其最为突出、最具特色、最有代表性的内容，这些内容成为中国文化自身范畴内的“极”。好了，要说到“第三极文化”中的丰富内涵，绝对不是这短短的十分钟可以说清的，我就不多说了。

我想再说两句的是它的实践性。我们已经看到了，“第三极文化”不主张闭关自守、夜郎自大，而主张对传统也要扬弃，主张不断吐故纳新，既从自己的文化传统中汲取力量，又积极学习、借鉴其他文化的优秀经验，吸收人类优秀文明成果，不断开创新的传统。

这些年来，会林教授提出“第三极文化”理论之后，北京师范大学接连有了几个“大动作”——举办“第三极文化”国际论坛并出版“第三极文化”论丛，连续举办了七届“看中国·外国青年影像计划”的活动等。光是2017年度，“看中国·外国青年影像计划”就有33个国家103位青年走进了中国12个省份深入体验观察，呈现了103部以《工匠·传承·创新》为主题的纪录短片。有外国青年表示，本次活动既行走城市又深入山村，既探访传统手工又领略现代成就，让他们看到了想要了解的最美中国。

这样的实践活动恰恰又证明了“第三极文化”学说是有生命力的。好，就此打住。借这个机会，我祝愿“第三极文化”学术生命之树常青！祝福会林、绍武两位教授健康长寿！

壮志铸伟业　爱心育英才

全国政协常务委员　龙新民

尊敬的黄老师、绍老师，各位校领导、各位来宾、各位学友，大家好！非常高兴来参加北京师范大学艺术与传媒学院、中国文化国际传播研究院、会林文化基金联合主办的“黄会林、绍武教育思想研讨会”。我作为1964年到北京师范大学中文系上学的一名黄老师的学生，在这里怀着深深的爱、浓浓的情，向我的班主任、我的恩师黄会林老师和她的先生绍武老师表示崇高的敬意！

我和黄老师相识55年，黄老师也是我这么多年一直保持联系的一位好老师，但我毕竟从北京师范大学毕业后没有从事教育工作，又没有深入了解、研究黄老师、绍武老师的教育思想，因此很难就此做一个好的发言。我只是从我自己的一点直接感受和断断续续接触到的一些情况，谈一下对黄老师教育思想的粗浅认识。我想讲以下四点。

一、与时俱进的创新意识

黄老师原是北京师范大学中文系的一位既做辅导员又教课的富有才华的青年

教师，经过20年的教学历练，在步入不惑之年后，她赶上了我们国家进入改革开放和社会主义现代化建设的历史新时期。改革开放给我国教育事业的恢复和发展带来了新的历史机遇。黄老师挺立在教育改革与发展的历史潮头，以超人的胆识和魄力，锐意改革、开拓创新，做出了一系列彪炳北京师范大学历史的惊人之举：1985年创办北国剧社；1992年主持恢复北京师范大学艺术系；1993年创办中国第一个大学生电影节——北京大学生电影节；2002年创建北京师范大学艺术与传媒学院；2010年创立中国文化国际传播研究院等。一位教师，能连续干出这么多别人没有想到，而她想到了的事情，能干成这么多别人也许想到了但未必能干成的大事，难能可贵，功德无量。黄老师这种与时俱进的创新意识，成为“黄会林、绍武教育思想”的活力之源。

二、宽广开阔的国际视野

当今世界，各种思想文化相互激荡、相互包容。有着五千多年悠久历史的中国文化毫无疑问在世界上有着巨大的影响力和感召力。改革开放以来，我们国家也在不断拓展对外文化传播之路。特别是党的十八大之后，习近平总书记一再强调，“要集中讲好中国故事，传播好中国声音，向世界展现一个真实的中国、立体的中国、全面的中国”。黄老师虽工作在北京师范大学校园，身居乐育2号楼的斗室，但她视野宽广，眼界开阔，十分敏锐地捕捉到中国文化需要大踏步走向世界这一新的信息，迅即创立了中国文化国际传播研究院。她提出了“第三极文化”的理念，这几年研究院推出的“看中国·外国青年影像计划”项目，选择了“一带一路”沿线国家青年的部分作品，汇编成《民心相通：“一带一路”看中国·外国青年影像计划》一书，进入了2017年5月在北京举行的“一带一路”国际合作高峰论坛主会场。《民心相通：“金砖国家”看中国·外国青年影像计划》选择了40部作品，也进入了2017年9月在福建厦门举行的金砖国家领导人第九次会晤主会场。这些都在对外文化传播中发挥了重要作用。黄老师这种宽广开阔的国际视野，成为“黄会林、绍武教育思想”的独特视角。

三、奋不顾身的奉献精神

纵观新时期黄老师所成就的一系列事业，大多是在她 60 岁、70 岁甚至 80 岁之后开创出来的。“事非经过不知难”，我知道黄老师每干成一件事，都要付出巨大的心血，都要克服许多常人难以想象的困难。她以一位抗美援朝老战士固有的勇气，以一位老教育工作者特有的忠诚，以一位北京师范大学资深教授具有的智慧，废寝忘食地工作，奋不顾身地操劳。点子亲自动脑出，事情亲自动手干，文章亲自动手写，活动亲自出面策划，不畏困难，不怕劳累，在她身上处处体现了一位老教师为党和人民的教育事业不懈奋斗、无私奉献的崇高精神。黄老师这种 60 年如一日兢兢业业、默默耕耘、奋斗不息的奉献精神，成为“黄会林、绍武教育思想”的崇高品格。

四、炽热深厚的爱生情怀

在 60 年的教育生涯中，黄老师以自己的人格魅力和学识魅力教育感染学生，她不仅注重教书，更注重育人；不仅注重言传，更注重身教。她是传授学生智慧的学者，是学生人格修养的楷模。这方面，我相信每一位黄门弟子都会有切身的感受。说到这里，我就情不自禁地要讲述一下自己刚入北京师范大学中文系时经历的一段往事。1964 年 8 月 28 日上午，我经过两天两夜的路上奔波，终于坐火车到达了北京的永定门车站，我被北京师范大学迎接新生的大轿车接回了学校。在宿舍迎接我的是我们的班主任黄会林老师。她看到我的行李非常简单，床上没有铺的褥子、毯子，脚上没有穿鞋，就赶紧给我发了一件毯子，并亲自给我铺在床上。开学后几天，她还带着几位女同学，给我和班上其他几个农村来的家庭困难的学生缝被子、褥子。我没有在北京过冬御寒的衣服，黄老师又为我申请到学校缝纫社量体裁衣做了一身棉袄、棉裤。到北京师范大学中文系上学之后，每周六下午照例要搞周末卫生大扫除。我光着脚和同学们一起在校园里拔草、清扫垃圾，好像是个“脚铁板”似的，在路上走来走去，干活一点儿也不觉得扎脚。黄老师一次一次地找到我，就像对自己的孩子一样心疼地说：“新民，北方不像你们家乡，天慢慢地凉了，这又是在校园里干活，你一定得把鞋穿上，别扎着脚了。”我听了黄老师的话，才把母亲给我做的鞋拿出来穿上。大学一入学，在班上我还是干我在中学时当学生干部的老行当，做了团支部宣传委员，班上订报纸的事由我负责。一天，黄老师让我骑着她的自行车去索家坟邮局为班上订报纸。我过去在家见都很少见到自行车，更谈不上骑车了，是到大学后班上一位北京同学教我骑自行车的。因是刚刚学会，第一回骑着黄老师的车出去，走到小西天就从车上摔下来，把黄老师的新车摔坏了，我心里说不出的紧张和难过。我推着车从邮局订完报纸回到学校，实在不好意思同黄老师讲，但黄老师发现自行车的把全都歪了，知道我一定是摔倒了。她把车扔在一边，亲切地问我摔伤了没有，告诉我如果有什么不舒服，马上到校医院去看。那个时候，黄老师买辆新自行车要凭票，而且得积攒多少个月的工资才能买上一辆车啊。生活在班级这个大家庭里，得到班主任黄老师和其他老师的亲切教诲，得到同学们的关心帮助，我从心底热爱自己的母校，热爱自己的老师，热爱自己的班集体，也从内心更加热爱培育我成长的亲爱的党和伟大的祖国。

2013年9月9日，《人民政协报》刊发了我写的《想念我的老师们》，刚才我讲的上大学这一段历史都是文章中的原话。我在文章最后写道：“天下的老师们是最令人尊敬的，他们不仅给学生传授了文化知识，传授了做人做事的道理，而他们对学生的关爱与帮助，更是一辈子深深铭刻在学生的心中。春风化雨，润物无声。我从老师们的行动中，懂得了如何去关心需要关心的人，去帮助需要帮助的人。也许是一点点小小的帮助，却有可能改变一个人一生的命运。我愿像教育培养过我的老师们那样，永远以一颗善良的心，奉献社会，服务人民。”这篇文章发表之后，全国政协主席俞正声当天就做出批示：“此文写得好。”很多同志也给我打电话讲看到了这篇文章很感动。60年来，黄老师用母亲般的爱关怀着她教过的一代又一代的学生。黄老师这种炽热深厚的爱生情怀，成为“黄会林、绍武教育思想”的永恒主题。

黄老师以她对教育和文化事业做出的卓越贡献，成就了她作为北京师范大学资深教授、一代大师的光荣。以上我讲的这四个方面非常肤浅，难以表达对老师的崇敬和对其教育思想的理解，相信大家会在这个研讨会上，对“黄会林、绍武教育思想”做出非常深刻、精辟的阐释。我衷心祝愿研讨会取得丰硕成果！祝福我敬爱的黄老师、绍老师健康长寿，幸福永远！

黄老师的信念

中国艺术研究院研究员、原副院长　贾磊磊

尊敬的黄老师、绍武老师、各位老师上午好！很高兴参加这样一个高端学术会议。我们改革开放以后追随黄老师从事电影电视方面的研究，这些年感慨特别多。为什么选择黄老师的信念这样一个话题跟大家分享？因为在 2017 年《现代传播》第一期上黄老师带领她的弟子发表了《中国电影在周边国家的传播现状与文化形象构建——2016 年度中国电影国际传播调研报告》的学术论文，黄老师 80 多岁高龄依然在学术研究第一线，这是非常值得我们敬仰和学习的。支撑黄老师从事学术研究、从事教育工作、从事文化事业的究竟是什么？我觉得这是我们要特别思考的。黄老师 80 多岁高龄，在不知疲倦的工作、学习、研究，支撑黄老师的力量一定不是来自物质层面的需求。支撑黄老师从事学术、从事教育、从事管理工作的一个非常确定的原因就是她的学术信念。

黄老师的学术信念给我感触最深的，是她的学术取向是以国家的学术利益为研究的基本方向。黄老师这些年在影视艺术教育和学术界做了五件大事，每一件都锁定国家在这个领域的重要命题，每一件对中国电影电视教育都有开宗立派的建设作用，都在中国电影电视领域有开创意义。第一，黄老师创建了中国高等院校电影学博士学位授予权，这是高等院校平台首次创立电影学博士授学点，是特别了不起的一件事。刚才龙主任说“难能可贵，功德无量”。我觉得这是对黄老师特别中肯的评价。我们国家电影学的教育有几个特别突出的部门。黄老师率领的北京师范大学艺术与传媒学院，中国传媒大学团队和上海大学电影学研究团队，都是业内的顶级先锋。那真是群峰突起的年代。在这几位老师的带领下，我们的电影学研究在高校才从无到有。第二，2004 年我到北京师范大学开的第一次会是黄老师主办的关于电影学科建设的讨论会。那时候黄老师就提出要把艺术学从一级学科提升到学科门类。我们现在知道艺术学从一个一级学科变成了一个学科门类，把隶属于或者从属于文学的学术地位提升到国家学科门类的学术地位。艺术学的概念命名是在北京师范大学最先提出的，后来在国家学术评价体系里，黄老师承担了理清国家学术框架，建立完备的艺术学学科体系的重任。第三，黄老师创办北京大学生电影节。前五届我是评委，后来说 35 岁以下的人一律不许进入大学生电影节评委会，我就退出了。这是一个新鲜的有活力的评价机制，大学生电影节对电影评价是非常重要的，除了国家的、专业的和观众的评价之外，大学生、青年学者对电影的评价是独立的维度。这个维度区别于专家奖，区别于政府奖，区别于老百姓关注奖。这个奖的设立对于青年导演很有吸引力。第四，黄老师提出了“第三极文化”理论。这个概念命名不是说没有完善讨论的余地，但是黄老师在“第三极文化”里所植入的文化战略思想是国家文化的战略构想。习近平总书记到北大说了一句话“你们不要做哈佛第二，要做北大第一”。文化没有优劣，只有差异，我们在整个国际格局当中，自己文化的地位在哪儿？这是黄老师这些年做的特别重要的事情。第五，就是黄老师建立了中国文化国际传播研究院，中国文化走出去，我们要把外国人请进来，让外国孩子来看中国，让他们对中国有切身感受。美国有一位总统威尔逊，他退休以后以他自己的名义成立了文化研究中心。他说一个亲身到了美国的人，对这个地方的文化、风土社会有了基本了解之后，会增加这个地方和所到之人间的亲密性。所以，我们现在做了很多对外传播工作，把外国人真正请进来，拍中国，对我们深入了解。这对这批人的一生都有非常重要的文化影响。黄老师在这几方面做了非常重要的工作，这是我们要特别铭记的，确实是功不可没。

再有是我跟黄老师的亲身经历，2015 年我们到了英国马克思墓地，黄老师当时说了一句话让我印象特别深。她说我一定要看看改变我一生命运的人的墓地。我们去看只是当作名胜，多少有参观的感觉在里面。但是黄老师对马克思主义的信仰是支撑她学术信仰的根基，她参加过抗美援朝战争，用生命和鲜血为国家服务，这也是我们这一代人应当好好学习的。黄老师对我们的教育很深，我们衷心地祝愿黄老师学术之树常青，健康长寿！

追求美好事业的人永远最年轻

教育部社科中心基础理论处处长、研究员　郝清杰

尊敬的黄会林、绍武教授，尊敬的各位领导、各位专家，上午好！

很高兴参加“黄会林、绍武教育思想研讨会”，也很荣幸作为一个晚辈后学能够在这里发言。因为工作原因，这些年来我接触过社会科学领域的不少名家、大家，今年春节前后看望了几位八九十岁的老领导，今天又参加这两位年逾八旬老教授的教育思想研讨会，了解了他们在我国影视戏剧领域中做出的贡献，尤其是看到两位教授神采飞扬、朝气蓬勃的精神状态，感到由衷地敬佩和激动！油然而生这样一个感想：人的自然年龄无法抗拒，但人的思想可以永远年轻，追求美好思想和事业的人可以永远年轻！

为什么我会有这样的感想呢？一方面是因为这些年经历了各种各样的事，看到了各种各样的人；另一方面也在自己的专业研究领域做了一些工作。长期的实际生活与多年的专业研究共同促使我形成了这样一种认识。再详细一点来讲，一般人都喜欢看电影，尤其喜欢看经典电影。大家可能都看过电影《阿甘正传》，都会为智商只有75的主人公而喝彩。大家也可能都读过《阿Q正传》，都会为鲁迅所描绘的、我们每个人身上或多或少存在着的“阿Q精神”而感慨。为什么这些不同领域的经典作品能够共同激发人们的喝彩，引发人们的深思呢？我是从事哲学研究的，对影视戏剧文化和文学作品没有专门研究，但喜欢看看电影、欣赏戏剧、读读小说。我想，不同专业领域的经典作品，应该有一个共同的特征，那就是都能够给人们带来美好的思想享受，都能够共同推进美好的事业发展。对美好思想的追问，对美好事业的追求，恰恰是人类进步发展的永恒动力。这种思想追问和事业追求，在推动人类社会进步中会永远保持着青春活力，具有永恒的价值。再进一步讲，那些从事美好思想追问和美好事业追求的人，也必然会因为为人们提

供新鲜的思想、新颖的作品而与时代同步，得到社会的承认和人们的敬重。

黄会林、绍武两位教授经历丰富，专注于我国影视戏剧事业的发展，专注于对人类美好思想的追问，取得了令人敬重的成就，可以说是用从教几十年的实际行动推进了我国影视戏剧这一美好事业的发展，值得我们学习和敬仰。今天，我们在这里召开这样一个高朋满座的研讨会，特别是龙新民、赵葆华、周作宇、海霞、于丹等我们敬重的领导和专家都来参会，当然可以从各个角度来研究两位教授丰富的教育思想。但是，我想在研究这两位教授教育思想的时候，既应该深入进去，探索影视戏剧事业发展的基本规律，指导我国影视戏剧事业的新发展；又应该跳出来，从培育能够担当起民族复兴大任的时代新人高度，从中国文化走出去的高度，深入发掘他们教育思想的重大理论价值和现实意义；还可以跨学科研究，比如与我们哲学研究相结合，共同探讨一些感兴趣的话题，在不同学科的碰撞中产生出新的思想认识，激发出新的事业规划。这里我想着重谈一谈跨学科研究的问题，但不是要长篇大论如何开展跨学科研究，而是想指出一个大家可能都知道，然而常常忽略的事实，那就是不论你是从事哪个学科领域的专业研究，面对的都是同一个世界。不同的学科，分别从不同的角度来研究同一个世界。对于专业研究人员来讲，如黄会林、绍武两位教授，只要是在自己的研究领域不断前进，就可以站到我国影视戏剧领域的最前沿，得到最新鲜的思想认识，他们的思想因此也就可以永远年轻。我在前面提到的人的自然年龄无法抗拒，但思想可以永远年轻，就是从这个意义上来讲的。这恐怕也是专业研究人员所独有的一种人生乐趣。所有学科的最新研究成果汇总统一起来，就是人类对世界最新最全面的认识，可以指导新的社会实践，推进人类的进步事业。因此，我们可以说，为了科学思想不懈努力，为了美好事业不懈奋斗，把个体的生命融入人类思想的进步中，融入教书育人的高尚工作中，融入自己喜爱的专业研究中，那么，人生可以长寿，思想可以常青，事业可以长远！

如果大家还不太信服我经过哲学式的抽象论证而提出的这个观点，那么，请各位看看，黄会林、绍武两位教授虽然年逾八旬但神采奕奕，是不是因为投身到教书育人的崇高职业中而长寿？是不是因为有着对美好思想的不懈追问而思想常青？是不是因为有着对影视戏剧事业的不懈追求而影响长远？我想，通过今天的座谈研讨，大家一定会得出肯定的结论，收获很多有价值的思想成果。最后祝研讨会圆满成功！祝黄会林、绍武两位教授健康长寿，学术思想和事业追求永远年轻！

谢谢大家！

会林老师教育理念——育人大格局，着眼文化强国

国家电影审查委员会委员、著名剧作家、评论家　赵葆华

我和黄老师结识 30 多年了，深受黄老师人品人格的影响。从她和绍老师写《梅岭星火》的时候就景仰，当时我还是小青年，直到 1988 年 1 月我调到北京跟黄老师结识，当时我担任《中国电影报》常务副社长兼常务副总编。结识之后，黄老师的所有活动我都参加，给我一个强烈感受：黄老师身上创造了很多文化现象。首先她培养的弟子群星灿烂，多为文化艺术领军人物，他们中有龙新民、熊晓鸽、高峰、于丹、胡智锋、王宜文等，我不一一列举了。这成为文化教育现象，惊艳教育界，也惊艳文化界。另外，她创造的文化奇迹也不可想象。1993 年黄老师在北京师范大学艺术系，就想办大学生电影节，我也参与创办。当时我们在一个小小的教研室里头，我想这能成吗？办个电影节需要好多经费，钱从哪儿来？然而黄老师秉持她的开拓精神和对事业的执著坚守，就把电影节办成了。不久又创办了艺术与传媒学院，暮年时又创办中国文化国际传播研究院，2011 年又创办受到习近平总书记表扬的“看中国·外国青年影像计划”。从中国文化国际传播研究院的建立到“第三极文化”口号的提出，这一切都是现象级的文化奇迹。我一直在想，什么样的文化人格才能创造这样的文化奇迹、教育奇迹？黄老师的文化人格充盈着创造精神、奋斗精神、团结精神和梦想精神，这就是习近平总书记所概括的伟大的民族精神。

首先看黄老师的创造精神。英雄不论出处，英雄也不问年龄。不能因为到了耄耋之年就放弃，黄老师的精神是永不放弃。无论处于何时何地，都坚持敢于创造。创造性来源于哪儿？来源于她伟大的梦想：文化强国。所以她培养的弟子，有育人大格局，目标感特别强。正因为她有这样一种伟大梦想的精神动力，让她

产生了超乎常人的创造精神和奋斗精神。黄老师又特别能协调，当时创办大学生电影节，只有一帮小年轻，张同道是秘书长，我负责和电影局协调，最后在黄老师的统筹下，让梦想变为了现实，影响了全国高校。这不仅是观影活动，更是文化理想、文化精神，是大学生电影节的美学旗帜、美学主张。她不满足于让学生们局限在书本上，因此，大学生电影节给学生们提供了一个实践的基地，让学生们放开眼界，在实践中感受国家的文化需求、国家文化的精神走向。

因为年龄所限，黄老师离开了北京大学生电影节的岗位，紧接着又在中国文化国际传播研究院创办了“看中国·外国青年影像计划”。从2011年至2017年已进行了七届，拍出405部影片。2015年习近平总书记访问新加坡时高度评价“看中国”活动，已然让这个活动成为一个文化现象，这也是个文化奇迹。黄老师已经进入无龄感时代，所以我刚才说英雄不问出处、英雄不问年龄，不因为自己年龄大了放弃创造精神、放弃梦想精神。这是她能够不断创造文化奇迹、形成文化现象的精神源头与动力。梦想、创造、奋斗、团结，这些构成了黄先生和绍武老师的文化人格。因为有这样的文化人格，她培养出的弟子才能够学有所成，为文化强国贡献力量，成为学有所长，长有所建，有所影响的人物。我们感觉黄先生文化人格里面充满了一种民族精神，这是黄老师之所以能够创造教育奇迹、文化奇迹的根源。我作为她的小老弟，后学者，虽然不是北京师范大学的，但是也把自己看成北京师范大学队伍里的一员，积极参加黄老师举办的各种文化活动。这，皆源于对黄老师的热爱。

祝黄老师健康长寿，弟子行走天下，带出桃李灼灼！

艺术与传媒——一流学科的诞生

北京师范大学原校长　方福康

尊敬的黄会林先生：

您好！

在黄会林先生执教60周年庆典之际，谨向您致以衷心的祝贺与崇高的敬意！

提笔写这封贺信的时候，随即想到的一件事，是40年前“文化大革命”刚结束的时候，当时任北京师范大学党委书记的高沂说过一段话，他说，在“文化大革命”期间的这段工作经历，是他个人政治生活中最为压抑和不愉快的一段时间，但是在北京师范大学，有两件事情做对了，做好了。一件是支持黄会林老师、绍武老师写成了纪念陈毅元帅的《梅岭星火》，另一件事是支持了联合学校各系力量组成的量子力学小组，进行了基础理论的学术研究。正是以这两个事件为起点，经过了40多年的不懈奋斗，两个学科发展到现今都已成为北京师范大学的一流学科。我要感谢黄会林先生在北京师范大学文化与传媒领域创建与形成了一个崭新的学科。在黄先生的引领下，从中文系脱颖而出，将一个原是进行简单美术教育的艺术系，进行了彻底的改造。历经影视学第一个博士点的争取、北国剧社的创立、举办北京大学生电影节、田家炳艺术书院的建立、艺术与传媒学院的成立，现今又努力将中国文化推向世界，致力于中国文化的国际传播，凡此种种，每项成果，无不体现黄先生努力的心血与创业的精神，也组成了北京师范大学改革开放发展史中璀璨的一页。

黄先生令我十分敬佩的精神是敢于不断创新，并且孜孜以求、顽强坚持，直至取得最后的胜利。回忆与黄先生共同战斗的那些岁月，黄先生的战斗意志历历在目。在争取建立艺术学博士点的战役中，我们分析了北京师范大学戏剧、传媒学科的优势，在于其强大的中国文学的学术背景与研究传统，因此黄先生敢于在传媒大学、戏剧学院等一批传统艺术院校的包围中脱颖而出，争取获得了影视类的第一个博士学位点，也就是说北京师范大学艺术系的一个研究影视戏剧的团队在与传媒、戏剧院校的竞争中取得了先机，这个结果震惊了传媒系统的学校，也树立了北京师范大学在影视、传媒界的领先地位。另外，建造田家炳艺术书院大楼，创建北京大学生电影节，直至现在致力于中国文化的国际传播，每一件事，先生都是亲力亲为，精心设计。正是北京师范大学中同样具有创新精神的一批学科，包括心理、资环、系统等，与黄先生的影视传媒学科一起，在改革开放的时代里，建立了全新的面貌，撑起了目前北京师范大学一流学科群的半壁江山。

在建设北京师范大学一流学校一流学科的新时代里，敢于不断创新仍是发展的主旋律。系统科学近期对社会中信息的运动规律做了一些研究，其结果可能对传媒理论的探讨，对中国文化国际传播的研究会有所帮助。首先，一个结论是在社会生活中，由人类活动所产生的信息，包括文字、电信、数字、语言等形式，其信息总量是随着社会发展而不断增长的。这一点已经为人类社会历史发展的过程所证明，并且现今社会的信息总量大致以每年30%的速度在继续增长。这个结果对于判断文化融合论和文化冲突论的争论是有益的，文化融合显然高踞社会文化发展的主流地位，中国文化的国际传播终将会取得成功。其次，信息量的发展和增长，有几种基本形式，主要是三种，通过对这几种信息增长基本形式的探讨，大体上可以说明，在文化的国际传播中，由于其政治制度、经济背景、文化传统的不同，会产生传播过程中的困难与曲折，但最终会获得融合和发展。最后，对一些传播技术的特点也有所涉及，例如在西方传媒技术领域里被津津乐道的"议程设置理论"，不过是信息交换不对称性的一个推论。系统科学目前研究得到的一些结果，是十分初步的，随着以后我们合作的进一步展开，会得到更多有意思的结果，建立起我们的学术观点和体系，继续保持和发扬北京师范大学的引领地位。

最后，让我在这个值得纪念的日子里，再次致贺黄会林先生从教60周年庆典，并祝身体健康，阖家幸福！

要重视北京师范大学影视教育对中国影视文化建设的独特作用

中国电影家协会秘书长　饶曙光

我跟黄老师认识的时间很久。因为我1985年硕士研究生毕业后就分配到中国电影资料馆(直至2013年12月调到中国电影家协会工作)。最早的接触，是源于她去电影资料馆看片。20世纪八九十年代到电影资料馆看内参片、资料片，还不是一般的人能够去看的。我们那时候举办法国、日本、意大利电影回顾展，只卖团体票，而且要单位开证明才卖的，所以那时候好像是一种待遇。感觉在北京的文化圈里，你能有一套资料馆的票就是很牛的一件事情。中国电影资料馆还有一块牌子叫中国电影艺术研究中心，经常举办各种各样的学术研讨会，一来二去也就与黄会林老师熟悉了。在20世纪80年代末90年代初，电影研究还是一件比较困难的事情，那时候电视刚刚发展。

中国电影家协会成立于1949年7月，是先于新中国成立的一个协会。它作为文联的一个协会是新中国政协的发起单位之一。此外，当时的文化部艺术研究院有一个电影研究室，他们当时主办了《电影文化》杂志。1984年机构改革，把资料馆和艺术研究院的电影研究部分合并成立了中国电影艺术研究中心。这是一个专业的研究机构，再就是中国电影家协会和北京电影学院。20世纪80年代末90年代初，基本上就是这几家电影研究机构，他们有机会先于别人看到电影尤其是新片，能够有条件进行电影研究、电影理论批评工作。

从这个角度讲，当时黄会林先生转得比较早。我记忆当中她应该是80年代末就开始转向影视研究。夏衍当时是文化部主管电影的副部长，同时也是中国电影家协会第四届、第五届的主席。她通过夏衍能够有渠道了解中国电影。那时候，绍武先生和她创作了剧本《梅岭星火》，写陈毅的，是重大革命历史题材。应该说，黄会林先生首先有一个很好的基础和积累。转到电影研究，在综合性大学率先恢复艺术系，从事电影研究、电影教育，她应该是最早的，至少是最早的那一批人，而且是最早的那一批人延续时间最长、成就最大的。在之前也有过，四川大学有一位叫朱玛的老师，他在60年代写过电影讲义，但后来没有延续下来，电影圈几乎没有人知道。王一川他们上学的时候他都还带着做电影辞典，但是这仅仅局限在四川大学。

黄老师创办艺术系，然后又创办了影视系，就可持续地把电影研究进行了，用时髦的话说将电影研究进行到底。特别是在电影教育的开拓上坚持，不断扩大。这次戏剧影视学科的评估为A+，经费增加了三倍，办公场所增加了三千平方米，这都和她的开创性的电影研究和开创性的电影教育联系在一起。如果没有她的转向、坚守、开拓，我想北京师范大学戏剧影视学就没有今天这样的地位。

特别是她创办北京大学生电影节，说老实话，当时我们都觉得能搞成吗？都带有怀疑的目光。1992年那个时候，不是几个主要的电影单位就没有这样的能力和渠道把这个事做成。但是黄会林先生不是心血来潮，不是一时兴起。本来在学术上她有很长的积累。其实，现在搞电影研究的多数人是从两个方向转来的，一个是现当代文学，另外一个就是文艺理论。而真正学电影的人在电影研究上的成果并不很大，好多学电影的基本上就搞创作了。如果没有长期的学术积累，没有学术的训练、没有学术的功底，电影研究也深入不下去。刚开始从别的专业转到电影研究上都面临着一个很大的质疑，学院派的老说他们不懂电影，不懂电影本体。其实很长一段时间，包括我自己在电影资料馆很长一段时间，人家都觉得你们不懂电影，你们不是电影科班出身，你们的电影研究没有深入到电影本体，研究的不是电影。在20世纪80年代也有一个风气，一个响亮的口号就是“电影就是电影”。这当然有独特的历史原因、历史背景，因为“文化大革命”的时候电影完全变成了政治，电影本体完全变成了政治本体。所以那个时候最大的问题是电影要回到电影自身，因此电影的学院派对从其他专业转过来的人都有一个天然的、本能的质疑，就是你们懂电影吗？你们研究的是电影吗？你们能够深入到电影本体吗？这对于包括黄会林先生在内的学者，可能都是一个挑战。我自己感觉我们也有很长一段时间不敢随便发言，想要迅速地更多地看电影，更多地阅读电影，更多地分析电影，然后让自己尽快地掌握关于电影本体的基本知识。

就我的观察，黄会林先生有比较深厚的积累，也做了充分的准备工作。她原来做戏剧研究，同时也搞创作，有很好的电影研究的基础。同时我也发现，她主编了很多书籍，从不同的角度、不同的层面来对电影本体进行多方面的研究。原来传统的学院派认为的电影本体相对比较狭窄，就是电影技术层面的东西。说穿了就是电影的摄影、角度、场面调度、置景、光影等。确实，一开始搞文学研究的，人家讲这些概念能够把你吓住，你也不敢说话，因为你一说话人家就觉得你不懂电影。但是后来在电影行业多做几年，自然而然地就对电影本体的技术层面的东西，包括它的类型、样式、一些基本的技术方法、场面调度这些有了掌握。我们有些学院派把它说得太艰深。黄会林先生是特别善于学习的人，特别不耻下问的人，有好多次开会我发现她很认真地向电影学院的老师们请教基础性的问题。有这样一个非常谦虚的态度，再加上她深厚的学术功底，所以很快电影本体就不是问题了。电影研究一定要懂得本体，一定要有这样一个专业的把握和能力，但是不仅仅是本体。电影涉及很多层面，包括社会的层面、文化的层面、美学的层面，需要多方面、多学科的学术功底才能够做得更加深入。黄会林先生在这方面的训练就比我们更扎实，包括对中国传统戏剧、中国传统美学，以及现当代文学作品的阅读量，这些方面的知识让她迅速在电影研究当中获得了占领高地的能力。

现在有一个非常热点的话题，构建中国电影学派。黄老师在20世纪90年代初就致力于电影民族化的美学研究和建构。2018年是中国电影学派年，这是现在理论界最热最大的一个话题。90年代初，她不仅是提出来，还自己写了很多文章，编了一套书，致力于民族影视美学的建构。这得益于她丰富的电影之外的知识。我1987年在《当代电影》做了一年特约编辑，当时我主持了一个栏目就叫《电影之外》。为什么设这个栏目？当时我也是跟钟惦棐老师学的。钟惦棐老师让我去请当时的一些美学大师、哲学大师来讲课，比如说我专门到上来请王元化先生，他写过《文心雕龙创作论》，也做过上海市委宣传部部长。因为钟惦棐反复强调，电影研究很大程度上是“功夫在诗外”，一定要有哲学和美学的思维，你才能够把握电影的本体，才能够通过电影本体深入研究电影的方方面面。所以他说一定要有电影之外的知识，一定要读哲学书籍培养理论思维，一定要懂中国古典美学。以今天的标准看，钟惦棐先生确实有先见之明。

20世纪90年代有代表性的人物可能就是黄会林先生和她的团队，那一套丛书应该说在构建中国电影学派这样一个发展的历史长河当中，占有一个特殊的地位。那个时候她还没有形成主流话语。20世纪80年代，特别是1985年到1989年，中国电影家协会举办了多次电影大师研讨班，当时请了尼克·布朗等一大批美国学者。这些电影大师讲习班，也是我们改革开放以后发现我们对西方缺乏了解，觉得被西方拉下了很长的距离，因此我们如饥似渴，饥不择食，反正洋人讲的都是好的，都是先进的，都是先锋的。而我们原来的知识结构，也确实存在着一些问题。所以那时候我们一批人也是狂热地追随电影大师讲习班的理论，包括结构主义、符号学、意识形态分析、女权主义等深刻地影响了中国电影理论批评的进程。我自己在一段时间里，不仅是学习他们的方法和理论建构，甚至那个语句都是模仿他们的。这或许也是历史发展中不可避免的一种现象和表现。所以，到90年代黄会林先生提出构建影视民族化的时候，在整个电影理论批评界大家还不像今天这样有共识。当时还有人觉得她不是研究电影美学，不是电影研究的主流。

当然电影民族化的研究，20世纪50年代的钟惦棐先生、罗艺军先生他们也都在倡导。但是在90年代初那样一个普遍把西方理论当成先进的电影理论，甚至出现一些食洋不化的背景下，坚守民族文化主体性与民族文化立场是可贵的。在这样一个坚持当中凸显了一种文化自信。文化自信，我们提出来的时间不是很长，但是在她的所作所为当中，文化自信就融于她长期的学术方向坚持中。这一点上，当我们全面地回顾历史的时候，我们一定要客观公正，不能带有偏见，更不能贪天之功为己有。今天讲中国电影学派是历史的合力，具有必然性。在那个时候就致力于这样的学术方向和学术坚持，是有特殊的意义和价值的。在这一点上，我们应该给予更充分的历史的估量和评价。北京师范大学的戏剧影视学科有今天，有赖于黄会林先生和她的团队这几十年的坚持和开拓。

北京大学生电影节其实培养了一大批人，包括我自己，很多现在已经成为中国电影的中流砥柱或者说核心力量。因为我从第四届开始参与，连续参与了十多年。张建亚导演的《三毛从军记》在大学生电影节获奖，当时对这样一种风格和类型能不能得到观众的接受与肯定，他心里是没有底的。后现代的风格和技法让我们感到意外的欣喜，但张建亚导演没想到他获得大奖。黄建新的《埋伏》《说出你的秘密》那样一些影片在大学生电影节得到肯定的时候，对他的鼓励也是很大的。那时候还有一些不同的声音和说法，大家可以讨论和争论，甚至可以争得面红耳赤。大学生电影节，尤其是大学生观众群体，当时代表了青春、激情、学术，这对他们创作上的肯定是很大的。以后就越来越多了，我们现在导演群体、演员群体的核心、中坚力量，源源不断的新力量，都在这样一个平台上得到肯定，激发了他们的艺术自信，也张扬了他们的艺术个性。这是大家现在都看得比较清楚的。

大学生电影节这个平台也培养了一大批电影理论和电影批评人才，这一点大家谈得比较少。相当一批现在电影研究的中坚力量和活跃分子，他们在大学生电影节这个平台上得到了很好的积聚，很好的碰撞，很好的实现。就我参加那十多年一同走过来的一大批人，现在都是电影理论研究的大家或者电影批评的大家，在最近几届又有更多的电影批评的新力量参与。现在很活跃的人都是那个时候出来的，作为评委也好，作为学术论坛的嘉宾也好，他们得到了锻炼，学术才华得到了释放。平台的作用，我们任何时候、任何情况下都不能低估。

我个人觉得如果说大学生电影节有点什么遗憾的话，就是没有设立电影理论批评奖，因为这是一个很重要的层面。电影理论批评工作者也需要肯定，而且经常是在电影发展的关键时刻，还得靠电影理论批评，拨乱反正也好，拨开迷雾也好，或者调整也好，理论先行，才能将电影创作带入一个更健康发展的轨道。没有电影理论批评的引导，肯定是不行的。在我们诸多同仁的齐心努力下，在兰州曾经颁发过中国电影金鸡奖电影理论批评奖，但可惜就做过一届，成了绝响和绝唱。那次黄会林先生得了大奖，特殊贡献奖。我们一直号召要重视电影理论批评，但是缺少实实在在的动作，缺少实实在在的制度性、机制性的安排。1992 年金鸡百花电影节以后都设立有中国电影高峰论坛，但就是 2014 年那一年我们把这个优秀论文奖变成了理论评论奖。这在电影理论批评界引起特别大的反响，因为这也是电影理论批评界一个最高的荣誉和奖项，而且大家突然觉得搞理论批评也能获金鸡奖。它跟别的不可同日而语，可惜这是唯一的一届。

我现在兼任中国电影评论学会的会长，牢记创会会长钟惦棐先生的理念和重托，以及罗艺军会长、章柏青会长的不懈努力。在电影发展的关键时刻，一定要发挥电影理论批评的引导作用。理论来源于实践，但必须作用于实践，这个理论才是有效的理论，而不是空洞的理论。现在我们在构建中国电影学派这样一个历史的洪流当中，其实也有杂音，也有很多奇奇怪怪的声音。总觉得电影这个舶来品，都是世界性的、都是国际性的，干嘛一定要有中国特色？其实这些很大程度上还是受西方话语的影响。我们为什么要立足中国电影实践、立足中国电影传统，甚至更广义上立足中国优秀传统文化来建构中国的电影学派？因为只有这样才能为电影的发展开辟一个健康的通道，才能够在世界电影的话语之林有我们中国的声音，才能有我们中国的精神和中国的力量，才能够彰显中国电影文化软实力。所以我个人是坚定不移的中国电影学派的推动者，也尽其所能发出自己的声音。

最近我刚发表了一篇《钟惦棐与中国电影学派》，强调构建中国电影学派是一个历史性的进程，文章在电影理论批评界产生了较大的影响。如果我们从中国电影学派构建是一个历史性的进程这样一个宏观的角度分析的话，我们更要对 20 世纪 90 年代黄会林先生和她的团队所做的一些基础工作，他们在那样一个还不被广泛认同的背景下的学术努力和学术坚持，进行深入研究和充分估量。对任何一个事情的考察，我们都不能就事论事，都得要有一个宏观的审视，要在历史发展的长河当中对它的价值做充分的阐释。很多历史在场者未必能天天讲这些事，那么后来的学者可能不是很了解了，甚至张冠李戴，以讹传讹。所以对于历史，我们有必要把历史进程的各种各样的细节讲清楚、讲透彻。从这个角度讲，黄会林先生及其团队的学术努力给中国电影的健康发展注入了理论智慧和学术力量。

黄会林先生的电影研究、电影教育还有另外一个基本的特点——密切联系实际。电影教育就是面向学生，毫无疑问本身它有一个学术知识体系，或者说学科建设的问题；但是，更重要的是教给学生的这些学术知识体系能够跟实践发生关联，或者说能够直接参与实践，来反证你这个知识体系是有价值的，而不是空洞的。学校教育，我觉得最大的一个问题恐怕还在于我们在一段时间里比较注重学术知识体系本身的建设。那电影教育的针对性、实践性、有效性需要我们进一步思考和完善。电影专业出来的学生，或许与其他学科有点差异性，主要看他们毕业之后不管是在创作层面还是在研究层面，是否能够进一步释放他们的学术知识和学术力量。从这一点来讲，我觉得北京师范大学的影视教育应该是全国影视教育大体系当中做得较好的，比较注重联系实践，让学术体系跟实践发生关联，能让学生投身于实践。我个人觉得，这个我们还要进一步倡导。

现在大家知道，中国电影最大的短板就是人才短板。可能更多的人只看到导演、演员。电影作为工业，作为一个高概念的工业体系，它的方方面面，包括后期制作、化妆、服装、置景甚至后勤服务等，跟电影相关的几乎所有方面都存在着人才短板。包括我们电影理论批评人才的短板，包括电影教育人才的短板。因为电影教育是一个不断传承，同时又不断更新的过程。一代一代的教育能够延续，发扬光大，它首先要求教育者在传授这个知识体系的过程当中，更多地要把方法论和创新精神通过教育，在下一代教育者身上体现出来。从黄会林先生开始，到现在也已经有三四代了，要把这样一个传授教育体系的方法和创新精神如何不断地传承下去？从小的方面讲，它能使这个学科永远保持活力，保持其在这个领域的领先地位。从国家更宏观的层面来讲，我们中国的电影教育能不能够为中国的电影创作构造一个更好的电影文化环境和电影生态环境，这也是一个非常重要的问题。我经常在说一句话："观众也要从娃娃抓起。"我们的电影教育就是要让更多的年轻人有更包容的电影文化理念，而不仅仅是追逐市场，不仅仅是娱乐消费，甚至是娱乐至死。必须让我们的年轻观众，以及更年轻的一代观众，更深刻地理解电影本身，树立更健康、更具包容性的电影文化理念，使得电影消费更理性。

我一直有一个观点：一个国家电影艺术发展水平的高低，取决于它的整体性的电影文化认知和电影文化环境。我们现在有高原没有高峰，精品少，因为我们的电影工业体系不完善、有人才短板等，这些都是问题，但都是比较具体的问题。从一个更宏观的层面讲，中国整体的电影文化水平是偏低的，是有大问题的。这从更宏观、更本质的层面上制约了中国电影的发展，制约了中国电影能够达到的艺术高度、美学高度。我觉得这个就要通过我们电影教育体系不断地完善和创新来发力。当然这个发力是“十年树木，百年树人”，它不是一个立竿见影的事情，不是很快就见效的事情。做这个事一定要有习总书记说的“功成不必在我”的胸怀和追求。如果什么事情都想功绩算在自己头上，那就不行，那就是急功近利、政绩工程。要建设一个更加健康、更加包容、更加具有辩证精神的电影文化体系，真的是需要几代人的努力。我们现在的整体观众，大家都不满意，因为仅从《速度与激情 8》的排片比例高达 80％就可以看出问题来。这从一个侧面也证明我们的电影教育体系、电影文化体系有问题，市场只是一个突出的集中表现，根子上还是我们整体电影教育文化水平偏低，对电影文化整体性的认知水平偏低。而一个国家整体性的电影文化认知水平决定了电影整体发展高度，百年树人的工作一定要做，晚做不如早做，否则迟早会出问题。在这样一个问题上，千万不能有侥幸心理，出来混总是要还的。

我们经常羡慕伊朗，但说工业、说资本、说技术、说审查，伊朗哪一个都比我们差很多，但是人家可以拍出获得奥斯卡奖、金棕榈奖的影片。所以，从一个更高的层面讲，我们的电影教育还应该持续地发力。除了要跟实践发生关联，要能够能动地作用于实践，培养出更多的人才之外，我们还要从整个国家文化建设上，建设一个代表中国电影文化水平高度的电影教育体系。这个确实是一个长期的过程，黄会林先生用她的坚持、坚守、开拓、创新，已经在某些方面给我们做出了表率。“功成不必在我”，这些所有努力的过程，都在不断地给我们一个启示，就是我们要不断地拓展我们的教育理念，创新我们的教育理念和知识体系、方法，来建设中国的电影文化，构建中国电影学派。有了中国电影文化的高度，我们才真正能够有所谓的高峰作品。否则的话，我们认识不够高，仅仅认识到技术层面的问题、具体操作层面的问题，就无法解决世界观和方法论的问题。这个要靠我们的电影教育来完成，靠构建中国电影学派来不断实现，一点一滴，一步一个脚印。

现在中国有一千多所高校，但是这样一个真正有学术积累、学术积淀，同时又有学术传承、学术创新的教育体系，北京师范大学无疑可以给我们提供多方面的启示。事实上，北京师范大学的电影教育肯定跟北京电影学院不一样，北京电影学院要培养更多实用型人才。到现场就能够干活，那个也需要，也很紧迫，在某种程度上也是我们当前中国电影发展的一个主要矛盾。但从一个更宏观、更战略性的层面来讲，我们需要建设一个有高度的中国电影文化，构建富有包容性、影响力和传播力的中国电影学派。这是我们真正从高原走向高峰一个绕不过去的问题——从这个角度来讲，北京师范大学的电影教育理念，这些教育方法的创新，我觉得可能会给我们更多的启示。

黄会林与北京师范大学电影学的学科建设

北京师范大学教授　田卉群

以我的年龄资历是没有资格谈先生与学科建设的，但是在先生建立学科的那一年，我被推荐为硕士研究生，以学生身份师从先生，一直到现在我也没有离开过先生身边。直到现在，有任何问题，我第一反应都是找先生，我们解决不了的先生可以帮助解决。我等于是先生身边的一个见证人。以前看《人性的枷锁》里说人生当中织下的经线、纬线，织它的时候并不知道会做出什么图案，直到后来你才知道你每一天的工作都在构成一个宏大蓝图中的一部分。所以我自己个人感受是，跟随先生到今年(2017年)已经26年，这26年每一天的时光，先生自己心中都有一个大蓝图。她知道她自己要走向一个什么样的既定目标，她知道她要把这个学科带到什么样的发展方向，她知道她每一天的努力在当天看不到成果，但是在将来某一天回头看的时候，一定会发现它是一幅非常壮美图案中的一部分。所以我最钦佩先生的就是这一点，她能够把这样一个学科从1992年的6位老师、5

个学生，发展到今天一届 30 个本科生、100 个硕士研究生、20 个博士生。这样一个过程，几分钟的时间没有办法把它穷尽。但是我内心深处在想，先生以什么样的方式把这样一个学科从无到有带到今天？斗胆回望这幅图景的时候我总结一下内心的感受。

第一，两位先生有超越历史局限的宏大格局和视野。这一点在学科建设当中是非常重要的！这一点的形成跟先生自身的阅历以及由阅历而生发出来的坚定的信念密不可分。我们年轻人阅历差很多，在成长的过程之中，我们的信念也时时会动摇，这也是我跟两位先生学到现在也学不到家的关键原因。两位先生经历了半个多世纪的风风雨雨，他们信念如此坚定，他们超越历史局限性，有一个极其宏大的格局。当年北京师范大学、华东师范大学成立影视专业学科，在刚刚建设学科的时候，先生经常说那个时候很多电影学院的老朋友都说你们玩玩票就算了。到今天我们是“双一流”的学科，在学科建设道路之上跟随着两位先生，我们还是按照当年先生心目中勾画的蓝图扎扎实实走到了今天。

第二，先生在事情发展中有极为清晰的思路。我当年以一个小学生的身份跟随先生。1991 年我选修先生一门课，先生风度潇洒，气场强大，当时非常羡慕。很多同学参加北国剧社，但是当时我没有胆量参加。考研究生的时候就在想先生会不会收我？中文系的老师都觉得我比较适合学古典文学，但是我想去试一试。所以 1992 年 11 月我就战战兢兢拜访两位先生，没有想到两位先生把我收归门下，因此让我比其他学生多了半年学习时间。这半年的时间，我觉得把我在大学当中认为有缺陷的部分全部补上了，而且还不知道超越了多少。那时候跟随先生做了第一届大学生电影节、中外导演采访项目，还拍摄了一部校园电视剧，先生让我做编剧。这半年所做的事情对我来讲是全新的世界、全新的声音，我不知道学习还可以这样充满激情，还能做这样的事情。当时做一件事情只是以学生状态来完成，宜文后来多次跟我说咱们先生多有远见，现在我们看到这件事情的结果了。当时先生逼着我和宜文写教材，我们当时坐在集体宿舍里，用这么大点儿的小电脑写，先生就要求必须完成。我们参与编写学科第一套教材，直到现在还在用这套教材，20 多年还没有怎么修订。我们持续地接受这些事情，当时并不知道这些事情的完成是蓝图中的哪一部分，但是后来才发现每一件都是蓝图中必不可少的一部分。所以先生极其清晰的发展思路令我们非常钦佩。

第三，先生有事无巨细亲自动手的旺盛精力。先生做事情的细致程度也是我永远学不了的，我有时候还会跟先生抱怨，一个大学生电影节怎么全是这么琐碎的事。先生就坐在一个花坛上跟我说，我们就是要每一天每一天完成今天每一件每一件小小的事情。她说你不能像一个道家人一样，今天高兴明天就飘然远去。就像西西弗推石头上山一样，先生就是这样每天都在推着。我只是从我的角度向先生表示我的钦佩，表达我的敬意。直到今天这个学科有什么事情，三更半夜我也会直接找到先生面前。我们评“双一流”的时候有一张照片在朋友圈流传，就是在半夜的时候先生跟宜文站在教学楼下，三更半夜刚填完申报“双一流”的图表。这也是先生这么多年励精图治，从不放弃、从不远离的一个见证。

黄先生与一流学科的小故事
——中国文化国际传播研究院所开拓的事业

中国文化国际传播研究院副教授　刘江凯

先生、绍老好！各位领导、老师、前辈、兄弟姐妹们好！

我 2015 年有幸跟随黄老师在研究院进行博士后工作，加入到“武林门”这个亲切的大家庭里。我在办理工作调动的过程中，当绍老听说我可能需要赔付原单位一笔违约金后，当即表示经济方面如果有困难，他愿意拿出钱来帮我渡过难关。虽然事情并没有发展到那种程度，但二老的支持让我有了面对任何困难的底气。我想二老对学生类似的关心和帮助，在场的每个人都能回忆起许多来。

黄老师从教 60 年的历程里始终坚持“知行合一、践行学术”的教育理念，实在有太多精彩的故事和卓越的成就，作为入门很晚的弟子，我主要讲讲自己亲历的三个先生和一流学科有关的小故事。

第一个是关于一流学科评估的故事，发生在 2016 年 6 月中下旬。当时黄老师把我们几个人叫到了办公室，我记得在场的还有王宜文老师和樊启鹏老师。先生告诉我们到了戏剧与影视学科申报一流学科最为关键的时刻，这次申报对于北京师范大学戏剧与影视学科意义重大，艺术与传媒学院的各位老师们已经连续奋战了很长时间，做了大量的前期工作，但评估还需要完成一些重要的总结和案例，时间紧迫，需要我们共同参与，协助完成。当时的情况是，校领导会对所有参评学科的材料进行评估，并且协调和优化资源，以确保参评学科的绝对优势地位。有一件事我印象格外深刻：黄老师说在学科评估最为焦灼的阶段，校领导给她打电话，提出请她考虑将自己及所有材料转回文学院，确保文学院进入一流学科的最前列。我们都明白这个建议意味着什么。但老师的回答是：戏剧与影视学科是自己从零开始和老师们一起创建的，所以她想和这个学科一起面对教育部的学科评估。为了在规定的时间内完成好申报材料，黄老师和我们一起连续奋战，一天三班不分昼夜。说实话，当时的工作强度连我们年轻人都有点承受不住。我们奋战了一周以后，老师的身体其实已经非常不舒服了，但她为了让我们安心工作，只是说了句“我去沙发上休息一下”。当时我们都没在意，是李国芳老师突然觉得不太对劲，过去看了下老师，紧急请大夫到十七楼出诊，量了体温竟然发高烧到39度！我们都吓坏了，非常自责，觉得没有照顾好老师，担心绍老责怪。但绍老却一边照顾黄老师，一边督促我们继续安心完成工作，争取最好的结果。

第二个是关于国家社科重大课题招标的故事，发生在2016年8月。当时我在美国，老师在国内，罗院在欧洲，用老师的话讲，我们召开了一个“三极”电话会议。电话里老师恨不得把我们两个拎回去马上开始工作。我在美国就开始构思这个课题的框架，回到国内当天老师就和我们一起投入课题的申报工作中，连续召开两次专家指导会议，确定好总体思路后，又是连续十多个日夜的奋战。相信大家都体会过老师对工作的严格要求和精益求精的态度，我当时有一阵子写得有种想死过去的感觉，但看到老师亲自坐镇协同，我觉得自己实在是无脸有任何退缩的心理！如果我没有记错的话，老师这个重大课题应该是艺术与传媒学院第一个国家级社科重大项目，而重大项目对于一个学科或者大学的评估，都是非常重要的参考指标。老师经常和我们开玩笑说，她是用“压迫”的方式让我们成长。我的体会是：正是因为承受住了老师的这种高标准、严要求的“压迫式”考验，我们才能在这种历练中实现个人或集体的成长蜕变。

第三个是关于“看中国”申报教学成果奖的故事，发生在2017年7月至9月。

大家都知道，黄老师创立的“看中国”已经运行了七年，成为北京师范大学的一个重要的特色品牌，获得过习近平总书记的肯定，也是一流学科申报材料中四个典型案例之一。就在本周四，刚刚公布了这个成果获得了北京市教学成果二等奖。

可惜的是，目前对这个案例的学理总结和理论提升做得并不充分。因为是教学成果奖，就需要考虑“看中国”项目与影视教育的关系，总结和提升其中独特的教育理念、模式与价值等。经过与黄老师的反复讨论，我们认为“看中国”开创了一种“跨国界、专业化、合一式协同创新人才”的培育模式。我后来写了一篇论文探讨这种模式对传统影视教育的突破与创新：要点如下，算是抛砖引玉，请大家批评指正：

1. 首创了影视学科国际协同教育的一种成功模式。它以创建世界一流的中国影视学科为目标，突破传统影视教育的学科、学校、国家边界，应该是目前世界上唯一以中国一所大学影视学科力量为主导，具有国际化、连续性、专业化、影响大等特点的影视教学实践项目。

2. 开创了“跨国界专业化”教学理念、“纵横合一”式人才培养模式。它以“世界影视学科”的协同发展为目标，努力对专业教育、实践创作、人才培育、社会服务、国际交流进行创造性的跨界融合，从技术、艺术、文化等不同层面促进世界青年的纵横体验交流，帮助外国大学生主动“讲好中国故事”，促进中国大学生增强国家认同，探索了兼具世界性和中国特色、“知行合一”式的人才培育经验。

3. 积累了专业学科与国家文化建设、国际文化交流的深度可持续性发展经验。“看中国”在专注于影视学科人才和作品培育的同时，也兼顾了社会服务、国际文化交流的贯通与融合，是北京师范大学创建“双一流”大学进程中，一项突破传统教育框架、极富前瞻实验性、具有世界首创性的中国特色影视艺术人才培育模式。

当实践的步伐迈出了现有理论的边界，就会反转成为理论创新的来源。从“理想杯”“北国剧社”到“北京大学生电影节”和“看中国”，其中的宝贵经验都非常值得继续总结和提升。

以上仅仅是我来到研究院之后亲历的三个黄先生和一流学科建设的故事，当然也集中体现了老师始终坚持的“知行合一”的教育思想和学术理念。我们都是这种思想的亲历者、受益者，相信也会成为新的播种者。

谢谢大家！

道义赞——绍武、黄会林教授对北京师范大学“艺术学”学科教育的贡献

北京师范大学教授　梁　玖

尊敬的绍武老师、黄会林老师，各位尊贵的、友善的嘉宾，各位亲临的媒体朋友，我最亲爱的各位同门：

下午好！

很高兴在今天这样一个大日子里，自己能够又一次参加“武林门”大会。这不仅是春天的喜讯，更是中国艺术教育学界的历史性事件。的确，能彼此风雨同舟、携手走过60多年厚重钻石般生活的四季，并坚守岗位工作60年，是少有的美丽故事。清华大学有不成文之说——每个“清华人”要健康地为祖国工作50年，显然两位先生大大超标了。同时，也谢谢大会给予我这个说话的机会。

我是先生2003年的入站博士后，也是“武林门”34位博士后之一。我当年的到来，也就说明了北京师范大学艺术学科是全面的、立体发展的，因为我是学美术的。现在，我主要说三点。

一、导师的价值

首先，我要表达的一个观点，也是我的心情是——今生我有绍武和黄会林两位德高望重的先生，作为自己人生、学业、生活的导师，是无比荣耀的、不可替代的、幸福的事情。为此，我心存感念，我永远虔诚地祈祷我的这两位先生，身心健康，永享万福。

其次，是表达我的一个敬佩之情——“生无所息”。

子贡倦于学，告仲尼曰："愿有所息。"仲尼曰："生无所息。"子贡曰："然则赐息无所乎?"仲尼曰："有焉耳，望其圹，皋如也，宰如也，坟如也，鬲如也，则知所息矣。"

这一则故事讲的是战国时候的列子在他的《天瑞》篇中说：从前，孔子的学生子贡——端木赐，因为厌倦学习，便对他的老师孔子说：我想休息一下。然而，孔子却对他说："生无所息"——人生是没有休息的。由此，我不止一次地想到我们尊敬的绍武老师和黄会林老师，二老都早已经是耄耋之年，却还在为业而劳、为校而勤、为国而功。这种忠诚、敬业和奉献的精神，是值得我终生学习的。

由此，我们也可以看到导师们的敬岗爱业的高贵品质及其内涵。我认为，这是二老对北京师范大学艺术学学科教育的第一个重要贡献——职业生涯贡献精神。

职业生涯贡献精神=(体现在)仁德+爱业+引领垂范+人生尊贵+博爱亲和(这五大方面)。

不要说日常的工作贡献，就是绍武老师的《红军家族》下部的撰写，以及黄会林老师作为首席专家主持的"2016年度国家社会科学基金重大项目"《当代中国文化国际影响力的生成研究》，这些都是历史性的、不可替代的、具有标志性意义的事件和重要贡献。

最后，是表达我个人对二位先生的无比感恩之情。

有些历史总是会幸福地重复的。大家今天中午用餐所在的"实习餐厅"，也是我来到北京师范大学的第一餐饭之所在地，当时是先生请的。

中国古代教育史上第一篇教育心理专论《吕氏春秋·诬徒》中说："不能教者……见权亲势及有富厚者，不论其材，不察其行，驱而教之，阿而谄之，若恐弗及；弟子居处修洁，身状出伦，闻识疏达，就学敏疾，本业几终者，则从而抑之，难而悬之，妒而恶之；弟子去则冀终，居则不安，归则愧于父母兄弟，出则惭于知友邑里；此学者之所悲也，此师徒相与异心也。"

这是说不能教导学生的人有一种重要的特征，是只看到有权势的、富有的人，不看他们的才华，不考察他们的品行，就急忙赶去教他们，不仅迎合奉承学生，还担心巴结不上；对于那些平时操守美善、德行出众，见闻学识广达，学习聪敏努力，学业差不多完结的学生，不仅仅是压制、疏远、有意嫉妒厌恶为难他，还对他的事悬而不决。这使得弟子想离去，但又希望完成学业；可是留下来心绪又不安，回家又觉得愧对父母兄弟，出门也是愧见朋友乡亲，这就是学生的悲哀。然而，我要说的是，我从遥远的西南来到先生门下之前，与二位先生不曾有过交集，却得到两位先生不弃收为徒，并获得无微不至的关照、教导、提携，这一份人生的恩情，是无以回报的。这也是两位先生对北京师范大学艺术学学科教育做出的“有教无类”，以及实实在在践行“学为人师，行为世范”的典范贡献精神。

所以，我真诚地表达我的观点——绍武老师、黄会林老师，是当今伟大的导师。二老完满地做到了老师的职责，“使弟子安焉、乐焉、休焉、游焉、肃焉、严焉。此六者得于学，则邪辟之道塞矣，理义之术胜矣”。的确，通达事理的老师施行的教育，能使学生安心、快乐、安闲、从容、庄重、严肃。让人阳光，走大道。这六方面在教学中实现了，那么邪僻的路就堵死了，正义之道就通行了。2004年，黄会林先生获得北京市优秀教师奖，就是最好的证明。

我真是感恩我的先生们——我的每一位导师都是高山，令人敬仰。

二、文化领袖与人格领袖的意义

我总是认为每一位老师都应当是一位领袖——有思想、有引领、有担当、有方向、有仁爱、有情怀。

就北京师范大学艺术学学科教育的确立、建构、引领、发展、促进等方面来说，我认为二位先生都发挥了领袖的作用，才使北京师范大学艺术学学科成为中国高等艺术教育的高地之一。这集中体现在五个方面。

第一，是创基业。先生恢复性和奠基性地开创了北京师范大学艺术学学科拥有如今“双一流学科”的局面。这是许多人梦想都无法企及的创业性贡献。这一方面包括，最早开设《现代戏剧研究》(1980)，创作《虎将心行》(1979)、《故都春晓》(1979)、《艺海沉浮》(1981)等影视文学作品。第二方面，创建北国剧社(1986)等艺术活动机制与场所，创办“理想杯”大学生电影作品展播(1986)。第三方面，创立和建构了北京师范大学的艺术学学科教育阵地，创建艺术系(1992)，从零起点创建北京师范大学影视学研究与教育，建造“田家炳艺术书院”大楼(2001)，在这些筹备起来的软硬条件基础上，创立了包含当今艺术学门类各学科的教育与发展基座的北京师范大学艺术与传媒学院(2002)。所以，二老的贡献，不仅仅只是在影视与戏剧学科，而是在整个艺术文化学科上——而今艺术与传媒学院的七个系都是先生开创的，这些都是个人对学科、学校、国家做出的创立基业的开创性贡献。

第二，举旗帜。先生不仅构筑了北京师范大学艺术学科全面发展的基地，而且在学科建设上举起了影响深远的四面大旗：获批全国综合性大学第一个“影视艺术与技术”硕士点(1993)；招收全国高校首届影视教育专业本科生(1994)；获批中国高校第一个电影学博士点(1995)，并成为首位电影学博士生导师；积极建设获批全国首批艺术学博士后科研流动站(2003)。这让我们今天在座的不少同门因此而获得了人生的飞翔之力。从先生培养的硕士、博士与博士后将近150名的数字里，就知道这一份历史的分量、力量，与贡献的高度和辉煌度。

第三，亮明灯。先生不仅创办了延续至今的成熟的北京大学生电影节(1993，到2018年就达25届了)；而且，重要的是提出了北京师范大学艺术学学科建设与教育发展的总思路——“创建中国影视民族化与现代化”(1995)，使北京师范大学艺术与传媒学院电影学获批全国重点培育学科(2007)，并相继主编出版了多套著作，包括“中国影视民族化美学丛书”(1995)、“北京师范大学影视艺术学科基础教程系列”教材(1997)、“中国影视受众研究”(2000)，以及主持研究多项国家级或省部级重大课题，包括：主持国家艺术科学“九五”规划项目《中国影视和中国文化传统研究》(1997)、教育部人文社科基金“九五”规划项目《中国影视民族化研究》(1998)，担任教育部哲学社会科学研究重大攻关项目《中国艺术学科体系建设研究》(2007)首席专家。

第四，立路标。两位先生在2009年提出了“第三极文化”(2009)这一重要学术思想，创立以“第三极文化”思想为指导的中国文化国际传播研究院(2010)，还创办“看中国·外国青年影像计划”(2011)，并且启动“中国电影国际传播全球数据调研”系列研究(2011)，创立会林文化奖(2015)。这些众多的思想与作为，都为北京师范大学艺术教育学学科的发展确定了立体性、多元性的灯塔路标。

第五，兴盛家园。先生创立的北京师范大学艺术与传媒学院、中国文化国际传播研究院这两个艺术学术重地，不但为很多像我这样的人提供了职业生涯、学术生涯、人生生活的栖息之地、深耕之地、荣誉之地，更是为中国艺术学科的发展、为中国高等艺术教育的高品质建设，做出了一般人不可企及的智慧贡献。

我想，二位先生的人生有如此创世之功业，是值得骄傲、是值得赞颂、是值得铭记的。2016 年黄老师获得"北京市师德榜样"称号，就是最好的证明。

一句话，厉害了，我们"武林门"的导师。

三、我们的责任

回望跟随二位先生建设艺术学科教育的足迹，可以很明显地发现——"创办""创建""创立""第一""首位""首席"等都是重要的关键词，这不仅给我们做弟子的人做了很好的事业榜样、尊贵的人生高度、很好的工作路标，还揭示和指明了我们应该走的光明之路。所以，我们"武林门"各位弟子，当在先生们不断的教导下，好好地履行自己的人生职责，努力学习、勤勉工作、真实生活，不负两位先生的教导之恩。

只管一直走，"不用解释"，这是先生的教导。

最后，再次祝福我们敬爱的绍老师、黄老师，永远幸福！也祝福各位同门、各位来宾身心健康、快乐！谢谢你们的聆听！

固本清源，与时俱进——黄会林先生影视教育思想初探

南昌大学教授　沈　鲁

当代中国的影视艺术创作与影视文化产业的蓬勃发展，极大地促进了具有中国特色的影视教育与影视学科建设不断取得新成绩。从 20 世纪 90 年代开始，影视教育作为一门年轻的、锐不可当的新专业与新学科，为全国高校学科建设所瞩

目。除了传统意义上的专业院校，更多的综合性大学、师范院校都开始重视创建新兴的影视学科，广泛深入地开展影视教育和影视理论研究。在这一轮影视教育高速发展的浪潮中，尤以北京师范大学的成就最为引人注目，其影响力与示范效应也最为显著而深远。北京师范大学的影视学科起步早，起点高，成长快，于1993年就被批准设立了全国综合类大学第一个“影视艺术与技术”硕士学位授予点；于1994年招收了首届影视教育专业本科生；又于1995年经国务院学位委员会批准，建立了全国高校第一个影视学博士学位授予点，并有了影视学科全部覆盖的两个硕士学位点，被广泛称誉为影视学科建设中的“三年三大步”。也正因如此，作为百年名校的北京师范大学，如何能够迅速占领高等院校影视教育的制高点，走出一条既不同于影视专业院校的人才培养模式，又不拘泥于高校人文社会科学教学与科研的一般模式，具有可持续发展价值的影视教育成功之路？这已经成为国内影视教育界长久以来所津津乐道的一个热门话题和热点现象。

随着围绕这个话题与现象的各种探讨的逐步升温，聚焦于开创北京师范大学影视教育事业的拓荒领军人物资深教授黄会林先生，深入剖析以黄先生为核心的影视学科建设团队独辟蹊径的发展思路，并在此基础上管窥黄会林先生在实践中孕育而出的影视教育思想，这无论是对于回答国内影视教育界的“北师大现象”，还是对于前瞻国内高等影视教育的未来发展态势都是颇具启示意义的。

一、把握规律：高校影视教育需要独立的学科意识

回眸北京师范大学影视教育的起步，是名副其实的“草创”。当时的情况，简单概括就是“教室四处漏雨，设备完全没有，经费几乎空白，人员屈指可数”。这种“草创”期对于高校影视教育的一个重要影响就是常常使得影视教育总是有意无意地产生依附于某个较为成熟的学科体系来求得自身的存在与发展的办学思路。然而，在综合性大学或师范院校，那些较为成熟的专业与学科又通常已经形成了自己长期积淀而成的教学与科研规律，依附于这些专业与学科来办影视教育，从短期来看可以收到一定的效果；但从长远着眼，则是弊多利少，因为它不能体现

影视教育的“新”与“特”。

高校影视教育的发展最终要落实到影视学科的全面建设上。黄会林先生从北京师范大学规划艺术学科发展的全局出发，敏锐把握住了影视教育创建与发展的重要契机。尽管一切从零开始，但是不经历这一番固本清源，就不能为北京师范大学影视教育，乃至影视学科的建设找到一个良性的，真正具有可持续发展价值的生长点。从北京师范大学的影视教育及影视学科发展在起步之初就能够不断缔造辉煌的实践经验来看，最初就把影视教育放置在影视学科是一个独立的学科体系这个认识范畴之中的智慧，是最为关键的一脉伏笔。有了这一笔，方有了后来的浓墨重彩，华彩乐章。

黄会林先生早就指出影视教育及影视学科的建设有属于自己的教育规律，必定要开拓出一条符合这个规律的教学、科研与实践道路。本着这样一种思想原则，北京师范大学的影视教育高度重视专业教材建设。以黄会林先生为核心的学科建设团队，从影视艺术专业实际的教学情况来看，一致认为，能够为影视教学第一线提供具有可操作性的，大体上涵盖了影视艺术发展各个方面，而且能够及时反映最新研究成果的专业教材建设，应该也必须成为一件非常迫切的基础性工作。围绕这项基础性工作，北京师范大学艺术与传媒学院很早就已经重点打造推出《影视艺术学科基础教程系列》。这套系列教程，以鲜明的学科意识为核心，以服务教学为宗旨，内容基本覆盖了影视专业的重要领域，着力强调年轻的影视教育与影视学科的交叉性与前瞻性，摆脱一般经验层次的归纳与总结，在“史”与“论”相结合的基础上下功夫，力戒不着边际的空谈，为夯实影视专业教学的理论基石进行了一定程度的探索。这套系列教程以承担影视专业教学与科研的教师为编撰主力，在教学与科研实践的基础上，广泛占有资料，重视学生在教学过程中的能动反应与及时反馈，反复进行推敲修订。因此，材料丰富、视角新颖、架构清晰、个人理论积淀与教材特点相结合等成为这套教程的重要特色。同时，这套教程对影视专业的应用理论也有着深入浅出的系统阐述，具有较强的实用性和可操作性，拓宽了教材的适用面。

高等影视教育所需要的独立学科意识，不仅体现在夯实教学基础上的教材建设，还有另一个重要环节，即理论建设，这是助推高等影视教育进入发展快车道的重要支撑。对此，黄会林先生一直有着清晰的认识。尽管在专业创办之初，人才队伍与课程设置都处于相当捉襟见肘的局面，但即便如此，作为学科带头人和行政领导人的黄会林先生也从未放松过对专业从事教学与科研工作的教师们的科研要求。在黄先生的眼中，一方面看到了影视艺术事业发展异常迅猛，创作高度活跃的态势；另一方面又敏锐地感受到了力求从丰富多样的影视创作与制作实践中寻找学科发展的命题与理论建构的基点这一时不我待的呼唤。因此，北京师范大学的影视教育从一开始就要求在普及这项教育任务的同时，必须有意识地努力把现实的影视内容生产与传播的实践经验提升到理论范畴内，并积极服务于影视学科的专业教学。人才是成就事业的核心资源，北京师范大学的影视教育及影视学科的创建得益于黄会林先生不拘一格觅人才、用人才的人才观，组建了一支人员组成涵盖面广，有一定专业水准和较强理论思维能力的学科队伍。他们从各自以往的专业背景出发，在长期的教学工作、理论研究与实践的互动交流中，不断扩展了学术视野，增长了见识，积累了规模，从而进一步奠定了北京师范大学影视教育的专业性和权威性，使得影视学科影响力不断增强。

二、尊重现实：高校影视教育须有明确的培养目标

教育，说到底是为了培育人才，无论哪种层级和类型的教育都要把人才培养放在第一位，必须要有明确的培养目标，高校影视教育也不例外。

在黄会林先生的影视教育理念中，始终挥之不去的一个恒久话题，就是北京师范大学的影视教育及学科建设究竟要“举什么旗，走什么路”的问题。对此，黄会林先生的回答是“在实现影视高等教育的大众化的过程中，师范大学负有特殊使命。这个使命不是仅仅培养出更多的影视高层人才，而是要培养出可以在影视文化以及多个领域充当领袖或能够发挥重大作用的跨文化复合型人才，培养出具有实施基础教育和高等教育能力并重的现代影视教育人才。为此，北京师范大学艺术与传媒学院影视传媒系一直在积极筹划，谋求在北京师范大学的统一改革发展框架内实现影视教育层次性、系统性和综合性的结合，致力于包括本科、专科（高

等职业)、专业培训、研究生教育、留学生等多层次的大影视文化人才培养格局”。综合类高校(师范院校)的影视教育是一个依托于多学科背景的综合教育，不同于专业性院校的技能型教学，而应该是宽口径的理论素养与因人而异的实务型培养相结合。

清晰的人才培养目标，决定了清晰的学科建设思路，这种思路不仅体现在了教学领域，更影响着构筑影视教育及影视学科战略高地的科研与实践领域。鉴于北京师范大学是国内较有影响的知名大学，学科齐全，研究实力雄厚，黄会林先生对科研工作的一个基本思路就是，北京师范大学的影视教育必须建立在对影视新学科所进行的角度更新、程度更深的研究工作的基础之上。这实际上是对综合类高校(师范院校)影视学科的科研工作提出的一个相当务实的要求。

所谓角度更新，程度更深，不是口号，而是从现实国情出发的系统思维，这种现实国情包括现阶段国内高等教育的发展现状、国内影视产业的发展现状，以及国内人文社会科学的研究现状等。以人才培养目标为统筹，以现实国情为依据，北京师范大学的影视教育及学科建设大胆提出了一个以中国美学为支点，观照中国影视艺术及产业发展，总结其成功经验和失败教训，为建立中国影视美学体系而努力的科研设想。这个设想在20世纪90年代末就已经付诸实施，北京师范大学建立了“中国影视美学研究”课题组，从中国文化的基本精神出发，对传统美学进行深入的分析考察，从中国美学的特殊角度观照中国影视乃至世界影视，总结建立中国本土的影视美学理论。围绕“中国影视美学与传统文化”命题进行深入探讨，所取得的共识与研究成果集中体现为《中国影视美学丛书》，这套丛书有着鲜明的价值导向，既向悠久的中国文化传统寻求滋养，建立富有民族特色的影视文化主体，也体现了中国影视创作与生产今后的发展方向。

面对影视专业教学逐步走向正轨，影视科研进一步夯实了学科基础的良好态势，黄会林先生似乎总是感到影视教育及学科建设一定要有也应该有属于自己的独特培养环节，这个环节就是实践。“在实践中印证所学理论和知识的价值，学习实务操作的本领……一种学科自身良性循环实践操练的有效方式与途径。”正是这种“有效方式与途径”催生了北京大学生电影节——“架设起一座独特的大学校园与中国电影的桥梁；架设起一个独特的中国电影学术研究与中国电影文化展示的舞台；同时，也为本学科教学、科研提供了一方独特的宽广天地，业已成为广大师生深层融入社会不可替代的重要实践基地。”历时已经 20 多年的北京大学生电影节，无论是参展影片、参赛单元，还是主题设置、专题研讨，其丰富性与涵盖面都发展迅速，随之而来的是北京师范大学整个影视学科的整体影响力的快速成长，这既体现了高校影视教育及学科建设的与时俱进的创新能力，也进一步证明了影视学科的专业性。因此，可以说，大学生电影节在人才培养、理论科研、服务社会三个方面都达成了最佳的互动效应，堪称国内高校影视教育不可复制的成功个案，并将载入中国当代高校影视教育的发展史。

综上所述，黄会林先生的影视教育思想特别强调，规划并建立起一个拓展纵向的实践积累与横向的多学科交叉的综合视野，并在此基础上，努力实现影视教育及学科建设的人才创新与理论创新。

三、面向未来：高校影视教育须与时代要求同步

从 1992 年黄会林先生出任北京师范大学艺术系系主任，开始创建影视学科至今，北京师范大学紧紧围绕着影视教育及学科建设进行了大量的教学、科研与实践工作，已经形成了丰富的影视教学经验，注重理论联系实际，推出的影视专业课程与通识课程均在广大学生中获得了好评，为高校影视教育的学科建设做了大量扎实的基础性工作；已经建立了较为规范的影视专业课程体系，搭建了一个对影视学科进行多维观照的多层次教研与实践平台，取得了一批富有创意的教学与研究成果，产生了较好的社会影响，对国内从事影视教育及学科建设的高等院校提供了可资借鉴的宝贵经验与丰富启示。但是，作为高校影视教育及学科建设的领航人的黄会林先生一直坚持学科发展必须创新不停步。

从因应当下影视业的发展实际出发，黄会林先生提出基于多领域、多行业专业分工之上的高度社会化、集约化和团队化的倾向，敏锐的科技整合及转化能力，使得影视领域成为深度反映社会进步、时代进步的先导型产业形态。与之相对应，现代影视高等教育也将成为迈入知识经济时代和信息社会的急先锋，能够顺理成

章地优先应用于信息时代的新模式、新理念、新方法。由于在过去，黄会林先生就曾经表示过，她所认同的影视学科应该是立足国内而面向国际；既扎根高校又融入当今影视业的前沿动态；既强调理论创新，又注重密切与影视实践的互动联系。因此，“新模式、新理念、新方法”的提出，则更加表明黄先生对未来影视教育及学科建设的认识又有了一次质的飞跃，那就是在全球化的传媒时代背景下，高校影视教育的服务性质必须被进一步明确，要充分挖掘视听文化时代影视教育所担负的特殊使命与不可替代的重要价值。据此，黄会林先生提出了“突破教育时空”“建构数字化、影像化、社会化学习时空”等具有超前意识的影视教育观。

从北京师范大学作为国内高等师范教育的一面旗帜的角度考虑，黄会林先生又提出北京师范大学的影视教育不仅仅是培养出更多的影视高层人才，而是要培养出可以在影视文化以及多个领域充当领袖或能够发挥重大作用的跨文化复合型人才，培养出具有实施基础教育和高等教育能力并重的现代影视教育人才。这无疑是具有时代前瞻性和战略基础性的重要的影视教育观点。当前，中国已经步入新时代具有中国特色社会主义发展的历史阶段，建设创新型国家的发展思路已经迅速波及社会各个领域。在产业创新层面，集科技、文化、经济元素于一体的“文化创意产业”，已经并还将继续成为未来中国产业经济发展的最大亮点之一，持续引起各级政府部门、理论学术界、经济实体等的广泛关注。国家为促进文化创意产业的发展，近年来，不断出台了许多有关文化体制改革的新政策、新措施，进一步解放了文化生产力，努力推动文化创意产业成为新的国民经济增长点。

而影视文化产业一直以来都始终走在国家文化体制改革的风口浪尖上，对于国家出台的各项文化体制改革政策也尤为敏感。目前是中国影视业进入产业化、规模化、规范化时代的关键时期，也是成长迅速的高校影视教育在发展过程中的一个关键阶段，探讨文化创意产业与当代影视教育之间的互动关系，将直接决定我们的影视教育能否真正为“文化创意”这种新的产业形态提供一个高素质、专业化的创意培育阶层，从而影响到民族影视文化产业在激烈的国内国际市场竞争中可否立于不败之地，推出令广大受众喜闻乐见的文化产品。这些都是关系到文化创意产业与高等影视教育发展双赢的至关重要的问题，也是黄会林先生影视教育及学科建设思想的理论与现实意义的一次重要体现。

黄会林先生在2010年又提出“第三极文化”的当代中国文化建设与传播新构想，震动国际国内文化界和教育界，也使得黄先生的影视教育思想有了新的发展。提出“第三极电影文化”构想，旨在使中国电影真正成为“第三极文化”的重要载体，通过弘扬和传播“第三极文化”所代表的核心价值和民族精神，在提供休闲娱乐、审美愉悦和艺术享受中重塑全民族文化自信，建构社会核心价值体系。从某种意义上说，这个“第三极电影文化”的构想正是20年前黄会林先生主政北京师范大学影视学科建设时所提出的“中国影视美学体系民族化建设”命题，在国家政治经济与社会文化发展新时代的一次深化与升华。之所以要深化，是因为影视高等教育伴随着国家社会经济发展的整体转型升级，以及文化传承创新已经成为中国高等教育基本职能的“新常态”，所必须做出顺应这种发展趋势影响的新变化；之所以要升华，也是影视高等教育积极响应“创新、协调、绿色、开放、共享”发展理念，不断提升影视高等教育内涵，有效实施文化传承创新，夯实文化自信基石的时代需要。中国文化本身是多元文化和大一统文化的矛盾统一体。多元化和大一统都是中国文化的内在需求。对中国电影来说，不仅要面对中国国内多元文化的挑战，也要面临走出去、国际上多元文化的挑战。因此，中国的影视高等教育必须在传承民族传统文化、树立文化自信、提升文化鉴别力以及增强中国文化国际传播力等方面有新的思考和新的举措。“第三极文化”构想的提出为黄先生的影视教育思想在夯实国家文化软实力根基以及传播当代中国价值观这个战略新高度上注入了新活力，让我们看到了影视高等教育背后所深蕴的文化担当使命。

民族化：影视艺术的现实路径与未来目标

北京师范大学教授　杨乘虎

尊敬的黄先生、绍先生，各位师长，下午好！今天对我而言是人生中的重要时刻，我是两位先生的再传弟子，我的老师是胡智锋先生。

如习近平总书记所说，时代是出题人，我们是答卷人。几十年的跨度里，黄先生、绍先生一直在出题，也一直在答题。这些年来桃李芬芳，他们带领弟子和弟子的弟子们不断探索中国影视如何走民族化道路，以实现中国影视为世界影视贡献中国智慧。以前的活动里我没有认识到这个空间的独特性，但是今天上午聆听到现在，我一直看墙上的八句话，我忽然发觉它字字都在写两位先生的所作所为。爱国进步，诚信质朴，求真创新，为人师表，治学修身，兼济天下，脚踏实地，追求卓越。黄先生跟绍先生都经炮火洗礼，这样的爱国不是口头爱国，是真爱，是深爱。两位先生始终如一，一以贯之地将爱国情怀融入创作之中，融入学科建设、事业发展、学生培育中。这样的爱是大爱，培养出来的学生也将这份爱一点一点传递下来。我的导师胡智锋说过，在当代，黄先生的爱国情怀在师门中间要传承。

黄先生所做的一系列事情，极少数是在天时、地利、人和等万事俱备的情况下启动发展的，大多都是在条件极度不成熟，甚至是别人觉得不可能的前提下做到从无到有、从有到大、从大到强的。短短 20 年学院发展和中国影视学术发展，黄先生从“民族化”到“第三极”学术主张再到系统化学术理论，以及到今天教育思想、艺术思想和文化思想的荟萃，这种创新恰恰是中国影视坚定地走民族化道路最需要的。我在 2018 年作为一名新兵加入北京师范大学，也是不断地创新，不断坚定中国影视民族化道路的探索。

今天能够感受到的是先生这些年来所做的都是大事，先生一直在写一部大戏。绍先生的每部小说我都读过，满怀激情。黄先生每篇论文我都认真拜读，感受到黄先生每个夜晚在思考中不断追求中国文化的卓越。这其中有中华文化牢牢的确立，也有两位先生红色革命文化激情的点燃，还有当下中国走向世界、中国讲述国家故事的当代文明选择和创造。这样一种卓越的根基是持久的，而它的生命力也是旺盛的。所以今天能在现场，我特别自豪，我特别想讲，厉害了，我们的先生们。像我们这些当年散落在行业中间，人生方向不明，学术道路不清的学子们，走入中国影视的大江大河，就我们个体而言这是人生的幸运。我特别呼应同道老师的提议。现在是 60 年，我们感受到以前你们说最大的人生幸福是陪着你们慢慢变老；现在我们感受到的是先生们看着弟子慢慢变老。希望先生们依然青春永在，一百年再记发言！

黄会林先生对中国戏剧影视学科教材建设的贡献及影响

辽宁大学教授、艺术与传媒学院院长　庚钟银

我认识黄先生、绍先生应该有30多年了。记得20世纪80年代初，我在长春观看了两位先生担任编剧的影片《梅岭星火》，也读到了两位先生联袂编写的书籍《夏衍年表》。因为一部影片和一本书，我记住了两位先生的名字，虽未谋面，也算结识了。

21世纪初，为了考入崇敬已久的“武林门”内攻读博士学位，我曾在北京师范大学附近由地下室改建的小旅店里住了一个星期，静心应试。从小旅店里走出来之后，我的感觉是天色一片明亮，力量空前强大，而伴我度过地下室七天的恰是两位先生编著的多部书籍。其书籍中呈现出来的大气象、大格局、大情怀、大思想、大学问，对很多求学者产生的影响亦应是深刻的，对中国高等教育发展的影响无疑是长久的。

今天在这里，我想主要谈谈黄先生对中国戏剧影视学科教材建设的贡献及影响。

从广义上来说，我愿把先生编著的书籍都视为教材。它们的覆盖面广泛，涉及文学、戏剧，更指向电影、电视；有的属于核心教材，有的属于参考教材；既含文字类，也含音像类；不仅面向学界，更面向业界。可以说，先生从教60年，始终将教材编写视作自己教学工作的重要组成部分，不断推出具有基础性、知识性、系统性、前沿性、理论性、应用性、开拓性等特点的教材。早在1960年，黄先生就奉命参加过国家普教教材的编写工作。1975年她编写出《鲁迅生平与思想》《鲁迅谈自己的创作》，1980年编写出《夏衍年表》。其出版的《中国现代话剧文学史略》一书于1995年获第二届中国话剧研究优秀著作奖，《夏衍传》一书于1999年获中国首届优秀话剧文学理论专著奖。《中国现代话剧文学史略》是新中国第一部话剧史著作，被誉为“奠基性、开拓性”之力作。

20世纪90年代初，我国影视学科建设开始发力，先生在这其中厥功甚伟，尤

其是创办了我国高校首个影视学科博士学位授予点并出任首位导师，开辟了我国高校影视教育新境界。

提升学科建设层次，拓展影视教育范畴，需要教师，更需要教材。先生打通学科界限、打破学校界限地开展工作，自己带头著书立说，也不惜劳神设计架构、费力斟酌把关，率领校内外同仁共同编著教材，用先生的话来说，就是“我来搭台，大家唱戏”。

先生主持编著的教材，比如《影视艺术教程》《影视艺术学科基础教程系列》《经典名片解读教程》《电影艺术导论》《电影学导论》《电视学导论》《电视文本写作学》《中国电视艺术发展史》等，广受赞誉，有的被评为教育部普通高等教育精品教材，有的获得全国优秀教材一等奖，有的被出版社多次再版。

先生的教材编著工作与科研紧密结合，她主持的国家级、省部级科研课题，其成果不少转化为教材应用于教学。

1995 年，先生提出“中国影视民族化现代化”发展思路后，主编的《中国影视美学丛书》作为研究成果开始出版，并应用于为研究生开设的“中华传统美学与中国影视”系列课程教学。书中包括人、气、道与中国影视、情理论与中国影视、虚实论与中国影视、意象论与中国影视、气韵论与中国影视等内容，探讨中国传统文化蕴含着的影视美学元素，引发学生思考如何确立影视艺术中国学派。

围绕相关课题，先生还主持编著了《中国文化纵横谈》《中国古典美学范畴集萃》《中国影视与民族文化》《中国影视风格探索与实践》《中国影视美学民族化特质辨析》《中国影视受众研究》《影视学术前沿丛书》等书籍，这些书籍作为研究成果成为学生学习的重要参考文献。

先生的教材编著工作与业界实际紧密结合。先生一向关注影视业界发展新态势，出版的《影视戏剧艺术论集》《艺苑论谭——放言影视艺术民族化》等书籍大都是针对我国当下影视艺术作品见解独到的评论，无论是对学生还是对从业者而言，其精辟而富有理性精神的话语无不具有指导意义和启发价值。

先生的教材编著工作与国族形象塑造以及人类命运走向结合在一起。先生认为，西方国家，戏剧影视对于国民生活方式、价值取向、国威国力的形成，发挥了重要作用。坚持民族文化精华和传统美学的熏陶，建立富有民族特色的影视文化主体，将是中国影视艺术今后的发展轨迹。

2009年，先生提出具有建设性的“第三极文化”理论，该理论引发国内外多方位讨论，五年后，《第三极文化与中国影视民族化》出版。2012年以来，在先生主持下，《中国电影国际传播年度报告》连续出版。这些立足中国、放眼世界的书籍的出版，为我国“文化自信”“艺术高峰”理想的实现提供了宝贵的智力资源，开阔了弟子的学术视野，增强了门生的担当意识。

先生很是鼓励后学编著教材。梳理一下先生发表的文章，我们会看到有的是为后学出版教材作的序，序中所言贴切、中肯，饱含愿望。先生经常激励学生说：“我最大的财富就是学生，做学生的一定要超越老师。”

先生在多个领域进行了富有建树的开创性工作，是卓越的教育家、创作家、思想家、活动家、指挥家、实干家，是公认的大家。超越先生是不容易的，很多工作我们需要在先生的指引下去完成。我们应该牢记先生的教导，以军人出身的先生为榜样，为艺术、为教育、为民族、为人类，像战士一样冲锋向前！

谈黄会林教授的博士生培养

北京师范大学教授、艺术与传媒学院副院长　王宜文

尊敬的黄先生、绍老师，我首先代表已经毕业和在读的76位博士研究生向敬爱的两位老师致以我们的敬意！两位先生对我来说岂止是有恩情，我现在所有一切都和两位先生有关。我一直认为自己是一个挺鲁钝的人，在同门里面谈不上什么。我还在跟随两位先生读书的时候获得了自己的家庭，同门中有很多比我成就高，比我更早认识两位先生的，但我却自入学以后一直跟随老师身边，一直在先生跟前受教，不断成长，我觉得自己是特别幸福的人。

有一件事让我终生难忘，我还在读硕士的时候，有一次要给黄老师交一篇稿子。因为事先没有约时间，我随便找个时间就去了，还没有敲门，绍先生就开门了，说黄老师一晚上没睡，你把稿子给我吧。这个事情对我来说是非常刻骨铭心的，绍老师肯定是一直站在二楼窗口那儿看着，就等着我什么时候进门。从这里

我感受到很多东西。我觉得教育是关于爱的教育，不管是幼儿园、小学还是博士生，我感受最深的就是两位先生对国家、对民族、对中国文化、对教育事业、对学生的爱，这是我本人需要特别学习的。也因为有这件事情，我相信一些事情是存在的，也一直是我的支撑。

作为先生第一届博士生，我和两个师妹来到先生当时的住所，很简陋，但是永远有很温馨的回忆。我们这些弟子在导师引领下开启了一段新的人生道路，之后每一年夏天都有来自中国和世界各地的学子们来到两位先生身边接受教诲。作为中国高校影视学科第一位博士生导师，黄先生倾注了大量心血，培养了 70 多位博士生，这些弟子大都成为学界、业界各级管理部门、文化机构骨干人才，对中国文化艺术发展、戏剧影视事业、应试教育和学科发展做出显著贡献。饮水思源，感怀两位先生的培养之恩，也借会议之机梳理一下我体验到的先生培养博士生的特点。

读博是人生格局的熏陶和提升，这是我在读期间以及更长时间与导师相处过程中深刻体会到的。现在我们经常提到对国家、民族的责任感和使命感，这句话常常被人挂在嘴边，但是我认为很多时候都不走心，甚至就是一句套话。我相信这句话，而且感觉到真的有人踏踏实实践行着是从两位先生这儿开始的。对他们来说这不是说给别人听的套话，而是他们的人生信念。为什么提出中国影视艺术民族化理论，为什么提出“第三极”，为什么 80 岁高龄还不遗余力世界各地奔波推展“看中国·外国青年影像计划”，让世界了解中国？因为先生有自觉的使命感、责任感，始终站在时代、民族的高度自觉甚至充满焦虑地思考国家和民族的问题。“第三极文化”理论的提出就是基于这样的文化焦虑和思考。当时绍武老师非常激动的表情，对时弊的忧虑、焦虑现在还在我眼前。两位先生能够在政党和国家尚未清晰提出表达新时代文化自信、文化自觉这一理念的时候就提出了“第三极文化”的理论构想，凝聚了两位先生一直以来的文化焦虑和文化思考。

很多人钦佩先生，不管是构建影视民族化理论、“第三极文化”理论还是“看中国·外国青年影像计划”，总是引领文化之先，我感觉这就在于这种责任感和长期思考，并且付诸行动，知行合一。“为什么我的眼里常含泪水？因为我对这土地爱得深沉。”诗句字面直白，但内涵深重。这可能就是黄先生、绍先生一代知识分子的写照，也是两位先生言传身教给予我们最重要的教诲和启示。

黄先生不仅注重对自己的弟子进行中国文化传承教育，而且每年给全体博士生开设中国文化传统美学课程，精心组织，事必躬亲，目的就是给艺术学科学子们铺垫下良好文化根基，提升文化格局。这个课程获得我校人才培养特等奖。

博士生教育是一种“知行合一”整体素养的锻炼和养成。两位先生在学术研究、艺术创作、管理统筹领域卓有成就，培养学生方面因材施教，积极鼓励创造条件让博士生参加学术研究、社会服务、国际交往、行业实践等，全方位地进行能力训练与提升。今天在场和不在场的博士们呈现出十分丰富的发展态势，既有国内著名文化学者，又有杰出的艺术家、影视导演，还有众多出色的文化事业家、行业管理者等。黄先生的教育理念是开放的、包容的，注重理论和实践的结合，服务于时代和国家需求，她的人才培养理念十分丰富。长期人才培养过程中积累的丰富经验，形成了完整的理念和体系，是两位先生教育思想的重要组成部分。

谢谢两位先生，再次感恩！

大音希声，大象无形——黄会林先生博士后教育理念研究

浙江传媒学院教授　卢　炜

黄会林教授自2000年开始招收指导博士后，是我国第一位高教系列博士后工作站导师。黄先生投身博士后教育近20年，培养出34名博士后，遍布全国各地，均已成为影视高等教育的骨干精英。这自然得益于恩师的传统而现代、严格而宽容的博士后教育理念。可以说，黄会林教授既是我国影视传媒学科专业的垦荒者、开拓者，也是播种者、大成者。

博士后教育不是传统意义的教育，不属于学历教育范畴。面对异于学历教育的博士后教育，面对新兴的传媒影视领域，黄会林教授坚持继承和创新两翼齐飞的思想，秉承传统教育的先进理念，又不拘泥于传统教育的方式方法，勇于创新，积极探索现代乃至未来的教育思想。

一、传统而现代的教育思想

黄会林教授博士后教育思想首先从规范入手，坚持传统硕士、博士教育培养路径和标准。在博士后研究的选题、开题、中期检查和结题答辩等全流程中强调过程管理、结果导向和标杆意义。

博士后结题报告和博士论文有很多相似之处，大多数同学刚完成博士论文的写作和答辩，容易疏忽或者放松。黄会林教授明确指出博士后工作站出站报告和博士论文的不同：选题意义和研究视野要高于博士论文，要有更多面向当下、面向未来的学术职责，更要有皓首穷经、孜孜以求的学术探索。

一语惊醒梦中人，黄先生在和颜悦色的谈吐中明晰了博士后出站报告和博士论文的区别，同学们在博士后出站报告的选题上都有现实视角的转向，有更多的社会主流价值关注度和更深的剖析现实的锐度。

二、严格而宽容的教育思想

博士后为非学历教育，入校的同学基本已是人到中年。在家上有老、下有小，在单位也是教学骨干或学科带头人，在博士后工作站时间有限，导师耳提面命指导受限，不像全日制同学那样有充裕的时间和精力。

黄会林教授一方面严格博士后工作纪律，严守出站报告学术质量；另一方面放松对博士后同学的日常行踪管理，理解这些中年学生的现实问题。黄先生的宽容绝不是放纵，而是更加自由的学习教育。黄会林教授博士后工作指导不拘泥于学校课堂，不局限在定时定点，而是利用不同形式，多种方法，在日常交往和媒介传播中完成，在风轻云淡中实现对博士后的全程指导。

形式自由绝对不意味着标准降低，相反，黄会林教授对博士后出站报告坚持学术高标准，绝不让步和松懈。她有句口头禅是“严是爱，松是害”。

总之，黄会林教授在博士后工作指导教育中举重若轻，高瞻远瞩，针对博士后学生特色，因材施教，成果丰硕。

关于黄会林的人格教育思想

上海戏剧学院教授、研究生部主任　厉震林

1990年初秋，我有幸忝列黄门，从此命运有观。我在《集体有意识和集体无意识》一书后记中写道：

自从1990年改行攻读文学硕士以来，迄今已经十七年了。当年从山东大学经济学系卸任四年教职，到北京师范大学重新成为学生，至今记忆清晰。那是一个黄昏，我从济南登上了赴京的列车，行驶在华北平原的千里沃野之中，一轮火红的落日，悬挂在地平线上，似乎在向我们报以最后的祝福。我和师弟王宜文坐在窗口，呆呆地望着，似乎自己的心情也融入了那一片火红之中。整个晚上，我们彻夜无眠，陶醉着秋日晚风一直坐到了北京。

对我来说，在从事了八年经济工作以后，终于可以学习心爱的艺术，内心的兴奋不言而喻。

因此，那个黄昏，深深地铭刻在我的情感记忆中，成为我生命的“形式造型”。

当年，黄会林教授招收了三个硕士研究生，其中，两个是济南的考生，我是山东大学教师，王宜文是山东建筑材料工业学院教师，还有一位师妹是北京师范大学的应届毕业生。

从北京师范大学获得硕士学位以后，我来到了上海戏剧学院任教。阔别江南多年，我又回到了故乡浙江旁边的都市工作，心里确实感慨颇深。

我的恩师黄会林教授，是我艺术生涯的领路人。没有她，我真不知道自己现在会是怎么样？也许还在从事经济工作。因为此前，我曾经报考过北京一所戏剧艺术院校的硕士研究生，初试考了第一名，而且是唯一一位上线的，后来阴错阳差竟然没有成功，原因是跨专业报考，从经济到艺术，跨得太大。因此，第二年报考时，我心里犹豫了，是否会重蹈这种宿命？我就给黄老师写了一封信，说明了自己的情况以及担忧。黄老师给我回信，只要符合国家的分数线，她就会要。

当时，我的眼泪都快流出来了。

应该说，一个人跨专业报考，需要付出很大的勇气和代价。他是因为真正热爱才来报考的，而热爱，是事业成功的基础，因为热爱，他可以不计辛苦，因为热爱，他可以乐不思蜀。当时的经济专业，是一门显学，而艺术相对比较冷清，从热门的经济专业改行到已经逐渐地边缘化的艺术专业，正是出于一种真正的热爱啊！

我记得当时考上艺术专业以后，我到我大学同班同学家里玩。他当时是国务院机关事务管理局财务司的一位处长，现在是国务院机关事务管理局房产管理司司长。他跟我说，你学了这个专业，以后怎么找工作啊？我只是莞尔一笑。

它的原因同样非常简单，因为热爱。

我不能说当时这所戏剧艺术院校的老师缺乏眼光，但是，他们确实忽视了热爱在事业中的巨大原动力和冲击力。

从北京师范大学毕业以后，我仍然和黄老师保持了较为密切的联系，一直受到她的教诲和鼓励。有一年黄老师来上海过年，千里迢迢从北京给我母亲带来了一双保暖鞋，至今让我和母亲备感温暖。

目前，黄老师仍然担任北京师范大学这所中国第一流的著名高等学府的艺术与传媒学院院长。像她这样年纪，仍然担任如此重担，恐怕在全国也是罕见的吧？现在，她又在百忙之中拨冗给我写序，我只能说大恩不言谢。

此文写于 2007 年，转眼又过去 11 年。此间，黄老师变化不大，依然是挺拔的身材，匆忙的身影，朗朗的笑声，而我已是华鬓初显，心态静和。

作为第五届硕士研究生，黄老师对于我、宜文和尚伟来说，不仅是授业恩师，更是人生恩人。宜文和尚伟因为同在黄门攻读学位而相识、相恋，喜结幸福伉俪。

对我而言，一是黄老师给予了我从事文艺的职业选择机会。我原来从事经济工作，在山东大学教授《国家预算》《财政政策与法规》等课程，第一次报考北京地区一所戏剧院校的硕士研究生失利以后，压力很大，系里同事颇有议论，说一个搞经济的考艺术类研究生，专业相隔十万八千里，人家怎么会要呢。当时，经济学系领导找我谈话，说现在系里师资紧张，还是考本系在职研究生吧，山东大学也是一流名校，只要外语、政治过了，专业保你通过。我还是想报考艺术类专业，默默地选择报考学校和导师，最后确定目标是北京师范大学和黄老师。我惧怕重蹈覆辙，就向黄老师书寄一函，并顺利幸忝黄门，内心感激无以言表，在济南城里狂骑自行车兜圈，颇为"春风得意马蹄疾"。没有黄老师，也许我至今还在经济学界伤怀，遥望着文艺界。

二是黄老师给予了我从事文艺的职业工作机会。黄老师为我小著所赐序中写道：

> 期间有一件事，给我留下十分深刻的印象。那就是对于每一位都是至关紧要的毕业分配问题。这意味着关乎个人一生前途命运的抉择与确定。作为导师，当然也是在这一时段非常关切的事情。当我得知震林已被国务院发展研究中心选中时，心里特别为他高兴。出乎意料的是，他很快找到我，表示想要放弃这个机会；因为年过花甲的老母亲身体不大好，他本已长期不在老人家身边，心中一直为此感到不安。现在学业将成，最大的心愿就是回到江浙，以慰慈母远念。平时，关于家庭生活，我们交谈不是很多；只是知道震林每逢假期，必定回杭州探望母亲。如今，听到他毅然放弃被多少同学羡慕的岗位，我真的为他赤诚的孝心而感动。因此，也特地通过好友丁罗男教授，向上海戏剧学院作了推荐。而当年，他竟成为上海戏剧学院唯一引进的硕士，从此开始了他担当艺术专业教师的生涯。

诚哉斯言，没有黄老师，就没有我在上海戏剧学院的发展机缘，并在上海生根发芽，娶了上海太太，生了宝贝女儿，三十多岁晋升教授，历任上海戏剧学院教务处处长、研究生部主任、电影电视学院院长，出任上海市宝山区文化广播影视管理局副局长、上海市浦东新区文化广播影视管理局副局长，现任上海市政协常委、民盟中央宣传委员会副主任、民盟上海市委常委。

三是黄老师给予了我从事文艺的职业发展机会。黄老师德隆如天，登高一呼，数个全国学会赫然成立，旗帜猎猎飘扬。我也有幸编入其列，蒙师之荫，融入全国学术界。

如上所言，职业的选择、人生的机缘和事业的发展，饮水思源，其恩皆源自黄老师。教育的最高境界，乃是恩泽于人，使人人生幸福。黄老师就是这样一位播撒幸福予学生的最高境界的教育家。

黄老师的教育思想，同门该有综合和专项的阐述。此文，我表述黄老师的人格教育思想。近年，人格教育已成高等教育关切重心，上海交通大学甚至明令学生获得"人格证书"方予毕业，上海戏剧学院校训乃是其首任院长熊佛西的"人格语录"：

> 培养人才的目标，我以为，首先应该注重人格的熏陶，使每个戏剧青年都有健全的人格，是一个堂堂正正的"人"——爱民族、辨是非、有情操的人。然后，他才有可能成为一个伟大的艺术家，所以本校的训练的体系，不仅是授予学生戏剧的专门知识与技能，更重要的还是训练他们如何做人。

对此，我在为中共上海市委宣传部文艺评论培训班授课时也有如下论述：

> 评论成为受人尊重的职业，如何做？评论不仅要有专业性，还要有文化的品格。基础阶段就是拿到一个"上岗证"，掌握影视评论的技术，但要成为一个优秀评论家还需要文化素养，要成为大师型的评论家更要有人格魅力。要成为大师，肯定需要包容。梅兰芳能成为大师，就因为他吸收能力很强。现在有些搞文艺的人有一个缺点，就是互不容人，互相瞧不起，这个人格状态就有点问题。目前，好多人拍片拍得不错，但就是成不了大师，可能就是缺少人格的层级。从事评论工作也有这方面的因素……要从技术到文化再到人格的逐步升级。

从技术到文化再到人格，是一个人不断修行、渐臻天悟的过程，包括对人生和世界的透彻感悟，怀抱仁爱情怀、忧患意识和同情心，具有高品位和正能量的精神等级。黄老师一直倡导人格教育，我自己从黄老师那里，学到技术，感怀文化，体悟人格。黄老师的人格教育思想，未必系统呈现，却是散布在她的日常教学、科研、演讲、交流以及生活之中，点点滴滴，闪烁成河。具体而言，可以“言传身教”表述，由此获取和感悟。

“言传”而论，第一，“学做人，学艺术”。入学报到，黄老师首次约见我们是在一个夜晚，我、宜文和尚伟端坐小书房，黄老师开头第一句即提她的教育理念：“学做人，学艺术。”她说，首先是要做一个好人，然后再做一个好艺术工作者。道德文章，道德在文章之前，说明了道德的重要意义和价值。它渗透于文章之中，使文章有所附丽，文章成为一种道德的倾诉和表白，文章的力量在于道德的力量。这种道德情怀，表现为一种仁爱思想、忧患意识、负重前行及其哲学品格。由于是首次聆训，对于我们是醍醐灌顶，“学做人，学艺术”也就成为我们人生的座右铭。那个夜晚，月明星稀，教诲声声，成为永恒记忆。

第二，“不能迟到一分钟”。黄老师在小书房为我们授课，有《中国现代文学专题研究》《中国现代戏剧专题研究》，行课之前，约法三章：上课不能迟到一分钟，否则，门口罚站五分钟。黄老师说，她是军人出身，在战场上迟到一分钟，就有可能导致牺牲，时间就是生命，授课而言，迟到一分钟就要浪费别人一分钟，乃是损人害己，这是不能允许的。由此，两门课程均不敢迟到，至今做事也少有迟到。

第三，“一个对母亲很好的人，大概不会太差”。毕业之际，在外远游十余年的我，在黄老师的郑重推荐之下，回到家乡附近的上海工作，目的是为了更好地侍奉母亲。此时，黄老师说了此话，后来又多次说了此话，使我温暖，也使我长思之。

“身教”而言，首先，黄老师母亲在“文化大革命”以后从香港返回上海定居，黄老师、绍老师、方红姐姐候鸟似的每年除夕之日准时自北京抵沪，陪伴老人欢度新春，直到大年初五返京；黄国林、陶玉玲老师兹日到达“接棒”，元宵节后回京。他们在北京也有家庭，也有拜年应酬，但是，年年远赴上海陪老人除旧岁，一年两年也许不算啥，十年几十年如此，时间的力量就很震撼了，人格的力量感动了所有知晓的人。老人92岁过世以后，黄老师又每年清明节赴上海扫墓。颇为有缘的是，老人和我岳父同在一个墓园：上海郊区青浦区的福寿园。这是上海较为高档的墓园，称为“人文纪念公园”，长眠着数百名著名政治家、企业家、科学家和艺术家。清明时节，福寿园前后形成巨大的扫墓大军，车流绵延，人潮如织，从上海市区驱车前往，不耗费五六小时实难以抵达。如此，黄老师仍是千里跋涉而来，祭扫结束马上归京，一天时间京沪往返。此时，黄老师也已不年轻，望着她疲惫又满足的表情和身影，我的心里总是酸酸的。这是一幅多么美丽的人格图景啊！

其次，黄老师在沪期间，有时我会跟她聊起我的母亲，说她身体其他均好，就是脚有点问题，由于痛风偶尔走路不便。一年春节来沪黄老师竟给我母亲带来一双包装体积很大的保暖鞋。体积如此之大，在列车上拎上搬下，携带该是多么不便。我母亲一到冬天就穿这双保暖鞋。保暖鞋，既温暖了母亲的身体，也温暖了我们母子的心。

黄老师的人格教育思想说不完、道不尽，我只是撷取了几个典型而又感性的案例，并非是系统化和理论化的。我想，人格并不神秘，也非高不可攀，如同星云大师的人间佛教思想，认为人人都是佛，做善事就是佛。人格也是如此，从一点一滴做起，积善成塔，光泽社会。这就是黄老师的人格教育思想给予我的重要启示。

呼唤人格度化心灵的教育思想

香港沙龙电影总裁　马润生

在联合国教科文组织总部镌刻着：“战争起源于人之思想，故务须与人之思想中筑起保卫和平之屏障。”这个屏障就是教育！黄会林教授、绍武教授就是在这个神圣的教育事业的路途上，辛勤耕耘，默默奉献，开拓创新，砥砺前行。在中华民族伟大复兴跨入习近平中国特色社会主义新时代的今天，召开“黄会林、绍武先生教育思想研讨会”十分重要，非常及时，具有一定的历史价值和深远的时代意义。

我是黄会林教授的第一批博士后。现就黄会林教授、绍武教授的教育思想简要概述如下：

一、呼唤人格：敢为人先的首创精神

30年前我还在中央戏剧学院读书的时候，受时任导师俪子柏教授的指派，到北京师范大学北国剧社，担任导演排演奥尼尔话剧《天边外》。在北京师范大学这个百年校园里，我认识了黄会林教授和绍武教授。

活跃于北京师范大学30余载的北国剧社，虽然只是一个业余的学生戏剧社团，但在中国戏剧历史上，却创立了两个“第一”：新时期第一个高校学生戏剧团；第一个被写进中国戏剧史的当代学生业余演剧社团。在校园戏剧日渐复苏和蓬勃发展的20世纪80年代中期，剧社的创办者之一黄会林用“仰慕田汉老，追踪南国社”，精辟地概括了剧社的创办渊源和宗旨。

黄会林教授和绍武教授，运用戏剧的艺术形式于大学校园，使学生们在接受教育和通过戏剧艺术认识世界的审美过程中，实现了教育绝非单纯的文化传递，更在于它是一种人格心灵的呼唤的伟大意义。遗憾的是，北国剧社的《天边外》最终因为特殊原因并没能上演。但是，两位先生敢为人先、度化心灵的首创精神，使我受益终生。由此，我幸运地和他们结下终身之缘，因为教育的本质就是一种“唤醒”。

二、度化心灵：超越历史的奋斗精神

15年前我在中央戏剧学院师从谭霈生教授博士毕业。黄会林教授作为博士答辩委员会的教授之一，参加了我的毕业答辩。不久，我在谭先生的推荐下，走进北京师范大学师从黄会林教授，进行电影学博士后研究。当时，正值低俗、媚俗，甚至恶俗、低级无聊的影视作品充斥银屏之际。黄会林、绍武先生逆流而上，在他们的精心指导和循循帮助下，我完成了具有探索价值和时代精神，具有填补影视美学理论空白意义的专著《论史诗性》。

十年前，至今我还清楚地记得，黄会林、绍武教授，把我和其他7位同学召集在一起。两位先生把我们8位同学亲切地称为：4个大个子、4个小个子。针对社会上文学艺术非主流泛滥成灾的不正之风，他们提出了探讨追溯中华民族精神文化本质意义的“第三极文化”理论。今天回想起来，当时先生有关中华民族精神文化的理论著述，正同习近平总书记提出的“什么是我们中华民族精神”有着高度的契合：伟大的创造精神，是“辛勤劳作，发明创造”，体现在群星闪耀的诸子百家，体现在影响世界的四大发明，体现在风雅颂、诗词曲，体现在有形的无形的文化遗存；伟大的奋斗精神，是“革故鼎新、自强不息”，体现在辽阔秀丽的大好河山，体现在物产丰富的广袤良田，体现在中国人民千百年来的生产生活；伟大的团结精神，是“团结一心、同舟共济”，体现在多民族多元一体、交织相融，体现在中华民族大家庭同心同德、守望相助；伟大的梦想精神，是“心怀梦想、不懈追求”，体现在小康的理念、大同的情怀，体现在勇于追求和实现梦想的执著精神。

此时，绍武老师正在进行着长篇巨制史诗文学小说《红军家族》的艰辛创作。

三、燃烧自己：薪火相传的奉献精神

一年多以前，我离开中国广播电影电视节目交易中心这个充满挑战的火热的岗位，奉命到香港开创新的工作。每每去探望两位先生，他们嘘寒问暖的情景让我荡漾在大爱的旋涡之中。然而，黄会林教授、绍武教授强烈的爱国情怀，忧国忧民的家国情怀，着实又让我的心灵受到荡涤，受到感染。

黄会林教授、绍武教授是燃烧自己照亮后人的国家栋梁。他们有60年的教育事业历程。一位伟大的哲学家曾经说过：教育本身意味着一棵树摇动另一棵树，一朵云推动另一朵云，一个灵魂唤醒另一个灵魂，如果教育不能触及人的灵魂，未能引起人的灵魂深处的变革，它就不能成为教育。

黄会林教授、绍武教授是家国情怀薪火相传的时代楷模，他们60年的教育事业历程是对人格心灵的呼唤。教育与世界各国人民前途命运越来越紧密地联系在一起，为构建人类命运共同体创造有利条件。我有幸作为他们的学生，理应抓住历史机遇，做出正确选择，共同开创人类更加光明的未来。古往今来，过上幸福美好生活始终是人类孜孜以求的梦想。世界各国人民应该秉持“天下一家”的理念，张开怀抱，彼此理解，求同存异，发展教育，呼唤心灵，共同为构建人类命运共同体而努力。

最后，我有两个尚未了却的心愿：一是让凝聚着黄会林教授、绍武教授汗水的北京大学生电影节走出北京、走向全国、走遍世界；二是让浸透着黄会林教授、绍武教授心血的《红军家族》电影、电视剧早日问世。

祝福先生身体健康，幸福快乐！

祝福母校蒸蒸日上，永铸辉煌！

祝福同学英才茁长，砥砺前行！

黄会林先生与北京师范大学田家炳艺术楼

北京师范大学原副校长　郑君礼

筹资建设北京师范大学田家炳艺术楼是1997年启动的。1997年6月，国家教委师范司在北京召开全国部分高等师范院校相关领导会议，内容是关于田家炳资助项目申请事宜。我作为北京师范大学副校长参加了这次会议。

会上得知，香港田家炳基金会将资助部分高等师范院校建设教育学院大楼，申请资助的学校要满足两个条件：一是资助建设的教育学院大楼建筑面积不少于一万平方米，田家炳基金会资助600万元人民币，不足部分由学校配套解决；二是大楼必须命名为田家炳教育学院大楼，田家炳先生必须担任教育学院荣誉院长。会上，田家炳先生讲了话，他在阐述师范教育重要性以及他资助教育学院建设想法的同时，特别强调了中国传统文化教育的重要性和迫切性。

会后我及时向袁贵仁书记和陆善镇校长汇报了会议情况。因为北京师范大学已有英东教育楼，不可能再建一栋教育楼。考虑到艺术与传媒学科发展迅猛，办学条件却相对较差，以及田家炳先生对中国传统文化的重视，学校决定以“田家炳艺术教育学院大楼”(后经师范司协调，改为“田家炳艺术教育书院大楼”，以下简称田家炳艺术楼)项目向田家炳基金会申请资助，并成立由我、时任艺术系系主任的黄会林先生和其他有关人员组成的项目申请工作组。黄会林先生因此踏上了田家炳艺术楼筹资和建设的征程。学校请黄会林先生参加这项工作，主要考虑的还不是其职务，而是认为有黄会林先生参与，会在很大程度上保证申请的成功。事实表明，黄会林先生在其中发挥了不可替代的作用，做出了突出的贡献。

1997 年 9 月我们申请工作组一行首次赴港，通过田家炳项目的两个推荐者之一、香港大学教育学院院长梁贯成教授的引荐，我们登门拜访了田家炳先生。在听了我们的介绍和申请意图之后，田家炳先生表达了两层意思：第一，我们申请的艺术教育学院大楼和他们基金会章程所定的教育学院大楼不相符；第二，他只想做雪中送炭的事，不愿做锦上添花的事，北京师范大学作为全国师范院校龙头，又地处北京，一定会得到国家的重点支持，应该不需要他来资助。我们的申请被婉言拒绝了。对田先生以上表态，黄会林先生当时就做了有效的解释和沟通，使得田家炳先生对北京师范大学艺术学科有了初步的了解。但如何能够加深田家炳先生对北京师范大学艺术学科的了解，进而得到对我们申请项目的资助，仍是我们这项工作的重点和难点。我们主要从以下三个方面开展工作。

一是积极参加田家炳项目的活动，通过在这些活动中与田家炳先生接触与沟通，让田先生感受到我们对他项目的重视和对他善举的崇敬。黄会林教授克服工作繁忙、身体不适等各种困难，主动参加有关田家炳项目的各种活动。例如，1998 年年底，田家炳先生在他的家乡广东、梅州、大埔举行他所捐赠的几十个项目的开工和竣工典礼，黄会林教授和我一起不辞辛苦，历时多日，辗转广州、梅州、大埔，全程参加了这些活动。在这些活动中，黄会林先生利用一切机会与田家炳先生交流艺术教育情况，并真诚邀请田先生到北京师范大学看看。此行给田家炳先生留下了深刻而美好的印象。其实按照活动邀请，只要我一人代表学校去参加就可以了。黄会林先生的全程参加不仅体现了北京师范大学对活动的重视，她的专家身份和艺术家风范更是给活动增色很多，田家炳先生对此非常感动。

二是诚挚邀请田家炳先生访问北京师范大学，增强田先生对北京师范大学特别是艺术学科的了解，转变田先生对一些问题的看法。在学校特别是黄会林先生代表艺术系的多次盛情邀请下，田家炳先生一行于1999年首次访问了北京师范大学，重点参观了艺术系。在田家炳先生访问期间，黄会林教授向田家炳先生全面介绍了艺术学科的发展状况，请田家炳先生与师生座谈并参观了当时地处辅仁大学旧址的艺术系的办学空间和条件，取得了非常关键的效果。田家炳先生感受到了他支持北京师范大学艺术学科建设的意义，转变了北京师范大学不需要他资助的想法。对田先生这次访问，黄会林教授精心安排，全程陪同。例如，考虑到田先生生活非常节俭，餐饮按照“上马饺子下马面”等家常饭式简单安排；因为田先生的小儿子第一次来北京，黄会林先生亲自陪同田先生的两个儿子去王府井看夜市，到东安市场顶层的小吃城去吃夜宵；等等。这些安排让田先生感受到了我们的真诚和朴实，得到了田先生的高度赞赏。

三是我们以电话问候、信函贺节、专程拜访等各种方式，不断主动加强与田家炳先生的联系。特别是黄会林先生，利用各种赴港的机会，多次专程或顺道登门拜访田家炳先生，用其真挚的情感和艺术的沟通，不断增强与田家炳先生和田氏基金会成员之间的感情。田家炳先生说，与黄教授交谈特别轻松愉快，田家炳先生的夫人和黄会林先生也很谈得来，田家炳先生的几个儿子和田氏基金会的秘书长都很尊敬黄会林先生，80岁高龄的田家炳先生曾亲自到酒店接黄会林先生到他家做客。

在各方面的支持和帮助下，在学校特别是黄会林先生的竭力推动下，田家炳先生在资金非常紧张且已经答应很多院校尚未落实的情况下，同意支持北京师范大学500万元人民币，作为田家炳艺术楼的启动资金，其余资金由学校配套解决。虽然这个项目得到资助是多方面支持和推动的结果，但可以说，如果没有黄会林先生的积极参与和竭力推动，田家炳艺术楼项目至少会晚些时日得到资助，甚至可能根本得不到资助。

项目确定以后，黄会林又投入田家炳艺术楼的建设中。从大楼的整体设计到具体施工，从大楼的功能配置到装修风格，她都亲力亲为，倾心投入。她就像建设和装修自家的房子一样，一丝不苟，精益求精。田家炳艺术楼是北京师范大学最具特色的大楼，田家炳先生认为北京师范大学田家炳艺术楼是他资助项目中建得最好的建筑，田家炳艺术楼的建成为北京师范大学艺术与传媒学科的发展提供了空间保障。这些都浸透着黄会林先生的心血和汗水。

我有幸和黄会林先生一起争取和推动这个项目，从黄会林先生身上学到了很多东西。如果说黄会林先生为田家炳艺术楼建设所做的努力和贡献我们应该永远铭记的话，我认为在这个过程中从黄会林先生身上所体现出来的事业至上、执著追求的拼搏精神和精益求精、无私奉献的高尚品格更加值得我们学习和效仿。

老树春深更著花

北京师范大学教授、北京师范大学纪录片中心主任　张同道

黄会林教授是中国学界的一个传奇，我有幸见证了这一传奇的升起。

我在北京师范大学中文系读书期间，黄会林教授已是盛名远播，创作话剧和电影剧本，创办北国剧社、影视专业、大学生电影节，风生水起。首次见到黄老师大约是在1993年初冬的某个黄昏。是时也，我将从中文系博士毕业，陕北民间艺术的强烈震撼诱使我叛逃文学，投靠影视，便去艺术系求职。尹鸿学兄带我拜见时任艺术系系主任的黄会林教授。黄老师比起传说中的威仪平易许多，问过一些基本情况，当即表示验讫收留。那一年，黄老师60岁，我29岁。从此，我就赖在影视学科混饭至今，迩来二十又四年矣。

24年足以把一枚文学青年打磨成一尊纪录片老年，却无力在这位老人脸上留下一丝刻痕。黄老师一直定格于我第一次见到的样貌：神气勃发，激情昂扬，知其不可为而为之，无往而不胜。直到现在，每逢演讲，黄老师都盛装出席，风采依然，有着“孙女的羞涩和祖母的慈祥”——借用诗人杜运燮先生的名句。

24年前，在我眼中黄老师早已大名垂宇宙。但与后来的剧情相比，那仅仅是一个传奇的开始：她不仅在综合大学开创影视专业，创办大学生电影节，而且开创高校第一个电影学博士点，创办影视教育学会，建造艺术楼，开创“看中国”项

目。黄老师开创的事业可谓多矣！而我所追随的仅仅是一个局部。

我和大学生电影节的缘分源于1993年，那时我还是中文系的一名博士研究生，应青年评论家、北京师范大学艺术系尹鸿教授之约做第一届大学生电影节的学生评委。始料不及的是，这一偶然、游离的关系居然改写了我的生命航线。大学生电影节创办于1993年，第一届资金来自营多方便面。1994年第二届启动时，资金又成了问题。当时我正在准备博士毕业论文，但黄老师让我加盟尹鸿学兄担纲的电影节工作团队，并要我想法给电影节找点钱。我一介书生，实在能力有限，只好请中粮公司的朋友帮忙，最后他们同意赞助七万元——这就是那一届电影节的主要粮草。

前两届都是尹鸿教授主持，筚路蓝缕，艰难开路。1995年，尹鸿教授远走加拿大游学。从第三届大学生电影节开始，艺术系领袖黄会林教授便安排我充当电影节工作队队长，带领一群年轻的研究生战天斗地，但这一届电影节只募集到五万元，办与不办，犹豫再三。最后关键时刻，黄老师一锤定音：强行起飞！然而，这一届电影节中途几乎一度紧急迫降，经过艰难奔走始得化险为夷，其艰难也如此！但我们并非一无所有，我们拥有激情、理想，以及对中国电影的期待。

于是，从第四届大学生电影节开始，黄老师请我构思大学生电影节的形象特征，在金鸡、百花、华表三大奖项之外，寻找大学生电影节的生存支点和文化面貌。过去电影节的报道常常使用“激情、青春”字样，想必是对大学生的描述，而大学办电影节肯定不应该是政府或大众电影节的翻版——那将失去生存的理由。大学生电影节应该长成什么模样？最后，我们提炼了12个字作为大学生电影节的口号：青春激情、学术品位、文化意识——这是大学生电影节的自身定位。一位参加大学生电影节的电影界资深导演不禁感慨道：大学生电影节是全中国最穷、也最有个性的电影节！

第五届大学生电影节是我主持的最后一届电影节。黄老师再次提出要求：戛纳有棕榈，柏林有熊，中国有金鸡、百花，大学生电影节是否也应该拥有自己的形象？于是我想到飞虎。飞虎是汉代画像石中的艺术形象——我个人一直偏爱汉代艺术的粗犷和雄浑，显示了中华民族上升时期的胸怀与气魄，我期待这一富有美学力度的形象给中国电影带来灵感与力量。这一提议得到黄老师的认同，我们设计了飞虎奖杯，于是电影节获得命名：飞虎杯大学生电影节。三届电影节工作，从黄老师身上我看到了执著、坚韧与应对挑战的勇气和智慧。

就在第五届电影节期间，黄老师提议筹建中国高教影视教育学会。于是，当年就召开了第一次筹备会。来自北京大学、南京大学、西南师范大学等十几所院校的学者汇聚一堂，探讨成立一家全国性影视教育学会的必要性、可能性与操作步骤。从这里开始，黄老师团结北京大学、南京大学、西南大学、辽宁大学、上海大学、四川大学、吉林大学、上海戏剧学院、重庆大学美视电影学院、四川电影电视学院等全国影视教育同仁，带领大家走过贵阳、重庆、成都、沈阳、上海、南昌、长春、长沙、济南、杭州、珠海、南京、曼谷等美学山川，山一程，水一程，走过了光影声色的20年。

假如说，20年前，综合性大学电影教育还是星星之火，那么今日已成燎原之势。黄老师正是新时期大学电影教育的先行者与奠基人。

我愿意用这样三个词来称呼黄老师：爱国学者，学术活动家，学科战略家。

爱国学者。黄老师著作等身，涉猎戏剧、文学、电影、电视等多学科。她研究学问跟我之间的根本不同在于，我的所有研究都源于个人的兴趣；而黄老师以国家的兴趣为自己的兴趣，国家需要什么学问她就研究什么学问。她提出中国影视民族化美学，倡导外国青年看中国，都植根于国家需要。这样的学者叫爱国学者。

学术活动家。黄老师在学术建设上所做的大量工作，从传统来看不是做学问，而是学术活动：北国剧社、大学生电影节、影视教育学会、盖艺术楼、“看中国”项目等，这些成果今天并没有都记在她个人名下，也不是一本专著，但是它的价值远非一般学术著作能比拟。任何一个学科发展缺少了这样的人物，学科是发展不起来的，事业是做不起来的。

学科战略家。像我这样的人顶多做单科学问，都还未必能做好，但一个战略家统揽全局，规划未来。今天北京师范大学影视专业获评“双一流”学科，其起点就在于黄老师20多年前在棋盘中央天元的位置上布下一颗棋子。坦率地说，那时候我也没有看懂这盘棋。当时，北京师范大学办电影教育几乎是一场笑谈，但黄老师把笑谈变成了传奇。为了申办电影学博士点，黄老师付出巨大的努力。我印象很深的是去中央美院拜访靳尚谊院长。靳尚谊先生非常忙，黄老师去的时候靳先生正在开会，而且开得悠长。黄老师在会议室门口等了一个多小时，始终非常谦恭，非常淡定。终于散会了，黄老师细心地向靳先生申述北京师范大学办电影教育的特点和愿景。能拿到这一票也超出我的预想。

从58岁创办影视专业开始，20多年来，黄老师以北京师范大学影视学科为教育平台，以大学生电影节为行业窗口，以中国高教学会影视教育委员会为学界网络，以“看中国”项目为国际桥梁，建构中国影视教育的宏大版图，其影响早已超越北京师范大学、教育界、学术界，成为当代中国的一个文化传奇。诚如思想家顾炎武所言，“苍龙日暮还行雨，老树春深更著花”。如今，黄老师已经攀上85岁的人生高峰，依然怀抱千里之志，孜孜以求，诲人不倦。

诚祝黄老师仁者长寿，健康常驻！

大学生电影节的点点滴滴

北京师范大学教授、艺术与传播学院副院长　周　雯

尊敬的黄先生、绍先生，各位学长、老师、同学，大家下午好！下面我从大学生电影节的角度谈一下黄先生的教育思想。1993年4月，黄先生创办了第一届北京大学生电影节，到今年已经25届了。青春激情、学术品位、文化意识是大学生电影节的特色，也是黄先生对年轻电影人及青年大学生的期待，而大学生电影节也成为黄先生教育思想和学术观念的践行和延伸。在四分之一世纪的岁月中，大学生电影节不仅见证着中国电影的成长，更作为北京师范大学戏剧与影视学科实践教学的重要组成，支持并见证学科的发展。

首先，北京大学生电影节创办之年——1993年这个时间节点有两个重要背景。

1. 中国电影处于低潮期，并面临巨大挑战。1994年是好莱坞佳片涌现年，也是好莱坞“分账大片”开启之年（1994年《亡命天涯》）。同期，香港电影群雄崛起，强势霸占着中国内地的影院和录像厅。国产电影《霸王别姬》和《活着》虽品质精优，却无法占据应有的市场份额。值此，大学生电影节组织了大量的国产影片展映，

并号召大学生进入电影院观看中国电影。应该说大学生电影节的25年是培养中国电影产业核心观众的25年。

2.1992年，北京师范大学影视学科创建之初，黄先生就密切关注中国电影的发展，后继又提出“中国影视民族化”的鲜明主张。在本土电影颇为艰难的时刻，黄先生为中国电影人勇敢站台，倡导文化自信与自觉，为中国电影人的本土化创作助力加油。大学生电影节被誉为“国产电影的加油站”，鼓励本土电影创作，并致力发掘青年电影人。这些都强烈投射出黄先生“中国影视民族化”的学术理念。

其次，大学生电影节为北京师范大学影视学科的发展和人才培养做出重大贡献。当年，大学生电影节是作为北京师范大学影视学科建设的重要组成部分被提出的，它承载着实践性教学的重要功能。具体贡献表现在以下四个方面：

1. 提高学生专业见识，促发学术思考。大学生电影节使学生们有机会深度了解中国电影、电影人及电影生产机制，更全面地认知中国电影的发展和现状，从宏观和微观角度更深刻把握中国电影，为后续研究奠定坚实的基础。

2. 提升学生专业审美，增强学术训练。每年参赛影片的评选和展映影片的观摩都有助于提高学生专业审美和评价水平。大学生电影节期间的大量问卷调查和学术研讨，也有助于增强学生实证研究和分析思辨的能力，对学生创作和科研进步都具有重要意义。

3. 培养学生解决专业问题和实际问题的能力。大学生电影节组委会各部门均由在读研究生和本科生组成，在大学生电影节筹备期间，不仅要快速做出很多专业性的判断和决策，还要承担很多事务性工作，这些能力都是进入业界和职场的重要素质，也是北京师范大学学生快速适应业界需求的重要法宝。当年我做大学生电影节秘书长时的学术部部长朱墨现已成为工夫影业的合伙人，外联部部长陈洪伟现在担任腾讯影业的副总。他们能够在业界取得这些成绩，都是与他们筹备大学生电影节时的历练分不开的。当然，我本人，作为大学生电影节的三届秘书长，也得到了丰富的历练，个人能力的提升终身受益，这里真诚感谢黄先生对我们晚辈及我本人的栽培和提携！

4. 扩大学科影响力。除了对学生直接的训练和培养，大学生电影节也扩大了北京师范大学影视学科在电影界和教育界的影响力，为学科赢得更好的社会声誉，也为学科的自身发展和学生发展开拓出更积极的外部空间。

最后，对于国内兄弟高校和全国大学生而言，大学生电影节承担着当代大学生艺术与美育教育的重要功能。

1. 引发大学生对中国电影及电影人的关注。曾经，作为中国电影消费的主要潜在人群，大学生更多地关注好莱坞电影和香港电影，大学生电影节每年在全国高校举办国产影片展映活动，引发大学生对中国电影的关注，并组织电影主创进校园与大学生深度交流，增进大学生与中国电影人的沟通。

2. 大学生电影节引领积极的审美观，并提升大学生对中国文化的认同。大学生电影节既是大学生和电影人的青春聚会，也促进着大学生与中国文化的积极互动。中国文化和价值观借助电影更易被大学生接受和认同，电影更容易激发出中国观众对自身文化的亲近和共识，当下国产电影的市场认可和票房井喷即是证明。大学生电影节作为早期的倡导者和传播者功不可没。

更重要的是，大学生电影节已经远远超越了大学校园的范畴，并承载着高等教育更根本的使命，为培养中国年轻人的文化自觉和使命担当做出贡献。最后，再次感谢黄会林先生创办了大影节，并一直引领着大学生电影节的发展！

黄会林与高教学会的影视教育专业

北京大学教授、重庆大学美视电影学院常务副院长　彭吉象

尊敬的黄会林先生，尊敬的绍武先生，非常高兴参加今天的会议。两位老师是我的老师，也是我的朋友，我们两家人就像亲人一样。我认识二位先生 30 多年了，最早我在解放军文化部艺术局工作，黄老师的哥哥黄国林是我的老领导，我看着他们的孩子成长。

大家刚才谈到黄会林老师对北京师范大学艺术与传媒学院的巨大贡献，还应该涉及黄会林老师对中国高等教育影视教育的巨大贡献。以前我国电影教育局限在专业艺术院校如北京广播学院、北京电影学院，综合性大学是没有影视教育的。自从北京师范大学开始有了影视教育以后，据不完全统计，全国有三百所高校开

设这门课程，有15个影视学博士点，好几十个硕士点。北京大学艺术学院的成长也有黄会林老师的功劳。我最早是北京大学艺术中心主任，在此基础上成立艺术学系，2006年成立了北京大学艺术学院，黄会林老师是我们第一批客座教授。应该说北京大学艺术学院的成长也有黄会林老师很多心血和贡献，特别是每年博士和硕士生答辩，都请黄老师去做答辩主席。

黄老师创建学会功不可没。中国高校学会影视专业委员会以成立时间早、规模大、名家多、影响广而著称，学会每年定期主办影视传媒研讨会，重视影视教育，现在已经发展成为学界具有重要影响力的影视艺术综合论坛和国内外同仁学术交流平台。记得在1998年由北京师范大学牵头，全国20多所高校一同组建了这个学会，今年正好20年，这也是中国影视界快速发展的20年，同时也伴随着中国高校影视教育的发展。黄老师为什么创建这个学会？那时候全国只有一个影视学会是国家广电部管，黄老师说我们能不能自己搞个学会？我说好啊，所以黄老师牵头我们才办了这个学会。当时全国艺术教育也是低谷，北京大学艺术教育当时处于无编制、无人员、无经费的“三无”阶段。现在艺术教育已经蔚然成风，通过这20多年的艺术教育普及终于把美育写进了教育方针，这也是这20多年包括黄先生在内的很多学者的功劳。这20多年中国高等艺术教育重大发展，正是黄老师等很多学会领导共同努力的结果。

黄老师发展学会劳苦功高。成立学会很难，发展学会更难。刚刚成立之时，我们学会开年会都成问题，开头时有几次年会开得非常狼狈。我们学会开年会打翻身仗是2002年的辽宁大学会议。黄老师在凝聚队伍、团结人才、教学科研方面做了很多工作。学会从一开始的20来人发展到几百人，从十几个学校发展到几百个学校，黄老师亲自领导主编教材，评选优秀论文，举行专题讨论等。

中国美育和艺术教育近30年发展很快，影视艺术的公共教育也有很大的发展，中国高教影视教育学会对业界、教育界产生很大影响。黄先生创建的北京大学生电影节产生很大影响，学会一直延续活动。

辛勤耕耘六十载，培养学生无数。毕生构建影视学，创造业绩辉煌。祝愿二老身体健康，艺术生命常青！

跨文化协作的中国文化纪录片制作与国际传播
——以“看中国·外国青年影像计划”为例

河南大学文学院副教授　孙振虎

“看中国·外国青年影像计划”(以下简称“看中国”项目)近来喜报频传，得到社会各界的各种肯定。如在2017年11月第23届中国纪录片学术盛典上，中国文化国际传播研究院因其主办的“看中国·外国青年影像计划”活动的丰富成果，获颁“年度学术机构”荣誉称号。在2018年1月首届“海帆奖”评选中，“看中国”项目成为唯一一个主办单位为学术机构的“中国机构海外传播杰出案例”。

北京师范大学中国文化国际传播研究院在黄会林院长的领导下，策划、组织了“看中国”项目。通过与国外知名大学合作，邀请国外青年电影人体验中国文化、制作纪录十分钟以上短片并公开展出，弘扬中国文化。

本人有幸作为中方协作人员全程参与了2015年“开封行”。来自加纳国立影视学院的2名学生和来自加拿大约克大学的8名学生、1名老师，行走在八朝古都开封，考察和记录了这里的文化与人文景观。最终，10名外国青年导演在中方伙伴的协助下，创作了十部反映中国开封的人文精神和文化底蕴、契合当年度“人·家·国”主题的短纪录片。“看中国”的经历成为他们回国后津津乐道的文化体验。这些外国青年自己主动通过口述、通过网络、通过文字向他们国家的人民分享中国文化。

“看中国”是黄会林先生近年来付出心血最多的项目，有着精心的设计与组织。“看中国”项目中所寓集的黄会林先生的教育思想复合在纪录片摄制、传播的实践中，本文试做初步探析。

一、“看中国”项目中三层主体的教与育

第一层主体是外国青年的“学”。外国青年是项目的核心主体，他们在项目

启动前期要进行关于中国文化的阅读学习，提交选题；来到中国之后，他们会有五天的文化体验时间，去近距离接触中国文化的各色景观；当确定拍摄选题后，他们会零距离观察拍摄对象；取得所需素材后，他们沉浸在影片构思中，剪出成品。从阅读到接触，从观察到沉浸，中国文化一步步浸入外国青年们的内心深处。

第二层是外方教师的“教”。一位外方教师指导不超过10个外国青年进行纪录片创作，这种形式就是工作坊（workshop）模式，这是时下流行的培训教育模式。工作坊模式的教育特征体现在“参与性”，指导老师对于参与者的教育表现在五个方面：目的（purpose）、产出（product）、参与者（participant）、可能的问题（probable issues）、过程（process）。综合来看，“看中国”项目其实是以邀请外国青年学习中国文化为目的，产出约十分钟的纪录片，其协作参与对象还有中国伙伴，在17天的体验、摄制过程中要解决可能存在的拍摄条件、拍摄手法、剪辑形式等问题。

第三层是中国协作院校学生得到的启蒙。有很多学生是第一次参与影片拍摄，打开视野的感受非常强烈。而有过实践的学生，则从外国青年的视角、手法和观察力方面受益匪浅。而这种跨文化项目给中国伙伴更多的收获是国际性视野与协作的启蒙。

二、“看中国”项目作品的传播与教育

这些纪录短片，最大的特点是“通过外国青年的视角展现中国文化”，因此，和一般的纪录短片相比，这些作品的创作视角较为独特，叙事手法、主题思想甚至创作元素都具有解读价值，对研究异文化视角下的中国文化形象及纪录片作品的跨文化传播都具有较为独特的意义。

其实，外方人在中国文化输出方面反而效果显著。如美国摄制的《中国战事》《从毛泽东到莫扎特》、尤里斯·伊文思的《四万万人民》《愚公移山》、安东尼奥尼的《中国》等都是外国人来华拍摄影视片的代表作，都形成了相当的文化影响力，也造成了一定的“印象固化”效果。

可以说，在“看中国”项目中，为海外年轻人提供到中国拍摄纪录片的文化体验的模式，开启了一种外国人以他者视角拍摄中国文化影像，并且经由人际传播方式分享中国文化的新模式。自 2011 年至 2017 年，“看中国”项目与 63 所海外高校进行了合作，参与的外国青年来自 48 个国家，完成了 404 部短片作品，获得 70 多项国际奖项，在社会各界引起广泛关注，受到充分肯定，已经形成了规模化的发展态势和教化意义。

首先，“看中国”项目以人际传播形成与异文化的交流与认同，形成文化纽带、情感纽带的效用。外国人来体验、研究中国文化，除了文化遗产、文化场所，他们体验的还是每位中国人呈现出来的活生生的中国文化。他们行走、体验和观察了中国的人、家、国，并形成影像记录，成为文化记录者、文化传播者。在以“第三极文化”为指导思想的中国文化国际传播的理论与实践中，长于“极内传播”的中国文化必须开始走出“深闺”，大力开展“极间传播”，才能最终实现国际传播。

其次，“看中国”项目用影视语言传播突破文字接受障碍，以影片鉴赏软化中国文化国际传播，通过影像的美育功能实现教育特征。“看中国”项目纪录片融合了“他者审视”“直接电影”与“真实电影”的特征。项目作品记录外国人在中国看到的变化，以外国人的独特视角，展现中国的质朴与繁华、古老与时尚，用最为简洁、真实的内容，告诉世界中国文化的价值，更易形成文化上的认同，可减少因意识形态和政治语境的不同造成对纪录片传播的影响。

最后，“看中国”项目积极探索学术性纪录片的跨文化传播渠道，回归了文化交流的根本，化解抵触情绪，实现了教化的意义。除了脸书(Facebook)、优兔(YouTube)等海外社交媒体的持续传播，“看中国”项目的中方主办者、外方参与者还广泛通过电影节、展映交流、学术研讨、民间交流等渠道和方式，多方位传播纪录作品，让不同层面的受众，多渠道接触和接受中国文化，从而多层面、立体化传播中国形象。外国青年既是文化的记录者，也是文化传播者。这样的文化记录更具有真实性，其文化传播更容易被接受和认可。其实，这样的形式与效果才是真正回归文化交流的根本，而避免了“硬性”的外宣，还有再造中国文化国际传播主体的作用。

三、余论

总之，影视记录是一个国家的相册，作为具有跨文化、跨时空传播属性的媒介形态，担负着记录社会、国家形象传播和国际文化交流等使命，是当前传统文化传播的重要路径和鲜活载体。外国人拍摄中国文化的纪录片作为一种立体的、富有时代感和承载价值观的文化产品和传播媒介，是中国文化国际传播最直接、最少隔阂的方式和载体之一。"看中国"项目由外国人拍摄关于中国文化的影视纪录片，通过他们镜头中具体真实的人物或事件的影像，用影像语言讲中国故事，让本来精彩的文化内容更容易被接受，用镜头表达，风格多样，用视听传播克服中国文字的接受障碍，更容易被接受和认可。本文初步探析了"看中国"项目在三层主体方面表现出的教与育特征，以及项目在传播中所呈现出的教育特征。

除了教育特征，当前对于"看中国"项目需要进行更多的研究。比如可以基于"第三极文化"理论、"跨文化传播"理论、"文化地理学"等理论基础，研究异文化视角的文化影视记录与跨文化传播中的"他解"和"他塑"的关系。外国人对于中国文化记录和影像表达，即是对中国文化形象、国家形象的影像建构与传达，有着"他塑"的特征，包括外国人认识、体验中国文化的思维方式和观念冲突，外国人镜头中的中国元素与文化符号，外国人拍摄影视短片的影像语言特点，以及外国人镜头中传达的"多面性"中国文化形象与国家形象，等等。"看中国"项目已经形成规模化发展，对于"看中国"的现象研究、学理研究亦应跟上。

从电影学高研班创立看黄会林教育观念

全国政协委员、中央电视台《新闻联播》主播、播音指导　海　霞

尊敬的会林先生、绍武先生，各位亲爱的老师、同学们，大家上午好！

今天非常高兴能够在这样一个阳春三月春光明媚的日子里，在这样一个具有

特别重要意义的日子里回到母校，见到亲爱的恩师，也见到很多久违的老领导、老朋友、老师长，觉得特别高兴。首先请允许我感谢北京师范大学专门召开这样一个“黄会林、绍武教育思想研讨会”。同时在这里，请允许我们向恩师执教60年表达我们最诚挚的敬意。我代表广大的学生，向先生表达我们最真诚的感恩和祝福。同时我也觉得特别荣幸能够参加中国影视界的盛典——影视艺术教育业界、学界一个非常隆重的盛典，并在这样一个盛典作为两位先生的弟子之一重温先生治学思想的格局、眼光、视野，也和大家一起分享在北京师范大学求学难忘而愉快的那段历程。

回想起来，来北京师范大学读书已经是将近20年前的事情了，20年的时光里面，有很多事情都随着时间的流逝慢慢被淡忘，甚至了无痕迹。但是有一些事情却随着时光的磨砺，拂去了浮在上面的灰尘，变得更加闪闪发光。

我刚刚开始工作的时候，正是西方的传媒理论、传媒思想在中国电视界大行其道的时候，做电视新闻的人开口必谈CNN(美国有线电视新闻网)，这家电视机构因为在1991年海湾战争当中异军突起，满足了世人对新闻现场、新闻事件同步了解的愿望，成为全世界电视新闻的榜样。那时候在中国做主持人没有人不知道沃尔特·克朗凯特和《晚间新闻》的，没有人不想成为丹·拉瑟、拉里·金。而作为中国播音主持前辈榜样楷模的齐越、夏青、林如、潘婕等人却很少有人提起，很难听到有学生期望成为他们那样的“中国的播音员”，传递中国的声音，代表中国的形象。

在这样一个背景下，我走进了北京师范大学，走进了黄会林先生用她教育家的理念一手创办的影视艺术高研班。这在当年的中国高校可以说是绝无仅有的。当时我们这个班可以说汇集了全中国一批非常优秀的影视人才，有做电影的、做电视的、搞新闻的、搞纪录片的，有做电视剧的，有高层管理者，也有我这样的一线影视人。说起来都是耳熟能详、如雷贯耳的名字，比如高峰、郭运德、李春良等，我当年在这个班里面就是一个特别不起眼的跟屁虫，因为我年龄最小、资历最浅，但是特别荣幸能有这样一个机会进入影视艺术高研班。

在这个高研班里面，除了公共课基础课之外，我们有幸接触到黄老师专门为我们请来的全中国最知名的文化大家，像张岱年、文怀沙、汤一介等，以及我们的董奇校长。罗军副院长刚才提到资源整合能力，黄老师正是用她全部心力和人脉给我们打造了一个非常具有含金量的高研班，可以说是把北京师范大学最精彩的学理浓缩在每次几个小时的课程当中，很多大家一辈子的学术成果就浓缩在短短几个小时课程里面授予我们。大家可以想象我们当时享受了怎样的文化饕餮大餐和绝美精神盛宴。外地学生都是头天坐着火车甚至飞机到北京师范大学上课，就是不希望错过这样精彩的课程。其中对我影响最大、最深远的还是黄老师的中国影视文化课程，她鲜明提出："中国影视要走中国化、民族化的道路。"中国化道路不是封闭固化的，而是融会贯通的，要打通中西艺术的界隔，最重要的是要靠人。我们影视人要掌握中西文化艺术，更要坚定地用中国文化来创造属于中国人的影视作品。这恐怕就是我们今天经常说的文化自觉和文化自信。她说影视技术无国界，但是影视艺术家是有国界的。在当时西化思想蔓延的中国影视界，这样的思想不可谓不具有前瞻性，不可谓不具有大视野。

黄会林先生带领我们跟随宗白华先生的《美学散步》，带领我们从早期中国电影中感受中国人特有的文化精神、美学意境、家国情怀，用正在被渐渐淡忘的中华民族优秀传统文化潜移默化滋润我们的心灵血脉，为中国影视注入了中国文化的"精气神"。关于这一点，习近平总书记 2014 年 10 月 15 日在文艺工作座谈会上的讲话当中做了非常好的肯定。习总书记指出"我们要结合新的时代条件，传承和弘扬中华优秀传统文化，传承和弘扬中华美学精神。中华美学讲求托物言志，寓情于理，讲究言简意赅，凝练节制，讲求形神兼备、意境深远，强调知、情、意、行相统一，我们要坚守中华文化立场，传承中华文化基因，展现中华审美风范。""以古人之规矩，开自己之生面，凸显中华文化的创造性转化和创新性发展。"所以说，学生们今日之成绩，很大程度上依赖于恩师往日的正确引导。最近我们一直在说中华民族的掌舵者和引路人，而当年在茫茫的学海之中，能有黄老师这样的引路人与领航人，不正是我们的幸福与幸运吗？

除了方向的引领，黄会林老师对治学的严谨，对学生们严格的要求，对教学工作的严密，都深深影响着我做人做事的态度。记得做论文的时候，每次带着论文找老师都是心里最没底、最忐忑的时候。老师非常体谅我当时既要带孩子还要上晚班的辛苦，但是她一点不放松对我学业论文的要求，她带着我，一一找出文章论述当中的问题，要我回去认真改过。她帮着我，一句一句找到不符合理论文章表述的毛病，细细改过，文章满篇都是她铅笔改过的痕迹。当时我也曾经有过不以为然，觉得一篇论文没有必要过于严格细致，差不多就行了。但是黄老师一点面子不给我留，她说："小海霞，做什么事就得有做什么事的样子，你播新闻，就得是新闻的要求，你写论文，就得有论文的样子，做学问，差一点都不行。"有的时候真觉得挺下不来台的，还好，每次都有我们可爱的绍老师帮我出来打个圆场，吃个水果，一起拍个照片等，给我个台阶下来。谢谢亲爱的绍老师，我爱您。

多少年过去了，我的眼前总还能清晰地浮现出这样的画面：黄老师一个手扶着眼镜，满头白发，坐在狭小客厅的老沙发上，低着头，一字一句帮我改论文，一点一点给我提问题，让我时时刻刻在工作当中精益求精、一丝不苟。所以在今天的日子里我要特别感谢两位恩师，感谢两位恩师对我付出那么多心血，给予我那么多引导和期望。这是两位恩师对影视教育事业的爱，对中国艺术与传媒专业的爱，更是对学生的爱。爱，是对学生最好的教导，是对"学为人师，行为世范"最好的诠释。它会在我们一批又一批、一代又一代学生心里发芽、开花，更会在中国的大屏、小屏上，在全世界跨越万水千山的"一带一路"上结出丰硕的果实。

在这春风拂面的日子里，让我们共同祝愿二位恩师身体康健，不断地在艺术创作和教学科研领域里取得更多更大的成就！同时祝中国文化国际传播研究院、祝北京师范大学和我们的艺术与传媒学院"等闲识得东风面，万紫千红总是春"。祝愿今天各位老师、各位朋友事业顺利，万事如意！

向黄先生学习教书育人

北京大学教授、新闻与传播学院副院长　俞　虹

尊敬的黄老师、绍武老师，各位领导、老师，亲爱的师兄、师姐、师弟、师妹们，大家上午好！真的特别高兴参加这样一个会，黄老师是我们永远的老师。我们每个人都有父母、有老师，但是当一个老师真的能够像亲人一样相伴一生，让你心存感恩，甚至成为你生命的一部分的时候，这个老师就特别难得。我由衷

感恩与黄老师有这样一份缘，这是一种生命的缘。

这份缘要从头说起得说到于丹，可能她自己都不记得了。2000 年年底我们一起在梅地亚开会，突然她说你该考博士，来报考黄老师的博士吧。读博，对我来讲那时还真没想过，于是我开始认真考虑了。那会儿我才认识黄老师，是在会上，只是遥远地观望。于是我怯怯地给黄老师打电话，说真想跟您读书，有可能保研吗？“不可能，绝对不可能，必须得考。”我说：“不太可能吧，就剩几个月了。”黄老师说：“只有把不可能的事做成可能的事，才是有价值、有意义的事。”我又说：“年纪大了，是不是也不现实啊？”她说：“我比你大这么多，有什么不可能？”于是我放下电话后，开始像一个高考生一样把自己封闭起来读书备考，去攻读那些搁置已久的书，非常难，尤其外语。而支撑我的就是那句话，把不可能的事做成可能的事。即使没考上，未来也不会后悔。这是黄老师给我上的第一课，在我没有走进北京师范大学的时候便开始了。

没想到数年以后，我在国外学习的 16 岁的儿子，做成了一件很有难度的事儿，竟也和黄老师相关联。当时这事似乎非常难做到，我就跟他说随缘吧，不必太费劲了，没有关系。结果后来真如愿以偿了！这对他的学习生涯很重要，很有意义。我问他怎么就做成了，得到的是一个出乎意料的回答：“只有把不可能的事做成可能的事，才是有价值的事。”显然他把我们大人无意中的交谈记在心中了。这种教育的力量，真的是代代相传。

所以我回过头要说，今天黄老师已经从教 60 年，我自己也从教 30 多年。作为一个老师，究竟什么是最重要、最核心、最有价值的要素？什么是好老师？核心问题，也许就是你教什么，怎么教。我想当老师是有几个层次的。第一个层次就是知识的传授。这种知识的传授包括专业知识、跨学科知识等，是知识层面、信息层面的传递。第二个层次是方法层面，你要能够在治学层面，如治学理念、方法、态度，在思维方式等方面给你的学生以启示。在今天这个时代，知识的获得已经越来越便捷，作为一个大学老师，也许方法比知识更重要。我经常跟学生讲，你们在我课堂中要能听到对思维方式的传递。因为我觉得黄老师传递给我们的实际上是她不断地创新、不断的求索、一个台阶一个台阶扎扎实实地往前走。我们必须说她对问题的选择是不同的。她就是不断在创新，不断在探索，不断以自己特殊的方式在治学的道路上前行。我们是否能够接受、发现、学习到这些呢?第三个层次是更重要也是更核心的，一个老师如果能够在价值观、人格魅力上真正给予一个学生以影响，导致这个学生的命运改变、生活改变、未来改变，不仅是改变自己，还能改变周边、改变社会、改变未来。这是一个真正的优秀的老师所能够给予我们的。

我记得在我毕业一两年以后，有一次走在校园里黄老师忽然跟我说了一句话，她说："我觉得你变了，变得更飘逸了。"不知道是我那天穿得飘逸还是人飘逸，这个飘逸究竟是什么呢？其实我深有体悟也是常和学生们说的就是，一个学生当他进了学校被濡染几年，如果能够在气质上有所改变，那才是真正的改变。而黄老师所说的我的改变，也许恰恰是我在北京师范大学这个校园里、在黄老师的身边发生的一种改变。而这种改变写在了我的举手投足之间。我更认为这种飘逸是一种视野与格局的变化。黄老师的大气包容、锐意进取、优雅从容，始终在潜移默化地滋润着我。

如果说黄老师对我们的影响，主要在责任担当，大格局、大视野。但是做事一定是小切口、重细节的。正是因为这样，我们才从具体的教学与研究项目中，看到并学习到黄老师的高远思考。我进校的时候看到黄老师做中国影视民族化的探求，在树一面大旗，接着发现她关注的是影视对儿童的影响，非常具体。而当她70岁高龄后又举起"第三极文化"、中国传统文化国际传播的大旗，探索着中国国家形象如何以合适的方式走向世界。这些一直都在激励着作为弟子的我们跟随前行。

一个老师对你的影响到底有多大，每个人心中都自有一杆秤。在我的博士毕业论文后记中曾写到黄老师亦师亦友亦母。但是今天，我觉得说亦友都薄了、轻了。因为，黄老师在我心里是师，更是一个亲人。不管我做什么事，黄老师其实始终都伴随着我。我在内心里总是和黄老师交谈对话。我觉得黄老师给予我的是方向，是力量，是温暖，这是一个好老师真正能够给予的。虽然我平时和黄老师并没有特别多的交往，但是我每天都能够感受到一份来自黄老师的温暖，因为她以自己特殊的方式在问候着我，即微信计步。无论我走一万步还是走一百步，都能看到黄老师的关注。

我们追随着黄老师，我也希望自己能把这样一种精神传递给我的学生。不是用豪言壮语，不是用高谈阔论，而是一步一步地走，一言一行地去影响、去滋润自己的学生，去渐渐地改变他们，在他的发展当中投下自己的影子。你会无愧地说他是你的学生，你是他的老师。

永远的黄老师、绍武老师，我心存感恩，仰望前行，你们是方向、力量、温暖。

祝福永远！

黄会林教育观对我教学之启示

吉林大学教授、文学院副院长、新闻与传播学院副院长　孔朝蓬

尊敬的黄会林先生、绍武先生，各位师哥、师姐、师弟、师妹下午好！

黄会林先生和绍武先生执教 60 年，桃李满天下，我特别开心回到北京师范大学校园，回到了这个大家庭。

我今天发言的题目是“黄会林的教育观对我教学之启示”。

第一，黄先生“树人、立人”教育观的引领作用。我觉得教育观是对教育理想、教育对象、教育方法等影响教育成果的诸多元素进行的整体性构想，并随之形成的教育观念。大家都知道“师者，传道、授业、解惑也”，这就意味着老师的任务和职责不仅仅是传授知识，更重要的是在教育过程中让学生、弟子树立正确的人生观和价值观。黄先生正是以此为引领形成了全方位的育人、树人观念。我在网络上看到 2016 年黄先生在北京师范大学学生毕业典礼上的寄语，她对在场的莘莘学子强调了“心存大爱、不忘学习、敬业担当、砥砺坚强、秉持理想”的期望，其实这就是先生从价值观、理想观、社会观等各方面对学生们提出了拥有道德良知、肩负社会责任的要求。她始终教育学生们首先做人，然后才能成为“人才”，这也是我在黄门下做“黄桃”得到的熏陶和收获。在黄先生的教育理想指导下，我对自己的教学包括对学生的培养也都遵循这样的原则，做人要真诚上进，有责任感；做学问要踏实勤奋、有自律、有追求。这样我们首先成为对国家有用的、有作为的人，然后才是对国家、民族有贡献的人才。

第二，黄先生教育理念上的战略布局和与时俱进。今天上午很多专家和同门

师兄们谈到战略布局的问题。我觉得黄先生对中国高校影视艺术教育和艺术学科成长有一种大艺术理念，站在一个高屋建瓴的层面上进行了战略布局。一是这种战略布局贯穿在黄先生教学进程和教学实践中。在20世纪80年代中国话剧市场日渐衰落的环境下，先生创建北国剧社并组织演出。黄先生一开始就不仅仅是把北国剧社作为校园文化建设的基本元素，而是学科建设、课程体系建设、戏剧课程建设的支撑和基础。1993年在中国电影市场萎靡的时候创办北京大学生电影节，这也是学科大布局的一部分。黄先生曾经无数次地告诉我们，要有一个总思路，创建中国影视民族化和现代化之路。黄先生在北京师范大学艺术学学科建设总体思想中提出的“一个目标、两个翅膀、三个支柱和四个特色”，一直影响着中国高校影视学科建设，包括我们吉林大学的戏剧影视学科建设。黄先生曾经几次到吉林大学做讲座，主持学科硕士点评估工作，肯定我们办学特色的同时也指出我们的问题，并提出了有针对性的改进方案。在这里我还是要深深地感谢黄先生！黄先生对我们学科定位、特色方向等提出的建设性意见，都在我们的教学实践和教学理念中得到贯彻执行。吉林大学戏剧与影视学科在慢慢发展，希望黄老师有时间再去给我们做指导。二是战略布局还体现在中国学派和国际视野的结合。从1995年的民族化影视理论到2009年“第三极文化”的提出，以及2010年中国文化国际传播研究院的建立，其实就是中国文化国际化的展示和国际话语权确立的过程。研究院这些年的“走出去”和“请进来”，不仅实现了中国文化对外传播，同时也使得世界各高校的青年学生和各种媒体看到中国发展的面貌。黄先生所做的事都是大事，而且更重要的是在大事上都做到了资源共享，让全国高校中很多影视学科享受到了她所创立的共享平台。吉林大学承办了2016年、2017年两年的“看中国·吉林行”。不仅是吉林大学文学院、新闻与传播学院的学生，还有外语学院、经济学院的学生都参与进来。这个活动给学生们提供了特别大的国际交流平台，同时也让他们知道了如何肩负中国文化国际传播的使命。

第三，黄先生秉持理想、知行合一的教育实践。黄先生不仅是高屋建瓴的设计者，同时也是不断前行的身体力行者。在黄先生门下做学生十余年，我深刻领会到老师这样不断创新、不断前行的理想与信念，所以也以此不断鞭策自己。我认为无论是我们在黄门读书的时候，还是我们散布在海内外，黄先生要求学生做的自己都首先做到和做好。我多次跟先生参加学术会议，先生都在到会之前把自己所有发言整理得井井有条。有一次见到黄先生白天开会，晚上准备第二天的讲座到很晚，甚至在讲稿上用各种彩笔做下不同记号，我因为心疼她，就说老师咱们不用各种标记都做这么仔细。黄先生很严肃地看了我一眼，从此我再也没有说过这样的话。我也要求自己做事、做学问严谨认真、一丝不苟，作为黄门子弟，这也是时刻向老师致敬的方式。

黄先生知行合一的教学实践还体现在跟绍武老师一起进行的艺术创作中，《梅岭星火》《艺海沉浮》《红军家族》等都是以理论促进实践的发展，同时又是实践反哺理论的影视艺术作品。自从黄先生对吉林大学影视学科提出加强教育实践之后，我们也加强了本科生、研究生的艺术实践教学工作。我们学校的影视学科主要以理论研究为主，现在秉承老师理论研究与创作实践“两个翅膀”的建设观念，积极参与到实践中去，也产生了更多的实践成果。

总之，回顾十余年在黄先生教导下的成长之路，我常常心怀感激。先生慈爱的目光一直关注我的成长，先生严谨的治学风范始终影响我的教学生涯。感恩此生遇到黄会林先生、绍武先生。祝“武林门”日渐壮大，祝先生学术之树常青！

物格以启自性——略记黄会林先生的教育观

辽宁师范大学教授、影视艺术学院院长 石竹青

“我从自己的记忆之中，找出了许许多多使我得以有今日的力量，以及与这种力量有关的人和发生的事。”——当我试图整理黄会林先生的教育理念的时候，《让·雷诺阿自传》中关于力量之源的思索跃然脑海，弥散而来的是我与黄先生自 2000 年 21 世纪的大幕缓缓开启之时而行走至今的风景……

1999 年我迈入了高校的大门，做了一名教师。从教的第二年，我幸运地走进了北京师范大学，拜入黄先生门下，从此结下美好的师生之缘。有人说，教育是一朵云推动另一朵云，是一棵树摇动另一棵树，黄先生于我的教育——是微风，吹面而不寒；是细雨，润物而无声；是暖阳，入心而有度；是韧力，无为而自处；

是哲思，物格而启自性。

教育，是伴随。

岁月的长风总会如云流走，而相互伴随的跫音却会在不经意的时间和地点回响，因为那颗饱含化育的种子已经种下，就会在受教者的心灵更深处生根并且根系绵延。

时光荏苒而过，而我不断感激着生命中与黄先生一直相伴的光阴，落泪时是您淡定的凝望让我继续坚持；坎坷时是您坚定的脚步给了我勇气与决心；怡然时是您美丽的微笑给了我信心与力量；行路时是您智者的点拨让我静定与笃行。这些贯穿了我的博士生涯以至我的人生，使我明白，求索的道路，崎岖漫长，而师者的陪伴、理解和关怀在左，师者的努力、坚持与情怀在右，弟子随行其间，寻格物之途，撷致知之英。日月相易，日里思及，遥相祝愿；月色中入梦，时而因有缘与师者相伴而笑醒。岁月芳华，因先生的伴随而点染春秋之色；潜移默化，因先生的指点与教导令我辈人生郁郁而葱笼。

教育，是推己及他。

时至今日，每每听到“丝巾围好了吗？”“带上水了吗？”之类的嘱咐，都会让我有些恍惚。这嘱咐，仿佛成了一段连接起昨日与今时的纽带，我总会将记忆定格在这样的时刻，当我陪着老师前去开会的时候，绍武先生的轻声细语，说与黄先生听。

而会议结束，我陪着黄老师回来的时候，每每走到二楼，三楼的门就开了，绍武先生便会在门旁，把老师迎回家中。这样的场景，每每想来，都会在我的心中漾起暖阳，温暖我的人生与家庭。

难以知晓绍武先生是怎样地掐指计算、于阳台观望、守在门旁，又听了多少次的声音，才会熟悉老师的脚步声，而老师的脚步声如此之轻——当家庭里充满了如此的仪式感的时候，这仪式感里面包含了怎样的爱和心疼！原来，爱到最深处，就真的，成了她。

所谓精深博远的教育永远启人心灵，触动每一个个体灵魂深处的善、美与真，并释放升华，推己及他。教育无处不在且如影随形，时光流转，逐渐深味绍武先生与黄先生对于弟子的影响。只有当我们把爱的种子深植内心，心之所向，化育方成。

教育，是责任和担当。

八年前到辽宁师范大学担任影视艺术学院院长之前，我在另一所高校执教，不他求而醉心于自己的设计喜好当中，过着优哉游哉、随性而为的日子。

巧适先生至大连出席会议，会议间隙，我将先生接到身边小叙，说及自己的想法。老师言词婉委却极具说服力："你这小石头，我都70多岁了，还未想过休息放松呢，你还没到40岁，就想着散淡人生了？那可不行！你不是总在思考教育的多样性和可能性吗？做了院长，是不是会有更多的学生能因之受益？"转眼间，那次对话已经是八年之前。

八年间，我时刻都在体会先生那天的教诲深义，信马由缰的日子一去不返，有所负累的光阴与日俱增，但更多的乐趣与美好就在一年年快乐成长的年少学子的收获中滋生。2013年、2018年，我们年轻的学院经历了两次省级教学成果奖评选，均得到了省级一等奖的殊荣。

人生很多际遇犹如天启，得先生那时的教化点拨，每念于此，我甚至恍惚先生是专行至滨城，只为点醒我应有的担当与责任。越来越懂得，所谓无为非不为之，而是处身则尽己之力，为之而不问虚功。作为电影学界的泰斗级大师，以黄先生的学识声望，功成身退无可厚非，颐享时光情理使然，但先生仍在路上，执著并优雅于中国文化国际传播的使命与担当。

某天，一只蜻蜓落在我的车窗舷上，晃动着可爱的小脑袋，很久，似在问询或是对话，又似在问候或是静观，那一刻，无言……此情此景，在我的记忆中永恒停格，生命间的对话会在某一时刻倏然而至，瞬间会令我们醍醐灌顶。

教育，是躬身俯行。

在黄先生的世界里，教育是跟随着其言其行的行走着的风景，是独上高楼，是衣带渐宽，是众里寻他。先生的视域无远弗届，从大学生电影节到戏剧与影视学科再到电影学博士点授权，从中国文化"第三极"到"看中国·外国青年影像计划"再到中国文化的国际传播，大美无极，大爱播远，仰赖先生躬身俯行，且以恒持之。桃李不言，我辈终难望其项背，唯奋而扬鞭，方能仰望星空，不负师恩。

我们有幸于2014年承办了"看中国·大连行"活动，先生亲临活动，指导外国学生作品，甚至细致到了每一个镜头。在那一刻，你才会真心感受到每一次成功背后都沉淀着他者无法参透的秘密，而这秘密又何其简单，简单到只一字就可表达——实，是求实成就了道与德，是务实成就了力与美，是踏实成就了盈与恒。

2018年5月中旬到6月初，我们再次承办“看中国·辽宁行”活动。是年3月2日，我们开学的第二天，在“辽宁行”电话会议中，我们听到了先生细致的叮嘱，听出了先生对于整体工作细微至时间点上的清晰——那必是她谙熟于心的经验使然，必是她凡事思虑周全、亲力亲为的工作态度使然。我欣喜地听着老师熟悉的声音，而欣喜之余，收获的是人生行走着的启发。行者无疆，唯有时时体验与历练方可善作善成，才能将每一段岁月都氤氲成曼妙的风景。“看中国·辽宁行”不再只是对项目的单纯的完成，更是包括我自己在内的教师与学生，本着求实、务实、踏实的精神所展开的一次更透彻的美学体验与文化纪行。

教育，是启发自性。

自天佑之，所谓造化皆源自个体的付出与努力。黄先生“一分耕耘，一分收获”的朴素为学求知观，在我们年少时只觉字意深长，年长后方知此一分之差，足以让人生有别。先生每一分的耕耘，逐渐生成脉系，根深且叶茂，硕果满园且香自而来、那是属于黄先生自性而生、自向而得的生命场域。

岁月长风，沉淀了先生不经意间的问询、点拨，甚至是既关爱又研判的眼神。年少时听闻和领悟到的，先生与我的点点滴滴，都成了于我言传身教的生花妙笔。多少次再回到北京师范大学熟悉的，当年陪伴着老师由学院走回到家中的那条小路，都让我不禁想起博尔赫斯《交叉小径的花园》中的一句话——“周围朦胧而活跃的田野，天空中圆圆的明月，逐渐浓重的暮色，都在我身上起了作用”。先生对我的影响，不仅仅是田野、明月、暮色所通向的探求人生的那条小径，更多的还是省思己身，开启自性，笃定每一分的求索和修行。

行笔至此，感慨万千，回忆倾泻而来……

敢竭鄙怀，恭疏此文，仍远不能达意……

心怀敬想，感念日月易处且韶华悠长，让我辈能与先生相遇且一路情牵。

行路相与歌，拈花禅悟且怀远。

初心相为伴，达观凡处且逊谦。

慈目远顾，惠泽子孙——在实践中感悟黄会林先生关心下一代教育思想

中国传媒大学教授 马 谛

尊敬的黄老师、绍老师，尊敬的各位前辈，亲爱的各位同门：

大家下午好！

在早春二月的明媚春光里，有机会回到母校，来到黄老师、绍老师身边，与各位前辈、同门齐聚一堂，共同参悟黄会林、绍武执教60年教育思想成果，我十分高兴，也备感荣幸。

刚才各位前辈、学长、同门围绕会林教育思想的论题，从不同角度发表了各自的见解、感受和体会，我听了之后十分受益。会林教育思想的确是多方面、多层次、多维度，既深厚又广阔的，是我辈取之不尽的智慧源泉。

我之所以认为先生的教育思想是深厚而广阔的，首先是因为黄先生在教学实践中，始终以立德树人作为一切教学活动的核心，坚持教书育人、育人为先的宗旨，高度重视对学生思想品德的培养和高尚灵魂的塑造；其次是因为在先生的教育视野里，不仅有已在大学校园里学习的大学生，还有那些尚在大学校园之外的天真可爱的中小学生成长的身影。在先生长达60年的教育生涯中，在她卷帙浩繁的论著中，我们总能不断感受到她对青少年成长的持续关注，以及她发自内心深处的主动担当。

从20世纪90年代开始，黄先生在积极探索影视艺术教育及学科建设构想时，就把探索青少年文化素质教育作为关心下一代健康成长的问题引以为己任，不辞辛劳地亲自撰写了多篇有关青少年教育问题的论文。这批论文不仅表达出先生对祖国下一代成长的关心和爱护，也体现了一位资深学者高瞻远瞩的宽广胸怀和一位慈祥老人对后辈子孙寄托的殷切期望与美好情怀。她在《对尴尬艺术教育的思考》和《素质教育的全面性追求——〈完全素质手册〉序》中，一方面深刻揭示了智育与美育教育相分离的危险现状，提醒有关各方要吸取因缺少健康的精神营养致使

人性扭曲、畸变，导致许多青少年不以犯罪为耻辱，反以作恶为荣耀的深刻教训；另一方面积极推介音乐、美术、电影、电视、舞蹈、戏曲、雕塑等素质教育系列丛书，大力推动艺术素质教育在我国青少年教育进程中的普及和推广。

21世纪以来，黄先生更是亲力亲为地挑起了北京师范大学“影视文化对北京地区未成年人的影响与对策研究”的课题重任，带领课题组成员深入北京城区、近郊区、远郊区6个区县的14所中小学，面向未成年人做了随机整群抽样调查，回收率达到99.7%。在对回收问卷进行详细分析之后，课题组掌握了北京地区未成年人收看电影、电视的现状和特征，以及影视媒介、影视文化对未成年人学业、社会化、价值取向、暴力倾向的影响的珍贵数据，发表了多篇学术论文和研究报告，如《以“导雨刷”代替“防护罩”》《电视文化对北京地区未成年人影响的调研与思考》《首都未成年人电视收视行为分析报告》《2008年度未成年人电视媒体收视行为调研报告》《守望与开拓：未成年人与中国电视文化发展策略——中国电视五十华诞纪念》等。作为黄先生的弟子，先生的忧国忧民之心与勤奋耕耘之举，我们是看在眼里且铭记在心的。我除了深深地感佩之外，最好的报答就是步先生之后尘，秉承先生的教育思想，把事关国家、民族未来的教育事业薪火相传地一直进行下去。

正是在先生关心下一代教育思想的正确引领与激励下，经过中国传媒大学关心下一代工作委员会“牵线搭桥”，我于2017年开始了“青少年有声语言艺术教育”的研究与探索。这一课题研究的目的和意义在于：培育青少年的社会主义核心价值观，推动中华优秀传统文化创造性转化，创新发展社会主义先进文化，全面提升青少年人生发展中的核心素养。

为此，我们首先启动了由大学专家指导团队与中小学实践活动相结合的“读起来”专项培训计划，在北京第二外国语大学附属小学、初中、高中三个学部中开展了《口语表达》《诗文诵读》等课外辅导活动。我们认为，从儿童学龄期开始，对其进行“读”“讲”“说”“诵”能力的培养，将有助于儿童突破内、外部言语转换的屏障，强化与他人沟通交流的言语能力。在中小学生中通过诵读古今经典诗文及讲述优秀成语故事等形式，能使学生转被动学习为主动体验，在增强语言艺术感受力的同时激发学习的兴趣和热情，让青少年在中国语言文化的滋养下，领略中华优秀传统文化的博大精深，在提升自身语言艺术素养的同时建立起民族文化自信。

其次，我们与出版社合作，正在编写《青少年有声语言艺术教育》系列读本。该系列读本主要围绕青少年“读、说、讲、诵”的内容，以及如何进行“读、说、讲、诵”训练两个方面展开。读本结合中华传统文化中的仁、义、礼、智、信等道德观念，以及温、良、恭、俭、让等行为准则的相关内容，根据不同年龄阶段青少年语言认知能力及特点，编选古今诗文、成语典故、绕口令、演讲词等内容，通过音频示范，对青少年进行规范的“读、说、讲、诵”能力培养。

青少年是祖国的未来、民族的希望。今天，作为先生的弟子，在向黄先生、绍先生及各位前辈、同门汇报自己的点滴感悟与收获时，心中不时涌起股股暖流。有先生在前面示范、引领，有各位同门的理解与支持，我们这支小小的教学科研团队，有信心按照“普及诵读为先、素质培养为重、亮点打造为精”的思路，在青少年有声语言艺术教育领域，为实现全面提升我国青少年语言艺术素养和推进实现人才素质教育的目标，贡献我们的力量！

黄会林先生重要课题与调研项目成果回顾

北京师范大学副教授、文化创新与传播研究院　杨越明

自然科学家达尔文形容自己时有一句名言：“我之所以能够在科学上成功，最重要的一点就是对科学的热爱和坚持长期探索。”这句话放在黄会林先生身上同样适用，作为黄会林先生的弟子，我认为先生之所以在中国的文化界、影视界获得今天的成就，最重要的一点就是对中国文化的热爱，对大中华的热爱，并且为此坚持长期探索。

谈到先生近几年的科研实践，第一个关键词是观大势，科研攻关重点与时俱进。对于所有做影视研究的学者，面对的共同难点都在于真正找到有价值、有意义的科研重点进行突破。黄先生的秘诀是始终关注影视学科发展与需求。

第一个阶段，是 1998 年到 2004 年，黄先生的研究重点是基于影视民族化建

构的需要。1998年先生获得教育部社科项目“中国影视民族化研究”，在这个项目指引下，艺术学院所有同仁为此努力。回想1998年，学界重在以西方理论研究电视、电影艺术的时候，先生明确提出影视文化属性，在影视的国际化和本土化的矛盾关系中提出民族化的特质，这在今天看来是非常具有前瞻性的。在此基础上，影视民族化研究进行到2004年的时候，先生提出影视民族化不仅要有供给侧理论，并且还要知道中国受众究竟对影视有怎样的需求。于是2004年中国影视受众研究启动，这样一个量化研究也是非常具有前瞻性的。2004—2005年先生带领博士生连续在《现代传播》上发表的民族化发展背景下影视受众的调研报告，已经成为今天量化研究与影视民族化研究结合的标杆性作品。

第二个阶段，先生基于教育家的责任感提出新的科研攻关重点方向，就是影视和未成年人的关系。2006年，先生提出影视应该关照到未成年人对影视作品的需求，进而研究影视作品对未成年人的影响，特别是负面影响。当时的社会现实是，在多样化和娱乐化背景下，影视产业出现一些乱象。2006年，先生获得国家艺术科学基金重点研究项目“影视对未成年人影响”。于是2006—2010年连续五年，先生带领在校的硕士一博士研究生完成电影电视文化对未成年人的十余篇调研报告。我这个礼拜回头看了每一届调研报告，每一届报告都试图在大框架下产生研究亮点，凝聚的是先生对每一次调研问卷的修改与调研过程的指导。这个课题所有成果刊发在《现代传播》《当代电影》《中国电视》《艺术评论》等顶级影视学科期刊上。

第三个阶段，2010年影视与未成年人研究项目基本结题之后，黄先生的思考背景是站在文化“走出去”时代背景下、讲好中国故事时代使命中，提出从需求侧出发了解国外观众对中国电影、电视的真实印象。正是在这样的使命之下，黄先生从2011年到今天连续七年都在进行中国电影文化国际受众调研。这个调研开全国高校电影国外受众调研新篇章。调研内容包括外国观众对中国电影的接触偏好，对中国电影的符号认知以及文化价值认同。连年的调研已经成为黄先生及中国文化国际传播研究院品牌研究项目，连年刊发在《现代传播》之上。2016年获得“当代中国文化国际影响力深层研究”项目，也是在系列调研报告基础上进行的量化到质化的改变。

第二个关键词促创新，以量化研究方法带动教学。

相对传统人文学科的质化研究、个案研究，基于传播学理论的量化研究方法，无论是对于先生还是学生们都是富有挑战性的。回想我攻读博士学位时，同一级的博士生，包括在职脱产的一共有六个人，只有一位曾经有过调研项目的经历。当黄先生提出做基于问卷的调查研究的时候，我们不知从何下手，不知道如何建立调研模型，不知如何判断调研框架是否合理，也不知道上哪儿找能够接受我们调研的受众，当然也不知道问卷数据回来后如何整理形成结论。不过只要有信心、肯下功夫，研究成果总会出来。黄先生始终以前沿的思维来带动每次调研的推进。我们曾经做过的大型调研项目，无论是影视对未成年人的影响调研，还是中国电影文化国际受众调研项目，每年问卷都紧跟社会发展的背景或产业发展的新现象、新问题，寻找研究突破点。拿中国电影国际传播来说，有一年侧重于中国电影对国家形象的建构，有一年是侧重于国外受众对中国电影折射价值观的认同，有一年是侧重国外观众眼中的中国电影人。尽管每年调研囿于篇幅限制可呈现的问题有限，但是持续积累下来，对于中国电影的国际受众建设来说，就是一幅大图景。

第三个关键词是重实效，积极促成研究成果运用转化。

研究成果运用转化成为相关政府部门具体政策，这对我们学者来说是非常不易的，因为纸上谈兵容易，真正变成实际有用的知识、行为很难。黄先生带领学生们始终在进行应用转化，从 2011 年开始每年出版一本中国电影国际传播年度报告，提交中宣部、广电总局、北京广电局等，都成为他们了解国外受众对中国电影真实想法非常有效的手段。黄先生的教育部重大课题“中国艺术学科体系建构研究”，通过我国艺术教育整体现状剖析与艺术学科分支的现实发展问题研判，直接推动了艺术学从一级学科到学科大类的升级。

综上，黄会林先生对中国文化的热忱，对科研精神的坚守，为影视学科的年轻学者们树立了标杆。古希腊哲学家比阿斯有一句名言：“要从容着手做一件事，但是一旦开始，就要坚持到底。”我想，作为黄会林先生的门下弟子，我们都应有这样的一种精神，始终对研究保有热情，始终悦纳新的研究方法与范式。

黄会林先生的“术”与“道”

中视协纪录片学术委员会副主任　陈大立

开宗明义。我这篇几千字的文章，用了“术”与“道”两个完全不同层级的概念，看上去或有几分文字游戏的意味，但我如此遣词的用心，绝非半分游戏，都是实实在在的心里话。

所谓“术”，是所有施学于人者的基本功。会林先生之于此虽早已驾轻就熟、炉火纯青，但她可推崇之事颇多。囿于篇幅，我不太想就先生的“术”做类比描摹，这完全体现不出先生教书育人的格局与气象。以“术”塞“道”，之为不善。短短的几千字小文，更想在“道”上多说几句。

我和黄会林先生认识，算起来近三十年了。近三十年来的所历所感，的确有很多东西值得写。但真的要落笔了，却又是“波涛千顷笔端涩”。思来想去，还是抛去所有杂念，笔随心至，随性一些就好。其实话说回来，会林先生早已经是桃李满天下，实在是不缺我这一篇秃笔拙墨的小文。但我有此心愿，情感的温度，相信先生完全可以体会到的。

近三十年的时间，我们每个人都经历了太多的事情，但总有几件刻在心里的事情，未必很大，但却很重。

记得那还是师从会林先生之前。那时候，先生虽然已经过了天命之年，但精力充沛的像一个活力四射的青年人。我刚刚入行电视，忘记了是受谁所邀，扛着摄像机到了师大本部，去拍摄一部关于“北国剧社”的五分钟电视短片，按照现在的说法应该算作微纪录片。

大概是用了三四天的时间完成了前期拍摄。就在“杀青”的当天，先生把我悄悄拉到一边，十分委婉但异常认真地问我需不需要撰稿：我这有几个文笔非常不错的研究生。如果你工作太忙，没时间推敲稿子的话，我可以说服他们代劳。

从先生客套与巧妙的措辞间，我十分准确地捕捉到了一个信息，即先生对以我为首的摄制组，至少在文字方面缺乏足够的信心；说实话，当时心里也隐隐有些不快，一种完完全全被轻视了的感觉。一个区区五分钟的微视频文字，竟让一位著名教授的研究生代为捉刀，我情何以堪?

大约一个星期后节目做完了，我咬牙跺脚地硬撑着没拿去给她看，只是通过邀请人告诉她，那个晚上的电视新闻和天气预报之后，纪录片《北国风》将播出。现在想起来，我很有赌上一把的意思，也很想证明，站在她眼前的不是一个废物。

节目播完，时间不到晚间九点，先生就主动打了电话给我，言语间充满了美誉之词。两天后我被召到师大本部。先生开门见山，除了对纪录片和解说词又加赞赏之外，还直言相向："现在可以对你直言不讳了。当初稿子的事情我的确一忍再忍，没好意思坚持让我的学生操刀。心里话，我对贵台同志的文字水平实在是不敢恭维。你决绝地拒绝了我的暗示，我真的捏了一把汗。我不想让北国剧社被毁于无形。"

今天我依然记得先生那天的表情，那是一种发自内心的可以感染任何人的真诚与愉悦。不过在此后很长一段时间我还是有些困惑，为啥学界声名赫赫、麾下统领数十名教授、研究生的学者，会对一部五分钟的微片如此看重。现在回过头看，就在我当年还局限在"争面子"的浅层纠结时，会林先生已经开始了她从中文系转型艺术系之后的宏大布局。

"不谋万世者，不足谋一时；不谋全局者，不足谋一域。"这句出自清代大哲学家陈澹然的名言，深入浅出，颇耐玩味。沿此意去思考，我以为会林先生当时倾注心血构建的北国剧社，实际上是在下一盘外人很难参透的大棋。这是先生在学术转型期，精心落下的一目他人完全不以为然的"闲子"。当年我身在局外，只知其一。

果然，此事一年多之后的1993年，北京大学生电影节横空出世。以会林先生为首的北师大艺术系，持过人之风范，高举旗帜，登高一呼，横跨学门，联合多家机构，将冷清有年，刚刚有些回暖的中国电影拉近了大学生的视野。大学生电影节在国内独树一帜，以国家名校应有的气质和学子情怀，蜚声于学界内外。

后"文化大革命"时期，中国电影在经历了"伤痕文学"之后的近十年时间里，除第五代导演偶有佳作，大部分影片人气惨淡。此前一年，为了焐暖国内电影创作与市场，金鸡百花、长春等两个行业电影节也才刚刚试水。而对于电影节这一文化学术盛典，当年很多中国观众还知之甚少。会林先生敏锐地捕捉到了这一与教学相通的文化元素，借助逐渐回暖的中国电影文化征候，把电影创作与大学生的学科实践相衔接，为开放式教学，创造了无限的想象空间。大学生电影节以“青春激情、学术品位、文化意识”为宗旨；以“大学生办、大学生看、大学生评”为特色，不仅影响了大学生们的审美取向，也成为大学教学根植校园，拓展视野，跨界渗透融合的典范，成为中国电影“二次创业”期间的一抹亮色。它在一定程度上优化了国内教育与影视创作相互交融的学术生态。

也就在大学生电影节首届举办的那一年，我开始在师大艺术系读在职研究生。和会林先生的接触逐渐多了，人也逐渐熟识了。当然，也有幸参与了反映首届大学生电影节的纪录片创作。

那次拍摄，采访了三位电影人：郑洞天、张建亚和宋春丽。三位电影人对于当时国内电影经营惨淡的现象，几乎异口同声地表达了自己的看法。他们认为大学生用最为纯净的眼睛，最为直白的学术态度与表达，洞悉了当今中国电影的得与失，他们为大学生们的真诚所感动。

郑洞天的原话我还记得很清楚：同学们的认知告诉我，不是观众不爱中国电影。在某种程度上，是我们电影工作者把观众推出了电影院。这既是个技术问题，也是个态度和学术问题。

这次纪录片拍摄之后，我开始一点一滴地体味会林先生策划组织大学生电影节的初衷和良苦用心。如今回过头看，这是先生在其学术布局中，出手惊人的又一目棋。

日子不禁过，一眨眼，会林先生的同事们，早年的学生们都已经到了可以说“想当年”的年纪，而年抵耄耋的会林先生，却依然精神矍铄地“开疆拓土”，一盘大棋也不过才下到了中盘。2000年，新世纪开年，会林先生在这盘大棋中再落一子：旨在推动中华文化国际合作、交流的中华文化国际传播研究院（AICCC）于是年推出。此后的十几年间，在这杆大旗下，陆续派生出以“看、问、论、研、刊、创、会等多个采用不同形式进行国际文化交流的平台。这个平台以会林文化基金作为依托，深入开展多触角的国际交流活动。其中仅一个“看”字，即外国留学生拍摄纪录短片“看中国”的文化体验项目，迄今为止，已经举办了七届。此间一共有来自三十多个国家的大学生，完成几百部“看中国”的纪录短片，获得50余项国际奖。

蒙先生抬爱，2017年，有幸担任了第七届“看中国”的评委，沉下心来，踏踏实实看了这一届“看中国”的几十部外国留学生的纪录片。这些纪录片用外国留学生的视角，既关注中国的历史，又着眼当下中国发展，内容涉及文化、体育、环保、教育、民生等多个领域。这一持续了七年的“看”字，巧妙精准地切中了文化“走出去”的脉向，不仅从多个角度完成了纪录片为时代留影存志的使命，也让留学生们自觉自愿地把他们眼中的中国，带出国门，带到了异国他乡。

今天，我们再回首近三十年的时间，看一看会林先生棋兴正酣的半盘落子，不难发现其格局已现端倪。会林先生从当年初转型艺术系，让学生们关注“戏如人生”“学演戏、学做人”的哲理，到打开视野，关注文化，关注低迷期的中国电影、再到由艺术系蜕变为艺术与传播学院，中华文化国际传播研究院（AICCC），一目目精到的落子与棋法，这究竟是一盘怎样的大棋！

文章开篇的时候，我弄了个噱头，提及了“术”与“道”的区别，如今我们不妨退出半步、登高半步，再看会林先生的“道”，不得不慨叹，此“道”非同小可。

记得海明威有句名言：优于别人，并不高贵，真正的高贵应该是优于过去的自己。会林先生一路走来，每一步都是对自身的超越，也是对她毕生所钟爱的教书育人事业的拓展与提升。

“You Raise Me Up”——记我的恩师会林和绍武

北京师范大学中文系1978级旅美校友　曹晓乔

当我要提笔写黄会林、绍武老师时，一首著名歌曲“You Raise Me Up”在我脑海里盘桓起来。歌词是这样的：

When I am down, and, oh, my soul, so weary
When troubles come, and my heart burdened be

Then, I am still and wait here in the silence
Until you come and sit awhile with me
You raise me up, so I can stand on mountains
You raise me up to walk on stormy seas
I am strong when I am on your shoulders
You raise me up to more than I can be

当我沮丧时，我的灵魂疲惫不堪
当烦恼来临时，我的心脏负担重重
然后，我仍然静静地等着
直到你过来和我坐在一起
你让我站起来，我可以立于群山之上
你让我站起来，到风雨如磐的海面上行走
当我在你的肩膀上时，我很坚强
你把我提升到比我更高的地步

记忆中的北京师范大学校园，总和会林、绍武老师的家分不开。离开北京师范大学到美国已有30年了，有过好几次梦回校园，梦见去黄老师、绍老师的家。那座红红灰灰的宿舍楼，搞不清从哪个门进去了，我就在楼下对着上面喊"黄老师——绍老师——黄老师——绍老师——"我会听到"哎——"的回答声，看到他们在窗口向我挥手……

40年前——1978年，我考上了北京师范大学，从遥远的安徽农村，到了人人仰望的首都北京。

好幸福的时刻！好幸福的年代！但对我，那又是个从梦中醒来面对痛楚的年代，是个刚刚试图独立思考的年代，是个沉溺在"伤痕文学"的年代。

我因为父亲的"问题"，灵魂深处自我"革命"了十年，突然间，上下，左右，前后，黑白，又都反转过来了。我失落了。一反过去从小学到高中做最好学生的行为模式，不好好上课，不好好军训，不好好参加班上集体活动，对古文更是学不进去，考试差点不及格。整天写诗歌散文，迷茫的、呻吟的、苦斗的："我的黑海洋""爸爸，我走了""让过去的过去吧""离合曲""投向长江的忏悔""啊，好猛的雨"，等等。辅导员找我谈话，帮助我拨明政治方向；老教师找我谈话，指出我写文章毫无逻辑，都是诗歌式的跳跃。我沉浸在"伤痕文学"里出不来，想恋爱又恋不到正路上，内心感到像无头苍蝇，又乱、又脏、又嘈杂，临近毕业时脑子还是混沌一团。

可每次从黄老师、绍老师那里出来，我就会有一种温馨、清爽、振奋的感觉，对自己有了希望，有了喜爱。他们不评判、不说教，也不姑息、不纵容，像严母慈父，一唱一和中充满真诚的疼爱、欣赏和鞭策。绍老师执著地让我相信自己有天赋，有才能，"不能浪费，埋没"！我有苦恼了，总去找绍老师聊聊天，开开心，鼓鼓劲。毕业前是黄老师一句话敲醒了我的脑子："不考研究生，就别来我家了！"我这才静下来，在北京图书馆里待上一天又一天。

上了研究生，黄老师不嫌弃、不放弃地，几乎手把手，教我如何列出提纲来做研究、写论文，让我真正学会了文字的逻辑排列、研究方法。这个思维能力的培养对我后来到美国学习，进入崭新的学科起到了至关重要的作用。我写的自我身心分析文章让我获得了奖学金，并成为全班最快毕业的学生。

和许多中国教师严格教训的传统模式不一样，黄老师他们的教育是以爱为核心，以正面鼓励为主导。这是一个极为重要的教育风格。对一个学生来说，考试答案的对错不是最重要的，而自信和自知，不懈的精神和学习的能力，才是一辈子受益的。让学生看到自己意识不到的优点和潜能，是教师的最大功劳。

黄老师他们总爱夸自己的学生，我自然是其中一个。他们人前人后夸我。黄老师说："晓乔从不嫉妒人，总是一看到别人的才能就高兴。"绍老师说："晓乔为人真实，有才气，有激情。"黄老师打开我的视野，把我往前推，带我进入戏剧界、影视界、文化界。她总会响亮地向那些让我有点发抖的大人物们介绍"我们的晓乔"如何如何。我也沾着黄老师的光，腰杆挺直了，敢对大作家的作品品头论足，敢在大导演面前提挑战性的问题。我有一个信念：不能给黄老师丢脸！在美国学了心理学后，我才认识到，常夸孩子、夸学生、夸同事、夸下级，是多么的重要，它会影响一个人的一生。我想，也正是在会林、绍武老师的宠爱下培育的自信，我才能在美国打下一番天地，得到舞动治疗先驱西格尔的钟爱，在精神健康医疗系统内获得积极的声誉，还创建了表达性艺术治疗团队。

会林、绍武老师对我的教育就像阴和阳的能量输入：既要有逻辑，有章法，又不要失去直觉，失去美感；既要自律刻苦，持之以恒，又不能失去浪漫想象。不要墨守成规，安于本分，要有纵横观，要天外有天，要破旧立新，不停地开拓，不停地创造。在跟会林导师读现代戏剧研究生时，他们的灵感闪光了，学习田汉创建“北国剧社”，让学生创作剧本，登上舞台和屏幕，实践和研究一起开发。他们每天亲自督阵，和学生一起冰天雪地，干到深更半夜。有时我想偷懒，黄老师就会说“没那么娇气”，绍老师就会用呵呵的笑声给我圆场鼓气。当然，黄老师会给我一些好吃的作为物质鼓励，我便又劲头十足地战斗下去。正是他们那种丰富的想象和创业精神，才有了今天北京师范大学的艺术与传媒学院，有了最早的让众多高校羡慕的国内首个电影学博士点，有了扬名中外的北京大学生电影节。

即使我到了国外，会林、绍武老师仍一如既往地鼓舞我，帮助我，有求必应。1993年，黄老师以艺术系主任的名义邀请了我的美国导师西格尔来到北京师范大学，由我做翻译和助手，做了三天舞动治疗的讲座和工作坊。那个经历点燃了我和西格尔把舞动治疗引入中国的理想火花，但因为西格尔突患脑出血，我又有孩子缠身，离不开，这个理想就搁浅了。直到2012年我去北京看望会林、绍武老师，他们又把我的理想重新启动，并为我指点了具体操作之路。

20多年后再去黄老师、绍老师家，我很惊讶他们的住宅竟然没什么改变。“我们不需要豪华”——黄老师说。他们的热情依然在事业上。绍老师的声音还是那么洪亮，充满激情。他和我谈到“世界的第三极文化”，他的创作《红军家族》《骄子传》；他鼓励我“把学到的新知识带回来，继承父业，报效党，报效祖国”。

我说：“没那么高觉悟，倒是想实现自我。”

“那也好。实现自我也好呀!”绍老师继续肯定我。用黄老师的话说，“绍老师总是对晓乔偏爱迁就的”。

我向他们诉说在北京办事的困难。“去珠海找蔡申呀!”黄老师还是那么果断。从来没有难倒她的事情！在他们的鼓励和建议下，我去了北京师范大学珠海分校，得到老同学李淮芝院长和常务副校长傅爱兰师妹的大力支持，终于把我学到的舞动心理治疗——这个西方现代的交叉性学科的课程在中国的土地上开设起来，出版了系统的教科书，还培养了一批本土的教师。

会林、绍武老师不仅是我的导师，还是我的生活楷模。他们对生活的态度，总是那么积极向上，充满正能量，从不显老态，不摆老资格，不唉声叹气，不怨天尤人。我记得绍老师，智慧的脑门闪着光亮，谈天论地，纵览历史，爱憎人生；我记得黄老师，芳姿飒爽、风风火火、朝气蓬勃，让别人说去，走自己的路。

那年，在他们家里遇到正在芝加哥大学学电影的黄老师的第一个博士生(我是黄老师的第二个硕士生)。会林老师领着我们去看她新创建的“中国文化国际传播研究院”。她身着飘逸的裙衫，步伐带着年轻人的弹性，在前面领路。走出电梯时，那位芝加哥大学的学生感慨地对我说：“看黄老师，七八十岁了，还是那么轻盈、轻快，风度翩翩。”是呀，热爱美丽，热爱生命，热爱生活，热爱事业，这就是为什么我总觉得和他们二老心心相印，不论天长地久、万水千山！

有意思的是，我后来告诉会林、绍武老师：“珠海去对了，那里的饭可好吃了。”绍老师笑我：“晓乔就忘不了吃！”他居然乐呵呵地提起当年我第一次去他们家的情景：我和汤晓青去找黄老师问现代文学的问题，问题还没出口，一堆橘子从我书包里滚了出来。呵，我们之间的特别师生关系就是这样开始的。

让我忘怀不了、羡慕不已的，还有会林、绍武老师之间的爱情。更准确地说，是远远超越情爱的夫妻关系。他们是战友，是知己，是爱人，是夫妻。他们有一个温馨的家。上大学时，我的家不在北京。我没少吃黄老师做的饭。会林老师在外叱咤风云，在家温柔体贴。我有机会看到他们之间的那种互相敬重，互相宠爱，互相呵护，互相理解，互相支持。这是我从未在别的夫妻间看到的。不论是在生活还是事业上，他们都是彼此的那一半。绍老师激动地给我讲述黄老师16岁就勇敢奔赴朝鲜战场的故事；黄老师深情地给我描绘绍老师的八路军烈士家谱。绍武思考，会林讲；会林研究，绍武创作；会林前茅，绍武后盾。他们之间达到了——用舞动治疗中的词汇来说，Ideal Attunement(理想的和弦)。他们在彼此的和弦中不断共同升华。这是多么理想而实在的人生境界！

我真的很幸运。在中国，我遇到会林、绍武老师，让我登在他们的肩上仰望自己的天空，丰满自己的羽翅；在美国，我遇到简和迈尔(西格尔夫妇)，帮我撑帆、掌舵，驶向新的事业海洋。会林、绍武是我的恩师，在78级3班入学40周年之际，我想对他们说："谢谢你们，黄老师、绍老师，是你们'把我提升到比我更高的地步'，是你们让我学会不断努力地去超越自我。"

I miss you! I love you!

2018年4月25日，于美国芝加哥

我心目中的"三最"大先生
——受教于黄会林、绍武二位先生的夏衍研究

中国共产党杭州历史馆书记、馆长　柳竹慧

尊敬的各位长辈、前辈，各位专家和领导，大家上午好!

我叫柳竹慧，来自美丽的杭州西子湖畔，曾任杭州夏衍旧居管理办公室负责人，现在中国共产党杭州历史馆工作。非常荣幸能够有机会参加此次会议并当面向黄教授和绍武先生二位长辈表达我对他们的爱和感恩。我今天发言的题目是《我心目中的"三最"大先生》，不当之处，恳请二位先生谅解并批评指正。

一、我心目中夏衍研究领域最权威的学术泰斗

因夏衍研究的工作机缘，我了解到，1978年二位先生因《梅岭星火》的谱写与夏公结缘。1979年夏公生病住院，二位先生参与轮班照顾并着手研究工作，为夏公写下了两万多字的年表和28万字的巨作《夏衍传》，编撰了三卷《夏衍剧作集》、一卷《夏衍电影剧作集》，并拍摄了长达120分钟的大型专题片《窃火者之歌》，研究材料多达数百万字。历经非常岁月，夏公的生平、文稿等几乎没有文字资料留

下，有些电影剧本是硬从影片上拉的。二位先生这样做，是出自对夏公的真挚情感，更重要的，是为中国戏剧与电影文化史的研究做了切实的抢救工作。

二位长辈不仅致力于夏衍文化研究，也为夏公家乡杭州的夏衍研究会的发展无私奉献着。2011 年 12 月，杭州市专门邀请黄教授来杭出席夏衍研究会年会，并聘请黄教授为杭州夏衍研究会顾问。在 2012 年的“夏衍研究会建会十周年暨中国夏衍电影周”活动中，二位先生对全程活动进行整体的策划指导，帮助联系国家广播电影电视总局、中国电影家协会、中国电影资料馆，对拍摄的宣传片和出版的书籍进行把关和审核。二位夏衍研究领域最权威的学术泰斗，为我们的夏衍文化事业直接打开了一扇忝列国家级文化事业的大门。这是二位先生用毕生积累的人品和人脉资源，无偿地帮扶了远在杭州的夏衍研究会。

二、我心目中最严谨博识的师之范者

2010 年至 2013 年，在我任职杭州市江干区夏衍旧居管理办公室主任和夏衍研究会副秘书长期间，也有很多的机会可以学习到二位先生严谨细致、尽心尽责、追求卓越的工作作风，以及对有需要帮助的基层单位和晚辈们那种真诚包容、提携有加、竭尽全力的爱心与品质。黄教授了解到夏衍旧居展陈资料欠缺，专门刻录了大型人物专题片《窃火者之歌》《中国党史人物夏衍》等视频资料，将撰写的《夏衍传》《黄会林、绍武文集：夏衍研究卷》等书籍及夏公亲笔修改的《梅岭星火》手迹复制件无偿捐赠给夏衍旧居永久保存，不求回报。即便我调任到中国共产党杭州历史馆工作，我与黄教授的联系也一直没有断。我很感恩我有当下的一切，是这位大先生给了我平台和力量。当我每每遇到困难、遇到纠结的时候，我就会想起黄教授，想起这位了不起的“80 后”，想起她曾对我的叮嘱与鼓励：“没有什么事是过不去的，只要我们坚持下去。”在 2015 年、2016 年 11 月底我都有幸参加北京师范大学中国文化国际传播研究院主办的活动，亲眼目睹黄教授不顾天寒地冻和持续的奔波劳累，在晚上还亲自赶到现场，审勘每一处细节。我还知道先生一次次履行“拓荒者”的使命：首创大学生电影节，提出“第三极文化”，发起并主办“看中国”项目。二位先生合作创作电影、电视、话剧、小说、报告文学等约 300 多万字，编辑和主编出版书籍近 2000 万字，都始终一丝不苟。先生坚持信仰引领，知行合一，彰显中国文化自信，体现对国家、民族、时代的担当。当想起他们身上的这种坚韧不拔之气，我就能满血复活。二位大先生是兼具学高与德重的师之范者。二位“80 后”尚且如此，我作为一名中青年党员干部，怎能不奋勇向前而轻言放弃？怎能因世界潮流的变化，而改变一直坚守的“自信、勇敢、正直、豁达”的初心？

三、我心目中最深厚缘分的忘年之交

如果人和人的相遇是一场缘分，我和黄教授及绍武先生相识，并能得到二位先生的信任、帮助和鼓励，就必是人和人之间最深的缘分。记得 2010 年 5 月 19 日下午，我在夏衍旧居整理资料，保安气喘吁吁跑到我办公室，说馆里来了一位一看就很不一般的老太太，身边还有几个人陪着，快去看看。我立马去了展厅，第一次见到了美丽的黄教授，她身穿白色衬衫，衬衫的细节很精致，围着一块粉色带花的丝巾，戴着眼镜，慈祥的脸庞中带着些许严肃的表情，但非常优雅，很有气质和气场。

我们的缘分就此开始，在这第一次的交往中，我了解到黄教授此行是应浙江省教育部门的邀请，到杭州参会，并在工作之余，特意想到夏公出生和生活的地方看一看。通过与黄教授结缘，又认识了绍武老师，二位先生在工作、生活的方方面面给予我很大的帮助和精神的鼓励，是我这辈子享用不尽的福气。

多年前，黄教授参加夏衍研究会活动时曾说到两个关键词使我印象深刻，“荣幸”和“敬佩”，这是她景仰夏公的肺腑之言。而今天，我也想用这两个词来表达我此刻的心情。我很荣幸能够得到黄教授的认可，并亲眼看到黄教授永远像一只勤劳的小蜜蜂一样在为国家、为社会忙碌的样子，很荣幸能亲身体会到黄教授为人处事的豁达与善良。二位大先生历经风雨数十载一直相亲相爱、相携相伴、相互欣赏、相互鼓励的温馨，有如童话般美好。很敬佩二位将每一份事业一步一个脚印、踏踏实实地带着使命感去完成，向社会和身边的人传递向上、向善的正能量。

黄教授、绍武先生，我爱你们！你们对我的吸引力，如同磁铁一般，我会永远珍惜我们的缘分并感恩！我也希望自己此生能如二位大先生一样，不因“虚度年华而悔恨”，不因“碌碌无为而羞愧”。

我的发言就到这里，借此机会也欢迎大家到杭州来做客，到我们美丽的中国共产党杭州历史馆来指导。谢谢大家！

北京师范大学戏剧小组记忆

原中国人民解放军八一电影制片厂　张　东

大四前夕，我们开始报选修课。古代文学、现代文学、当代文学、外国文学、古代汉语几大板块。然后再细分，领衔的都是大家、名家，比如郭预衡先生的《中国散文史》，杨敏如先生的《唐宋词研究》，韩兆琦老师的《史记研究》，张俊老师的《红楼梦研究》等。此外，还有启功先生的《书法研究》。有准备的同学早已锁定目标，一些热门专业在第一时间即被秒杀。我这个“菜鸟”却陷入万分纠结之中。说实话，一些热门课程，我并不喜欢(也因为能力不够，没本事驾驭)，更自知以自己的水平断然无法与一批“学霸”级的同学竞争(那个年代的学霸，是可以撮堆的)。据说自己没有报选修课的，将由系里统一调配，填补报名人数不够的课程。我觉得自己的归宿可能就是“填补族”了。

就在选题截止的前几天，忽然系里公布了一个新选课：黄会林——现代戏剧研究。黄老师此前司职我们的现代文学课程，其中讲到过抗战戏剧，印象极深。例如当时为了筹款，文化精英们在武汉义演《上海屋檐下》。夏衍从上海赶到武汉，饰演更夫一角，这个打酱油的角色在建国大业模式最早实践，角色受到高度评价。坊间佳话“可叹潇潇黄子布(夏衍化名)，迢迢千里饰更夫！”黄老师讲这个故事时的神情，我至今记得。而话剧亦是我的最爱！童年时代有幸看了场《八一风暴》，从此不可救药地爱上了话剧。还有就是黄老师与绍武老师的话剧《故都春晓》刚刚在首都舞台上演。也是有幸在剧场观赏过。因而此时黄老师的“戏剧研究”便被我自觉定位到了话剧研究的方向。心花怒放加暗自窃喜：这课不是专门为我设的吧？果断报名！

算了下时间，其实我们的选修课只上了一个学期。到了大四第二学期，便是写作毕业论文和毕业实践了。就是这短短的一个学期，却是我人生的一个幸运之门。开课不久，黄老师提出成立一个戏剧小组，在课余时间扪点儿实践活动。可能是我对戏剧的极度热爱打动了老师。黄老师任命我为戏剧小组组长！组员好像有4～5位，三班的程陵，一班的一位女生李莉，酷爱老舍。还有个把男生，记不清名字了。

戏剧小组成立后，有两次重要的活动，一次是拜访人艺导演夏淳。当时夏导演在北京的话剧舞台如日中天，1979年到1980年就执导了四台话剧，《茶馆》《雷雨》《名优之死》，还有《悭吝人》。前几部都是中国现代话剧的扛鼎之作。粉碎“四人帮”后，话剧舞台最先复排的就是《雷雨》和《茶馆》，而夏淳导演是排演曹禺戏剧的专家，他一生排演过七次雷雨。对这部戏有着太深刻的理解。当时我们的研究、学习实际上还是在文本上。大家纠结的是周朴园的阶级属性，蘩漪追求个性自由，鲁侍萍的悲剧是如何造成的等。对于导演的舞台调度，二度创作，演员塑造人物的功力基本没什么概念。拜访夏淳导演，让戏剧从书本一下子到了舞台上。感觉十分美妙。

也正是在此前，根据资料显示是1979年5月，人艺复排的《雷雨》公演。我有幸到剧场看了演出。那次的演出重要角色差不多都是54版的原班人马：郑榕的周朴园，谢延宁的蘩漪，苏民的周萍，胡宗温的四凤，朱琳的鲁侍萍。时隔25年，演员的表演却毫不逊色。年龄的痕迹被演员杰出的表演掩盖了。印象最深的是胡宗温扮演的四凤。身体有点儿发胖，与我读剧本时那个天真的18岁的少女在外形上有很大不合，因为对这个形象有特别的期待，所以本能的有所排斥。可是当舞台上的四凤一开口，她的一颦一笑，动作、表情，那有一点点娇嗔的声调，立即征服了我，接下来的戏，我完全接受了她就是那个天真的18岁少女。那个对爱情有着憧憬，结果却让人怜惜的女孩子。为写此文查了一下资料，发现1979年时的胡宗温已经57岁了(此前我一直觉得她当时是40多岁)。吓一跳！这才是艺术家！

而1979年版的导演就是夏淳。已记不清那天和夏淳导演聊了什么，但是对话剧却有全新的认识，从语言变成形象，从书本到了舞台。这才是话剧的生命。

我们的大学时代，正是首都话剧舞台极其繁荣之时，话剧《于无声处》《丹心谱》等十分轰动。各个剧团都在演。还有复排的“文化大革命”前的经典剧目。我们学校的校园戏剧也十分活跃。据戏剧小组的程陵同学回忆，1977 级三班曾排演过《于无声处》，那可是一出四幕标准大戏。我们一班演的是《约会》，同学中真的藏龙卧虎，什么人才都有。我常常被同学的多才多艺惊得目瞪口呆。当时师大的校园话剧在首都舞台上也是小有名气。1980 年前后，有个首都大学生文艺会演，师大话剧队参演了两台话剧，其中一部是《在灿烂的星空下》，另一部叫什么名字忘记了。都是同学自己创作的，表现当代大学生生活。

戏剧小组的另一次活动是观摩话剧。可惜剧目记不清了。但是观剧后有讨论，也有激烈的争论。而这些争论也会延伸到以前看过的戏，比如中文系同学对《茶馆》的讨论，阶级论、艺术论、不同的角度。另外还有学过的话剧文学剧本的深一步解读。比如《雷雨》从 1935 年首演，到“文化大革命”后复排，剧本在不断变化中，特别是阶级斗争的一条线，时而粗时而细，也是争论不断。夏淳导演复排的 79 版与 54 版最接近。也是后来大家公认的经典版。

写到这里，关于戏剧小组的活动似乎已经说得差不多了。怪记忆力差，也怪没有刻意去记录什么。其实回忆这段经历，我想说的是黄老师教学对于实践的重视。那个年代，中文系的教学基本上是在书本层面上。而戏剧的成果最终却要体现在舞台上。从书本到舞台是一个特别重要的过程。黄老师当年的戏剧创作与戏剧小组的活动有着特别的意义。后来，师大北国剧社成立，再到后来的大学生电影节，无一不贯彻着注重实践的原则。这些年每每参加大学生电影节，看到每一年不同面孔，却同样青春四溢的学弟学妹们。心里总是暗发一点儿感慨，师大的这些孩子们何其幸运，能够在校园就得到那么多的实践机会！他们的成长注定与别人不同。

感谢亲爱的黄老师、可爱的绍武先生，感恩我的母校师大！

我的老师黄会林

张立慧

第一次听黄会林先生讲课是在1979年。“文化大革命”浩劫刚结束两年多，仍旧是百废待兴。77级和78级学子历经艰辛终于走进高等学府，绝大多数同学勤奋好学，如饥似渴地汲取知识，整体求知欲望后辈难以企及。师生关系在十年严冬之后重归尊师重教，老师们讲课不再如履薄冰，而是倾其所知，诲人不倦。那时，拨乱反正，解放思想，一些曾经被禁议甚至被歪曲的历史开始得到正视。中国现代文学作为当时最敏感的文学专业学科，正是由于杨占升、黄会林两位先生的旁征博引、直陈史实，启发学生大胆思考和求证，使很多同学对这段文学史产生了浓厚的兴趣。我们77级和78级学生那年一起上中国现代文学课，近300人坐进新二阶梯教室，竟无人交头接耳，针落有声。印象中黄先生经常把不中用的扩音话筒推到一边，亮起嗓门授课，那十足的底气，声如洪钟，就是坐在最后一排的同学也能听得一字不漏。黄先生主讲的是“左翼戏剧”，系统地梳理了我们在“文化大革命”狂轰滥炸中听说的现代戏剧作品及大师们的支离破碎的记忆。在此之前我对话剧没什么兴趣，几堂课听下来竟然爱上了看剧本，更有同学甚至成立了话剧社，这大概是当时国内综合性大学里第一个由学生自治的话剧团体，黄先生理所当然成了剧社的指导。我在日后转入影视学科，正是受到新二教室里先生那些课程的启蒙，而得到先生更多的教诲和影响则是在本科毕业之后。

严格讲，我并不是黄先生亲招的第一个硕士生，因为那时先生尚年轻，论资排辈，还没有轮上独招研究生。当时北京师范大学现代文学的研究生导师是由李何林、杨占升和黄会林三位先生组成的“老中青”导师梯队。77级本科生毕业那年，中文系招收的现代文学硕士研究生刚好也是三人。黄先生和我在各自所属的“三人团”里恰巧都是唯一的女性，于是，女教师受命管教女弟子，我也就有幸近距离聆听先生的孜孜教诲，亲眼看到她几十年不知疲倦育人教书，甘当石级，承受着一届届学生的向上攀登。

黄先生是位知名学者，也是位公认的教育活动家。在如何平衡著书立说与社会工作方面，先生以自身数十年实践证明了两者毫无疑问能够完美融合，被弟子们尊为楷模。她可以同时干几件事，而且都干得风生水起，相当出色。除了身体力行，她还教育学生尽可能做到多方面发展。我在本科和硕士期间是校学生会负责人，校内和校际之间的大量活动占去了学习时间，曾一度想彻底推掉学生会工作，潜心做学问。黄先生知道了并不赞成。有一次我又提到这个想法，先生听完了说："你既然有机会和能力为同学们办事，就应该坚持下去。一方面，为大家服务，是责任；另一方面，一个人的能力要从多方面培养训练，彼此之间相辅相成。社会活动可以使你视野开阔，综合能力提高，反过来更有助于你组织观点思路，拓展学术研究。在紧迫时间里完成各种计划，这本身就是一种能力的锻炼。"我听了先生的劝告，的确受益匪浅。虽然由于各种原因，我最终没有留在学术界，但先生这些教导给我留下了极为深刻的印象。今天，每每听说先生又有新著问世，或者精神抖擞、风尘仆仆刚完成某项校际交流远途归来，我都不禁感叹："能者多劳"必先"能"之，能则多劳，在先生的人生词典里，"闲着"一定不是个好词儿。

黄先生是"能者"，不仅高产出，著述多，更严于质量。数十年教书做事，先生总是力求完美，一丝不苟，对弟子们当然也从不手软。想在她眼皮底下投机取巧，那肯定是自讨苦吃。读研快结束时，我们现代文学同届弟子三人都到北京八中实习，各讲一课。20 世纪 80 年代早期，深圳刚刚启动特区建设，轰轰烈烈，令人神往。我刚好有个机会可以去那边探望父亲，于是带着备课材料踏上南下列车。原以为不会耽误备课，岂料竟无暇做任何准备。回到北京第二天就是我的课，而我毫无教学经验，匆匆上阵，悲惨结果可想而知。实习评分时，三个硕士生我最差。我非常沮丧，硬着头皮去向杨先生和黄先生认错。不记得是怎么走进黄先生家门的，但与先生的对话却记忆犹新。和杨先生一样，黄先生并没有厉声斥责。听我倒完所有借口后，她开始严肃而又平和地剖析我讲课失败的原因，一点不留情面。从做事不能有任何侥幸心理，讲到只有老老实实地付出才可能有收获；从工作要精益求精，切忌见异思迁，谈到毕业后的规划和发展。那次谈话使我真正感受到"良药苦口利于病，忠言逆耳利于行"，甚至对我以后的职业选择产生了影响。硕士毕业那年，中国电影"第五代"导演刚刚起步，我希望转入影视界发展，向黄先生征求意见。先生没有马上表态，而是要我认真考虑一周。一周后，见我去意已决，先生便特别叮嘱我进入新领域要尽快适应环境从头学起，不可掉以轻心，既然选择改行，就不能半途而废，要有激流勇进的准备。先生语重心长的教诲既是鼓励，又如未雨绸缪，一直是我重返社会后的行动鞭策。

1995年美国华纳影业公司派我在中国建立代表处，我终于回到阔别十年的北京。再次见到先生时，她已经开始培养影视人才，创办了北京大学生电影节。回国后，只要在北京，每年春节我都会去看望先生。每次去先生家，她谈得最多的都是如何将中国的文化和电影推向国际，如何让世界更多了解中国的发展，如何将眼下工作做得更好。看着她一年又一年，忙忙碌碌、马不停蹄的同时指挥几个“战场”，我忽然记起大约是在30年前刚刚开始研究生学业时，有一天听先生说“会林”本不是她的原名。我当时曾暗自揣摩：莫非中文系的教师大多有字、号或艺名什么的？那天接下来的谈话令我既惊奇又感慨。“父母给我起名‘慧麟’，和你的‘慧’同字同音。笔画太多啦！参军入朝时指导员给改成‘会林’，省事。”想到自己也是无数次把“慧”写成“会”却最终未能去繁就简，我不由得敬佩先生办事利落，断而敢行！与黄先生接触多了，总会感到先生身上除了大学校园里常见的那种博古通今、七步之才的学者风范，还有一身汪洋自悠、不落窠臼的女杰豪气。但凡开辟一条新路，成前所未有之事，都需要有不循常规的胆识和执著。50岁本该“知天命”，黄先生却偏偏选择离开轻车熟路的中文系，在综合性高校首建影视艺术专业，接着又开创北京大学生电影节，25年常青不衰。由黄先生领衔首创的校园项目少说也有十几个。如此激流勇进、速效风行，在她少年从军改名即露端倪。“谁道人生无再少？”这条艺术教育创新之路，黄先生从中年走到喜寿耄耋之年，越走越带劲，堪为逆生长！

爱国爱人　止于至善

北京师范大学艺术与传媒学院副教授　樊启鹏

尊敬的黄先生、绍先生，今天到会所有老师、嘉宾们下午好！黄先生是我的恩人，我能够上大学，能在北京师范大学工作，都和先生有直接关系。

我 1997 年到北京师范大学上学，高考成绩不是很高，志愿报的是中文系，但因填了“服从调剂”，于是就被调剂到了艺术系影视专业。如果不是先生创建了影视学科，我可能会在湖北一个很偏远的乡村种红薯。先生后来为北京师范大学争取到了全国高校第一个电影学博士点，提着一堆材料陪着她一起去申请的人，后来成了我的博士生导师。我 2007 年获得博士学位后留校任教。

会务组分给我这个题目，估计是因为我曾经参与过一个先生主持的课题。我仅仅从个人视角，简单谈一下追随先生做课题的观察和体会。先生主持的“中国艺术学科体系建设”这个重大课题，意义非常深远。2011 年，艺术学从文学学科门类中独立出来，影响了千千万万的艺术工作者。在此四年之前，黄老师就申报“中国艺术学科体系建设研究”这个重大课题，真是具有超强的学术敏感性和前瞻性。这个项目具有填补空白的意义。结项的时候，评审专家说这个项目“对艺术学理论及学科建设整体建构具有比较重要的积极推动作用，该项目是填补空白的开拓性著作”。

创新是非常难的事，但黄先生一直在做创新的事情，专门挑硬骨头啃。这个项目我跟着做了四年多，2012 年年初结项，目睹了先生前前后后的付出，从研讨会细节到报告写作、开题、答辩等，事必躬亲，连标点符号都认真修改。结项的时候，先生感慨说：“我以后再也不申请课题了，太累了。”但是，上午听刘江凯教授说，离这个课题结项不到一年时间，她又拿了一个重大课题。所以我觉得黄先生真的是外星人！

这个课题也不是孤立的，它跟先生之前做过的事情一脉相承，是她先前相关实践和理论的延伸，是她先前学术思考的递进和深化。之前先生涉猎戏剧、电影、电视众多学科领域，在实践中成绩斐然。在北京师范大学艺术学科管理实践中也独树一帜，短短十年从最初创立单个艺术学科，到创建艺术与传媒学院完整的艺术学科架构，通过实践推动了中国艺术学科体系的完善。因此可以说，她在做那个重大课题之前，就已经在践行，科研项目只是她的管理实践在理论上的延伸，或者说思考和总结。

黄先生的学术思想从来不是孤立的。刚才大家都提到“第三极文化”理论，其实艺术学科体系建设研究是她民族化影视理论的延续，她又继续往前推进了一步。就是在这个重大项目的攻关期间，她和绍老师又总结提炼出“第三极文化”理论。先生旗帜鲜明地指出，中国艺术学科体系研究重大项目的最终目标是：“从根本上讲，中国艺术学科体系建设就是推动艺术研究和艺术创作，更好地体现中华民族精神，弘扬中华民族文化优秀传统，把中国文化更有力地推向世界，实现‘第三极’目标。”

黄先生和绍先生一直不断进行理论创新、学术创新，所有这些创新工作背后，有一个共同驱动力，就是很多人提到的家国情怀。可以说两位先生一辈子都在做同一件事情，那就是国家、民族需要的事情。

他们的丰功伟业大家都知道，我不再重复。我今天只分享一个小故事。2014年春天的一天，我接到黄先生的电话，她说：“小樊，你到我家来一下，我跟绍老师商量好了，有件事情请你办一下。”我去了她家之后，先生塞给我一个信封，厚厚的一沓钱，她说在朋友圈看到我为乡村小学募建图书室的活动信息，也想出份力。

两位先生默默捐款参与民间公益，这事没有做任何宣传。大家都知道，捐钱做公益相对来说还比较简单，让我更佩服的是，先生默默地、持续地关注和支持这个公益项目。第二年，有20个乡村小学校长来北京交流，黄先生以一个公益志愿者的身份参与。我真的非常感动，那些参会的人也都非常感动!

和先生做的那些大事相比，这是一件很小很小的事情。但是这些大大小小的事情，都统一在先生身上，就跟她能做到理论与实践统一、创新与坚守统一一样，那么自然。

先生还是一个有鲜明价值立场的人，也是一个知行高度统一的人。她爱憎分明，她的价值观不仅生发自内心，还外化于她的语言，见诸她的行动，三者高度统一。她不含糊，不躲闪，不回避，立场鲜明，知行合一。

做大事的人都有超强的人格。20年来，我一直被两位先生的超级人格力量所感召。二老从“60后”变成“70后”，再到“80后”，用他们的思想和行动，教育、感染了一代一代学生。衷心祝愿黄先生和绍先生永远健康，越来越年轻，成为“90后”“00后”的时候，我们今天到场的人再次欢聚在一起!

我永远敬重的老师

中央电视台电视剧频道制片人、主持人 冀 星

那是我参加工作两年的时候，我主持了中央电视台8频道的一周年特别节目，黄会林教授是节目的特邀嘉宾。节目中，先生展现出来的聪慧、睿智，那种大家的气魄，那种厚重的文化底蕴，让我惊讶——继而就是仰慕了：真是由衷的钦佩、叹服！尤其是一位女性，而且已经有了一点年纪——我惊讶她的智慧和深厚的文化素养。几天后，妈妈来电话说你采访的黄会林教授，她是博士生导师，电视里播了她带研究生的节目。做教师的妈妈说，你去考黄教授的博士吧。就这样，我就考上了黄教授的博士研究生，成为了黄会林教授的学生——当时的兴奋、激动、得意可以想象。在受教黄先生的四年里，我深深地感受到先生授予我的不仅仅是知识，更是做人——如何在当今社会，沉稳地立足。先生的话总是时时警示着我——我记得先生曾多次提点我："你是文化工作者，而不是文娱工作者。"一字之差，它要求我要有怎样的根基，提领我要有怎样的高度，又如何在日常的工作中展示。我知道，这将是我永久的课题。我还记得去黄老师家，知道我在中央电视台工作，绍武先生也是循循善诱，旁征博引，耐心地讲文化对于一个主持人多么重要，千万不可浮躁了。我当然也记得黄老师对我严厉批评的时候，亲爱的绍武先生，总是给我一个温暖的避风港，温柔地、温暖地将黄老师对我的从严治理，进一步贯彻落实。所以，在我以后的工作中，在这个比较浮躁又有点不安分的背景下，作为中央电视台一名主持人的我，还是会多多学习，时时提高，处处律己，不敢懈怠。因为不论我走到哪儿，不论我做什么，我都可以坦然而骄傲地说我是黄会林先生的学生。

北京师范大学百年校庆庆祝联欢晚会是我主持的。数千名校友齐聚一堂。黄老师在活动开始前嘱咐我们，一百年的校庆，你们赶上了，要好好去理解"学为人师，行为世范"这八字校训，一定把百年的文化传承体现出来。想想先生给我们上第一堂课时，正是先从这八字校训开始。文化是什么？文化是植根于内心的修养，

文化是无须提醒的自觉，文化是以约束为前提的自由，文化是为他人着想的善良。

在日常节目的录制中，我也都要对交来的稿子进行自己的处理，对节目做提升，力求不俗，不流于形式，力求有点文化在里面。先生说过不做“恩、啊、这是”主持人，不做传声筒主持人，更不做花瓶主持人。黄老师的文化意识深深地印在我的脑海中，我就努力地让它流淌在我的血液里。

所以，当我每每见到先生的时候，就很激动，很高兴，很兴奋。我曾主持了几届天津“滨海国际微电影节”。2017年第三届微电影节，主办方请到黄老师莅临。邀请先生上台颁奖的时候，我骄傲地大声说，有请我的导师，先生走过来给我一个大大的拥抱和脸颊一吻，那是无比幸福的时刻——多少鼓励、关爱、肯定。大家也为我们师生报以热烈的掌声。

去年，我和白岩松一起主持了《文化中国论坛》，过程中我与莫言先生有一场对话。这样的文化大家，怎么开这个头？我内心是惴惴而又紧张的。我又再次想起了黄老师的那句“你是文化工作者”，可以说顿时就有了底气。我就先从我的博导黄会林先生切入话题。莫言先生那当然是见多识广、博学多才，就不必说了。当他听到我是黄会林教授的学生时，我们往下的对话就十分顺畅了，他不难为我了呀。与莫言先生的这次对话也被收录进了《文化中国系列丛书》当中。

我还有几次机会对话叶嘉莹先生，叶先生讲，只要有感觉、有感情、有修养的人，就一定能够读出诗词中所蕴含的真诚的、充满兴发感动之力的生命，这种生命是生生不息的。这让我想起了头发花白的我的黄会林先生，耄耋之年仍奔走海内外，只为中国传统文化传承与传播的心愿。每次从电视上、新闻上看到老师意气风发、朝气蓬勃的身影，心头总是暖暖的，更坚定了我牢记先生的话，践行先生的教导，学以致用、不尚空谈、秉承传统——做文化工作者。

我现在主持中央电视台8频道周播节目《剧说很好看》，上周频道党员自查会上，有同志给我提意见说，我的主持风格是大气、优雅、有品格，就是再娱乐一点就更好了。结果会议结尾总结时，部门主任和分管副总监同时说，为什么要让冀星非要有娱乐感？这是央视，她有自己的风格，把自己的这一种有文化的态度和语言表达做到极致，就好了。冀星有她的特色，这样就很好，干嘛要娱乐？的确，有人说书读多了，总免不了规矩、刻板，有条条框框。我还是挺自以为是的。

在我做黄先生学生的时候，先生就已经给了我这样的职业定位和人生格言，我一直在坚持着，努力着。我时时刻刻不敢忘记，要对得起先生的教导，不敢妄为，不敢浮躁，不敢跟风逐流，就是记住，做一个文化工作者。

今年春节，我和我先生还有儿子一起到黄老师家拜年。恰逢中央电视台正播《暖春行动》我主持那期。老师很感动，绍武先生泪光闪烁一个劲儿夸我。此时的我也感动了，我感动于我的恩师教会我的做事本领，我感动于我能用恩师教诲我的为人民做点有意义的事情，我感动于能得到恩师首肯。这不就是我对他们最好的报答吗？

“天下桃李，悉在公门。荐贤为国，非为私也。”老师，我为是您的学生感到荣幸！您过去是我的老师，现在是我的老师，将来永远是我的老师！谢谢我亲爱的绍武先生、黄会林先生！

人生路上的领路人

中国文化国际传播研究院　朱　政

先生是我的博导，亦是我的领导；是我的恩师，更是我人生路上的领路人。

初识先生是2012年的春天，彼时临近硕士毕业的我正在满京城地投递简历与等候面试，突然收到通知去北京师范大学面试的邮件，欢喜雀跃的同时又顿时哀伤，暗自思忖我这学音乐的，人家能瞧得上吗？辗转反侧，左思右想，我实在不能放下对学府的向往以及对高等研究院所的憧憬，遂决定去认真面试，心想能有机会见识学者风采也好！

那是4月的一个明媚的下午，第一次踏进北京师范大学中国文化国际传播研究院的大门，精神异常紧张的我还没坐下就一眼看到穿着红色中式外套、满头华发、庄重优雅的黄会林院长。这不就是我心目中的学者形象吗？我心情顿时激动起来。回忆中，面试交流的很多细节已经模糊，只清楚地记得，当时远远望着一直面带微笑的黄院长，忐忑的心里安定了不少，答题也不那么紧张了。先生并没有在意我不那么对口的专业，亦鼓励我踏实学习，投入工作。于是乎，幸运的我竟然通过了面试，得以在先生身边做行政工作。在入校两年之后，不知天高地厚的我又报考了先生的博士，蒙之不弃，收至门下，此番缘分与恩情重于泰山，铭感不忘。

关于先生，可说的实在太多太多。在先生身边近七年，有太多难忘的感动与回忆，落笔之时，耳边萦绕着先生常常教育我们的几句话。那么，就从这几句“先生的格言”说起吧，这不仅是先生对我们的谆谆教导，更是先生为人、育人、治学之精神的具体体现。

一、“超过我”

记得在艺术与传媒学院的开学典礼上，第一次听先生对台下的我们说：“我对新生们的期望就三个字——超过我。”简短的三个字一下子就击中了我的心。先生继续说：“我断断续续上了三年小学，又断断续续上了三年初、高中。在大学，好不容易有一个求学的机会，可那个年代的环境根本没办法让我们好好读书。现在的你们有这么好的条件专心做学问，投身实践，没有理由不超过我。”

先生自小因家庭缘故不断变换城市和学校，颠沛流离。在北京师范大学附属中学读初中时，又赶上抗美援朝战争打响。当时班上40个同学，批准了四个人参军入伍，先生是其中之一，那时还不到17岁。先生曾亲身经历了不少战友阵亡牺牲，时常听到先生念叨，那时不仅要擦炮弹、做宣传，还要上阵地、送弹药、抬伤员，包裹牺牲战友的遗体。先生参加了清川江大桥的保卫战，七天七夜的战火烧尽，数百名战友牺牲，大桥最终平安无事。战后总结时，评出百名功臣，先生是百位战士中唯一的女兵。

每每听到先生教导我们珍惜当下、感恩生活，我都会记起先生这段伟大的战争记忆。记得刚有考博的念头时，我对自己极度的不自信，觉得换专业简直是关山阻隔，重拾英文更是难如登天，先生却鼓励我说：“在任何时代、任何环境，个人努力都会弥补生命发展的短板。”先生走过炮火连天的战场，又经过声势浩大的“肃反”“反右”以及“文化大革命”的磨难，依然坚持学习、孜孜不倦，而我又有什么理由不思上进、安于一隅呢？

二、“一分耕耘，一分收获”

先生从朝鲜战场回国后，在北京师范大学附中做了插班生，1955年被保送中文系。先生曾说：“能够活着从战场返回并走进教室，那是我的幸运，还有很多我牺牲的战友没有这个机会。我只能不断进取，才能对得起倒下的战友，对得起他们用生命和鲜血换来的美好生活。”先生在北京师范大学从教至今已60年，一甲子的岁月里，“一分耕耘，一分收获”一直是先生的座右铭。

改革开放以来，先生承担国家级、省部级“九五”“十五”“十一五”“十二五”“十三五”重大、重点科研项目及各种横向科研项目十余项；主编并参与撰写的《中国影视美学丛书》(8册)、《新世纪高等学校教材·影视艺术学科基础教程系列》(14册)、《影视受众研究丛书》(8册)陆续面世，成为当代中国影视研究与教育领域具有里程碑意义的成果；发表影视、戏剧、文学、文化领域著作、文章约620万字；与老伴绍武老师合作创作电影、话剧、小说、电视片、报告文学等约320万字；编集或主编出版1540余万字；共约2480万字。这些成果依靠每一分认真和努力耕耘而来，是先生与绍武老师夜以继日、力学笃行的成就与收获。

二位先生长期订阅了几十种与学术及时事相关的期刊和报纸，几十年如一日从不间断地做着剪报、收集、整理的工作。每每去先生家里，十中有九准是绍老师坐在书桌前，旁边堆放了看完和待看的报纸，而先生坐在电脑前，手旁是画了红色记号的报纸。这些勾画了不同记号的报刊，是二位先生长期分类、收集的各种类别的精华内容。经常每隔几天，先生会拎着一包分得清清楚楚的报刊去到办公室，根据学生们的研究专长分享给我们各种最新出炉的、最有用的报刊文章。先生总说：“不要怕多动脑子，要珍惜每一次学习的机会。”尽管先生家的书架早已满满当当，但时不常还会听到二位先生分享新购书籍的阅读感受，“活到老、学到老”是二位先生一直秉持的信念。对大量资料的掌握、解读和应用，以及对知识一点一滴的日积月累，成了支撑二位先生文学创作与学术研究的思想理论基石，亦成了二位先生永葆与时俱进、思维创新的智慧源泉。

三、“严是爱，松是害”

先生常说：“严是爱，松是害。”这是先生首任艺术与传媒学院院长之始为学院定下的“规矩”。不可否认，先生是“严师”——管教从严，治学从严，更是严于律己。

无规矩不成方圆，先生不断地为我们“立规矩”：上课与“手写作业”的规矩；坚持开展集体学习的规矩；坚持阅读与写作的规矩；上下班与值班时间纪律的规矩；文档与资料整理保存的规矩；会议与活动流程优化的规矩；与嘉宾、长者沟通的规矩，乃至“说话的规矩”。有时，年轻的学生们会讲一些外来的流行的口头禅，先生听到后会立即制止，并严肃地教育我们，哪些词是不雅的，哪些话当说不当说。先生与我们分享她毕生的经历与生活经验，在先生的身边，不仅是学怎样做事，更是学怎样做人。

先生对待学问的要求亦是严谨。无论是大小文章、长短文字，只要呈先生过目，必定是朱笔批改，不容有误。记得刚开始工作的我，每次诚惶诚恐地拿写好的文字请先生审阅，先生无论多忙多累，都会停下手边事，与我一起边仔细通读，边勾画出错误之处。从文字内容到章节形式，从语言风格到遣词造句，甚至连标点符号的用法她都会用红笔标注出来，并耐心给我讲改动原因及行文要注意的问题。无奈我愚钝之极，有时要劳烦先生几易其稿，而先生从来都是耐心专注，直至帮助我完成定稿。现在经常在整理文件夹的时候看到先生批改过的文稿，不少是朱批满纸，这是先生对文字的严谨周密和对学生的认真负责，是对学生满满的爱与期待。对于我，这些批注是一份最好的鞭策，提醒我永远要实事求是、严谨审慎。

四、“抓而不紧，等于不抓”

先生已是85岁高龄，几乎天天到办公室上班，而每周一次的例会制度亦是先生为我们定下的规矩之一，雷打不动。每次例会，先生都会认真听取相关负责人汇报更新院里项目工作情况，并不时记录，对不够明确的进度会一直追问，事无巨细。“抓而不紧，等于不抓”这句话便成为例会上出现频率最高的训导。先生曾不止一次地说：“工作无论大小，有任务就必须抓落实，这是起码的要求。”

就是这样的“狠抓落实”，先生从20世纪80年代倡导“中国影视民族化”到21世纪提出“第三极文化”理论，始终走在学术理论的最前沿；从20世纪80年代创设北国剧社、90年代开创大学生电影节到21世纪创办“看中国”项目，一直不断开拓跨时代意义的实践品牌。

就是这样的“狠抓落实”，先生带领团队高效完成了在我以前看来很多是不可能完成的工作。譬如要在三个月里接待超过100位外国青年来华参加“看中国”项目，又譬如在一年内研究院陆续出版了六部图书，并且常态化地年年进行。在先生创办中国文化国际传播研究院的七年里，带领为数不多的团队人员开创七大项目，出版图书24部，外刊14期，协助外国青年拍摄短片507部……

“活着干，死了算”，先生如是说。如今，先生以80多岁高龄还坚守在学术研究与理论实践的第一线，始终与学生们在一起。作为先生的弟子，亦作为工作团队的一员，能够跟随先生学习与工作，我是如此幸福与幸运。

经师易遇，人师难求。感恩此生遇到黄会林先生、绍武先生。“高山仰止，景行行止”，愿二位先生学术之树常青！

芳华际会，桃李成林——献给黄会林先生执教60周年

北京师范大学　李国芳

今天是黄老师执教60周年研讨会，我跟随黄老32年，由衷地感到十分庆幸、十分荣耀、十分幸福。32年来，我从20多岁青春年少到如今已过知天命之年，从追随师长到为人师长，历经寒来暑往，收获春华秋实，回顾人生成长过程中最为重要的时刻，所取得的成绩都是在黄老指导下完成的，因此也特别想借这个机会

跟大家分享自己的一些心路历程。

拂去岁月风尘，往事历历在目。记得20世纪80年代，黄老和绍武老师初创北国剧社，开当时风气之先。我是第一任剧社办公室主任，当时条件简陋，剧社既是办公室、教室、会议室，也是活动室、后勤室和食堂，二老以剧社为家，擎起“学演戏、学做人”的旗帜，与大家同甘苦、共奉献，事无巨细地投入工作，令我们深受鼓舞和教诲，“大道本无我、青春长与君”，北国剧社30余载的成长发展凝结着黄老的满腔热情与久久为功。到了90年代，学校增设影视教育专业，黄老更是临危受命创立艺术系，我有幸被老师选中到身边工作，原艺术系在北校区后院药品仓库几间破旧的房子，经费在学校财务处账号上赤字58000多元起家，就这样，黄老几以一人之身，带领大家使艺术系从一穷二白到开疆拓土，再到有了如今蜚声业界的北京大学生电影节，这不仅是黄老提倡的教学与实践需相得益彰的璀璨成果，更让每一位北京师范大学艺术人感到自信和荣耀。21世纪以来，黄老更是意气不减，将目光转向宏大的学术理论架构，创办了中国文化国际传播研究院，提出了“第三极文化”的构想，并连续举办六届外国青年“看中国”活动，为继承和传播中国文化做出了不懈努力和突出贡献。事非经过不知难，黄老总能让我们感受到一腔热忱、一份执著、一股子精神和干劲，要为黄老点个赞！

为了给学科的发展创造更好的条件，黄老几次去香港、下广州找投资人田家炳先生商谈建设艺术楼，投资谈下来了又几次下江南参观兄弟学校的艺术楼，和设计师上百次讨论设计方案。创建艺术楼时她和绍老师一致主张要把最好的地方留给专业，向阳的地方要建成教室，要让学生在宽阔的环境里学习。她的院长办公室却是一间不规则的房间，还是阴面不朝阳。虽然黄老房间的光线暗了下来，但是学科建设的前景却更加熠熠生辉。黄老带领着年轻的学者们在专业领域交流沟通，出专著、编教材，创建专业品牌，树立专业形象，经过一番努力奋斗，一举夺得全国高校第一个影视戏剧专业博士点。这又是一个大大的赞！

我在艺术学院主要负责行政管理和学生管理工作，在这方面我从黄老那里学到许多许多，不仅是知识经验上的，更有人格品质上的。黄老提出“严是爱，松是害”的管理模式，2003年“非典”时期她老人家不顾自己的安危，每天上下午一天两次到艺术楼，从一层到七层，每层每个房间都要看一遍，要么跟学生坐下来聊天、嘘寒问暖，要么排查教室的安全隐患，安慰学生、鼓励学生，始终把全院师生的冷暖装在心里。同时，黄老一直把年轻教师的成长发展挂在心上，努力创造机会送他们出国深造，帮他们修正论文并帮助发表。一些年轻教师刚毕业留校没有房子住，她到处求人。有一次她找到总务领导的家，请求帮忙解决问题，这位领导要急着出门但家属还没到家，家里没有人看一岁多的孩子，她就在这位领导家里帮忙看了一个多小时的孩子。正是这种大爱，引领着一届届的艺术后辈们继往开来、砥砺前行，黄老是一位好领导、好导师、好长辈，“不要人夸颜色好，只留清气满乾坤”，黄老的高尚师德值得我们学习致敬！

60载荏苒岁月，60载执教芳华，一幅幅画面、一帧帧记忆、一幕幕过往，不论时移境迁，不管风吹浪打，黄老情思未减，初心依旧，为人师表，胸怀大爱，“铮铮硬骨绽花开，一路芬芳满山崖”！向黄老再次致敬！并衷心地祝福黄老身体健康、长寿幸福！

行路难，筑路更难；师恩重，情谊永难忘

中国文化国际传播研究院　马　琛

北京师范大学是我内心深处的一个情结。

记忆回放至1998年那个酷热的夏天，那一年，我高考。当时高考的志愿填报都在考前，考生根据历次模拟考试的成绩和心中懵懂的意愿填报心仪的大学。还记得父亲带回家厚厚一摞高考填报指南，翻开来只见密密麻麻写满了全国各高校名录、各院系招生信息，面对这海量的信息，说来也奇怪，我和父母都没有太多犹豫，几乎不约而同地选择了北京师范大学。我还记得当时所报专业是“影视评论”。然而，生活并不总是尽如人意，我未能在那个夏天实现人生第一个梦想。

2015年，我非常幸运地获得一个机会，投效黄先生门下，来到黄先生的身边。记得那也是夏天，我怀着紧张忐忑的心情，敲开后主楼1732办公室的大门，见到了银丝慈目的黄先生，身着传统中式服装，风采奕奕，平易慈祥。先生与我交谈，如和煦的春风将我心中的疑虑和不安一扫而空，我只想告诉先生自己全部

的所思所想，说起当年想报考的院系正是先生所创，而今攻读博士终能迈入门中，这种感觉，仿佛是我前30年的人生画了一个圈，重拾了当年的梦想，回到原点，又站在新的起点。

在先生身边的时光是慢的。做学问不能心急，先生的博士生课程“中国文化与传统美学”教育我们要扎实根基，要寻根溯源，追求本真；做事情不能心急，运筹帷幄、准备充分、细致踏实才能稳步推进，获得实效；做人不能急功近利，要真诚待人、虚怀若谷、宁静平和，塑造丰满的内心世界，追求净化的精神世界。一分耕耘一分收获，人生没有捷径，付出才有回报。

在先生身边的时光也是快的。四季流转，光阴荏苒，转眼便是杏坛一甲子。在这如梭的岁月中，先生披一身正气，树时代旗帜。先生创建的北京师范大学影视学科，从当年的零起点，到如今已成为国家级“双一流”学科；先生提出“第三极文化”理念，成立中国文化国际传播研究院，形成了“看”“问”“论”“刊”“创”“会”“研”七字集教学、研究、实践、创作、交流为一体的中国文化国际传播前沿堡垒。先生总说“抓而不紧，等于不抓”，正是凭借这样的魄力与效率，先生一次次刷新人生的高度，引领我们不断探索发展创新的新思路、新道路。

会林和绍武两位先生伉俪情深，携手创作，耕耘杏坛。学生们承黄先生师恩，蒙绍先生厚爱，以黄先生的名字“会林”，捐资设立“会林文化基金”，成立以来，全力扶持研究院各项文化传播实践活动；设立“会林文化奖”，成为助力中国文化国际传播事业的又一重要平台。蒙先生的信任与重托，我有幸为“会林文化基金”和“会林文化奖”效力奔走，自2015年首届以来，亲历并感受“会林文化奖”汇聚全球文化传播力量，凝聚文化大家思想精华，正在成为彰显时代精神、弘扬文化自信的国际性奖项。

我曾经向先生诉说这十年错过的遗憾，先生说经历的都是财富，路过的都是风景。高山仰止，景行行止，虽不能至，然心向往之！人生路漫漫，何其幸运得到先生的引领与关怀。行路难，筑路更难；师恩重，情谊永难忘。

向黄会林、绍武二位老师致敬

上海大学教授 陈犀禾

首先向黄会林、绍武二位老师致敬!

我的发言概括起来是两句话，第一句话是英雄造时势。这也是我们今天会议的主题。前面大家的发言都谈到，黄老师做了那么多第一，这是一个英雄造时势的例子。黄老师在影视教育学科中，树立了典范，使得影视教育在综合性大学中有了一个成功模式，这是黄老师多年不懈努力取得的成就。这也和中国影视教育特点分不开，因为中国影视教育和西方偏技术的影视教育有点不一样。中国影视教育始终强调文化含量，强调历史和传统美学的含量。这就使得中国影视教育除了在专业院校生根，还在综合性大学展现了另外一种优势。而且这是中国影视文化中特别强调的，是专业院校偏弱的方面，他们在技术和美学方面具有明显的优势，但是人文的、历史的、社会的、文化的学科积累是偏弱的。黄老师作为这样一个大家，到今天最终在“双一流”学科评估中间脱颖而出，证明这个模式是可以成立的，而且是被现实所认可的，这应该说是黄老师做出的巨大贡献。

第二句话是时势造英雄。黄老师的成功离不开时势，它和我国经济发展、政治发展、社会发展、教育发展紧密相关，当然也离不开这 20 多年来中国电影业的发展，离不开中国电影教育的发展。说到时势造英雄，并不是说黄老师只是被动地顺势而为，她在历史发展大势面前需要做出选择。黄老师招第一届博士生是在中国电影业最低迷的时候，在 20 世纪 90 年代初启动的。当时电视产业很发达，电影并不像今天处在一个高涨点。而黄老师当时能够决定在这个领域发力建设，这体现了她在历史大势面前的抉择。对于她后来的成功来说，这个抉择是一个博弈的过程，一个充满风险和艰难的过程。另一个关键节点是前年教育部开始第四次学科评估的时候，北京师范大学申报一级学科的时候戏剧影视学究竟是跟中文系一起报，还是单独列出来报，这也是一个艰难的选择，做这个选择也面临很多风险。黄老师在这样一个形势面前、在面临种种不可预测性时她是怎么做决断的，这也体现了她的睿智与决心。最后她选择了单独申报，恰恰是这样一个选择成就了北京师范大学戏剧影视学和艺术学大学科发展的宏伟目标。如果没有这样一个国家“双一流”计划中独立的一级学科支撑，那么今天北京师范大学戏剧影视学就还要受到每年八名博士生招生名额的限制。而现在这个瓶颈被打破了，这不但使北京师范大学学科发展受惠，也对各地综合性大学搞影视学科建设有一种巨大的影响力和冲击力，为学科发展打开了更大的空间。

回应时代问题的文化战略理论——我看“第三极文化”

北京师范大学京师特聘教授、中国文化国际传播研究院执行理事、
中国文学艺术基金会副理事长兼秘书长　向云驹

2009年，会林、绍武二位先生联袂提出“第三极文化”的理论、概念、口号，在中国文艺、文化界引起强烈震动，受到学术界广泛关注。将近十年过去，在二位先生主持下，北京师范大学出版社自2011年开始，陆续推出《“第三极文化”论丛》，每年一卷，至今已出版七卷，不断深化“第三极文化”的研究，使这一新颖的文化理论不断推广普及，不断丰富发展，不断深入实践，成为当代文化文艺发展的重要思想理论成果，逐渐显示出深邃的理论意蕴和思想能量，并且与近十年的中国文化发展实现了高度的理论契合。“第三极文化”理论是当下中国文化发展从实践中来又回到实践中去的最有影响力、创新性、预见性、战略性的文化理论，是21世纪以来应对全球发展、迎接中国崛起、展望世界未来文化图景的重大文化思想理论成果。

众所周知，随着中国改革开放不断深化的进程和日益丰硕的发展成果与成就的呈现，在20世纪末和21世纪初，我国一批著名的文化理论家、思想家就开始思考中国经济社会高速发展之际、之后，文化何在、文化何为的问题。当20世纪末在联合国教科文组织召开的一系列国际会议、论坛，世界哲学大会上，一大批国际著名思想家、哲学家不约而同提出未来世纪的思想、哲学、文化继续发展的出路在于回首东方，向孔子、老子、庄子、孟子、墨子的东方思想回归，寻找思

想动力和出路时，中国的文化学者、思想家也提出了同样的思考和回应。著名东方学者季羡林先生提出了以“天人合一”为核心的“21世纪是东方文化的世纪”的理论，著名社会人类学家费孝通先生提出了文化自觉和“美人之美，各美其美，美美与共，天下大同”的文化发展走势和文化选择，著名哲学家张世英先生提出了融东西方主客分离对立为主客融一的新“天人合一”观为未来文化的出路。在此之后，21世纪初以来，此类黄钟大吕般的文化思想如空谷足音，鲜有续篇和新声。正是在中国发展势头更加强劲、经济体量迅速进入世界前列之际，为应对文化理论的断档和学术思想的乏力，会林、绍武先生以高度的文化责任意识和强烈的学术理论担当，既谨慎又大胆地提出了“第三极文化”思想，接续前辈话语，顺应时代发展所需，使中国文化再一次获得了前沿性、战略性的理论支撑。

“第三极文化”借用地理学的概念，将欧洲文化、美国文化比喻为地球物理中的南极、北极文化，即两个极顶、极致性的文化，也可以说是当今文化格局中的两种覆盖性、尖端性、交替性的文化，而中国文化则似珠穆朗玛峰一样是“第三极文化”，是另一种极致，另一个维度，是区别于广度、经度、纬度的垂直性、海拔性的高度性文化。后者在当下时空维度中，一方面具有文化历史传统而达到的高度，具有思维方式、表达样式极其不同于“两极”文化的独特价值维度和个性极致；另一方面它也天然具有传播、覆盖、发展的潜质和未来走势。这个判断包含着丰富、复杂而深刻的文化思想和文化规律研究。三个“极”性文化，用最南、最北、最高形象地比喻了当今世界可以鼎足而立的三种文化力量、文化现实，它们是共时的三大文化中心板块。三个“极”性文化也是三个文化历史已经或可以预见的文化进程和发展走向：欧洲文化起于过去，强势一时；美国文化行于当下，称霸世界；中国文化见于未来，充满希望。如果说欧洲文化伴随着工业革命时代到来，伴随着殖民化而走向世界，是全球化第一次浪潮的产物和结果；美国文化是随着第二次世界大战以后世界格局转型与美国主导世界相生相伴构成世界性文化霸权，是再全球化即全球化第二次浪潮的产物和结果；那么，中国文化将以中国的和平崛起为向导，是正在展开的再全球化即全球化第三次浪潮的可预见的产物和结果。欧洲文化是古典形态的文化，它是吸纳了古希腊、罗马和文艺复兴文化为基座，并自觉不自觉地吸收了人类诸多文明的遗产和财富而形成的文化，至今仍然具有强大的影响力和生命力，在世界文化舞台充当着重要角色。美国文化是新大陆文化，它上承欧洲文明，横向借鉴经由全球性移民和殖民获得的人类全部文明的成果，是现代形态的世界文化。中华文明来自古老悠久的传承，它不仅特立独行、天赋异禀，而且有贯通人类古今中西的世界价值，它本身也是人类诸多文明滋养、孕育的世界性文明。它有过光荣的“世界史”，也正在开辟新的人类文明史。“三极”文化和“第三极文化”的提出，是世界文化史和人类文明史的一个新坐标、新研究、新理论，具有鲜明的时代指向和紧迫的现实意义。它顺应当下时代多极化走向，是经济命脉一体、文化必须多元，人类命运一体、政治走向多极，市场机制一体、繁荣呈现多元，生态环境一体、发展可以多元，科学技术一体、人文必然多元的产物。也就是说，“三极”文化和“第三极文化”的理论是一种指向文化历史、文明传统的研究，它的逻辑起点是以真正影响世界、影响“现在”的文化来为文化分“极”的，是一种立足和着眼于当下现实、文化走向和文化策略的全新的战略性、预设性的文化研究与思考。由于它的思想震撼力如此之大，我们认为这是一个标新立异、独出心裁、极具创新价值的理论思考和成果。

法国前总理拉法兰曾经说：“中国是人类经验的另一极，它让我们着迷。”这里殊途同归地使用了“极”的概念。“第三极文化”的提出，其文化理念、文化根据就是中国文化的独一无二性及其对人类文明的独特贡献。会林、绍武先生对“第三极文化”的中国价值有详细的论述。我认为，“第三极文化”包含了三个理论支点：一是中国文化的价值观和世界观；二是中国经济发展所奠定的雄厚基础和全球化地位提升的态势，要求中国文化构建新的文化的上层建筑与之呼应、适应；三是中国深厚的文化积累和伟大的文明，呼唤中国文化在高原上构筑新的文化高峰并形成文化落差，促成文化传播。

“第三极文化”也是一个具有内部文化系统和体系文化结构的理论设计。它包含了几个不同的理论层次和丰富的思想内涵：包括“在中国文化自身系统内部进一步梳理、总结、继承和发扬其最为突出、最具特色、最有代表性的内容”，构成中国文化的范畴体系和范畴的“极”；包括“把中国文化放在世界文化背景下加以观照”“与欧洲文化、美国文化及所有其他文化或相互影响，或相互借鉴，共同构成丰富多彩的人类文化图景”；包括一系列发展“第三极文化”的战略策略；包括一系列文化艺术门类具体实现“第三极文化”战略的理论建构和实现路径(如当代中国电影发展理论)。同时，也包括它的两种实践品质：一是以强大的文化创造力实现文化的“登顶攀峰”，文艺创作必须有志向、有力量拿出与所处伟大时代相匹配的大作、力作、杰作，也即“下大力气创作大量原创性的，具有深厚‘第三极文化’底蕴，充分体现‘第三极文化’特色的，具有中国精神、中国气派、中国风格的作品(既包括诗歌、小说、散文、戏剧等文学作品，也包括影视、音乐、舞蹈、绘画、书法等艺术作品)”，这是推动“第三极文化”战略实施的重要实践手段；二是以足够的文化自信，重构世界文化格局，通过有效的文化传播实现“第三极文化”价值。旺盛的文化创造和有效的文化传播是推高推广“第三极文化”的两个抓手。由此可见，“第三极文化”是一个理论性、学术性的文化顶层设计思想，是回应时代问题的一种具有实践价值和实践意义的理论答案和方案，值得引起高度重视。

近十年来，“第三极文化”理论在时代发展中经受了时代变迁的洗礼，持续地显示出它的理论光彩和思想魅力。

“第三极文化”针对全球化进程中的文化交流、交往、交融的必然性，提出了文化自觉和文化自信的新方案。没有文化自信的极大提振，中华民族欲自立于世界民族之林，几乎是不可想象的。文化碰撞、遭遇、对比、交流，最容易出现的情况就是盲从、模仿、照搬，在自卑自贱中歪曲、降格、肢解自己的文化。所以，“第三极文化”理论中明确地提出：“面对强势文化的包围，我们不能妄自菲薄，忽视中国文化的优良传统和自我更新能力，而应在全球意识的观照下，加强文化自信，寻找中国文化自己的坐标，发展和传播中国文化，使中国文化精神与时代要求接轨。”

党的十八大以来，习近平总书记系列重要讲话中多次深入全面地阐述文明观、文化观、文艺观，提出了人类命运共同体的国际关系的最高理念和全球化发展方向；提出了“一带一路”的发展倡议，为文明传播和民心相通提供了新的路径；提出了文化自信是更基础、更广泛、更深厚的自信的战略判断；提出了优秀传统文化能够增强中国人的骨气和底气，是我们文化发展的母体，积淀着中华民族最深沉的精神追求；提出了天人合一、天下为公、天下大同等东方智慧不仅是有益于人类发展的宝贵精神财富，也构成中国人的独特精神世界，成为中华民族最基本的文化基因；提出了要努力展示中华文化独特魅力，把跨越时空、超越国度、富有永恒魅力、具有当代价值的文化精神弘扬起来，传播出去；提出了当代文艺要改变有高原无高峰的状况，要有创造史诗的雄心和能力；等等。这些表明，文化发展在党和国家的发展战略和发展目标中占据了历史性的重要地位，达到了前所未有的历史高度。作为一种学术理论，“第三极文化”能置身在这样宏大的时代思想气象之中，它的学术价值必将得到充分的释放。因为文化自觉和文化自信是中华文明和中华民族伟大复兴的必然条件，创造文化高峰是时代的文化使命和历史担当，文化的传播和交流是中国与世界交往和沟通的必然选择和必由之路。

十余年来，会林先生以建构和完善“第三极文化”理论为旨归，自觉践行时代之需、历史之责、人文之志，用前瞻性的理论和实践与时代的脉搏同频共振。无论是创建中国文化国际传播研究院，还是组织一年又一年的“看中国·外国青年影像计划”；无论是设立“会林文化奖”，连续数年表彰一批为中国文化国际传播做出突出贡献的中外大家，还是连续多届开展中国电影国际影响力全球问卷调查和数据分析研究；无论是举办“走出去”与“请进来”国际学术论坛，还是不断启动实施创作、研究、教育、出版、服务等多种项目，都表明和显示，“第三极文化”既是一种象牙塔式的、学院的高精尖的思想理论，也是一种广场式的、大众的、普及的、实践的理论。它诠释了“大学者，大师之谓也”的定位，为后学开辟了广阔的理论道路和学术空间，树立了学术范式，也为社会提供了深刻的学术思想和理论启迪。它打通了文艺与文化理论之间的隔阂，将文艺的发展提高到文化的高度，也将文化的宏大目标落实到文艺的实践，是文艺的文化理论创新成果和中国思想的鲜活形态。它所取得的理论与实践的丰硕成果，是近十年来文化艺术发展中罕有能与之匹敌的“第三极文化”现象，也是当前我国大学教育中罕见的“大师”现象。

黄会林先生答谢发言

今天非常感动！每一位为我们奉献了一整天的时间，这样长时间的会议现在其实不多了。当然我们还可以往下开，很多人还想发言，但是我觉得太辛苦大家了。我跟老伴特别感动，感动于受到这些深厚的爱护、呵护与关爱。到智锋为止，39位同志发言，但是没有发言的不等于没有付出，他们依然是付出了心血，因为对我们深厚的关爱在这里坐了整整一天，我个人觉得很感动。

我们两个人成家是在1956年除夕，1958年先后留在北京师范大学任教到现在是一甲子。今天在座的每一位都在不同岗位上，但是大体上100多人的会议主力队员还都是大家说的“黄门”或者“武林门”，大家都是门里人。我本人1981年招第一个硕士生，就是张立慧。其实那时候我还没有资格招硕士生，是我的老师杨占升先生有资格招，因为他还是教研室主任，有很多事，就交给了我，这是我接的任务，从张立慧这儿开始。招第一个博士生是1996年，1995年我们获得了全国高校第一个电影学博士点。第一拨博士生有三位，宜文是代表，还有董新宇，现在在美国。还有一位入学一年就跟外国青年谈恋爱嫁出去了。我2000年招的第一批博士后，还是在文学院建制里招的。一路走来可以说是60年风雨兼程，里面有很多坎坷，但是也有很多的幸福。

今天到会的有目前为止我招收的硕士、博士、博士后中的很大一部分；有各界权威专家和少量高层领导；还有我们俩的亲朋好友，我的老大方宁、老二方红，还有我的大嫂陶玉玲。艺术学院的活动，大学生电影节25届，她至少参加了20届。不管是什么状态，除非不在北京，只要在，北京大学生电影节开闭幕式、颁奖都来，每请必到。这回是要拍三天片子，她要求人家一天拍完，今天下午才能赶到这里，大嫂的支持也让我非常感动。我们俩同岁，都85岁了。大嫂的宝贝因为爸妈过分忙碌，小时候是在我们这儿念的小学，这也是她最后成为北京师范大学幼儿园总园园长的重要因素，就是因为她在这儿长大的。有一批亲爱的好友和这么多亲如家人的弟子们，还有特别拨出时间来的葆华、云驹，这是门里学生们的老师，是门里学生要学习的专家。这个方面我能代表绍武，我们非常感动、非常温暖。我也从来没有想到会有今天的会议，说到这儿我还要特别感谢智锋和罗军，是艺术与传媒学院和中国文化国际传播研究院合作的这个事。特别感谢研究院这帮小伙伴们，每天都是忙不过来，我的优点是“压迫”他们。用我的话说不能扛三件事的不要来我们院，这实在有点不讲理，因为我们没有人。现在我们年轻的团队，任何一个事情都能冲上去。从昨天到今天，不知道有几位没吃饭、没睡觉，这里面还有马上要答辩的、要出站的，对他们的付出我也特别感谢。

今天所有到会的，尤其是坚持一天的同志，你们太辛苦了！当然岁数最大的就是我大嫂，85岁了还坚持了一整天。也有部分朋友因为各种各样的工作安排没有能坚持到下午，现在每个领域，尤其是文化领域能有谁不忙。我们的智锋就说最近这段时间特别忙，我就说你告诉我哪段不特别忙。同道也是说老人家，我就这段特别忙。我说你有不忙的时候吗？没有。大家都在奋斗，都在拼搏，所有人都在砥砺奋进。我们还有十来位从外地赶来的。厉震林昨天晚上还在工作，连夜赶车到这儿，现在又赶飞机回上海了。彭吉象院长专门从重庆赶来，他在重庆乐不思京，来到北京就过敏，但是他说这个会他必须要来。我只能说非常温暖、非常感动。这就是一份情意，情义无价，有缘今生。

各位发言人今天给了我们很多启示，其实有很多事情做了就做了，并没有好好想，也没有好好总结，我估计老伴也没有特别思考提升，我更是缺少理论思维。大家给了这么多的提升，这么多的总结，这么多的指点，这么多的帮助，我们会慢慢消化。我们罗军院长，他对我越来越无微不至地关怀，总是心疼我，怕累着我。院里的事他能扛的都扛起来，这也非常不容易。我曾经说一息尚存，奋斗不止，只要活着就该干什么干什么。今后我们还会像以前一样，一方面需要奋进，另一方面需要学习，这两点是我们必须履行的责任。我们的事业大有可为，我们的祖国蒸蒸日上，我们的国家厉害了！

绍武先生答谢发言

谢谢大家非常真挚的祝贺，谢谢大家非常热情的鼓励！因为时间已经太长了，我不能多讲，不能跟大家共同探讨很多问题。我先夸夸老伴，她的确是个好老师，很难得。我不是个好老师，做个好老师也不是那么容易的，这需要很多素质、很多修养，或者还有遗传因子的因素。今年我已经86岁了，在小朋友当中我一直自称“政治老头”，什么都要触及政治。我是在不能离开政治的环境里面从小孩一直长到现在，所以我是个“政治老头”。我有种感觉，我感觉现在的确是一个新时代，从党的十八大以后中国的确进入了一个新时代，这个新时代需要中国走出去，需要中国文化走出去，需要文化帮助世界重新振兴。因为资本主义的世界跟社会主义的世界是不一样的，资本主义的世界是要为资本服务，是资本的利益决定的。社会主义的利益是人民的，我特别欣赏这一届班子讲以人民为本。这是毛主席早就说到的，可是有时候我们并不是以人民为本。以人民为本是社会主义的灵魂、社会主义的本质，是资本主义和社会主义两个截然不同的制度，两条不同的道路，两种不同的未来的本质所在。现在有了《厉害了，我的国》，我非常欣赏。我们的科技人才、工程人才创造了很多很多奇迹，对于社会科学工作者来讲有点汗颜，我们落后了。我们现在要跟在他们后面往前冲，更不用说搞电影电视理论学术研究的，我们更应该担负起这个责任，走向世界。从1840年以来，我们国家一直被边缘化，到了1949年我们站起来了！我觉得说到站起来就够了，站起来就要富，站起来就要强起来。这还用说吗？所以我说我们的社会科学应该意识到我们真的是到了一个新时代，真的到了一个从来没有过的大的舞台，我们应该走出去。这不是说走出去就可以了，它是很艰难的。比如我们走出去就会碰到西欧中心论，西欧什么都是正确的，西欧从来都是了不起的。是这样吗？社会科学应该解决这些问题。我们主张的也不是东方中心论，我们主张的是共享，以人民为中心，以世界人民为中心。“政治老头”讲政治不含糊，你要讲党领导一切，党必须是不腐败的，腐败就不是共产党。反腐不封顶，才是真正能够领导一切的前提。如果还像以前一样贪污腐败，那还是什么共产党，这样的共产党能站起来吗？能强起来吗？能富起来吗？不可能。共产党领导一切，这可以，但是共产党必须为人民服务。毛主席1946年就提出为人民服务，进军西南的时候，第二野战军发的瓷缸子上面写着"全心全意为人民服务"，这是很重要的思想，全心全意为人民服务才有资格领导一切。领导一切是可以的，不用说党政分开，自己给自己出难题。党领导一切，但必须能为人民服务，保护人民利益，像战争年代的共产党员牺牲自己保护人民。所以我觉得我们搞社会科学的应该意识到我们重新进入一个非常了不起的新时代，我们前途非常远大，但是任务非常艰巨，我们应该赶上那些已经走在前面的人。今天有很多年轻后学、晚辈，希望你们意识到你们处在这样一个时代，再过50年我们这些人都不知道在哪儿了，这个任务是你们要承担的，它非常艰巨。要走出去必须重新认识世界，重新认识很多道理，然后为世界、为人民、为祖国重新立功。

作为新中国培养的第一批影视教育家
——"黄会林、绍武教育思想研讨会"综述

北京师范大学中国文化国际传播研究院　杨歆迪

2018年3月24日，时值北京师范大学资深教授、北京师范大学中国文化国际传播研究院院长黄会林、绍武执教60周年之际，由北京师范大学艺术与传媒学院、中国文化国际传播研究院主办的"黄会林、绍武教育思想研讨会"在北京师范大学英东学术会堂演讲厅举行。北京师范大学历任校领导，学界业界前辈与同仁，黄会林、绍武先生的学生共120余人参加了会议，就二老的教育思想和学术理念展开研讨。全国政协常务委员、中国作家协会副主席白庚胜，全国政协原常务委员龙新民，宋庆龄基金会原常务副主席齐鸣秋等多位二老友人前来祝贺。会议由北京师范大学教授、艺术与传媒学院分党委书记、首都文化创新与传播工程研究院院长于丹和北京师范大学中国文化国际传播研究院执行院长、中华文化促进会副主席高峰主持。

黄会林、绍武先生自1958年提前毕业留校任教，至今已60载，先后在北京师范大学中文系、政教系、艺术系、艺术与传媒学院任教。黄会林先生1985年创建北国剧社；1992年，受命恢复北京师范大学艺术系，创建影视学科，募集善款并督建田家炳艺术楼；1993年，创办北京大学生电影节；1994年，首创“中国影视民族化”理论；1995年，领衔申报、获批全国高校第一个电影学博士点；1998年，领衔申报、获批全国首批艺术学博士后流动站；2001年，创建北京师范大学艺术与传媒学院，为中国高校第一个全科艺术学院，领衔创立的戏剧与影视学目前已发展为“双一流”学科，并被评为“A＋”；2010年，成立中国文化国际传播研究院；2011年，创办“看中国·外国青年影像计划”；2013年，创办《中国文化国际传播》英文期刊；2014年，创立“会林文化奖”。这些教育事业中一个一个的“第一”，掷地有声地留在北京师范大学发展的历程中。

北京师范大学副校长周作宇代表校领导致辞，充分肯定了黄会林资深教授作为“新中国自己培养的戏剧影视学教育家”的突出贡献。他认为，黄会林先生践行依托综合性院校的大艺术理念，创建的北京大学生电影节已连续举办25届，在我国电影界、教育界、文化界反响强烈。与绍武先生共同创建的北国剧社更是北京乃至全国戏剧校园的标志与标杆。二老关心戏剧影视学界一批又一批中青年学者，俯下身子为学术后继者充当指路灯和铺路石，续写清兰，盛传星火，其学术修养和道德风范在戏剧影视教育界赢得普遍赞誉和尊重。

北京体育大学党委书记曹卫东，清华大学校务委员会副主任谢维和，北京大学哲学系教授安乐哲与重大革命和历史题材影视创作领导小组成员翟俊杰莅临现场做祝贺发言。曹卫东从葛兰西对于知识分子的分类出发，认为有机知识分子的特质在于他和这个时代里的民族、人民能够保持紧密的联系。黄会林先生提出的“第三极文化”理论与“文化自信”相得益彰；她永远走在时代学术最前沿，并与自己民族历史保持血脉联系。安乐哲教授认为中国教育的特点是将教室作为一个家庭，其培养学生的目标是使之成为一个健全的人。观察黄会林先生的教室可以发现，“学”与“教”是分不开的。在教室中，黄会林是最有智慧的老师，可是她也是最好学的学生。黄老师的教室让人们更多地了解中国教育的特点。

研讨会中，全国政协委员会原常务委员龙新民做了题为《壮志铸伟业，爱心育英才》的发言，将黄会林、绍武老师的教育思想总结为与时俱进的创新意识、宽广开阔的国际视野、奋不顾身的教育思想和炽热深厚的爱生情怀。全国政协委员、中央电视台《新闻联播》主播、播音指导海霞在发言《从电影学高研班创立看黄会林教育观念》中详细回忆了“高研班”的学习生活，认为黄会林教授鲜明提出中国影视民族化的道路是对中国影视现状具有前瞻性、大视野的正确判断。习近平总书记2014年10月15日在文艺工作座谈会上的讲话指出“我们要结合新的时代条件，传承和弘扬中华优秀传统文化，传承和弘扬中华美学精神”，这证明了黄先生多年来的戏剧影视学学科思想的准确导向。

教育部社科中心郝清杰处长做《追求美好事业的人永远年轻》发言，认为要跳脱出来，从培养“担当时代戏剧大任”的高度、从”中国文化走出去”的高度深入发掘黄会林、绍武先生教育思想的重大理论价值；应该做跨学科科研，共同探讨有意义的话题，在不同学科碰撞中产生新的思想，激发出新的事业规划。在这一点上，黄会林、绍武两位教授在自己的研究领域不断前进，站到了影视戏剧最前沿，因此他们的思想永远年轻。

著名学者彭吉象、曾庆瑞、贾磊磊、张同道、向云驹、赵葆华、陈犀禾等分别就黄会林、绍武教育思想的不同层面进行了分析。中国传媒大学曾庆瑞教授指出，会林、绍武教育思想的闪光点在于他们有自己的理论创新和实践创新。大学教育要传承知识更要创造知识。黄会林教授在2009年提出“第三极文化”理论，非常清晰地阐明了中国文化是有独立系统、有强大文化根基与绵长生命力的持久存在。在提出原创性理论的角度上，黄会林、绍武先生的教育思想光辉夺目。重庆大学彭吉象教授讨论了黄会林先生创建并发展中国高校学会影视专业委员会的事迹，认为黄会林先生创建学会功不可没，发展学会劳苦功高，繁荣学会功德无量。中国高校学会影视专业委员会以成立时间早、规模大、名家多、影响广而著称。近20年来，艺术教育蔚然成风，美育也被写入教育方针，这些中国高等艺术教育的重大发展是黄先生在内的很多学者的功劳。

黄会林先生各时期诸多弟子从各地赶来，罗军、龙新民、海霞、冀星、刘江凯、俞虹、于丹、孔朝蓬、张东、厉震林、周雯、田卉群、王宜文、杨乘虎、梁玖、庚钟银、樊启鹏、卢炜、杨越明、孙振虎、马谛、沈鲁、闫玉清、张立慧、胡智锋”。等先后发言，力争全方位整理黄会林、绍武教育生涯中的闪光亮点。教育部特聘“长江学者”、北京师范大学艺术与传媒学院院长胡智锋教授以战略性、原创性、标杆性和建设性的理念价值形容黄会林、绍武二位先生的教育思想，认为他们的教育思想融“有情怀”“有格局”和“知行合一”为一体。二老的战略性思维、原创性学术成果、标杆性的标准建立和推进使得北京师范大学艺术与传媒学院获得“双一流”，获得“A＋”资质，无愧于黄会林先生作为学科创始人的光荣历程。

学界、业界知名人士陶玉玲、喻国明、张颐武、王甫、饶曙光、色音、高鸿鹏、张国涛、梅松、马润生、吴建民、陈大立、方宁、方红、黄珊等到场祝贺。北京师范大学教育基金会相青副主任代表基金会到场祝贺。

杏坛一甲子，丹心两相宜。黄会林、绍武先生作为新中国培养的第一批影视教育家，二人携手并进，水乳交融，各有侧重又相互滋养，逐渐形成绍武专于创作、会林专于科研的生态格局。二老以忧患意识发现教育战略问题，预测教育事业发展趋势，提前站位，推动北京师范大学领先专业院校获批第一个电影学博士点，并创造了北京大学生电影节在没有预算投入的情况下强行起飞的奇迹；以资源意识实现教育战略整合，识别关键性资源并整合现有战略资源达到目的；以“人梯”意识完成教育最终落地，将视角从教学放大到管理、创作、社会兼职等工作，在“知行合一”思想指导下因材施教。

黄会林、绍武先生在一甲子教育生涯中，成为可以左右学科走向、学院发展，创造学术品牌的，具有国家级影响的战略级别教育家。其教育思想的总结不仅在于其作为普通教师的局部成果，而应从战略高度剖析理解，充分汲取其中的教育智慧和学术思想。

2009年，黄会林先生提出“第三极文化”理论，认为中国艺术学科体系的建构与发展需要寻找到民族文化的坐标系，而不能一味照搬既有的西方理论体系，因而试图寻找一个开放性、立足本土特性的理论思想作为支撑。“第三极文化”首先在研究中国艺术学科发展中酝酿，随着思考的不断深入，逐渐完善成为一个宏大的理论构想。“第三极文化”是一个需要当代知识分子共同建构的文化蓝图，是关于文化发展的战略思想。从学术层面看，这也是试图建立一套话语表达体系，努力寻求一种独立的声音、一种独立的认知方式和表达方式。黄会林先生认为，艺术是一个民族文化的重要组成部分，是一个民族文化精神的重要体现，进一步建立和完善中国艺术学科体系就是要更好地推动体现民族文化精神的艺术理论研究和艺术创作，把中华民族文化的优秀传统发扬光大。

从1981年迄今，黄会林先生直接指导硕士生43人、博士生76人、博士后34人。学生们取绍武的“武”、会林的“林”，戏称师门为“武林门”。每一位学生都谨记着“严是爱，松是害”的师训，在国内外戏剧与影视学等诸多领域开枝散叶、茁壮成长。二位先生不仅言传身教、桃李满天下，以“知行合一”的教育理念影响了众多弟子；同时立足民族、放眼世界，以战略意识整合资源，投入中国文化的国际传播事业。作为新中国培养的第一批影视教育家，黄会林、绍武先生的教育理念、教育实践与教育创新均有长远影响及开创性意义。

（原载于《教育传媒研究》，2018年第3期）

第二编

黄会林执教文选

编者按：本编选录黄会林先生本人历年就受教于师和教书育人而撰写的相关论述，涉及学科建设、教材编纂、学会活动、国际考察、师长回忆、师大情缘，以及为弟子、后学专著所作开篇序言等，按年代顺序收编。

风范永存——追念唐弢师

每个时代的青年都需要良师的教诲，渴求寻找到指点人生、训教学业以至于终身受益的导师。唐弢师曾满怀深情地忆念他少时受业的几位老师：“他们教我识字、发音，告诉我做人的道理，指导我怎样获得生活必需的知识。他们都是平凡的人，诚恳严肃，循循善诱，希望我很快成为一个有用的人。我至今还感激他们。”当年，年轻的唐弢师有幸得到了文化巨人鲁迅先生的关怀、指导，凭着自己锲而不舍的苦学，终于由一株幼苗长成参天大树。为此，20 世纪 30 年代报上说他是鲁迅的学生，叫作“鲁门弟子”。他却那么真诚而谦虚地表示：“能够做鲁迅先生的学生是幸福的、光荣的，但我还不配，因为从来没有听过他讲课。”“虽然曾经向他请教，他也的确指导过我。”为此，他又被称为“私淑弟子”。若干年之后，在文学园地做出卓越贡献、已成为卓然大家的唐弢师，又踏着鲁迅先生的足迹，扶持着一批又一批后来者、后学者，为了他们的成长甘当人梯，呕心沥血，无私奉献，堪称楷模，令后学无限钦佩、敬爱。

我有幸于 20 世纪 60 年代初拜识唐弢师，但未敢贸然向他求教。70 年代初期却侥幸得到了机缘。那是“四人帮”肆虐的岁月，大学校园里除去浓重的火药味，知识领地几乎成为一片空白。一日，我悄悄去琉璃厂中国书店，逡巡于旧书间。忽然发现了唐弢师，他也正在店内浏览，连忙趋前问候，他亲切地询问起学校的情况。交谈之中我鼓起勇气冒昧地提出请求：能否就现代文学专业惠予后辈以较系统的指导？他竟欣然允诺，只是叮嘱不要声张，以免招来“横祸”。从此，我便荣幸地经常到唐弢师府上受教了。虽然到今天仍没有资格列为“唐门弟子”，却确实从唐弢师那里得到了一生受用不尽的指导与帮助，在内心里把他当作自己最敬爱的师长，以老师称之，以师礼敬之。

与鲁迅先生一样，唐弢师对后学者的指导是那么循循善诱，关怀又是那么无微不至。对于专业学习，从最初占有资料，到最后完成文稿，每一环节皆不放过。他指出，做学问必须重视第一手材料，必须学会动脑筋深入思考。为此，他提出要求、开列书目、检查笔记、解答疑惑，耳提面命，一丝不苟。他严格地要求我从20世纪二三十年代的原始期刊入手，一本本、一期期阅读，认真做出札记。今天随便翻开其中一本，便录有25种杂志、275篇文章的笔记。这里面渗透了唐弢师多少宝贵的心血！现在，我还珍藏着他亲自开列的刊物名称，并以“正”“反”“中”等字样标明它们的性质。还有他回答疑问的记录，对所写习作逐字、逐句、逐段的指导意见，具体到引文的长短、段落的划分、例证的列举、小标题的使用，乃至几页几行应加注，“冲决网罗”词组的特定含义，不要随便使用……正是由于唐弢师的指引，才使我得以进入“中国现代文学”的学术大门。至今使我感到歉疚的是，在乌云压顶的处境中，我还曾给他找了麻烦。有一次，与一位青年老师外出公务。时间有余，又恰恰在唐弢师家附近，我便与她一起去看望了老师。不料，下周再去受教时，他郑重地告诉我，工宣队为此找他谈话，“批判”了他。见到我懊悔、沮丧的神色，他又慈祥地安慰道：“不要紧的，以后注意不要和人同来就是了。”唐弢师在《回顾》一文中无限眷恋地赞颂道：“青年们无论怎样幼稚，怎样浅薄，只要老老实实，不流于浮夸和虚伪，狂妄和无聊，鲁迅先生总是愿意培植他们的，这体现了他‘俯首甘为孺子牛’的精神。”对于一批又一批后学者，唐弢师不也正是这样的身体力行的吗？

我的爱人绍武热爱文学创作，我们也曾就此向唐弢师求教。自1972年初试文笔，创作描写陈毅将军赣南三年艰苦生涯的《梅岭记》(后改名《梅岭星火》)起，他不厌其烦地审读我们每份幼稚的习作，一次又一次以工整的字迹写下长篇指导信件。为《梅岭记》写的长达五页纸的五点意见，是在春节前夕手头积压多项任务的情况下“发个狠心，一口气读完”后草就的；为《彭德怀在西线》写的三大篇纸，更是在“连看病理发也免了”的情况下“花了两天时间一口气读完”后草就的。他的每封来信，字里行间充满了对年轻人的深情爱护与殷切期望；又无保留地对习作提出深刻、中肯的批评、指点，条分缕析，入木三分。翻出我们在1972年1月27日给唐弢师信的底稿，上面发自内心地写着全家的感激之情——“很自然地使我们想起了鲁迅先生。我们这一代也同样需要他啊”！

1978年2月，《梅岭星火》修改本又送给唐弢师。4月20日中午，我突然收到一封信，笔迹是陌生的，中式红格信封下端写着“夏绒”二字。当时我们根本未敢想象这竟是影坛宗师夏衍同志的亲笔信。夏公对两个素不相识的初学者给予热情鼓励，并指出缺欠不足之处。此后，他又亲自对作品做了逐字逐句的修改，连标点符号也未放过。洒满夏公点点汗水的剧作终于与广大观众见了面，但夏公是如何看到剧本的呢？原来又是唐弢师的一手提携。他审读此稿后认为："剧本已修改到一定水平，可以请权威长者予以评判了。"于是在参加全国人大、政协会议期间找到夏公，请他关心一下。如此，才有了后来的一切。

1982年，我们受出版社之邀编辑一套《夏衍剧作集》。几经周折后，又去拜请唐弢师为之作序，而时间已极急促。蒙他慨然承诺。手边有一封唐弢师为此事而写的信：

会林、绍武同志：

我因家里找的人多，住在外边赶写序文，即可完稿。（大约星期六回家），但下星期一（28日）即去桂林开会，无法亲自送给夏公，当面请他指正。这样，只得不客气地请你们两位中有一人于星期日（27日）来寓，我把稿子当面奉托。

不情之请，尚乞鉴谅。

即颂

日绥

唐弢 83.2.23

他就是这样为了后辈的请托而不辞辛劳，赶工加班，挥笔写下近万言的长序《沁人心脾的政治抒情诗》，以独到的见地、精辟的论述，抓住了夏公戏剧之精魂。其中蕴含的精神不必多著一字，令人遐思无限。

正如他的老师那样，唐弢师不仅教我们怎么学习，如何创作，而且"告诉我们做人的道理，指导我们获得生活必需的知识"。他在1983年2月手书条幅惠赠，录的是一首抒怀诗："平生不羡黄金屋，灯下窗前常自足，购得清河一卷书，古人与我话衷曲。"这首诗既可视为他高洁品格的自况，也可从中体味到他对后辈做人处世之嘱望。他一生不谋名利、安贫乐道；他博古通今，追求创作与学术之至境，承继了中国文化传统之优长；他对青年人更是期待殷切、一片至诚。其间，可以感受到鲁迅先生的深刻影响；更可以捕捉到唐弢先生的毕生探求。他无私地奉献自己，直到最后一息，诚可谓“鞠躬尽瘁，死而后已”！回想起来，我们这些后学者消耗了唐弢师多少无可估量的珍贵生命啊！

记得前年年初去看望唐弢师和师母，谈得兴浓时当场约定，待春暖花开日，由女儿和我去接唐弢师和师母到北京师范大学家中小憩一日，尽情地放松一下。万万没有想到，不久他便因风寒而生病、住院。病情迅速恶化，却又奇迹般好转。盛夏，去医院看望，他竟能认出我们并高兴地示意，一时顿觉希望之光照亮了病房，连周围的空气都充满了生机。

但，唐弢师终于走了！他的辞世，对中国文学界、学术界造成的损失确是无法弥补的。20余年来他给予我们的指导与帮助更是刻骨铭心、永远难忘的！

他留下的作品、论著浩瀚如海；他留下的精神财富——思想、品德将永恒存在！

（原载于《鲁迅研究月刊》，1992年第5期）

力求新径，薪尽火传——悼俞敏师

俞敏师走了。他走得那么突然，又那么洒脱！

就在几天之前，我还为了一个古汉字的用法趋府请教。俞敏师一如既往，热情、细致地为我讲解、指点，之后又一起说天道地、谈笑风生，直到不忍再耽误他的宝贵时间，我才告辞而去。怎么也没想到，几天之后竟得到了老人家遽然仙逝的消息，我愣在那里，半晌无法相信。

初识俞敏师，是在1955年大学新学年开始以后。当时，我从北京师范大学工农速成中学毕业，被保送到北京师范大学中文系学习。初入国家高等学府，心中充满憧憬与兴奋。中文系名师云集，声名赫赫，有黄药眠师、钟敬文师、穆木天师、陆宗达师、李长之师、启功师……当然，还有在国内外有重大影响的语言学大师俞敏先生。我们这些莘莘学子，能受教于这么多大家名师，实在福分匪浅。大学的学习生活自成格局，对于我们，一切都那么新鲜，诸如课与课之间在不同的大楼“跑”教室、晚饭后到图书馆阅览室抢座位……还有就是要为每门课程准备一个小小的辅导本，有了问题仔细地记在上面，交给课代表，转给任课的老师。然后，课代表就会通知同学：某日某时某人到某教研室由老师专门答疑辅导。第一次单独面对俞敏师，正是由于这一特殊机缘。因为汉语课堂上有些听不懂的问题，我交了辅导小本。得到通知后，当天晚自习时我按时到系里的汉语教研室，俞敏师正在等着我。他端坐桌前，态度和蔼慈祥，翻开我的辅导答疑本，问道：“这是你写的吗？你的字有‘游击习气’啊！”接着就耐心、细致地为我解答需要辅导的疑难问题，直到我真的明白了，才放我离去。回到自习教室，我仔细地端详着小本上的字迹，觉得字体确实很幼稚，不规范、不工整。这一指点使我警醒，从此注意练字和写字，下决心改正这个缺点。以后，我的字逐渐有了进步，这和俞敏师第一次当面给予的指导有着直接的关系；而且，这句师训一直影响着我，直到如今仍言犹在耳。

在“史无前例”的十年浩劫之中，尽管我只是青年教师，和许多同事一样也在劫难逃，毫不例外地被“造反派”实行了“专政”，其中包括下令让我们和几位老先生一道种菜改造自己。这一次，我又有幸与俞敏师同处一组，每日清晨便到学校开辟的菜地劳动，直到日落方许离开。在此期间，虽然身处逆境，遭受极不公正的待遇，俞敏师却依然泰然自若，不仅安详如昔，而且或在锄草、间苗时，或在小憩片刻时，不断以风趣的语言论古谈今，讲故事、说笑话、论方言、解俗语，宽慰大家的情绪，让众人暂时忘却险恶的环境而破颜一笑。他那睿智的头脑与学者的风度，给我们留下了终生难忘的记忆。

“四人帮”终于覆灭，神州大地充满阳光。党中央确立了“改革开放”的方针路线，广大知识分子能够挺起腰杆干“四化”了。俞敏师以其博大精深的学识，与在语言学领域之卓越成就，率先招收博士生，直至逝世前夕，七九高龄，仍课徒不辍。这个时期，因为专业区别过大，更因为俞敏师担负着校内、校外众多学术工作，任务过于繁重，不敢无事打扰，只是每年春节到来时必趋府拜望，恭祝他和师母在新的一年中万事顺遂、健康长寿！每次也必得到俞敏师与师母的热诚关怀与热情款待。

自然，一旦遇到语言学方面的疑难问题，我仍会立刻拿起电话，得到俞敏师同意后，前去排难解疑。我不但每次都能得到俞敏师和师母的热情欢迎，而且能一如既往地获得指点而走出迷津。就在夏衍同志逝世的当天，一家刊物紧急约稿，力嘱一定要在很短时间内完成一篇超过万字的长稿，不仅要有怀念的内容，同时要有具体实在的事实。这个任务无论如何是不能推卸、不敢怠慢的啊！执笔展纸，感慨万千，第一句话想了很久，最后落在纸上八个字——“哲人长逝，唯余德馨”，意在表述对夏公的深切缅怀与深长敬仰。写下后反复斟酌，“唯余”二字虽说表明哲人逝去，留下的是无尽的德馨，但还似不够分量；再换个说法，又恐不合规范，贻笑大方。于是，很自然地又到俞敏师家去请教。听我详细地阐述了想法及疑虑后，俞敏师笑着说：这“唯余”二字，不如换为“千载”“千载德馨”，不就把你心中所想更好地表达出来了吗？这句指点，真个举重若轻，又一次让我恍然大悟，又一次让我获得了遣词达意的飞跃。这篇早已面见读者的拙文，起始第一句便是：“哲人长逝，千载德馨。”它记载着我的老师俞敏先生对后学、后辈的悉心指导与关怀爱护。也许，它正是俞敏师一生实践的座右铭——“力求新径，薪尽火传”的一个小小佐证。

俞敏师走了！他走得那么突然，又那么洒脱。他的形象将永远活在我的记忆之中！

（原载于《文教资料》，1997年第1期）

学习启功先生　发扬启功精神

有学者提出：教育的价值核心是“铸人铸魂”。我想这可以作为我们每个教育工作者的工作理念。今天是启功先生的“百日忌辰”，大家在这里追思先生，纪念先生，也要以先生为榜样，以“铸人铸魂”为己任，以实际行动发扬启功精神。

如何认识启功先生的精神，长期以来，特别是百日以来，在报刊、广播、电视、网页上，有着大量论说与品评，个人深感从中受益匪浅。现在我仅以自己的体会总结为四点。

其一，热爱祖国的赤诚之心。先生身为皇族，历经磨难，从幼年的贫穷，到少年的艰难，到青年的坎坷，到壮年的苦难，“小乘巷”的清寒岁月，“右派”的乌云压顶，“文化大革命”的突发厄运——没来由地被打成“牛鬼蛇神”，于是，从牛棚到劳改队，从种菜地到抄大字报，先生经受的折磨非同一般。但当改革开放之初，先生赴港访问，在当时引起外界极大关注，而他以其赤诚之心，对祖国母亲依旧怀抱着眷眷深情，将所受极不公正的待遇置于脑后，胸怀大局，大气凛然。几十年过去，我们未尝听到先生“先天下之忧而忧”的豪言壮语，但确实体会到了先生以国家、民族兴亡为己任的宝贵精神。

其二，严谨求实的治学精神。先生穷其一生锲而不舍地探究学术，如他在诗句中所言：“一字百推敲，一义千反复。”这正是他皓首穷经的真实写照。钟敬文先生有诗精辟概括先生的治学：“诗思清深诗语隽，文衡史鉴尽菁华。先生自富千秋业，世论徒将墨法夸。”同时，只要有可能，先生就会无私忘我地培育学子。作为他的学生，我曾亲眼看见先生孜孜不倦地笔耕，也曾亲身感受先生循循善诱的教诲。有两个事例可为见证。一是20世纪60年代初，我和爱人绍武感到自身文化底蕴有欠缺，请求先生带领去故宫参观学习。当时他已被打成“右派”，境况不好，但却欣然答应。那天他手提一个明黄色的小布袋，领着我们在故宫转了一天。中午，他打开布袋，掏出的竟是几个窝头。我们心里十分歉疚，又特别感动。这启蒙的一课，我们收获的不仅是先生的言传，更有他尽心竭力、传道授业的精神。二是20世纪80年代去拜望先生，正值他伏案书写。我冒昧提出学习书法的心愿，先生立即细心指导，给我讲解写字的道理，亲切地说：“其实写字并不难，不过就是排列组合，也就是间架结构的问题。”见我求教心切，当即将所书部分《千字文》(计480字)惠赠作为临摹之本，告辞时又特地给我一叠宣纸。经过一段时间练习，我的字有了进步，这是先生赐予的关怀所致。但后因工作日益繁重，我未能按照先生的期望坚持下去，于今想来实为莫大憾事。这半篇墨宝一直珍藏于书柜之中，成为我和家人珍贵的精神财富。

其三，为人至善的赤子情怀。众所公认，先生身上尽显人间美德。他事母至孝，爱妻至深，敬师至上，交友至诚，育才至切。从先生身上渗透出的爱心与真情，如春风化雨，润物无声。几十年间问道于先生，谈天说地，在诙谐风趣中领悟世事人生。看先生尽兴挥毫泼墨，与先生同观精巧玩具，多少次走出先生家门，或拜别先生之时，我心中都充满了温暖的亲情。先生书赠毕业学生的词句："入学初识门庭，毕业非同学成。涉世或始今日，立身却在生平。"其中有深刻的寓意，深厚的情意，特别是最后一句，足以让人咀嚼、思考一生。

其四，旷达自重的品格操守。先生留有两首砚铭，一曰："直如矢，道所履，平如砥，心所企"；二曰："一拳之石取其坚，一勺之水取其净"。我想，这正是先生的做人原则，是他毕生凝聚的人格魅力的写照。人多言先生心胸宽广，言谈风趣，应对机敏，出语幽默；与人相交，无论多高的位、多重的权，抑或凡夫俗子、引车卖浆，先生皆一视同仁，绝无偏向。许多为他服务过的厨师、司机，都会拥有老人家赠予的墨宝。但是，在经意或不经意之间，却又能感受到先生的爱憎分明。如1978年2月，在为绍武和我创作的电影剧本《梅岭星火》题写"梅花国"三字后，又作诗一首书赠我们："是非当日已分明，创业奇勋久策成。一事元戎犹有恨，未能亲见捉江青。——书陈毅元帅梅岭诗后一首"，他对忠诚于国家民族的元帅陈毅的赞颂，对祸国殃民的罪人江青的鞭笞，是非如此分明，爱憎如此分明，真情实感充溢于字里行间。

先生已化为一缕清风飘然远去。哲人长逝，德馨永存。今日追思先生，纪念先生，于我辈最重要的莫过于学习先生、继承先生，要以自己的努力去靠近先生，以先生为榜样，在神圣的教育岗位上，坚持"铸人铸魂"，才不致愧对先生的教诲之恩。

我建议学校党委结合"保持共产党员先进性教育活动"，在全校师生中提倡学习启功先生，发扬启功精神，以"铸人铸魂"的实践，再振我北京师范大学雄风！

2005年10月8日

我的老师杨敏如先生

时间过得真快，来到北京师范大学不觉已逾50个年头，却恍若隔夜一般。在这里求学受业，得到众多前辈、老师的指教，徜徉于学海，个人的知识渐渐增长，阅历渐渐丰富，都有赖先生们的熏陶与关爱。由于工作需要，组织决定让我提前毕业留校任教。前后三年半的学生生涯，有幸遇到多位名师给予教诲，其中印象深刻的一位便是杨敏如先生。

回忆当年踏入中文系，正是仰慕作为全国具有权威性的学府之中具有权威性的系科，有着那么多权威学者日日传道、授业、解惑，为学生的成长倾注心血；还有那么多富有学术积累的中青年老师，在课堂上下活跃着他们一心一意为培养人才而付出智慧的身影，这里面就有敏如老师的光彩形象。当时的敏如老师应该不到40岁，但自小打下的坚实文化功底，和在燕园、在未名湖畔接受的名师濡染，当然，更重要的还是敏如师自己的自觉性与主动性，造就了她的异常风采。此前曾反复拜读敏如师发表的美文《未名湖情结》，对她何以如此光彩有了些许系统的认识。她18岁进入燕京大学，五年半的校园生活中，在今古交融、中西合璧的校园里，享受着大自然之美和古老又新鲜的文化气息；聆听了著名学者如中文系主任郭绍虞教授、外语系主任谢迪克教授、生物系主任李汝祺教授，乃至校长兼心理系主任陆志韦教授等人渊博而睿智的授课；旁听了老师们和后来也成为文化名人的研究生如吴世昌、陈梦家等人的坦诚研讨。这些都给她以“润物细无声”却受用终生的丰厚滋养。她更有缘听赏俞平伯、朱自清、浦江清等名教授演唱昆曲，如听仙乐，绕梁一生。而她师从古典词曲大家顾随先生学习词曲，创作佳句如“相期相望，重山重水，渐行渐远”深得顾师赏识的求学经历，也积淀了敏如师在古典诗词方面的深厚造诣。特别是她的回忆中深情讲述的冰心先生出自个人创作经验和感受的动人课程，不仅使她迷上了中国艺术语言之美，而且获得了金针度人的传授与感悟。也许这里就包含了她数十年如一日倾心而教，从而深受学生爱戴的秘密。虽然由于提前毕业，我仅仅聆听敏如师讲授的“外国文学”课不到半个学期，未能跟随她的课程于始终，但她那生动鲜活的语言、真挚热情的姿态、善良炽热的心肠，不仅在课堂上令举座动容，而且在课堂下使学生倾倒；我自然从属其中。

对于敏如先生，大家都众口一词地夸赞她教学水平的高超。我想，究其底里实有规律可以探寻。首先，应该是在于她主观上的敬业精神与仁爱之心。从旧中国到新中国，从英文到中文，从重庆到北京，从中学课堂到大学讲台，从外国文学到古典诗文，从正规学生到业余弟子，从青春少女到白发老人，从 24 岁华年到 90 岁高龄，她自始至终把教学工作放在最重要的位置，认定自己从事的是世界上最高尚、最美好的事业。她用自己的身心把课堂变成了文学的圣殿；她用自己的智慧把杏坛化作了知识的宝库。她坚守清贫，点燃青春，把自己的一生奉献给教书育人，把自己的生命融入了三尺讲台。这正是她成为备受尊敬的良师的精髓所在。其次，也由于她具有的出众才华与坚实功力。她的优美文笔展现出灵动的文风和斐然的文采；她出神入化的讲述，迷倒了多少台下的学生。因而她才有可能面对各种各类不同的受教对象和不同的求学需要，发挥独具魅力的教学艺术，游刃有余地让他们各得其所，获得精神的满足，让他们思考人生，面对未来，受到激励和鼓舞，“对生活充满希望和乐趣”。更可贵的是，她对自己选择的这条并非坦途的道路，无怨无悔地总结道：“学与教正是人生的攀登之路。”

关于敏如先生，我还有一点至关重要的认识：她有真诚的人生态度和热诚的为人风格。在国家和民族生死存亡的危急时刻，她认定了“真理就是抗日”，毫不犹豫地放弃了“辉煌”的前途，毅然走向时代的前列，走向抗击日寇的大后方。在抗战陪都重庆，她一面开始自己的从教生涯，一面全力支持丈夫罗霈霖先生的革命工作，包括掩护中国共产党的地下工作者住在家中。当红日高升，新中国诞生时，她欣然服从祖国需要，先在天津南开大学等高校、后到北京师范大学中文系任教，无论何时何地，总是毫不懈怠地全身心投入教学工作。在经历“反右”“文化大革命”等政治风暴的岁月里，她不怕株连的风险，看望、安慰老友启功先生，和同被打成“牛鬼蛇神”的黄药眠、钟敬文、启功、陆宗达等先生结下深厚的友谊。在世纪之交，重庆南开中学 1943 年级校友欢聚会上，她作为被邀请的老师，在讲话中袒露胸怀："同学会中没有高低贵贱之分，不管是大人物或小人物，同出一个根……在极'左'政策的那些不堪回首的年代，许多人受到不公正的待遇，现在均已过去了，相信今后不会再重蹈覆辙。"她的大气与大度，由此可见一般。特别可以作为明证的是，2006年6月，敏如师应邀在中央财经大学"国学大讲堂"做"东坡词略讲"学术报告。历经风霜、年届九旬的老人家，精神矍铄，谈吐幽默，旁征博引，深入浅出，在十分精彩的演讲之中，结合着自己的经历，阐述了个人的世界观、人生观、价值观。她强调并赞扬了文学巨匠苏轼不屈不挠的精神，号召大家学习古人不畏逆境的品质。她语重心长地告诉学生们，要珍视短暂的生命，努力服务社会，力争做一个对社会有用的人。所有这些告诉我们，她是一个以祖国和人民为最高利益的人，是一个脱离了低级趣味的人，是一个有益于人民的人！

岁月倥偬，人生易老，作为敏如师的学生，我自己也已不觉年过七旬。今年适逢先生九十华诞，最想对我终生的老师说一句话：祝愿您青春常在，福寿安康！

2006年10月1—10日

深深的记忆——在母校的怀抱里成长

31年前的12月，一个阳光灿烂、寒风凛冽的清晨，在震天动地的锣鼓声中，我穿上向往已久的绿军装，告别曾经像慈母一样哺育了我的母校，踏上了人生的征程。31年来，每当回想起在母校度过的短暂然而关系着一生道路抉择的少年时代，我的心情仍然像当年迈出校门的刹那时那样难以平静。

由于家庭的变故，我很小就离开了疼爱我的妈妈，整日在后母的打骂、呵斥下讨生活，我幼小的心灵中常常闪过这样的念头：人活着怎么那样艰难？或许还不如死了更好？就在这时，祖国大地欢庆解放，明媚的阳光照进我苦涩的心田，我格外地感受到：新的生活是那样幸福、甜蜜；党的温暖是那样强烈、深沉！

在北京师范大学附中的崭新天地里，我也得到了新生。老师、同学们待我如同亲人，特别是学校领导和班主任老师，把我当成自己的孩子一样抚育着。紧张的学习、充实的生活，使我的心胸日益开阔了，目标逐渐明确了，内心充满着对美好理想的憧憬和追求！我和同学们一样，怀着一颗赤诚、纯真的心，以把自己的一切献给祖国作为最大的光荣。

在党的精心安排下，我们的生活是那样丰富多彩，充满朝气。在课堂上，为了能做一个祖国的好学生，不论文史地、数理化，门门要“争”，课课要“搏”，唯恐落在同学后面，配不上祖国的挑选；在课堂外，为了多学一些武装头脑的科学理论，我们几个同学每星期都有几次去区里，参加《社会发展史》《新民主主义革命史》的课外学习会；为了多学一些为人民服务的本领，我们在每星期日奔向劳动人民文化宫，参加文学小组、戏剧小组的活动；为了使在旧社会失学的幼童有学习文化的机会，我们办起了儿童补习学校，每天下午，走出当学生的教室，又走进做小老师的课堂；此外，还能有精力参加学校的话剧队、腰鼓队、歌咏队，为活跃文娱生活而组织一次次的演出。

最难忘的是1950年10月，当我们正在幸福的生活里无忧无虑地成长的时刻，朝鲜战争爆发了，战火很快烧到祖国大门口——鸭绿江边。全校师生热血沸腾了！刚刚建立的人民共和国，决不能再遭践踏；沐浴在阳光下的人民，决不能再返回到黑暗的旧社会。学校里响起了怒吼声。一时间，街头宣传队组成了，十几个节目排好了，我们马上出发到大街小巷揭露美帝的侵略罪行。围墙上，贴满了墨迹未干的大字报，大家要求参军赴朝，抗击美帝，保家卫国。有的同学贴在墙上的、交给组织的，已不是墨写的决心，而是血写的誓言：誓把自己的生命献给保卫祖国的神圣事业！每天早晨，天刚刚发白，操场上已响起有节奏的跑步声，那是大家用行动，为实践崇高的理想而进行准备啊！

在烈火燃烧的热潮中，我们班上有四名同学——包括我，被光荣批准参军了！实现自己美好理想的时刻来到了！当我迈出母校大门的时候，多少双含泪的眼睛，投来了亲人的祝福；多少双热情的双手，倾注着师友的深情！在我的心上，深深地铭刻着师长们的教诲、同学们的嘱托。

31年后，在党和人民的培养下，我由战士、学生而成为一名大学老师。我愿意以勤勉的劳动，为祖国的青年一代献出自己的一切，以此来报答哺育我成长的祖国和母校。

1981年母校校庆时

半个世纪的情缘——我与北京师范大学

面对“我与北京师范大学”这一命题，我心中涌起千言万语，却又不知究竟从何说起才好。一时间脑海里跳出“缘分”二字。何谓“缘分”？从专门诠释古文词义的《辞源》到权威的现代词典《辞海》，以及发行上百万册的、民众常用的《现代汉语词典》《新华词典》等辞书中，都能查找到这个词语，而其释义也大致相同：“因缘定分，命中注定的机遇”“泛指人与人或人与物之间发生某种联系的可能性”等。在这里我想说的是：如果世间确有“缘分”之说，我便相信自己与北京师范大学似乎有着一生的缘分——情缘：从中学到大学；从当兵到教书；从单身到成家……概言之，从少女时代直到两鬓斑白，我几乎都与她息息关联。

那是1950年春寒料峭的2月，将近16岁的我随同父亲从上海回到北京，经过考试插班进入北京师范大学附中初三年级。这可以算作我与北京师范大学的第一次结缘，到今天一晃已经过去了半个世纪。那时的我由于家庭的变故，离开疼爱我的妈妈已经十年，整日在后母的打骂、呵斥下讨生活，幼小的心灵中曾常常闪现这样的念头：一个人活着怎么那样艰难？或许还不如死去更好？就在难熬的时刻，祖国大地迎来了人民解放的喜庆节日，明媚的阳光照进我苦涩的心田，我内心格外地感受到：新的生活是那样幸福、甜蜜；党的温暖是那样强烈、深沉！在北京师范大学附中的新天地里，我也得到了新生。我至今还清晰地记得，被人们亲切地称为“年轻的老革命”、从解放区来的班主任于老师，把我当成自己的亲人，她为我的每一个小小的进步的表现，高兴得咧着嘴笑；对我的每一个过失或缺点，生气地严厉批评；她哪怕吃一碗饺子，也必定给我这身旁没有亲娘的学生留下一半……在她和老师们“春雨润物”般的关怀下，紧张的学习，充实的生活，使我的心胸日益开阔了，目标日益明确了，心里充满着对美好理想的憧憬和追求，充满着对亲爱祖国的眷恋和深情。我和同学们一样，怀着一颗赤诚、纯真的心，以把自己的一切献给祖国作为最大的光荣。在课堂上，我不论文史地、数理化，门门要“争”，课课要“搏”，唯恐落后，配不上祖国的挑选；在课堂外，为了多学一些武装头脑的科学理论，我每周有几次到区里参加《社会发展史》《新民主主义革命史》的课外学习会；同时，我们开办失学儿童补习学校，组织话剧队、腰鼓队、歌咏队，生活丰富多采，充满朝气。但正当我们蓬勃成长的时候，朝鲜战争爆发了。全校师生热血沸腾，纷纷要求参军赴朝，抗击美帝，保家卫国。许多同学，也包括我，贴在墙上的、交给组织的，已不是墨写的决心，而是血写的誓言！在烈火般燃烧的热潮中，我们班上有四名同学，包括我，被批准光荣参军。我迎来了第一次以自己的身心报效祖国、报效人民的机缘。当我迈出母校大门的时候，多少双含泪的眼睛，投来了亲人们的祝福；多少双热情的手，倾注着亲人们的深情！在我的心上，深深地铭刻着老师们的教诲、同学们的嘱托！

那是1954年春寒料峭的1月，不满20岁的我身穿带着炮火、硝烟气味的军装，来到北京师范大学附属工农速成中学报到，插班进入文科二年级一班。这可以算作我与北京师范大学的第二次结缘，计算起来，距今也已43年。此前，我曾作为中国人民志愿军随部队跨过鸭绿江，进入朝鲜战场，从此，硝烟、战火、炮声和鲜血，充满了我的青春花季。我在阵地上参加过实战，目睹过战友的阵亡，掩埋过烈士的遗体，也曾几次与死神擦肩而过。我一生都不会忘记那些为国捐躯的英勇战士，他们无怨无悔地把最宝贵的生命奉献给自己的祖国，有的甚至连名字都没有留下，我们这些活着的人还有什么理由只为自己而存在呢？停战协议签订后，部队回到了祖国。没有牺牲在战场上，我就要进学校发奋学习，以后才能继续为祖国效力。于是我一再向组织请求再度上学，部队为我设法联系，才有了到北京师范大学工农速成中学读书的机会，有了接续与北京师范大学的那份已有情缘的机会。在这里，同班同学都来自部队及工业战线、农业战线，或是党政机关的干部，许多人的党龄比我的年龄还要大得多。我一面和他们同堂听课，一面赶紧弥补他们已经学过的一年半课程，以求与他们缩小差距，达到齐头并进。时光显得如此匆匆，终于在毕业之前我的各科成绩都进入了优秀行列，并且最后被列为直升北京师范大学中文系的保送生。

那是1955年金黄色的初秋，我和几位同学来到北京师范大学中文系，登上了我国最高学府的神圣殿堂。这自然是我与北京师范大学结下不解之缘的又一个关键时刻。由此，我作为学生，经历了丰富的三年半人生；由此，我又作为教师经历了复杂的、坎坷的又是多彩的41年人生。其中可以经常品味到的确有许许多多“人与人或人与物之间发生某种联系的可能性”的际遇，乃至“人与人的遇合或结成关系”的缘分。试分段如下。

1955—1958年，这是我一生中十分宝贵的大学求学时光。至今还记得，当时的北京师范大学中文系主任黄药眠先生在开学典礼上对我们语重心长的教导，而坐在下面的我，却在为见到这位著名的大学者并亲耳聆听他的讲话兴奋不已。在这里，与同学们一起，我们学习政治课、公共课、专业课，有幸遇到许多知名教授如钟敬文、彭慧、穆木天、刘盼遂、王古鲁、文怀沙、谭丕模、启功、王汝弼、郭预衡、俞敏、陆宗达、徐士年、萧璋等，他们亲自授课，大大开阔了我学术的视野、增加了我知识的积累。我在古今中外的文化海洋里有滋有味地欢畅遨游，痴迷沉醉，把为了祖国的兴盛而努力加强自身专业实力的追求落到实处。在这里，我与绍武结成伴侣，相扶、相依、相伴走过了将近半个世纪的风雨人生。本来我们凭着对祖国的赤诚之心，相约毕业后到边疆大干一场，因为我们深信，只有奉献自己才能活得更有意义。未料在“大跃进”年代，因为学校的需要而由组织决定，与几位同学一起，分别于1958年8月、11月提前毕业留校任教了。

1958—1992年，这是我一生中经历了数不清的酸甜苦辣的漫长岁月。如今回想起来，即使身处最艰难的逆境，我也没有动摇过自己对祖国、对人民、对党的信仰与忠诚，这正是源于人生目标的确立。也正如一位知我者文章中所言：那段经历了生与死考验的从军经历，“成为支撑她全部事业的性格基础：热情、坚韧，并始终对自己的事业葆有一份强烈的责任感”。在这所历史悠久、学科齐全、有众多国内一流学者励志耕耘的学府里，我放下专攻中国古典“诗词歌赋”的愿望，服从分配到现代文学教研室，沉浸于“鲁、郭、茅、巴、老、曹(鲁迅、郭沫若、茅盾、巴金、老舍、曹禺)”及中国现代文学史之中。因为做班主任有成绩，我得到过团中央、北京市委的表彰，也为此在“文化大革命”中作为“修正主义黑苗子”，受到非常痛苦的残酷批斗，并与我敬仰的老教授一起劳动改造。直到粉碎“四人帮”，进入新时期，我已经当了 20 年助教。教研室主任进行教学改革，决定把这门课程分为四大块：小说、戏剧、诗歌、散文，以谋求新的突破。因为在“文化大革命”中我曾偷偷地与绍武一起创作《梅岭星火》(先是戏剧剧本、后是电影剧本)，我被分派从事戏剧教学。之后，在恩师唐先生的关怀下，《梅》剧惊动了中国电影巨匠夏衍，并得到老人家的特别关注。由此，发现国内基本上没有对于夏公的系统研究，于是又开始了我俩的夏衍研究系列(包括生平年表、传记撰写、理论评论、资料搜集、作品编辑、电视专题等)，以致在国际友人访问夏公时，他会风趣地说：“去找他们吧，他们对我的了解比我更多些。”在尊敬的夏公的关心与指导下，我们继续进行着电影、话剧、电视、文学的创作。于今想来，正是由于夏公与唐公，我才会由文学到电影、到戏剧、到电视，不断地拓展自己教学与研究的领域。从 1978 年到 1988 年，我在北京师范大学完成了从助教到讲师、副教授、教授的演变。

1992 年以后，这是我自己都未料想到的跨专业、挑重担、重新创业的人生阶段。北京师范大学对我提出了更高要求，赋予了更重任务。在未能推辞的情况下，我在已经 58 岁的时候，接任了艺术系系主任，并与师生一起艰苦奋斗，为北京师范大学创建新兴学科——影视教育专业，重新开展音乐教育专业，并努力创造条件，逐步开设美术、书法、舞蹈等专业……转眼又已将近十个年头了。在这期间，我们创办了北京师范大学北国剧社，并因其光彩夺目的演出引起轰动，在国内外产生了一定的影响；我们创办了北京师范大学艺术系牵头的北京大学生电影节，迄今已成功举办 8 届，以“青春激情、学术品位、文化意识”为宗旨，赢得电影界、文化界、教育界盛情赞誉；我们组织师生拍摄的电视作品，也曾两次获得全国高校“理想杯”大赛冠军。特别是，我们在学科建设上奋力拼搏，由系内没有一个硕士、博士点的状况，发展到现今已有电影学、电视学、音乐学、美术学四个硕士点，并在多届影视学科硕士教育的基础上，经过申报与层层审议，得到国务院学位委员会批准，于 1995 年在北京师范大学艺术系正式建立了中国高校第一个影视学博士点。至今，第一届影视学博士生已于 1999 年毕业，以很高的学术评价获得博士学位；到 2002 年我校百年大庆时，我们将招收第七届影视学博士生，并将有四届23位合格的博士(包括四位外国留学生)，以其雄厚的实力进入学界、业界，作为向祖国和母校的隆重献礼。

到2002年，我已经历了人生的68个寒暑春秋，其中的一大半岁月——47个年头，是在我的母校北京师范大学度过的；如果再加上北京师范大学附中、北京师范大学工农速成中学的三个年头，在母校百年华诞的时刻，我正好在她的怀抱里生活了50年——整整半个世纪。她记录着我的成长历程，更蕴含着伴随我成长的心路历程。同样，在我的心头，深深地铭刻着她母亲般的关怀和温暖，铭刻着她给予我的广博知识和无穷力量！这是多么丰富而又充实的半个世纪，多么富有意义的半个世纪啊！回顾50年风雨征程，我始终把自己与北京师范大学紧紧相连，要求自己对祖国、对人民、对北京师范大学负起应尽的责任。不论是对同行的老师还是受教的学生，不论是对学校的发展还是学科的建设，我都真诚地献出自己微薄的、但毫不吝惜的力气。可以说，50年间，在我的心里，积淀着一种挥之不去的"北京师范大学意识"，这就是对于母校的一份情、一份义！这是怎样的命中注定的50年的缘分、50年的情缘啊！我要发自内心郑重其事地说一句：永远难忘您，我的母校！

(原载于《我与北京师范大学》，北京，北京师范大学出版社，2002)

知识的海洋，心灵的驿站——我与北京师范大学图书馆

我们从小上学，或者可以从更早初识人世算起，就开始和知识打起交道，直到离开世界的那一天，人对知识的渴求与汲取，是无尽无休的。而我们积累知识的途径，也是多方面、多层次、多源流的，有耳提面命而来的，有耳闻目睹而来的，有从书本来的，也有从实践来的，不一而足。就我自己而言，进入学校，主要是中学以后，才有了图书馆的概念，才慢慢地学会到图书馆去寻找自己当时最需要、最喜爱的书籍、报刊、各类信息。每当进入图书馆，心头常常涌起一种期盼、一阵喜悦。对于在人生旅途中艰难前行者，图书馆，可谓知识的海洋，心灵

的驿站。

今年十分有幸地欣遇母校北京师范大学百年校庆，承学校图书馆盛情相邀，要求我交出一篇与图书馆相关的文章，恭敬不如从命，忐忑命笔如下。

遥想当年，往事历历如在眼前。最早与北京师范大学图书馆相交是1955年，我们就读于北京师范大学附属工农速成中学毕业班的同学，在学校的组织下集体到母校参观。我们几乎走遍了校园，看了教室、实验室、图书馆阅览室、宿舍、食堂等，当时的第一感觉是北京师范大学真大、条件真好啊！其中，窗明几净、琳琅满目的阅览室给我留下了很深的印象。我们毕业后要力争到这里深造！不久，北京师范大学工农速成中学决定保送30余名毕业生免试进入北京师范大学文、理系科，这个美好的愿望终于得以实现。

从1955年9月入学到1958年11月提前毕业，我在这里度过了三年有余的学习时光，自然也和校园图书馆有了更密切的接触。回想起来，有几个细节是颇有兴味的。一是由于学生众多，阅览室相对较少，因而每天上自习课要到阅览室抢座位。于是我们时常疾风扫落叶般把晚饭装进肚里，然后跑步前进，到阅览室外排队等候开门。这队伍每每曲曲弯弯排列得很长，形成了北京师范大学校园里一道有趣的景观。直到1959年独立的新图书馆大楼完工，有8个阅览室、19个小研究室可供师生使用，情况才有了根本的改观。二是由于阅览室座位不够，学校决定增辟食堂和教室供学生自习，并把馆藏的常用参考书、工具书、新购图书及外文书籍在新增自习室开放时间开架陈列，并有专人管理以满足师生的需求。我们进校后怀抱着发奋求知、努力以优秀学业报效祖国的决心，如饥似渴地吸取精神营养。1956年学校提出“向科学进军”的口号，更激励了万千学子的学习积极性。当时我对中国古典文学中的诗词歌赋情有独钟，希冀未来在此领域获得佳绩，正逢增辟自习室的举措，真如天旱遇甘霖。记得那时我们常在晚饭后早早来到学校的研究生食堂，用证件借出一方墨绿色的桌布，平整地铺在擦净的饭桌上，再到管理员处借来《辞源》《辞海》《康熙字典》《说文解字》，以及各种古书、典籍，摞在桌上，然后便一头扎进了风景独好的天地之中，几乎忘却了身边的一切。直到晚上10点耳边响起管理员轻柔的声音：“时间到了，大家回去休息吧。”我们这才恋恋不舍地起身，有时还会到校园里的夜宵营业处，买一碗馄饨、一个鸡蛋、一个小烧饼，细细品尝之后，心满意足地返回宿舍。

1958年留校任教，没能如愿以偿，因工作需要我被分配到现代文学教研室，开始集中精力于“鲁、郭、茅、巴、老、曹”（鲁迅、郭沫若、茅盾、巴金、老舍、曹禺）及中国现代文学史论的教学、科研之中。面对新的任务，我惶恐地开始了新的跋涉。当时工资很低（每月56元），买不起大量书刊，于是，图书馆又成为我进入新领域的学习主阵地，经常借书，经常还书，经常查阅，经常探寻，它帮助我渡过了难关，踏上了通途。经历了漫长的34度春秋，1992年学校决定把我调到艺术系，和师生一起开创影视教育新专业，并全面振兴我校艺术学科。对于我这是又一项艰巨的新任务，在从无到有，从小到大，从弱到强的发展过程中，图书馆依然是我们依靠的所在。

47年间，我遨游于学校图书馆的知识海洋里，从中获得了无尽的财富与力量；同时，还结识了多位好友，至今友谊长青。现在，我校图书馆走过了百年风雨历程，由1902年京师大学堂师范馆图书室发展到今天，总建筑面积已达22300平方米，馆藏书刊282万册，位居全国高校图书馆书刊入藏量的前列；并另有音像资料5000余种，电子光盘150余种、3000余片，其局域网已与国际互联网连接，初步具有了重点大学图书馆的规模与效应。我深信，它将与国家现代化的迅猛发展同步，走向新的辉煌；它永远是我们生活中必需的知识的海洋、心灵的驿站，永远是不可或缺的重要存在。

感谢母校图书馆的厚爱，才有了这将近50年的美好回忆，才有了这篇不成敬意的小文，多谢了！

2002年1月23日

北美艺术人才的摇篮——访约克大学艺术学院

北京，多伦多，相距13200公里，时差13小时，飞机在云端航行达17小时。我们由北京师范大学派出，前往陌生的国土——加拿大，执行短期讲学及访问考察的任务。中午1时许由北京起飞，万里晴空，一望无垠。客机很快升入高空，机翼两旁一片白茫茫的云海，途经东海、渤海、日本海，皆无处可觅。大约夜12时，天际突然显现几颗异常明亮的星星。未几，前方天空呈橘红色彩，起始是一条窄线，渐渐变成宽带，然后半边天一片鲜红。看看表，此刻正是深夜呀！继而一想，恍然大悟：此乃“时差”之奥妙也。天光大亮了，红的是霞，白的是云，煞为壮观。在云与海互为表里的景象中飞越浩瀚无际的太平洋，又在温哥华小憩一小时再度起飞。广袤的加拿大，丰饶的森林，辽阔的大地，绿色的群山，银色的川流，扑入眼帘又倏忽而去，大自然给予人的愉悦美感油然而生。当地时间晚7时到达多伦多上空，天气突然剧变，机舱外涌起大块大块的乌云，耀眼的闪电、轰响的巨雷，不断在机翼两边爆裂，一时颇感惊心动魄。飞机极小心地穿云破雾，寻找最佳的下降时机。啊，终于看到了多伦多灯光闪烁的瑰丽夜景！客机安全地降落于这座加拿大最大的城市。入境手续很简便，出海关便见到东道主、约克大学艺术学院的唐·汝宾教授和管理学院的彭尼卡素主管。他们风趣的欢迎词是：“刚刚发生一场十年未遇的暴风雨，真担心你们下不来啦！不过，雷雨只坚持了十分钟就败退了，可见多伦多是非常好客的啊！”车行40分钟，来到约克大学城，这是加拿大学生最多(6万人)的一所著名学府，它的艺术学院被公认为加拿大甚至北美最好的艺术学院之一。我们临时的家安置在文特学院，有硕大、舒适的客厅和温暖、明亮的卧室，卫生间一尘不染，小厨房随时可用。这一夜，我们熟睡在异国他乡。

约克大学是一所多学科、高水平的综合性大学，位于多伦多西北部，校园广大，有公共汽车直通，并在校内停靠四站。各类不同风格的建筑，纵横交错地构成一簇簇相互关联的群落。大小绿地占满空间地带，小松鼠、灰白鸽在树丛间、草地上自由自在地玩耍、觅食，见了人不惊怕、不退避，看起来这里人与自然的关系处理得很好，这也是文明的一种标志吧。

艺术学院包容五个系：戏剧、影视、音乐、美术、舞蹈，占有两座造型奇特而漂亮的大楼。前后三任院长和五位系主任分别会见我们，彼此交流介绍情况，获益匪浅。综合性大学的艺术学科与专业艺术院校的区别何在？这是我们考察的重要内容之一，几位院长和系主任不约而同地强调了“综合性”；强调培养“头脑”

的人才；强调专业与学术并重，理论与实践并重；强调通过不同思想方法的撞击使学生的“头脑”得到综合提高，文化素质得到全面培养。他们认为，这是非常高、非常难，但必须努力达到的标准。为此，其学科设置既重历史、文学，又重写作、训练(操作)；既重人文科学，又重自然科学。本科四年要学满20门课程，其中10门本系课，10门人文科学、自然科学课，全部及格者可以获得艺术学学士或文学学士学位。五种艺术门类之间的交融，艺术与文学、哲学、数学、人类学、心理学、经济学、自然科学的交融，成为约克大学艺术学院一个很大的特点。例如美术系课程中有“与电视媒介结合的美术实验”，要求把美术与影视创作结成一体。院长说：“对于全体学生，不断改变审美视角，乃课程中的重要部分。艺术学院不仅要造就各类人才、造就艺术家，而且要造就观众。它要给予全大学以艺术的体验，提醒六万学生，艺术就在他们身边。”

影视系属于我们考察的重点。与系主任吉姆教授在办公室会见，他热情、友好，准备充分。他坦率地陈述观点：办学指导思想是培养真正的影视艺术家而不是技术员。这一点与我们的想法相当一致。本科生200人，有三个主流方向：剧作、制作(含导演、表演、摄影)、研究(含理论、评论、历史)；前二者仍然强调理论课程。学生自行选定某一方向，系里掌握总的比例。影视专业硕士研究生学制两年，一年学四门课，一年写论文(或写剧本、拍摄影视作品)。他给我们看亲自拍摄、制作的电视专题片(关于残疾人生活)，构思严谨，画面讲究，制作精致，音像均佳，达到了相当高的艺术水准。他还亲自陪同我们逐一参观影视教学设备，从库房到演播厅、录音棚、制作室、音响动效室……电视的摄、录、美、化、服、道、剪辑、制作、特技、洗印等，分门别类一应俱全，这无疑需要相当巨大的投资。我们到大小教室观摩影视课。摄像机使用课，五台不同型号的机器由11个学生练习操作，一位教授在旁指导。其现代化程度及健全的保管维修系统令人感叹。制作实践课，10名学生分别担任导演、表演、摄像、录音、灯光，现场切换、编辑、配音乐效果，同时混录合成；再各自改换岗位重新组合，同样有教授随时指导。影视评论课，10多位学生围坐在老师四周，师生共同就一部影片分析评点，每个人畅所欲言。学生们在课上可以吃东西，饼干、口香糖、三明治，他们吃得有滋有味，兴奋时坐上桌子，但态度认真，发言踊跃，气氛活跃，这样的课堂确实是过去不曾想象过的。

在约克，我们结识了个性鲜明的格林教授。他创办了艺术学院，担任过院长，现在主持着极有特点的专业：艺术媒介管理。他热情洋溢，风趣健谈，从事艺术管理研究已25年，培养弟子4500名。此专业无本科，只招研究生，毕业后任政府文化官员、艺术企业经理、经纪人等；也开设进修班、大专性质短训班，让在职者继续提高素质。学生主要学习大众传播类课程：文化、广播、电影、电视、出版等；同时要学经济与商业；要求艺术与经济的有机结合。毕业生既有企业管理的知识与能力，又有艺术修养与功力。他最近几周的课专门研究筹款问题(他一次性筹得500万美元)。他盛情邀请我们先喝咖啡再听课，那是我们听到的最生动的一堂课。11名研究生来自英国、法国、瑞典、瑞士、意大利、中国香港及加拿大，曾从事戏剧、影视、电台、电视台、音乐、出版等工作。课程内容是筹集资金的战略头脑问题。格林出示了一张大表，上面是一个环形图案，分三层，有三个圆，由外及里分别是：(1)建立目标、发展、行动、监督、反馈、分析；(2)执行、控制；(3)集中于圆心：策划、循环。师生围绕此表讲述、研讨，关键是如何为艺术筹到钱。在听课中深深感受到他系统而深入的理论修养。他还友好地提议将来联合办学。我们彼此互感相见恨晚，相约今后加强联系，为这门新兴学科出把力气。

出访前，汝宾教授建议我们分别在几所大学讲授中国文化、中国戏剧、中国电影与电视，我们据此做了准备。但因参加学校90周年大庆，迟行月余，抵加时时间已欠宽裕，只能在约克大学与多伦多大学举行了中国文化与中国戏剧讲座。会场内座无虚席，许多迟到的学生只好坐在台阶上、过道间，甚至讲台旁的地毯上。我们讲述中国文化的三个特点、三种哲学与三段时期，讲述对中国戏剧历史及现状的思考，大学生们似乎闻所未闻，笑声时起，掌声不绝，对陌生而神秘的中国文化及艺术表现出极大的兴趣。汝宾先生和其他教授们说，像这样踊跃的听众，这样热烈的场面，在约克等校的讲座中很少出现。他为会场上未能保证人人有座位而向大家致歉。

讲座之后，我们出席了学校专程举办的规格很高的欢迎酒会，参加者都是文科、艺科的名流；约克大学前校长、现国际委员会主席麦克唐纳教授与会，艺术学院院长、各系主任也都到来，双方诚挚地互表心意。主席先生一再致意，认为我们的访问深入细致，令人印象深刻。他愿为两校间建立正式学术合作关系提供支持与帮助。院长表示在双方接触中发现北京师范大学关于艺术学科的发展设想富有革新精神令人振奋，并高兴地看到约克大学可以在其新学科建设中发挥作用以建立良好关系。校长苏珊·曼还专门写信表示期望北京师范大学和约克大学之间的交流得到进一步发展。在热烈而亲切的交往中，两校不仅加深了友谊，而且播下了新的友好的种子。

我们要准时赶回北京，受停留时间所限，去蒙特利尔、里贾纳等城市的计划只得作罢。参观游览也只能挑选与文化艺术、电视电视有关的项目，在繁忙的日程表中插空进行，仅举二例：

多伦多市中心，一座巨型电视塔耸入云天，高达 553 米，雄冠北美洲。我们乘电梯到 335 米高的旋转厅，向下俯瞰，整个城市尽收眼底。远处蔚蓝色的安大略湖波涛微起；近处造型奇妙的摩天大厦鳞次栉比；脚下伏着圆拱形的歌剧院和多功能的体育场；街上行驶的汽车宛如搬运粮草的蚂蚁，相形之下人就显得非常渺小。电视塔底层，一位扮成小丑的艺人乐呵呵地免费同游人合影留念。这座电视塔保证了市民对电视文化的审美需求。我们在房间里便可以接收 30 多个频道，每天从早到晚 24 小时播出。内容主要围绕着当地生活：政治、经济、新闻、气象、服务、广告、成人及儿童教育……东方文化很少涉及。文艺节目很丰富，歌舞、戏剧、电影、电视剧连续不断。播出者有国家电视台、省电视台、市电视台、法语电视台，还有一家“多民族电视台”，在不同时间用华语(广东话)、阿拉伯语、俄罗斯语、印度语等播放，遗憾的是没有时间更多地观赏。

市内的安大略省博物馆建筑恢宏，第一层将相当大的面积辟作中国馆，陈列着从商朝到晚清的各种文物，有从新石器时期的陶瓷到宋代的细瓷；有明代的家具和清代的服饰；有几十吨重的石人、石马、石牌坊、石门楼；甚至连古代的帝王墓也搬到这里。这些宝物不知是何时何人用何手段运来的？边看边想，感触良多！

返航的时刻到了。雷电迎宾，风雨送客，我们大雨淋漓中登上飞机，在太平洋上空连续度过两个白天之后，终于降落在首都机场。噢，亲爱的祖国，我们回来了！

1993 年 4 月

金秋十月粤东行——记“田家炳工程庆典”活动

面对案头一对白发苍苍的慈祥老人神采奕奕的照片，我时常回忆起深深印在脑海中的、金秋十月的粤东之行。

我有幸在香港拜识了大实业家田家炳先生及其夫人田房惠英女士，田家炳基金会董事房德昭先生也在座，相聚欢谈一个半小时有余。虽与二位长者未及深谈，但田先生对祖国的一片赤诚、对发展教育事业的高瞻远瞩，特别是对师范教育的特别关注，使我们如沐春风，感铭心中。

10月，接奉田家炳先生的诚挚邀请，我们启程前往粤省，去参加大埔县家炳工程37项落成剪彩、奠基庆典活动。从广州到东莞、中山，再到梅州、大埔，最后到了家炳先生的家乡古野镇银滩村，一路风尘，年近80岁高龄的田先生伉俪，偕幼子田定先先生及房德昭董事始终全程同行，时时对前来参与盛会的全国17所高校代表亲拂照料，关怀备至，感人至深。

10月19日晨，我们一行由广州前往东莞田氏化工厂有限公司参观，家炳先生及夫人已在工厂门前迎候，这一活动经精心安排而井井有条。听取了田先生及大公子庆先先生的报告，我们对田氏公司有了一个总体的认识：以严格的管理保证优质的产品及服务，荣获了国际公认的ISO 9002证书。接着，老先生又亲自带领大家在五万平方米的厂区内参观了车间机组、粉罐、发电房、发泡机、生活区……拥有当代最先进的生产设备和技术，使人们在厂内看不到嘈杂的人群，听不到轰鸣的噪声，嗅不到刺鼻的气味，只有很少的人通过电脑或各种仪器，操纵着全部生产的正常运行，这已成为目前国内技术高、产品优、规模大的先进企业。这就难怪其规模生产达到2万吨PVC胶布和2500万米胶皮之巨额，却仅有来自五湖四海的职工450名。所有这些，配合着卫生、整洁、让人赏心悦目的环境，包括专门设计修建的实用美观的职工宿舍大楼、厂门内水流淙淙、一举两得的喷水池(美化环境兼消防设施)，大厅入口醒目的叶选平同志题写的金色厂名，我们实实在在地领略了一座现代化大工厂的风采。回想家炳先生从18岁走出大山、闯荡世界，从到越南开拓瓷土产业(1937)；到奔赴印尼经营“土产洋杂”生意(1939)，整顿管理五金工业(1942)，创办树胶工厂(1945)，开创印尼第一家“人造皮革”企业(20世纪50年代)；正当事业如日中天而望重一时之际，善于洞察情势的田先生敏锐地感到印度尼西亚排华浪潮将起，毅然举家迁往香港，二度创业(1958)，积极筹办田氏化工企业，以大气魄历大惊险，在屯门海滩填海造地，田氏工业城拔地而起(1960)，之后又开辟了元朗分厂，兴建田氏大厦数座，逐步形成实力雄厚、称雄香江的“田氏王国”，被誉为香港“人造革大王”。“田氏王国”之崎岖征程，使我对田家炳先生经过千难万险艰苦创业、终达辉煌高峰的雄才大略，有了具体而微的亲身体验。

10月20日，我们到达了梅州市，立即参加了嘉应大学田家炳师范学院教学大楼奠基典礼，亲历了师生倾校出动、鼓乐喧天、热烈欢呼的感人场面；了解到田家炳先生对嘉应大学的慷慨解囊，他先后捐建了“田家炳科学馆”“家炳园”，并为学校教育基金捐献巨款，此次又捐资兴建师范学院教育大楼。全校师生用发自内心的声音和行动，表达了对家炳先生热心教育的赤诚之心和仁爱无私的奉献精神的敬仰之情。我们的心里，也受到了很大的感动，产生了很大的激动。

是日下午，家炳先生伉俪和大家一起乘坐面包车，经过几小时山路颠簸，抵达粤省东北部客家人聚居、号称“山中山”的山城——大埔县城。下车后迎面而来的是几乎全城百姓出动的欢迎行列，从城边到中心，到县委招待所，张张笑脸似鲜花怒放，串串鞭炮已震耳欲聋，声势之浩大，确实从未经历过。我们的心灵受到强烈的震动。在路边随便问一个小学生：“你可知道田家炳先生吗?”孩子不假思索，干脆利落地回答道：“我们大埔没有一个人不知道他的!”我想，这就是家炳先生在大埔人民心中的位置，是谁也不可能替代的!

从第二天起，我们随田先生参加各项活动，日程安排得极其饱满：参加田家炳作为永远荣誉会长的世界大埔同乡联谊大会；参观华侨事迹展览馆(其中专辟田家炳展厅)；田家炳广播电视中心大楼落成剪彩；田家炳医院住院部大楼落成剪彩；《孙中山与华侨》国际美术展开幕式；田家炳实验小学奠基仪式；田家炳实验幼儿园落成剪彩；西河北塘田家炳大桥剪彩；等等。当然，这仅仅是家炳先生本年度为支援家乡建设而设计与完成的37个项目之部分内容。在这里，我们知道了田先生每年都有几十项捐建工程奠基、落成，几年来他为大埔捐资建设的项目已达300多项，总款额超过了一亿三千万元；我们也看到了大埔县城已有的田家炳第一中学到田家炳第十中学，以及田家炳职业学校、田家炳师范学校、田家炳电视大学……各类学校34所、医院22所(每个乡镇及县城至少一座)、桥梁百座以上。仅在他的母校大麻中学，除了独捐巨资把校舍修葺一新之外，并新建五层科学大楼、五层教师住宅楼、五层学生宿舍楼。他对桑梓之地的殷殷深情，滴水穿石般呈现在大埔乡亲面前，镶嵌在大埔乡亲心间。

离开大埔那天，我们随大家前往田家炳先生的故居：古野镇银滩村。依然是田先生夫妇和我们一起乘坐面包车，只是由于路况又不如梅州到大埔的公路，颠簸更加剧烈。而近耄耋之年的二位老人，却依然神采奕奕、怡然如初，使我们十分敬佩。车行途中，欢声笑语不绝于耳。银滩村依山傍水，景色秀丽，民风淳厚，人杰地灵。家炳先生的祖居“拱辰楼”，似依山势而造，建筑古朴，装饰典雅，富有民族特色；楼门两旁书有一副红色对联曰：“重实轻华恪遵祖训”“象贤绳武还望后人”，体现了田先生谨守祖训、再传家风的心志。出门右转攀上石阶，筑有“万卷楼”，是家炳先生幼年读书处。站在“拱辰楼”前，西望巍巍背头山，东见潺潺韩江水，依稀间仿佛看到了幼年的“家炳”，在严父慈母的呵护下开始了人生的学步；仿佛看到了少年的家炳，背着书包翻山越岭跋涉在求学的途中；仿佛看到了青年的家炳毅然离开家门，只身踏上通向异国的征程；仿佛看到年届古稀、已经成为香港大实业家的田家炳伉俪，风尘仆仆回到阔别了43年的故乡。将近半个世纪的风霜，染白了鬓发，也成就了不同寻常的大事业。那动人的事迹、不凡的轨迹，给予后人的启发与昭示将与世常在。

此番粤东之行，时日虽然很短暂，留下的幽思却是深长的。

第一，通过实际的接触，我深深地感受到田家炳先生对祖国、对人民、对家乡、对后代的拳拳之心。尽管他不事宣扬，但大量事实证明着他为此竭尽全力，不图回报的崇高品格，和他对国家、民族所做的巨大贡献。正如那颗以他命名的2886号“田家炳星”，在宇宙穹苍中默默地、永久地闪耀着光辉。

第二，家炳先生念念不忘、反复强调先父遗训“宁可实而不华，切忌华而不实”。他总结个人成功的奥秘：“家父给我一个‘实’字，才有我今日的事业。”他所阐述的“关心社会，各尽所能，涓滴奉献，弘扬爱心”的人生哲理，“施比受更有福”“独乐不如众乐”“留财于子孙，不如积德于后代”的自奉古训……给我们留下了深刻的思考余地。

第三，家炳先生博施济众，在家乡，在全国各地，修建学校、医院、道路、桥梁、水电站、电视台、体育场、文化宫……凡机电、化工、农业、水利、文化、教育、医疗、卫生等各项有关国计民生的事情，无不在他的视野之内，可谓德泽广布。而其中他情有独钟、萦绕心头的便是“百年树人”的教育事业，因为他认定，这是强国富民之首要工作，直接关系着国家的盛衰。于是他把教育作为主攻方向，主动给省委领导写信，主动以倾家之财付之行动，办托儿所，办幼儿园，办小学，办中学，办大学，为兴学重教奔走呐喊，不遗余力。他再三阐述：发展教育是关系到国家富强、人类进步、社会文明的根本大计；民族振兴的希望在教育，教育振兴的希望在教师，造就一支合格、优秀的师资队伍，是一项重大的战略任务。于是，他近年的捐资意向明确地向高等师范院校倾斜，这次被邀请的也都是国家教委和师范院校或师范性学科的领导与代表，并给予了最高的礼遇。对于我们这些长期从事师范教育工作的人，“喜逢知音”的感触，为今后增添了巨大的精神力量。

第四，在与家炳先生相处间，有一种独特的感觉是：他把捐资助教当作了自己从事的一项严肃事业，而绝不仅仅是“乐善好施”的业余活动。他更不允许以此图务虚名。他讲原则，重许诺，对于已经或将要资助的每一所师范院校，认真地一一具体了解项目的必要性、可行性、目的、意义，重在“雪中送炭”，轻于“锦上添花”。这一特点在田夫人、定先先生、德昭先生身上同样有着突出的体现。从他们对大家的悉心关注，殷勤照料中，“尊师重教”的田氏家风如涓涓细流，含而不露地渗透于他们的言谈行动之中。于是在整个行程中，我深感一方面受到鼓舞，一方面受到教育。由此我对自己做出承诺，要以同样的认真态度对待田先生的每一项帮助，而决不能敷衍塞责，忽视自己的责任和使命。

……

一路行来，感受良多，思绪绵延，言不尽意之处，只有留待今后了。

1997年11月18日于北京师范大学

田家炳先生香港追思会的发言

2018年7月10日，惊闻田家炳先生安详辞世，我和我的团队感到震惊和哀伤，当即发出唁电。

真可谓天地同悲，太多受惠于田家炳先生的人士都陷入了极大的悲恸中。香港特区行政长官林郑月娥10日也代表特区政府向他家人致以深切慰问，她说："田家炳是著名实业家和慈善家，一生致力服务社会，贡献国家，令人景仰，对其辞世深感哀痛。"

田家炳先生毕生重视教育，以"中国的希望在教育"为信念，先后在全国范围内捐助了93所大学、166所中学、41所小学、约20所专业学校及幼儿园、约1800间乡村学校图书室。这其中就有我们北京师范大学田家炳艺术教育书院。

我有幸拜识田老整整20年，被他强大的人格所感染。回想第一次与田家炳先生见面，是1998年随郑君里副校长到香港，拜访了田老先生的府邸，充分感受了他成功的事业和社会各界对他由衷的尊敬。第二次是田先生返乡，我们去广东与他相会，我后来怀着敬意写了篇文章《金秋十月粤东行》记述此行。第三次，1999年，我们在北京师范大学嗷嗷待哺的艺术系接待他一行前来考察。那时候艺术系恢复招生只有短短几年，百废待兴。田先生起初并不打算捐赠北京师范大学，因为我们在祖国的首都。但是，经过仔细考察、耐心询问，他对我们四处漏雨的简陋办公室感到震惊，他聆听我们专门创作的歌曲《梦想的田庄》，甚为感动，对我们"上马饺子下马面"的务实作风大加赞赏，他说"我走了全国各地的学校，你们的安排是唯一的"，最终慷慨捐助兴建了艺术楼，不但使得北京师范大学艺术与传媒学院获得栖身之所，而且为学院腾飞奠定了坚实基础。艺术楼落成典礼后，田先生多次光临北京师范大学，为学校发展倾注了极大的关注！

最后一次见老人家，是2016年5月，我受田家炳基金会及香港教育当局邀请赴香港讲学并担任评委，期间再次拜会田先生。97岁高龄的田老依然红光满面，思维清晰，谈笑风生。我们离开时，他拄着拐杖亲自送我们到门口，久久注视我们离去，直至我们完全走出视线……没想到，那一幕竟然成了诀别！

今天，田家炳艺术教育书院已经成为国内高校全科系、全功能的综合艺术大楼，每天在这里进出的师生数以千计，其中戏剧影视学已被国家评为全国“双一流”学科，算是没有辜负老人家的殷切期望。

追忆田老一生，忧思深长。

第一，通过实际接触，我深深地感受到田先生对祖国、对人民、对家乡、对后代的拳拳之心。尽管他不事宣扬，但大量事实证明着他为此竭尽全力、不图回报的崇高品格，以及他对国家、民族所做的巨大贡献。

第二，田先生念念不忘、反复强调的先父遗训“宁可实而不华，切忌华而不实”；他所阐述的“关心社会，各尽所能，涓滴奉献，弘扬爱心”的人生哲理；“施比受更有福”“留财于子孙，不如积德于后代”等自奉古训……给我们留下了深刻的思考余地。

第三，田先生博施济众，而其中他情有独钟、萦绕心头的便是“百年树人”的教育事业，因为他认定，这是强国富民之首要工作，直接关系着国家的盛衰。对于我们长期从事师范教育的人，“喜逢知音”的感触一直是巨大的精神力量。

第四，在与田先生相处间，有一种独特的感觉是：他把捐资助教当作了自己从事的一项严肃事业，而绝不仅仅是“乐善好施”的业余活动。他更不允许以此图务虚名。他讲原则，重许诺，对于已经或将要资助的每一个项目，认真地一一具体了解其必要性、可行性、目的、意义，重在“雪中送炭”，轻于“锦上添花”。这一特点在田夫人、庆先先生和他的兄弟姊妹身上同样有着突出的体现。“尊师重教”的田氏家风如涓涓细流，含而不露地渗透于他们的言谈行动之中。

今天，我们在此聚集，感恩田家炳先生；我们在此聚集，也是要在他的目光注视下，再次出发！

2018 年 7 月 22 日

个人的、民族的、时代的形象表达——影视艺术的教与学

20世纪艺术样式中发展最快的，大约要数刚刚诞生的电影和电视，即人们通常所说的影视艺术。与影视艺术迅猛发展相适应，影视教育成为艺术教育的重要内容。《北京师范大学影视艺术学科基础教程》正是北京师范大学艺术系为影视专业教学设计的一套系统教材。

艺术陪伴人类度过最初的荒蛮岁月，成为人类的精神家园和灵魂栖所。它是人们美的理想的凝聚与自由的象征，它属于大众，属于社会的每一个人。艺术来自民间，也生长在民间，它的最高使命在于为大众服务。

影视艺术是最年轻的艺术样式，它凭借现代科学技术成为传播最广泛的一种现代艺术媒体。没有电的发明，没有光波、声波技术的发展，影视艺术也就无从谈起。同时，影视艺术也是现代工业的产物，它的发展离不开工业体制的运转。因此，它是一种不同于任何古老艺术样式的新型艺术。学习影视艺术，必须从它的本性出发，了解其基本特征，掌握其基本规律，这样才可能真正认识影视艺术，从事影视艺术研究、教学和创作。

电影电视是科技和工业的产物；但是，影视艺术的生成过程却不仅仅是现代科技发展的历史，也是人类艺术发展积累的结晶。中国古代就有灯影、皮影、木偶戏等艺术样式，反映了人们对活动影像的追求愿望。中国古典戏剧、诗词、绘画等艺术作品也常常运用特写、远景、中景等画面和画面组接的技巧，这为影视艺术创生和发展提供了美学的启示。当然，限于社会形态和科技水平，以农业文明为基础的封建社会不可能产生影视艺术。

电影诞生之后很快就传入中国。1895年卢米埃尔兄弟放映《火车进站》，十年后，中国就拍出了戏曲片《定军山》。20世纪三四十年代，中国电影迎来了第一个高潮，产生了《神女》《十字街头》《小城之春》《乌鸦与麻雀》《一江春水向东流》等名作。80年代以后，中国电影又焕发出新的生机，赢得世界电影界的瞩目。从1905年诞生到20世纪90年代的今天，中国电影走过了一条艰难而又辉煌的世纪之路。

1958 年，北京电视台(即现在的中央电视台)成立，这标志着中国电视的创生。从那时起尤其自改革开放以来，中国电视逐渐步入辉煌。中国现有电视台 837 座(不含有线台)，国内节目 932 套，人口覆盖率 84.5%。节目传递设施方面，微波干线总长 61158 公里，通信卫星接收站 96528 座，电视发射台和转播台 40987 座，平均每百人有电视机 24 台，80%以上家庭具有收视条件，有 8 亿名电视观众(据《中国广播电视统计年鉴 1996》)。中国是名副其实的电视第一大国。电视剧、专题片、纪录片、综艺节目与新闻节目都取得了引人注目的成就，出现了大量脍炙人口的作品。现在，电视已经成为大众重要的信息传播和娱乐形式。

中国影视发展的历史表明：影视虽然属于典型的舶来品，但是，中国影视并不是欧美影视的翻译版，而是具有鲜明的中国文化特征。影视不仅仅是科技工业，也属于美学与艺术。科技手段固然没有民族和国家的界限，然而美学与艺术却有明确的民族品格。因此，影视艺术输入中国的历史，也是它逐步本土化的过程。中国影视能否在世界上拥有一席之地，关键在于中国影视是否形成了具有民族特征的艺术风格。

中国文化源远流长，博大精深，拥有健壮的生命力与宽厚的包容性。中国文化发展历程就是一部不断吸收异域文化、不断创造新文化的历史。吸收是为了创造，而不是取代我们固有的文化，所以，如何吸收就成为一个原则性的问题。我们认为，吸收必须以本民族的审美心理为支点，寻求异域文化与本土文化的交融，通过异质文化激活本土文化，使之焕发出更为灿烂的生机。

影视艺术是一种国际性艺术样式，同时又以美学特征和文化性格区分了不同民族与国家的艺术风格。如电影在发展中形成了苏联学派、法国学派、美国学派和日本学派等电影艺术流派。在将近一个世纪的历史发展中，中国影视艺术积累了不少成功的经验，也得到了不少失败的教训，而其中的核心问题是中国影视艺术的民族特征。我们曾经出现的一大批具有中国民族风格的优秀作品，如《祝福》《早春二月》《林家铺子》《林则徐》《聂耳》《甲午风云》《董存瑞》《平原游击队》《小兵张嘎》等，为世界电影中国学派的创立打下了基础。但是，也有不少作品对西方电影生搬硬套，缺乏民族特征。在影视理论界，这种狂热西化现象更为突出。影视美学中国文化特征模糊的现状导致了中国影视艺术理论的严重滞后，而影视艺术理论的滞后就必然限制中国影视艺术实践的健康发展。无可否认，中国电影和中国电视积累了相当丰富的创作实践；但是，理论界对本土创作缺乏全面的、系统的、本质的、富有理论高度的研究和总结，更没有以中国影视实践为支点提出具有中国文化特征的影视理论。虽然有志于此者不乏其人，但由于种种原因，这一梦想至今未能如愿。一个不善于研究和总结本土艺术和文化的民族不可能独立于世界民族之林，甚至都不能很好地吸收其他民族的艺术和文化经验，因为它缺少立足的根基。面对争奇斗妍的西方影视理论，作为一个文化大国，我们总不免有些尴尬。有鉴于此，我们愿意和影视界的艺术家、理论家一道，在影视领域里摸索一条具有民族文化特征的中国之路。影视艺术中国学派的诞生需要影视艺术家的努力，也需要影视理论家和研究者的深入研究。只有影视艺术的创作实践和理论研究都达到相当的高度，才有可能创造出具有中国作风、中国气派的影视艺术作品。

艺术是一个民族的美学纪念碑。影视艺术也是如此，它是特定民族和时代的形象表达，既是个人的，又是民族的、时代的。正如法国艺术理论家泰纳所说："要了解一件艺术品，一个艺术家，一群艺术家，必须正确地设想他们所属的时代的精神和风俗概况。这是艺术品最后的解释，也是决定一切的基本原因。"（[法]泰纳：《艺术哲学》，傅雷译，第7页，北京人民文学出版社，1994）深入时代、深入民族是一切伟大艺术的共同特征。

《北京师范大学影视艺术学科基础教程》旨在以中国美学为支点，观照中国影视艺术的发展，总结其成功的经验和失败的教训，建立中国影视美学体系。

影视艺术是最年轻也最有发展前途的艺术形式，希望同学们通过认识影视本性，掌握影视语言，了解影视发展历程，分析影视艺术作品，以中国美学的独特视点去研究影视艺术现象，既吸收世界影视艺术的精华，又坚持中国文化的民族特征，实现中国美学与西方美学在中国当代影视艺术实践中的汇融。只有这样，我们才能创造出具有现代意识与民族风格的影视作品，建立影视艺术的中国学派。新的世纪就在前面，未来属于中国青年一代。

（原载于《艺术理论教程》，北京，北京师范大学出版社，1997）

关于影视艺术教育与学科建设之思考

电影电视已成为当今世界文化传媒中传播最广、最快，对于人们的思想意识、生活方式影响最大的艺术创作和文化传播方式之一。它们以其视听综合、时空综合、艺术与技术综合的独特优势而引人瞩目，被誉为最年轻也最富于潜力的人类“第七”“第八”艺术，其发展取向和层次，直接关系着社会的进步。正是因其对于社会和广大民众具有的巨大影响力，在具有社会主义特色的中国高校学科建设中，影视艺术教育于20世纪末21世纪初年异军突起。据统计，在全国已有近600所高校开设相关课程或建设相关学科，从而使之迅速成长为我国高等教育领域重要的新兴学科。

北京师范大学于1992年由国家教委批准建立影视专业。同年9月，我们七人以开辟影视新学科、重新发展我校艺术学科为主要任务，由校内不同岗位调到当时的艺术系。光阴荏苒，倏忽间已度过16个年头。今日回思16年学科建设的路程，其中甘苦自在人心，不由感慨系之。回首既往，瞻望未来，也有若干带有关键性质的体认，大致为如下几点。

第一点：首要的是，影视学科建于何处？

新建学科面对的第一个问题，便是落于校内哪个院系。当时有两种选择：

1. 建制于中国语言文学系；2. 建制于艺术教育系。就前者而言，此前已被国家教委批准的华东师范大学影视专业即建在中文系，全国开设影视课程或专业的学校，基本上也都放在中文系，照此办理似乎更顺理成章。同时，我们多数人原岗位在中文系，开展工作亦可驾轻就熟。而问题又在于，中文学科是我校百年辉煌的老学科，历史悠久，积淀深厚，其语言与文学的史论专业重点鲜明，在这里新建现代影视传媒专业，可能难以获得充分的发展空间。就后者而言，电影电视被称为“第七”“第八”艺术，其特质本在艺术领域，将学科建在艺术系，预计会有更大的发展空间与潜在前景。但如是，我们将面临严峻挑战：其一，是完全不熟悉的艺术专业环境，而且本系仅有的音乐专业5年前停招本科生，系内已无全日制学生，更没有硕士、博士学位授予点。在创建影视学科之时，如何整合原有学科与新建学科，使之获得新的发展活力？其二，是十分简陋的教学条件，教室四处漏雨，设备完全没有，经费几乎空白，人员屈指可数，又如何开疆拓土、扎实推进？我们从社会需求与综合背景等方面进行分析，认识到：国家关于高等学校艺术学科建设的分布，大体有两个部分，一为专业性院校，这是培养艺术人才极为重要的、不可缺少的部分；另一为综合性院校，因其数量大(1000 所以上)、学生多(全国各类高校在校生已有上千万)、就业面广(领域广泛)，也是解决社会亟须大量艺术人才之不可或缺的部分。北京师范大学正属后者，肩负着艺术教育与艺术创作双重使命，创建新兴的影视艺术学科，将对国家影视人才的培养，特别是 21 世纪我国影视文化事业的发展，发挥较大的作用。

经过反复慎重研究，分析当前利弊，探讨今后前景，我们决定在最艰难处起步，将影视学科落点于艺术系。正是由此开始立足创建，使北京师范大学适应时代要求，拥有了在全国综合性大学中最早设立艺术系列的影视学科。经过艰苦创业、全力拼搏，我校影视学科迅速崛起，于 1993 年被批准设立了全国综合大学第一个“影视艺术与技术”硕士学位授权点；于 1994 年招收了首届影视教育专业本科生；于 1995 年经国务院学位委员会批准，建立了全国高校第一个影视学博士学位授予点，并有了影视学科全部覆盖的 2 个硕士学位点，被称誉为“三年三大步”，令同行、同道瞩目。同时，我们集中师生的智慧与力量，2003 年在惨淡经营中开创了首届北京大学生电影节，坚持到今天已达 15 届。于今回顾，当时这一关乎影视学科命运的重要决策，对于我校影视学科的起步与发展，有着举足轻重的关键性作用。

第二点：最为关键的是，影视学科如何健康有效发展？

面对国内尚无可供借鉴移植的现成经验，只能从零开始摸索探求的现实状况，从总体上的宏观认识到分体上的微观把握，都需要我们一步一个脚印地探索前行。根据 16 年走过的印迹，我以为，大体上可以归纳为：一个目标、两个翅膀、三个支柱、四个特色。

“一个目标”：其一，需要明确中国高校影视学科专业的目标定位。经过思考与论证，大家达成共识：要把我们的专业建成培养中国影视传媒教育人才、影视传媒研究人才、影视传媒创作制作人才的重要基地。而要达到这一目标，必须培养本专业学生具有一定的影视传媒理论素养、比较开阔的影视传媒文化视野，以及良好的影视传媒从业品质，使他们毕业时能够胜任影视传媒业界和其他文化艺术部门的理论研究和实务工作，或者成为学校和教育部门从事相关专业教学、管理的高级人才。因此，在培养过程中，一方面必然紧密围绕影视专业的本身领域，不断深入其间；而另一方面绝不可忽视本学科背靠综合性大学实力雄厚的文理学科和氛围浓郁的人文环境。经过认真的排列组合，我们寻找出本校与影视专业关系密切的29个博士点学科(包括中国语言文学8个、经济学5个、历史学4个、教育学4个、哲学2个、外国语言文学2个、心理学2个、信息工程学1个、体育学1个)，并分门别类地和他们建立起或紧密或宽松的教学、科研联系。在经过四次修订的影视学专业课程设置中，学校的平台课程包括马克思主义理论、当代世界经济与政治、外语、计算机与信息技术应用、数理统计、体育文化、军事理论，以及人文科学、社会科学、自然科学、生命科学教授讲坛等，占全部学分的31%。这些学科的强力支撑，使专业师生获得宽广的文化滋养、广博的知识背景，在时代的激烈竞争中，可以面对社会需求的广泛性，从事于影视传媒的教育教学、理论研究、实践操作、行政管理、产业运营等工作，诚然受益匪浅。目标的确立与相应的措施，因应了我们的办学方向，使我校影视艺术学科在发展过程中，形成了注重培养高文化水准、开阔的理论视野和精通专业技巧、能适应社会主义艺术事业需要、知识结构全面合理的复合型人才的特点，并由此得到社会的认同与首肯。

“两个翅膀”：其二，需要厘清发展影视学科专业的布局思路。所谓“两个翅膀”的寓意，正在于从大的方面，我们的发展思路切忌狭隘化，而应着力于艺术与传媒之双翼飞翔。事实上，在本校的艺术学科领域内，影视学科因其拥有本学科全部2个博士学位授予点和2个硕士学位授予点，构成特有的学术体系，被列为北京市重点学科和国家重点(培育)学科，获得国内外广泛认同，因此成为艺术的“龙头”系科。同时，我们又拥有广泛的艺术教育多学科综合实力，包括国家首批“艺术学博士后科研流动站”，中国大学首批“艺术学一级学科博士学位授予点”，国家首批艺术硕士(MFA)专业学位招生培养试点单位，以及艺术学博士授予点，艺术学、音乐学、美术学(含书法)、戏剧戏曲学、舞蹈学、艺术设计6个硕士学位授予点，以及已招收本科生、硕士生、博士生的数字媒体专业。由此形成了以“影视传媒”学科牵头，各个姊妹艺术学科亲密组合的态势，合成为一个强有力的“强势群落”。双翼齐飞，既有利于发挥艺术的传统学科优势，又可促进开掘传媒的现代教育属性。传统艺术和现代传媒互动影响积极，特别适应于21世纪艺术教育专业化与综合化结合的必然趋向，对于影视学科向纵深发展和向社会辐射，具有比较突出的影响。而在建构艺术科学研究的理论特色的同时，开发传媒平台社会产业化发展路径，亦可强化艺术学科的社会应用价值。另外，注重开拓数字媒体、科学与艺术等相关教学、科研的新领域，以突出现代化高科技的新特质。总之，在专业有机整合的基础上，可以力求以艺术教育体现综合性大学的人文理念，传达社会科学的文化品质；并以传媒教育拓展实践学科的社会空间，逐步与国际相关领域接轨。上述二元组合的学科配置，使我们的艺术与传媒学院成为我国艺术教育体系中建制全面而重点突出的独特艺术学科。

“三个支柱”：其三，需要厘清构建符合综合性大学影视学科生长的、具有可持续发展空间的学科体系之必备内涵。所谓“三个支柱”者，乃建设影视学科必不可少的三个方面：教学、科研、实践也。教学，作为高校必列第一任务；科研，不仅是高校教师必须具有的实力，更是教学增长与提升的基础；而实践，则属于影视艺术学科不可缺少的独特环节。应该说，这三个支柱缺一不可。只有两个则属平面，难以支撑；有了第三个，便可构成立体锥形而稳固直立，持续进展。经历16年尝试，事实已充分证明了它的必要意义。而所有这三者，在当时都没有现成的模式可资借鉴，只能从头开始探索。关于教学，不能搬用已成规模的影视类专业院校的现成经验，因其体系完全以专业分工而采取细分化，不适用于综合性大学；探寻国内相关高校，亦无成型的影视学科教学体系。我们只有下功夫从无到有构建自己适合的教学方案，其重点在于课程设置与教材建设。经过多次设计、推翻、再设计，第一份教学计划获得学校通过，并于1994年始招首届影视教育本科生。同时，得到学校出版社支持，组织教师认真编写《北京师范大学影视艺术学科基础教程》并公开出版。现在这套教材又成为北京师范大学出版社重点项目“新世纪高等学校教材”之“影视艺术学科基础教程系列”(15种)，经过修订重新出版。至今，我们在已有三轮调整的基础上，继续大力推进课程体系和教学内容的改革。

经第四次修订，分列为“学校平台课程”“学院平台课程”“专业平台课程”(含选修、双语教学)，共计57门课程、153学分。其重点在于强化核心理论基础课程，减少门类；重视艺术与传媒实践课程，加大应用力度；实行导师制，突出艺术与传媒学科教学培养之独特规律。这一体系现已逐渐形成比较系统、完善的教学规程；并于1996年、1997年、2000年分别获得北京市高等学校教学成果二等奖、北京师范大学教学成果一等奖。关于科研，我们认识到在一定意义上关系着整个影视学科的生存与发展。因为没有科学研究，意味着学科建设缺乏生长的张力，意味着课程体系缺乏更新的前提，意味着专业教师缺乏提高的潜质。为此，我们发动全体老师拼全力齐上手进入科学研究领域，集中精力潜心研究影视教育、影视文化的内在规律，将自己的心得著书出版、撰文发表，以求得社会的指点与帮助。十数年间，老师们发表科研文章700余篇，出版教材、专著和编著60余部，形成了具有综合性大学特色的影视学科科研群体。同时，大力争取并承担国家级、省部级与各类横向科研项目，特别注重富有独特性、前沿性的课题。先后承担国家及北京市“八五”“九五”“十五”“十一五”重点项目及横向项目20余项，包括国家哲学社会科学研究重大项目、国家哲学社会科学研究艺术类重点项目、教育部哲学社会科学研究重大课题攻关项目等，已成为国内影视学科具有相当重量的集体。再有，发展学科的重要标志是争取与建设本学科的博士、硕士学位授予点，这是学科整体综合实力的集中体现。经过十数年埋头苦干，我们获得了覆盖全部电影、电视二级学科的2个博士点、2个硕士点，其他艺术学科66个硕士点，已招收硕士生16届785人、博士生12届136人；并经国家人事部批准设立国内首批艺术学博士后科研流动站。此外，影视学科为影视界开办6届研究生课程班，培养了众多影视戏剧界成就斐然的人才。在《中国大学评价》课题组发布的中国大学研究生专业排名中，北京师范大学“电影学”连续数年名列学科排名榜首，处于国内高校前列地位。关于实践，我们认为这是影视学科不同于文学、史学、哲学的独特必备条件。本学科如果不能和它的实践领域紧密结合，只是关在校园里面壁攻读，不仅将无可发展，甚至是“死路一条”。故而从创建影视专业开始，我们便争取向影视业界和相关机构努力开拓，力求进入相应的广阔空间，在实践中印证所学理论和知识的价值，学习实务操作的本领。由于业界亦有对于文化和理论的迫切需求，我们的师生很快便在电影、电视界得到强烈反响，获得大量参与甚至作为主创者的实践机会。但仅此仍缺少一种学科自身良性循环实践操练的有效方式与途径。在影视专业初建三个月的1992年冬，由于刚刚聚拢在一起的几位青年教师的灵感，我们爆发出绝妙创意：面向充满活力的高校广大学生、面向处境艰难的中国电影，创办一个由当代大学生对当代中国电影进行评奖的、极具独特性的北京大学生电影节，并决定立即行动：争取国家教委、国家广电部、北京市委和学校领导的鼎力支持；尽力寻找各方赞助经费；寻找可以合作的电影文化学术单位；联络各个高校和全国电影制作单位；等等。在克服了众多几乎难以克服的困难之后，1993年五四青年节前后，第一届大学生电影节终于拉开了帷幕，正式向社会亮相；从此年复一年，现已成功举办15届，成为一道中国电影文化之独特学术景观，具有了“品牌”的意义与价值。同时，我们特别强调师生投入实践创作，以强化自身专业实力，十多年来，不断取得了具有相当质量与数量的优秀成果。

“四个特色”：其四，需要把握本学科具有的相关独特优势，以利于本学科的长足发展，以明晰本学科如何达到事半功倍的切实绩效。就16年的前行轨迹而归纳之，我以为可以大体认定为四个特色。**一者**，为整合建制特色。我们以“发展是硬道理”为理念，从1992年的艺术系起步，扎实有效地围绕学科建设逐步发展，在历经十年先后招收了影视学、音乐学、美术书法学、舞蹈学的本科生、硕士生、博士生，稳步扩大了学科规模之后，于2002年由学校批准建立艺术与传媒学院。经过合理组建机构，积极开发创新领域，整合各艺术学科为集约力量，完善了学科架构为四个系(影视传媒系、音乐系、美术与书法系、舞蹈系)，现已发展为六个系(美术与书法系改为美术与设计系、书法系，增加艺术学系)、三个所(数字媒体研究所、科学与艺术研究所、艺术教育研究所)、四个中心(影视戏剧研究中心、公共艺术教育中心、中国书法研究中心、影视创作与制作中心)。我们着力于搭好平台，建立竞争机制，努力探求教育质量的提高与深入。经过数年运行，以影视传媒为龙头，各专业相继冲上去，教学工作有很大发展与开拓。不仅各系本科教学、研究生教学有序展开，即如以影视为内核的数字媒体研究所，作为国内第一个直接以宽泛的“数字媒体”命名的专业，富有新锐性。虽无现成模式可资借鉴，但由纽约大学引进的所长积极规划学科建设，借鉴国际先进办学经验，探索建立有自己特色的教学和课程体系，已招收五届本科生，并已招收国内首届本专业硕士生、博士生。由其领衔于2002年、2003年召开的两届“中国高校数字媒体教学协作研讨会”，均有包括北京大学、清华大学、人民大学等数十家高校的近百人参加，确立了在各相关高校中的“带头”地位。学院通过全面的实力拓展，逐渐发展成为中国艺术与影视学科不可替代的重要教学科研基地。**二者**，为人才培养特色。我们以“人才是事业发展的决定因素”为理念，多年来注重队伍建设与人才培养。其中，第一是学院教师的发展提升。经过十数年发展，我校艺术学科的师资由原来16人增长为64人，正高职称者由原来1人增至19人；副高职称者由原来4人增至12人；博士由0人增至18人，在职攻读博士生2人。几乎所有教师都得到升职机会，仅在建院一年内，即有16人提升职称。同时，我们特别设计了本院青年教师培养的系统工程，首先摸清其学历、学位情况，各有10名需要“攻博”“攻硕”。经争取学校支持，给予倾斜政策，特批报考指标，并为报考者专门聘请外语、政治辅导，已然解决了8名年轻教师的深造(3博、5硕)。学院目前已形成老、中、青三代有机结合、富有创新精神与发展潜力的学术梯队(专职人员平均年龄37.8岁，高级职称者占66%，博士、硕士占83.8%)。再有，坚持积极引进高层次学科带头人及各类高级人才。几年中调入或选留学科骨干、专业水平优秀的博士、硕士29人，以加速壮大与强化队伍。此外，特别着眼于京华大地，精英才俊遍布域中。经过四方物色敦请，陆续聘任近40位国内外一流权威专家担任艺术学科的兼职教授，从而大大加强了学科的专业实力。第二，教师队伍的质量必然需由学生培养的质量予以印证。我校艺术学科在12年发展过程中，通过教师们的艰苦努力，发扬敬业奉献的精神，按照“头脑型”高层次目标，建构起包含学士、硕士、博士、博士后，以及高级访问学者、进修生、留学生、继续教育系列的大专生、续本生9个层次的培养体系。至今在读的本科生550人，硕士生306人，博士生56人，博士后10人，成教大专生、续本生约1000人，还有全校公共艺术必选生每年2000人以上。逐步建设成为中国综合高校艺术与影视学科不可替代的重要人才培养基地。**三者**，为理论研究特色。我们以“建设一流学科”为理念，在独具的学科建设中探求自己的独有特色，是我们多年来的不懈追求。特别是被批准建立博士授予点之后，我们深感压力的严重。静夜长思，压在心头的是如何把握机缘，使中国高校第一个影视学博士点能够站稳脚跟、并持续发展；否则，在严格的考核制度之下，如果失去水准，将遭遇黄牌警告，甚至红牌罚下，其后果不堪设想。经过再三探讨，我们认定以博士点建设为核心的学术目标是：创建中国影视理论的民族化与现代化审美研究。由此确定了以中国民族化影视美学研究为中心，从中国文化的基本精神出发，对传统美学进行深入考察分析，从中国美学的特殊角度，观照中国影视乃至世界影视的历史和现象，致力于改变中国电影理论一味使用西方电影理论的一统局面。数年来，结合国家级、省部级和若干横向课题项目的进行，完成了《中国影视美学》研究丛书8种，被专家评为“为创建中国影视美学的本土体系而努力，具有开创性和奠基性意义”“初步建立起中国本土的影视美学理论研究体系”。在研究过程中，我们深切体认到：1. 影视的语言是国际化的，影视的语法却是民族化的；2. 中国美学传统并未断绝，而是深深进入中国影视的创作和观众的审美情趣中，亟待发掘整理，并进而建立不同于西方影视美学的中国影视学派；3. 影视美学中国学派的建设，是中国传统文化复兴并贡献于世界的一部分，不仅有利于我国的社会主义精神文明建设，亦有助于世界对中国文化精神的了解。另外，伴随着经济全球化浪潮的冲击，一场以文化为武器、以影视为媒介、由发达的资本主义国家针对发展中国家的新的殖民运动正在展开，亚洲尤其是中国，被西方称之为影视文化竞争的“最后的疆场”。加之，进入WTO后国外影视产品的大举进入，在影视文化领域制定出本民族的应对策略，已是刻不容缓的任务。本学科理应为独具特色的民族影视发展提供有力的理论支持，为21世纪中国影视的繁荣做出战略性建树。同时，还应在大众文化流行的背景下，在商业文化的冲击下，研究运用影视媒介宣传民族优秀文化传统、主流意识形态，从而更好地探寻主旋律影视作品的商业突围策略。经过十数年稳步建设，我校影视学科已逐渐成为我国影视理论民族化研究领域不可替代的重要基地。**四者，**为实践品牌特色。我们以“社会实践是学科发展的根基”为理念，从起始便认准必须强化“理论与实践”“校园与社会”紧密结合的学科建设特色。学院身处综合性、有特色、研究型师范大学的优良学术环境，教师们将学术研究与艺术创作有机结合，锤炼出以学者兼艺术家为主体的教师队伍。在创作领域，影视戏剧专家黄会林教授与绍武先生合作，创作了多部有影响力的影视、戏剧作品和小说，获得国家和省部级奖项多种，其中《爱的牺牲》(八场话剧)、《黑洞·炼狱·流火——母亲三部曲》荣获第八、第九届中国人口文化奖(2000、2001)，《夏衍传》获得首届中国优秀话剧文学理论专著奖(1989)，《骄子传》获北京市“十个一工程”奖、北京市优秀图书奖、北京市庆祝建国50周年文艺作品荣誉奖(1997—1999)等。于丹教授以渊博的学养，借助大众传播的平台，在中央电视台先后讲授《于丹〈论语〉心得》《于丹〈庄子〉心得》和《于丹·游园惊梦》，赢得国内外亿万受众热烈欢迎，影响所及遍寰宇。肖永亮教授在美国蓝天制片厂参与领导多部电影票房榜首影片特技和电视轰动性广告的设计制作，其中影片《邦尼》荣获第71届奥斯卡奖最佳动画短片奖，成为华人艺术家捧得金人的第一人。张同道教授任导演独立制作的纪录片《居委会》入选2001年阿姆斯特丹国际纪录片电影节、2002年巴西圣保罗国际城市电影节、2002年韩国对话电影节，在荷兰、韩国、巴西、德国等电视机构与电影节展映，获得了国际性声誉。冯广映教授为百余部影视作品创作了曲目，其中电视剧《走向远方》1985年获“飞天奖”，《乌龙山剿匪记》《瑶山情话》等脍炙人口、广泛流传。同时，影视专业不断加强创作与动手内容的教学比重。从2002年以来，专业在教学大纲的范围之外，鼓励学生从事短片拍摄，取得了良好效果。2005级影视系本科生从大一下学期开始拍摄短片，作为《世界经典影视片分析》课的作业。二年级下学期摄像课所拍作业，已经是他们的第三部作品，成熟度大大增强。2006级学生大一下学期拍摄了16部作品，大二上学期拍摄了17部作品，有的作品甚至拍出了续集，体现出游刃有余的游戏精神。其中有同学个人投资一万多元在河北正定拍摄作业，摔断了腿依然坚持完成拍摄。期末影片展映活动时，不少外系学生慕名前来观摩他们的作业。而实践品牌的标志性举措，则是以“青春激情、学术品位、文化意识”为主旨，以“大学生办、大学生看、大学生评”为特色，成功举办了15届的北京大学生电影节。发展至今，它不仅是中国电影每年第一项文化评奖，也是中国电影最大规模的展示舞台(参与的大学生至今超过300万人次)，又是中国电影学术研究的重要聚会(每年举行5个以上专题学术研讨会，至今约70余次)，还有中国电影最高学历的评奖集体(评委会成员近90%是在校博士生、硕士生、本科生)。现在，这个电影节已经拥有巨大的社会影响，被视为一项品牌性的文化盛事，曾多次被国家广播电影电视总局和文化部门作为典型实证材料引用。

综观历经15年艰辛前行的北京大学生电影节，其重要意义在于：架设起一座独特的大学校园与中国电影的桥梁；架设起一个独特的中国电影学术研究与中国电影文化展示的舞台；同时，也为本学科教学、科研提供了一方独特的宽广天地，业已成为广大师生深层融入社会不可替代的重要实践基地。

时代的更新，把我们影视教育与学科发展推向了新的高潮。16年来，北京师范大学的影视学科之所以在各方面的支持、理解和竞争之中脱颖而出，在于我们知难而进、锲而不舍。未来的北京师范大学影视学科，将是一个凝聚各界有识之士精诚合作的多边论坛。这里将可能为世人带来振兴中国影视的创新见解和攀登勇气。在这个瞬息万变而又充满机遇的时代里，我们将和广大同行一道，学习不停步、创新不停步，共同成就精彩影视，共同建构文化中国。

（原载于《电影艺术》，2004年第5期，2008年3月修改）

现代影视高等教育及学科建设理念探究

中国全面走向世界，世界更加关注中国。在中国高等教育全面走向现代化、国际化的宏大背景下，现代影视高等教育格局应运而生。从中国加入WTO之有关服务贸易协议具体内容看，高等教育服务是其中的主要内容之一。它包括：允许外国教育机构在所在国颁发学位证书或学历证明；鼓励成员国之间相互承认学位证书或学历证明；支持专业人才流动；取消政府对教育市场的垄断，鼓励所有成员国到海外办学；等等。在世界著名大学以各种方式登陆中国教育市场的同时，中国高等教育也必须适应世界高等教育国际化的趋势，直接参与世界范围的高等教育竞争。

一、高等教育面向大众，中国影视教育事业创新与发展新坐标

影视高等教育于20世纪末21世纪初异军突起。据统计，在中国大陆已有约

600所高校开设相关课程或建设相关学科，从而使之迅速成长为我国高等教育领域重要的新兴学科。目前需要注意的一个现象是：在影视高等教育兴盛发展的局面下，现行中等、初等教育体系对影视教育的重视还很不够。我们认为，影视学科的目标不应只是少数精英文化学者坐而论道的公共话题，而应当是可供现代公民共同参与的宏大的教育系统工程。

众所周知，电影电视已成为当今世界文化传媒中传播最广、最快，对于人们的思想意识、生活方式影响最大的艺术创作和文化传播方式之一。它们以其视听综合、时空综合、艺术与技术综合的独特优势而引人瞩目，被誉为最年轻也最富于潜力的人类“第七”“第八”艺术，其发展取向和层次，直接关系着社会的进步。正是因其对于社会和广大民众具有的巨大影响力，自1999年6月第三次全国教育工作会议以来，作为全面贯彻党的教育方针的重要内容，包括影视教育在内的美育得到了前所未有的重视。《中共中央国务院关于深化教育改革全面推进素质教育的决定》，从素质教育的高度，将美育同德育、智育、体育一起写进了我们党的教育方针，从根本上解决了长期以来民众关注的美育在教育中的地位问题。美育的地位得到了确立，我们面临的任务是怎样将美育落到实处。这其中，包括影视艺术在内的艺术教育就是美育的重要一环，它承担着国民素质教育的重任。但是据不完全统计，在中等教育、初等教育阶段，影视鉴赏仅作为语文、美术、历史等学科的补充材料出现在教材体系当中；一般学校也没有配备影视教育、影视鉴赏课程的专职教师，多为语文教师、电教人员进行讲授。我们认为，随着影视形态对现代社会的影响愈加深刻，影视在现代社会生活中的地位日益提升，影视教师的培养已成为值得研究的大问题。

随着中国高等教育市场日渐放开，中国影视高等教育也面临着国际教育集团的潜在挑战；同时，本土影视教育体系内部机制循环也面临迫切压力。来自本土和国际的双重挑战，要求中国影视高等教育体系的有机重构，在本土化氛围中优化教育资源，加大影视高等教育面向大众的深度和广度；在塑造影视领域高精尖人才的同时，要注重影视中等教育、初等教育人才的专业化培养，展开多层次、全方位的影视人才培养模式。这将有利于影视教育在国际化支点上创造条件，争取在激烈的国际竞争中占有更大的本土乃至国际高等教育份额；争取更多的教育资源、资本和效益；争取更多境内外学生，不断提高中国影视高等教育的声誉、地位；以便在处理有关影视文化的国际事务方面积聚优势。

二、高等学府的责任与使命

中国领导人近年来多次强调，要集中经费与精力，重点建设若干所世界一流大学，以此来促进社会经济和科学技术的迅速发展，实现民族复兴。对于一流大学的具体目标和使命，领导人曾经明确指出："这样的大学，应该是培养和造就高素质创造性人才的摇篮，应该是认识未知世界、探求客观真理、为人类解决面临的重大课题提供科学依据的前沿。应该是知识创新、推动科学技术成果向现实生产力转化的重要力量，应该是民族优秀文化与世界先进文明成果交流借鉴的桥梁。"作为中国最早的高等学府之一，拥有百年人文积淀和雄厚教学科研实力的北京师范大学，因应高等教育国际化的趋势，谋求通过影视高等教育体系的建设，加速发展成为综合实力更强，国际竞争影响力更大的世界一流大学。

在实现影视高等教育大众化的过程中，北京师范大学负有特殊使命。这个使命不是仅仅培养出更多的影视高层人才，而是要培养出可以在影视文化以及多个领域充当主要骨干，或能够发挥重大作用的跨文化复合型人才；培养出具有实施基础教育和高等教育能力并重的现代影视教育人才。为此，我们一直积极设计并努力实现在学校统一改革发展框架内影视教育层次性、系统性和综合性的结合，构建包括本科生教育、研究生教育（硕士、博士）、博士后研究，以及留学生、访问学者、成人教育、专业培训等多层次的大影视文化人才培养格局。在影视学科的目标定位方面，经过思考与论证达成共识：要把我校的影视专业建成培养中国影视传媒教育人才、影视传媒研究人才、影视传媒创作制作人才的重要基地。而要达到这一目标，必须培养学生具有一定的影视传媒理论素养、比较开阔的影视传媒文化视野，以及良好的影视传媒从业品质，使他们毕业时能够胜任影视传媒业界和其他文化艺术部门的理论研究和实务工作，或者成为各级学校和教育部门从事相关专业教学、管理的高级人才。

在培养过程中，一方面紧密围绕影视专业的本身领域，不断深入其间；而另一方面绝不可忽视本学科背靠综合性大学实力雄厚的文理学科和氛围浓郁的人文环境。经过认真排列组合，寻找出本校与影视专业关系密切的29个博士点学科，并分门别类地建立起或紧密或宽松的教学、科研联系。在经过四次修订的影视学专业课程设置中，学校的平台课程包括马克思主义理论、当代世界经济与政治、外语、计算机与信息技术应用、数理统计，以及人文科学、社会科学、自然科学、生命科学教授讲坛等，占全部学分的31%。有了这些学科的强力支撑，专业师生可以获得宽广的文化滋养、广博的知识背景，在时代的激烈竞争中，可以面对社会需求的广泛性，投身于影视传媒的教育教学、理论研究、实践操作、行政管理、产业运营等工作，诚然受益匪浅。目标的确立与相应的措施，因应了明确的办学方向，使我校影视传媒学科在发展过程中，形成了注重培养高文化水准、开阔的理论视野，以及通晓专业技巧、能适应社会主义艺术事业需要、知识结构全面合理的复合型人才的特点，并由此得到社会的认同。

在影视学科专业的布局思路方面，始终着力于艺术与传媒之双翼飞翔。事实上，在学校艺术学科领域内，在已经获得国家批准的艺术学博士授予权一级学科的基础上，影视学科因其拥有本学科全部2个博士学位授予点和2个硕士学位授予点，构成特有的学术体系，被列为北京市重点学科，获得国内外普遍认可，因此成为艺术的“龙头”系科，同时，我们又拥有广泛的艺术教育多学科综合实力，包括艺术学博士学位授予点及艺术学、电影学、广播电视艺术学、音乐学、美术学(含书法)、戏剧戏曲学、舞蹈学、艺术设计学8个硕士学位授予点，以及已招收本科生、硕士生、博士生的数字媒体专业。由此，形成了以“影视传媒”学科牵头，各个姊妹艺术学科亲密组合的态势，合成为一个强有力的“强势群落”。双翼齐飞，既有利于发挥艺术之传统学科优势，又可促进开掘传媒的现代教育属性。传统艺术和现代传媒互动影响积极，特别适应于21世纪艺术教育专业化与综合化结合的必然趋向，为影视学科向纵深发展和向社会辐射，提供了比较突出的后续条件。而在建构艺术科学理论研究优势的同时，开发传媒平台社会产业化发展路径，亦可强化艺术学科的社会应用价值。另外，注重开拓数字媒体、科学与艺术等相关教学、科研新领域，可以突出现代化高科技的新特质。总之，在专业有机整合的基础上，力求以艺术教育体现综合性大学的人文理念，传达社会科学的文化品质；并以传媒教育拓展实践学科的社会空间，逐步与国际相关领域接轨。上述二元组合的学科配置，使北京师范大学艺术与传媒学院成为我国艺术教育体系中建制全面而重点突出的独特艺术学科。

近年来，学校影视学科正在全面更新教学内容、调整课程体系、改进教学方法，吸收国外一流大学先进的教育思想和教育观念，加强校际国际合作、交流，以不断提高精英人才的培养质量，力图将其建设成为中国影视高等教育教学改革的试验田和前哨站。同实力雄厚、享有盛誉的国内外传媒教育机构建立稳定畅捷的交流与合作机制，必将激发高校同行们的创造能力和实践能力。

三、现代影视传媒产业与影视高等教育的公共空间

与高科技产业不同，文化艺术产业是中国最有可能尽快进入世界前列的产业门类。中国共产党的十六大报告中明确指出："完善文化产业政策，支持文化产业发展，增强我国文化产业的整体实力和竞争力。"而以电影及电视传媒为主的文化产业，无疑是其中的主要组成部分。从中外电影联合制作模式的兴盛，到电视传媒产业集团化的不断变革；从一浪高过一浪的全球电影同步登陆中国本土的热潮，到比肩接踵而来的各国电视传媒机构、境外传媒与国有、民间传媒团体合纵连横，世界影视传媒界已经在中国影视传媒产业市场上攻城掠地。与此同时，在中国本土，民营资本进入传媒业的大门已初步敞开。在境外电影节、电视特别媒介活动盛事频频落地、境外资本直接投资影视产业运作，以及与国有传媒合资等种种开放形式层出不穷的局面下，对影视高等教育领域的介入和开拓，是一个充满魅力的增长点。影视高等教育与影视传媒产业的紧密联动和有机整合，将使中国本土影视传媒业界获得稳固的外部环境依托、资源体系再造和多边智力支持。在这样的大背景下，高等学府的影视学科也必须谋求积极开拓影视教育与文化产业联动的新局面，将现代影视高等教育资源整合推向业界，在与影视业界、影视文化界、影视学术界、影视教育界前沿紧密联动的格局下，培育一专多能的影视文化人才。

文化产业和科技产业同样都是现代产业结构动荡和升级中的产物。文化产业与科技产业最大的区别和差距，是文化产业的核心竞争力在于一个国家对于文化资源的拥有和掌控程度。而决定文化资源价值量的核心要素在于特色，也就是马克思所说的“民族的就是世界的”。从这方面而言，中国影视文化体系有着得天独厚的传统资源、历史后势和人文土壤。从幽幽亘古沉浮而来的盘古女娲神话、秦汉唐宋传奇开始，中国文化不断孕育生成利于影视创造的五彩斑斓的母题、原型、样式、体系，在世界文化艺术长河中占有举足轻重的地位。通过影视高等教育行为和影视产业行为，构建一体化、体系性的影视传媒产业孕育模式和孵化器群，深入探索和挖掘民族影视文化的优秀元素，积极引进国际文化艺术产业的营销理念和运营模式，将优秀的民族影视艺术整合推向世界，这是一个影视教育工作者理应高度重视的命题。目前，国际文化合作的最佳方式是版权合作。版权是文化产业的核心，在西方发达国家，版权工业开发体系已经相当成熟和完备，由此形成的版权工业产业链条也在逐步延伸，且日渐丰满，版权工业的潜在效益正在被更大范围地开发和实现。版权工业的核心内容就是品牌帝国的杠杆作用，现代品牌运营已经不限于单纯的文化制品，而是以核心品牌为中心的品牌再生产，以连锁效应打造庞大的文化艺术产品体系。在这方面，影视具有不可代替的价值，它集现代产业经济学、人类学、心理学、民俗学、文化学等多学科、多领域于一身，错综呈现了人与时代、传统与现实、艺术与文化的多边关系，是提升传统文化艺术元素的最佳途径。与之相对应的是近年来，中国文化元素和资源逐渐吸引着包括好莱坞在内的境外投资者，好莱坞制片商正加紧开发中国题材，“唐装”、《花木兰》在西方掀起了中国风。而随着华语电影《卧虎藏龙》《英雄》的风靡全球，中国文化产业的潜力被再次证实。事实证明，文化产业的国际交流和输出，是推动和拓展国内传统产业国际化的一个有力催化剂。在嫁接文化产业拓展传统产业方面，与我国比邻而居的韩国是一个很好的参照系。由于该国政府主导的“激活文化内容进军海外市场”战略，近年来韩国影视、动画、卡通、漫画、音乐、游戏文化产品经由海外推介后，所带来的收益已经不仅仅是文化内容产业每年 100 亿美元(2001)的市场规模。因为经由韩国影视剧和流行音乐肇始的“韩流”背后，是“哈韩族”的无所不在，以及韩国电子、服饰、饮食以及其他传统企业品牌在国际市场上的大行其道。文化产业，包括图书出版、报刊发行、广播影视、文体娱乐、音乐、网络、游戏、演出等，与传媒产业相关的产品及这些相关产品的生产、再生产、储存、分配、服务等领域，是一个庞大的资本机缘，这当中自然也包括影视高等教育资本的介入。从影视传媒产业价值链诸形态的全面伸张，到影视传媒产业价值链超越传统国家物理边界的形态拓展，都需要来自影视高等教育机构的紧密支持。

四、影视高等教育与影视传媒产业：新锐品牌链

影视高等教育与影视传媒产业的强强联合，将形成加入 WTO 时代最新锐的品牌链。

传媒体系竞争，不止意味着传媒内容的纵深拓展和主题整合，同时也是社会文化多层次、多层面凝聚重构的过程。文化立国是国家发展的基本战略。通过影视传媒品牌化、产业化运营，努力丰富民族文化时空和建构公众人文坐标，是现代中国迈向新世纪、新航程基本的、重要的使命，也是影视传媒的重要职责，更是影视传媒产业与中国高等教育机构共同的使命和责任。一个有远见的传媒机构，不止以播出节目为己任，更注重通过系统化、系列化、集约化的电视频道运作，使社会公众产生对国家民族的凝聚力、自豪感和自觉的人文追求。同样，一个有远见的影视高等教育机构，也不止于对影视现象进行观照与探寻，而应以质朴的情怀和热忱的精神，积极全面地融入中国影视传媡产业千帆竞发的宏大进程，倾力建设更规范、更具大国风度和国际化质素的专业化影视传媒平台和产业体系，为丰富和优化社会主义文化格局，为建设具有中国特色的社会主义精神文明，提供强有力的传媒品牌链、公众媒介环境和多元舆论支持；为社会政治经济生活提供广泛的资讯参照和社会监督；为人民群众提供权威性的时代解读和人文导向；为社会文明进程提供有建设性的方案和深度思考。我们认为，在中国电视传媒激烈竞争的同时，也应伴有中国影视高等教育机构面向现代公民社会，多层次、多种方式参与影视传媒产业建设的时代先声。

2002年，中宣部副部长李从军明确表示，加入WTO之后，中国音像制品、娱乐游戏软件分销领域，电影院建设、改造和经营，分账式引进国外大片以及广告服务领域也将次第向外资开放。此外，国家广电总局每年都要对外资传媒有限度进入内地进行审查，从而做出继续允许现存境外卫视落地和增减频道的决定。2003年，在继续保留2002年26个境外卫视频道有限落地外，又新增凤凰卫视资讯台、彭博财经亚太频道，至此，经国家广电总局批准的有限度落地的境外卫星电视频道达30家。与此同时，境外传媒巨头与国有传媒的合资、合作行为也越来越多，2002年年底金鹰电视节前夕，新闻集团全资子公司星空传媒与湖南广电集团合资进军节目制作领域，而此前，中央电视台先后与电视广播(香港)有限公司、凤凰卫视合资、合作制作电视节目。

随着以数字技术为核心的传媒技术革命密集酝酿，“三网合并”“频道专业化与传播分众化”“集团化运作与产业化经营”等一系列重大战略，早在2004年已经成为中国主要传媒集团和多家产业集团的运营课题。根据中国互联网信息中心(CNNIC)的统计，在网络电视(IPTV)还没有大面积推广的情况下，通过互联网进行在线或下载收看视频节目的用户，占到互联网用户总数的3.9%，约有370万人；经常收看网上直播的用户占用户总数的2.2%，约有200万人。以VOD网站平均每月20元的收费标准计算，现阶段仅网络视频服务的市场规模，预期在8亿到13.6亿元人民币。培育网络电视产业的潜在市场基础已经比较稳固，以网络电视为核心的新传媒产业，必将掀起信息社会的更深层次变革。

但是，由于政策和法规对民间社会性资本进入广播影视行业存在着某些限制性规定，导致新媒体、新传媒领域的投资风险加大，民营传媒企业融资困难。一方面，发展民族传媒产业必须正确处理传媒产业投资中的内外资本关系问题，确保民族资本的投资和发展空间，但是目前国有传媒准备不足，民营资本缺乏政策支持；另一方面，数量可观的闲散社会资本在传媒行业门外徘徊。据中央电视台《经济半小时》2003年2月17日报道，2002年国内城乡居民储蓄余额达8.7万亿元，创历史新高，同比增长17.8%。自1996年开始，中国人民银行8次降息，将利息从原来的10.98%降至1.98%，但依然不能阻挡居民储蓄的高速增长。凡此种种，都深刻说明了以影视高等教育品牌带动影视传媒产业品牌，存在着很大的可行性。因此，尽快研判中国影视传媒产业与影视高等教育的有机结合点，从高等教育的角度介入影视传媒产业资本空间，将有效地防范和化解资本风险，获得文化资源、资本的稳健成长。

五、教学科研理念，创新建构互动式学习型团队

基于多领域、多行业专业分工之上的高度社会化、集约化和团队化倾向，敏锐的科技整合及转化能力，使得影视领域成为深度反映社会进步、时代进步的先导型产业形态。与之相对应，现代影视高等教育也将成为迈入知识经济时代和信息社会的急先锋，能够顺理成章地优先应用基于信息时代的新模式、新理念、新方法。这里简要举几个例子：

其一，突破教育时空。

我国已经基本完成第二代互联网的铺设工作，北京师范大学、北京邮电大学等高校已经开通了第二代互联网。第二代互联网开通以后，将成为中国最大的核心网和唯一的学术网。它的主干网开通后，高速率连接全国20个主要城市的核心节点，并连接全球的下一代互联网。这标志着中国在互联网发展方面已经占得先机。第二代互联网是涉及国家经济、产业、国家竞争力的重要系统工程，对发展相关技术、促进经济和社会发展、国防和国家安全，具有重要战略意义。除了满足大规模视频通信、智能交通等应用之外，第二代互联网从诞生之初就明确打出了学术服务的旗帜，这为现代影视高等教育在一个崭新的平台获得发展提供了新机缘。在不远的将来，利用现代影视手段进行远程教育、互动教育、组织团队学习、实施终身学习，将成为第二代互联网的关键性功能。用户在办公室通过第二代互联网可以控制家里的空调、电视等家用电器，也可以随时和老师、同学共同就一个话题展开面对面的探讨。影视高等教育与数字化信息革命相辅相成，将为新一代信息技术的推广应用带来广阔的天地，并深度改变人们的学习和生活。

其二，建构数字化、影像化、社会化学习时空。

当今的影视形态和影视高等教育格局正在走向高科技含量、高文化容量和大

规模分工协作的崭新境界。光盘灌制、数字物流和多媒体出版物，即将成为未来主要的影视及教育信息载体。影视高等教育将越来越倚仗不同专业的分工合作。而且，影视传媒产业、高等教育、社会教育与信息高速公路的整合，意味着未来的影视高等教育人员将拥有更为广阔的空间和承担更为庞大的职责。随着教育与科技的进一步融通和联动，一批顺应社会发展潮流，具备高智商、高情商，能够从事信息化、数字化操作的影视学者和影视教育家将活跃在新时代。在21世纪影视高等教育面临更多机遇与挑战的大背景下，需要各兄弟院校同行、老师们携手同行，务实地开启现代影视高等教育的新境界。阅尽千帆、备受赞誉的学界、业界精英人物，应以至诚至信的精神共同创新、共同进步，做紧密的互动式学习型伙伴，激发彼此难以想象的潜能。这正是我们中国影视高等教育的社会责任与历史使命。

（原载于《现代传播》，2006年第5期）

素质教育的全面性追求——《完全素质手册》序

《完全素质手册》以丛书的形式编辑出版，这无疑是一件大大的好事，认真、负责地费心、费力操办这件好事的编辑者与出版社嘱我写一序文，焉敢不从命呢？

文化素质教育，是广大青年全面发展的重要课题，特别是走向21世纪的、将成为人类栋梁之才的大学生的全面素质，更为社会瞩目，甚至已是一个世界性的热点问题。有学者介绍，美国哈佛大学自1978年就提出了“要回到基础”，要加强“五大领域”，即文学、艺术、历史与社会分析和道德判断、数学与自然科学、外国语言与外国文化，并规定所有学生必须在每一领域中选修一门课程。它说明，广义的文化素质，正是人才培养的基础，这确是一个带有根本性质的话题；而这一话题，在我国，在当前，尤其具有特殊的迫切性。从这个意义上说，本套丛书的诞生，是一件很好的事情。

关于这套丛书，我们首先关注的是它的独到创意。众所周知，从20世纪80

年代后期到90年代初期，原国家教委为了全面地贯彻关系到21世纪中国生存与发展的教育方针，同时也为了适应当今社会改革开放的根本需要，明确地提出了素质教育问题。因为问题的提出切中要害，立即引起了全社会的热烈响应，从小学到大学，从家长到学生，从政府到民间，从国内到国外，应者云集，议论纷纷。这一以提高国人素质为目标的决策，既是对我国教育发展历史经验与教训的科学总结，也符合世界教育改革发展的总趋势，因而具有巨大的号召力。面对国家关于我国教育制度要从应试教育向素质教育转变的大政方针，出版界不断推出“素质教育”的各类教材和书籍，一时成为新的出版热点，这自然是符合社会需求的举措。在这样的情况下，本套丛书的编辑者若想在这一领域获得认同，必须有不同一般的独到内涵。

我们高兴地看到编创者在立意方面的几点独特追求。其一是对象的明确：本书立意于献给“面向21世纪的青年一代”，这无疑是一个极其庞大的、具有长周期的读者群，是本类书籍最重要的服务对象。而未来的世纪将对人类的文化素质提出更高、更新、更全面的要求，也必然会加重青年们为迎接21世纪强化自身素质的自觉意识。其二是目标的明确：本书旨在满足广大青少年提高文化素质和艺术素养的需求，以适应未来社会对高素质人才的要求。对于众多的青年读者，包含着最基础的艺术与人文知识的有益书籍，正是他们解除“饥渴”的精神食粮。其三是定位的明确：编辑者分析了目前已出版的同类书籍“大多专业性过强，有些资料陈旧，有些又过于分散不成系列，尚缺乏用新的视野和方式，深入浅出地介绍艺术欣赏和美育知识相结合的系列丛书”之后，提出“集普及性、趣味性与专业性于一体”的编辑思想，而只有准确的定位，才能保证本套丛书与他者的区别。其四是特色的明确：丛书在选材方面，既注重系统性又注重灵活性。尊重青年读者对艺术、对传统、对良好素质修养的精神渴求，既囊括了音乐、美术、电影、电视、舞蹈、戏曲、雕塑等艺术样式，又包容了青年心理素质培养、心理素质测定等社会人文范畴的内容。在编写方面，强调贴近大中学生与社会青年人的实际需求，将广大读者喜爱的艺术知识和人文知识，用生动的语言结构和叙述文体亲切道来，既注重发挥经过严格选择的各位作者深层的专业积累与理论水准，又注重普及与提高的有机协调、统一。在出版方面，提出要十分重视丛书的整体形象设计，在广泛考察的基础上，力求独辟蹊径；要充分发挥书籍装帧的审美功能，在综合性、趣味性、基础性上下功夫的同时，力求图文并茂、色彩缤纷，读来赏心悦目，饶有兴味。我想，从以上关于编创立意的体味中，我们能够突出地感受到编辑者的良苦用心，以及严肃从事的心态，应该说，这至少是本套丛书能否成功的关键之一。我也相信，他们会尽力按照自己的创意，为实现自己的追求，付出艰辛的劳动，以迎来丰收的喜悦。

现在看来，本套丛书的内容是很丰富的，编辑者与出版者特别邀请了音乐(西洋、民族)、美术(古典、现代、中国、外国)、电影、电视、戏剧、舞蹈、雕塑与心理学研究等领域的专业人士，精心撰写不同分册。在书香墨韵中，不仅有可供汲取的大量精彩文字，还配有可供欣赏的大量美妙插图，使读者在学习人类艺术和人文精华之时，进而体验到“读书”的独有乐趣。其中：

《西洋音乐欣赏》，作者(北京师范大学艺术系张小梅副教授)结合长期教学实践与理论研究，针对青年读者学习西洋音乐的关键问题，全面介绍了西洋音乐的诸要素、有关音乐欣赏的基础知识、美学概念，融汇了她关于古典音乐与现代音乐的深入体会与独到见解。

《民族音乐欣赏》，是作者(北京师范大学艺术系张树田副教授)从事民族音乐实践与理论研究30余年的积累呈现。根据本书的定位，比较完整地介绍了民族音乐的诸要素、民族乐器、民族唱法、民间文化与地域文化和音乐的关系、民族音乐欣赏基本常识等内容，富有民族文化传统特征。

《电影艺术欣赏》的副标题是“第三类时空”。作者(北京师范大学艺术系李稚田副教授)面向青年读者，结合电影艺术为人类造成的第三类时空(第一类时空指人类所感知的自然时空，第二类时空指人类所特有的心理时空，第三类时空则指展现于银幕、可见可听却是虚幻的特殊时空)，探索电影艺术对人类素质发展的强大冲击及其带来的新理念。这正是青年人十分感兴趣的内容。

《电视艺术欣赏》的副标题是“第三类接触”。作者(北京师范大学艺术系李稚田副教授)在多次讲授影视语言课程的基础上，经过反复思考，总结了人类在“面对面”“眼对纸”两种传统且古老的接触方式之外，在20世纪的现代社会，又诞生了利用电子技术的“心对心”接触方式。本书从电视问世带给人类社会的革命性变革入手，分析电视的发展将对人类未来形成的深远影响，并明确指出人类的现代素质，包含着对电视创造的“视听语言”能力的习得。

《古典美术欣赏》之前置标题是“如歌的行板”。作者(北京师范大学艺术系甄巍老师)是毕业于专业美术学院的艺术硕士，不仅学有专长，而且经过多年教学实践，取得了很好的成效。他独出心裁地把音乐艺术的感觉与美术艺术有机融合，着重介绍古典美术的欣赏规律与方法，从形式、情感、历史等美术学诸多因素出发，从理论和实践两方面探索19世纪末及此前美术艺术传统的核心内容。

《现代美术欣赏》之前置标题是“世纪的交响”，作者同上，并同样以音乐艺术融入美术欣赏。此书对现代美术的观念、作品与文化现象进行考察，着重分析了现代美术欣赏的基本元素和创作手法，是与上一分册紧密相连的姊妹篇章。

《中国水墨画欣赏》，“水墨画”是中国画中纯用水墨的一种画体，在中国画诸品种里居于十分重要的位置。它以笔法为主导，充分发挥墨法的功能，具有特殊的“水晕墨章”“如兼五彩”的艺术效果，因而蜚声于海内外，也属于青年读者们必备的艺术修养之一。作者(北京语言文化大学刘山花老师)从中国水墨画欣赏的基本常识、水墨画的历史变迁，到涉及中国文化深层的美学议题和创作技法，就其题材内容、构图创意、笔墨色调、技巧创新、继承发展、意境境界，以及风格流派等，多方位、多层面、深入浅出地评介了中华民族独特的水墨画艺术。

《京剧艺术欣赏》，中国传统的戏剧形式是戏曲，戏曲剧种在华夏大地有400种之多，而其中流行于全国的，并扬名于世界的是京剧。它在200余年的历史发展中，已形成了相当完整的艺术风格与表演体系，其传统剧目在1000种以上，21世纪的中国青年对此不可不知。本书以丰富的史料，生动地介绍了京剧这一极具民族文化精髓的艺术样式，以飨我们的青年读者。

《舞蹈艺术欣赏》的副标题是“气质与形体的塑造”。作者(北京师范大学艺术系金千秋副教授)作为专攻舞蹈艺术的青年学者与在读的舞蹈艺术博士生，与广大热爱生活、热爱艺术、热爱舞蹈的青年朋友息息相通。她不仅用生动的语言和多彩的图片详细讲解舞蹈艺术的历史与欣赏要素，并以相当的篇幅介绍如何运用舞蹈去改善自己的形体，塑造美的气质。

《雕塑艺术欣赏》，雕塑是造型艺术的重要分支，是以各种可雕、可塑、可刻的材料，塑造平面或立体的形象，反映客观世界的一种具有美学意义的艺术。作者(中央工艺美术学院董书兵老师)在个人钻研与教学实践的基础上，以独到的理解与把握，对雕塑艺术的历史发展、概念特性、语言功能、艺术精神等进行了言简意明的评介，比较深入地分析了雕塑艺术语言的审美特性，从而使青年读者能够形象地认识传统雕塑和现代雕塑艺术美之所在。

《建筑艺术欣赏》的副标题是“传统与诗意的文本”，其意在于建筑是人类诗意栖居的象征性和符号化的统一。关于建筑与艺术的关系，法国启蒙时期重要的代表人物狄德罗曾有过非常精辟的论述，他指出：“如果没有建筑术，也就不会有绘画，不会有雕刻；这两种模仿自然的艺术，都是由于有了这种在天下并无楷模的艺术，才得到诞生，得到发展的。”他认为，“整个建筑艺术可以用三个词来概括：坚固(或稳定)、适用和对称”。他发挥道：“正是从这严格的匀称中能产生力量、仪表、风度，总而言之是产生美，而美总是以实用为基础的。”从这些经典性的话语中，我们可以得到广泛而深入的启迪，因而我们说，作者(天津城建学院舒阳老师)承担了一项十分重要的艺术欣赏课题。他采用了与众不同的视角，以通俗优美的文字，对各种不同风格的建筑艺术进行比较详尽的评介，以带领青年读者去欣赏建筑艺术之美。

《心理素质·超人一等》是围绕着审美教育另辟蹊径的一个分册。作者(北京师范大学心理系老师)运用独到的专业角度，把心理素质视为青少年学习、工作、成就事业的必备基本素质，以素质提高的重要方面是精神美育——心理素质的提高与培育至关要害为出发点，用丰富的理论和事例，从社交、生活、智力、爱情、事业、理想等多方面、全方位地介绍了自我意识的培养，心理的自我咨询和现代社会调整、协调自我精神与心理的有效方法。

《你是这样的人——心理素质测定》，仅从标题即可推测，这是一本与上一分册关系密切的、很有趣的、特别适应于青年读者需求的分册。作者(北京师范大学心理系老师)立足于现代人不仅要有健康的身体，同时还应有健康的心理的标尺，以娴熟的专业能力，介绍深受青年人喜爱的趣味心理测查方法，帮助读者了解、分析并从而提高自我在社会生活中的心理素质。

综观这十多部书稿，应该说它们所涵盖的内容是比较丰实的，但我更欣赏编辑者不取“封闭式”框架，并将不断补充新内容作为宗旨的“开放式”总体构思。这样才更符合事物发展的客观规律，也更符合“素质教育”的全面性要求，更有利于青年读者提高艺术修养的渴望与追求。

以上简要地对这部丛书进行概括评介，既是为了说明它对当今素质教育的价值；也是为了表示我这个从事教育工作近半个世纪的老人，对全面素质教育的特别关注，因为即将进入21世纪的中国青年们如此任重道远，而期之殷切啊！

（原载于《完全素质手册》，北京，中国纺织出版社，1999）

华实相扶，文质相称——《中国电视观念论》序

诚如我们经常所说的：中国电视自1958年起步创业，经过40余年的发展，迅速地走过它的童年期、少年期、成年期，走向了它的繁荣与成熟时期。到今天，我们中国电视，仅据不完全统计，已拥有经正式批准成立的电视台3300余座（约为美国的3倍、日本的25倍、英国的260倍），观众覆盖面达10亿人以上，从而成为名副其实的世界电视第一大国。这一深入千家万户的信息传播与文化娱乐形式，已是人们日常生活不可缺少的存在。它一方面给予广大观众以精神的陶冶、审美的享受、信息的满足，对民族的形象塑造，发挥着无可替代的独特作用；另一方面又因为一些劣质的、不健康的作品，而造成了可怕的、严重的负面作用。探究其因，必然要归咎于我国电视理论研究的重大欠缺。事实上，当前在我国电视领域中，实践先行、理论滞后的现象，的确是个不容忽视的问题；而“缺乏理论支撑的实践，将会出现盲目或混乱”，必将制约着我国电视事业的健康发展。这也正是我们北京师范大学影视学科之所以大胆提出进行“中国影视美学”研究，与影视界同行们共同奋斗，建设民族化的影视美学体系，从而创建影视艺术“中国学派”目标的初衷。我们设想，这一体系之内，既有对于影视艺术的综合研究，又有对于电影艺术、电视艺术的分别研究，以充分体现其丰富多面的内涵。毋庸讳言，目前我国关于电视理论的研究是更为薄弱的。

我的年轻朋友胡智锋，虽然在电视研究领域已经取得了骄人的成就，得到了行业内外的众多赞誉，并已是副教授、硕士生导师；他却不骄不躁，又以顽强的意志，报考了博士研究生，进入学府，再求深造。对于这一点，我一直是很感动的。当然，说实话，初时多少还有些考虑，不知他在担负着学院教学及学报的繁重任务、几项课题的研究任务和电视方面诸多实践任务的同时，是否能够真正投入到博士学位的攻读之中。但他入学后的实际行动，包括尽力参加所有课程学习、讨论课认真准备、抢先发言等，他的不务虚名、刻苦勤奋的学风，完全解除了我的顾虑。特别是在我要求学习过程中必须拿出有分量的研究成果时，他不顾生病发烧加班加点，以很快的速度，交出了这本著作：《中国电视观念论》。

有志于“建立中国电视学科体系”的智锋，多年来致力于电视传播与电视艺术的研究，尤以电视美学研究见长。他参与了多项国家级、省部级科研课题，如“九五”国家哲学社会科学重大课题“有中国特色社会主义电视理论研究”、“九五”北京市哲学社会科学重大课题“跨世纪北京影视文化研究”等，又是首届广播电影电视部级科研立项课题“电视文艺对社会生活的影响”的负责人。他已经发表了学术论文 80 余篇；其专著《电视美的探寻》获得第二届中国高校影视学会优秀学术著作一等奖；论文《论电视纪录美学》获得第四届全国广播电视优秀学术论著一等奖，《论电视纪录片的视点》获得第六届全国广播电视优秀学术论著二等奖；同时，他具有理论与实践并重的特点与优势，参与过数十个电视栏目、节目的策划、编导、撰稿工作，其中不少作品获得了各类奖项，如他参与主创的大型电视纪录片《香港沧桑》，获得中宣部第六届“五个一工程”大奖及“中国彩虹奖”、中国电视“金鹰奖”等；并曾应邀赴台湾、香港，与十几所大学和影视机构进行学术交流、考察，赴美国昆尼比亚大学讲授“中国影视”。以上经历说明，他为从事电视理论的深入、系统研究，打下了坚实的基础，富有开创的潜力。《中国电视观念论》正是一个强有力的证明。经过逐章逐句地阅读，我以为，此书至少有如下两个特色。

第一，《中国电视观念论》，以“历史篇”“理论篇”“实践篇”及“附篇”，构成了一个清晰、系统、自足的整体结构；以“历史与时代”“宏观与微观”“理论与决策”“调查与思考”的不同研究方法，表现出丰富而有层次的多面视角。其中，“历史篇”，通过三章“纵览”，分别从新中国影视文化的发展、中国电视理论的建设、中国电视观念的沿革几个方面，进行了宏观的、纵向的梳理与分析。第一章，归纳了50年中国影视文化的三个发展阶段及其特征，“转型期”中国影视文化的四个浪潮，以及跨世纪中国影视文化的战略目标与战略任务，具有一种高屋建瓴的理论力度。第二章，包容着电视理论建设的意义，电视理论建设的历史与现状，电视理论建设的战略任务，以及建立和完善中国电视理论的学科体系的设想。从虚到实，虚实结合地阐述，具有相当的理论说服力。第三章，着重于中国电视观念问题，包括中国电视传播发展两大段落(1958—1978年基本建设阶段、1978年以后本体建设阶段)；其本体建设阶段以制作人时代—制片人时代—策划人时代分界的概括；20世纪90年代中国电视的五种新观念；中国电视正在经历从节目—栏目—频道的演变。著者考虑到“电视观念”不仅是一个重要的理论命题，而且是一个重要的实践命题，鉴于鲜活的观念无法脱离鲜活的实践，他采取了一种生动的、灵活的表述形式，以“访谈”(答记者问)进行论述，以求与中国电视实践相契合。进入“理论篇”，通过四章“论”，分别从电视媒体角色、电视接受美学、电视批评、中西城市电视比较等几个角度，进行了逻辑的、比较的理论思考。第四章，集中于当代大众媒介从工具客体到责任主体的转变；媒体自身的行动能力与自我调适能力；媒介行为的规范化与其标准等方面。本章围绕着媒体角色展开论题，引经据典，联系实际，论点明确，论述有力。第五章，突出了电视接受美学，这无疑是电视事业发展过程中生死攸关的关节点。本书由此涉及艺术作品与审美心理问题；电视艺术审美心理特征问题；创作者应当考虑电视观众的审美需求问题；电视观众的地位与作用问题；电视观众的特殊性问题；等等。这里，既有创作者的角度，又有接受者的角度；既有心理学的依据，又有社会学的依据；娓娓道来，引人入胜。第六章，围绕着电视批评的专题，论述了电视究竟是“有学”，抑或“无学”；建立理论视野中的电视批评；电视批评的对象和工具等问题。其目标在于探讨在电视研究中开辟现实的学理路径，贯注严肃的学术精神，提倡理论和实践、逻辑和事实的融通之境，自有其独到思路。第七章，其理论触角进入了中西城市，并进入了比较研究范围之中。从中西城市电视的共同点，到中西城市电视的差异与不同点，进行了比较细致的分析之后，重点落在了对中国城市电视的前景预测及其发展策略的思考。至此，从主体到客体，从批评到比较，对中国电视理论问题，给予了相当全面的关注，也为我们提供了有一定分量的理论参照。然后，再进入“实践篇”，通过“栏目策划”“节目创作”两章，并各自附有五种个案分析与点评，对中国电视实践中两大重点问题，提出了很有价值的见解与建议。第八章，关于“电视栏目”，既分析了其崛起的社会背景和媒介的自身背景，又阐述了电视栏目的价值，并提出了电视栏目策划与设计的八个环节，最后又对五个有特色、有代表性的电视栏目进行了具体解剖。当前有关电视栏目的文章数量不少，但本书以言简意赅的文风，做出自己的判断与论述，具有独特的意义。第九章，关于“电视节目”，重点从对电视纪录片的“视点”研究出发，提出了电视节目创作中具有普遍性的一些问题，如：什么是“视点”；“主体视点”——创作者的角色问题；“思想视点”——创作主题问题；“表现视点”——“叙述”角度问题等。最后也对五个有一定代表性的电视节目进行了具体解剖。以上三篇，基本涵盖了关于电视理论与观念的方方面面，体现了著者的专注探索与深入思考。而他仍感言犹未尽，再以“附篇”的形式，收入了七篇文章，从不同角度、不同方面，对中国电视观念做了延伸性与背景性的阐释。于是，这部书稿，在结构与视角上，形成了比较完整的、富有独到文化内涵的理论成果。

第二，《中国电视观念论》在内容与形式的和谐、统一方面，表现了著者的精心与创意；在文风的朴实、流动方面，显示了作者的匠心与刻意。中国古代经典文献《文心雕龙》的“才略篇”中，强调了“华实相扶，文质相称”的写作原则，我想这也许可以用来理解文化论著在内容与形式结合上的一种本质关系。从上面对于本书结构与视角的分析中，我们已经能够证明它的内容之充实与丰富、形式之严谨与系统。它不是洋洋洒洒数十万、上百万言的巨著，但仅在不到30万字的篇幅中，却容纳着几乎关系到电视理论建设的所有方面。其中没有下笔千言、离题万里、聊以充数的花哨文字，有的是扎扎实实的、深入细致的、有理有据的丰厚内容。从概念到观念，从理论到实践，从宏观到微观，从主体到客体，既有社会层面、文化层面的关注，也有政治层面、经济层面的把握。这个特点正与电视文化作为大众传播媒介的特性相符相合。与作者的思考与探讨相称的是，此书在形式方面的追求与构思，也是独具体系特色的。不论其对于中国电视文化历史发展的纵览，还是其对于中国电视文化理论建设的剖示，抑或其对于中国电视文化的实践解析，作者皆着意地进行了整合，使之相互间形成内在的关联，从而构成一部具有完整性的著作。同时，在阅读中还可以特别感受到它在整体思路上的逻辑清晰、层次分明，在分体设计上的论述缜密、论证周严。而这一点正是理论文字的根本要求。在这部书稿中，我们可以体会到作者对于“华实相扶，文质相称”的自觉追求。至于文风问题，恐怕一直是关乎出版物质量的要害。中国的古典典籍《礼记》中有这样一段表述，曰：“博学之，审问之，慎思之，明辨之，笃行之。”它对我们有很大的启示作用。我想，这既可视为关于求学、思考、实践的重要标准或准则，也可作为中国文化人做学问的一种基本文风要求。对于智锋的这部书稿，如果以这段古语考察之，就其追求广博的学习态度，追求细密的审问态度，追求谨慎的思考态度，追求鲜明的分辨态度，以及追求诚笃的实践态度，我以为它是符合这一衡量尺度的。仅就此点而言，《中国电视观念论》的确体现了一种良好的文风，而良好的文风是要以良好的学风作为基础的。

行文至此，主要的想法似已袒露，为了避免自己的文风出现啰嗦累赘、没完没了的不良倾向，还是及早结束为宜，那么就应当“鞠躬下台”，向读者告假了。

1999 年 12 月

（原载于《中国电视观念论》，北京，北京师范大学出版社，2000）

中国无声电影的开拓性研究——《“看”与“被看”之间——对中国无声电影的文化研究》序

《“看”与“被看”之间——对中国无声电影的文化研究》一书，是董新宇的博士学位论文，也是她参与由我主持的、关于中国影视与中国文化传统的几项科研课题的一个成果。因此，不论作为她的博士生导师，还是作为研究项目的主持者，她提出要我为本书作一篇序文，是无论怎样也不可拒绝的事情。

回想起初见新宇，情景至今历历在目：那是 1992 年暑假，一个炎热的傍晚，她和她的父亲从呼和浩特来到北京，敲开了我的家门。眼前的新宇，短衫、短裤、男孩般的短发，浑身散发着青春的活力，自报是内蒙古大学中文系的应届毕业生，然后就非常直率地问我："您招硕士生，有没有内定的事情?"我不由得笑了，明确回答："不，我一向主张公平竞争，决不搞什么'内定'的人情事。"她似乎松了一口气，充满自信地宣布："我一定要参加竞争了!"随即告辞而去。第一次见面，她就给我留下了一个很强的悬念：倒要看看她的水平如何。

第二年，新宇终于如愿以偿地进入了北京师范大学艺术系，与另三个师兄弟一起，成为我的第七届硕士研究生，是年她正好 20 岁。她在十分的紧张与忙碌之中，匆匆地度过了三年学习生活。如期进行并顺利通过硕士学位论文答辩前后，正值我系于 1995 年由国务院学位委员会通过设立电影学博士点，并于次年开始招生。她又毫不迟疑地报考了我的博士研究生，从而成为中国高校首批电影学博士生。

此时，我们正在认真探寻影视新学科的方向与定位，经过反复研究与思考，根据中国影视事业实践先行理论滞后、实践丰厚理论薄弱的现状，认为本学科必须立足中国特有国情，致力于探索中国影视与中国文化之间深刻的内在关系。围绕这个中心，我们陆续获得了六项国家级、省部级"九五"规划课题项目。而董新宇和她的师兄、师弟们(现已招收四届博士研究生，共 15 人)，必然地成了课题组的攻坚力量。又是十分紧张与忙碌的三年时光，她确定并完成的博士学位论文，也正是我们博士点总体课题科研规划的有机组成部分。

应该说，在"攻博"的三年里，新宇的学习是刻苦的，成绩是优良的，经过她的不懈努力，取得了相当的成果(在全国性的刊物上，发表有一定分量的论文四篇)，并且比较显著地增强了科研能力。她的这份博士论文，是经过我们反复研究以后确定的题旨：从文化角度开掘中国无声电影的独特形态与标志性特征；并力求深入考察其特征形成所受中国文化传统与近现代中国社会、历史背景的影响。其中贯穿着中西文化的比较。在撰写过程中，她又经几番思考、几度修改，使之逐渐趋于完整。在这个过程中，她虚心学习、继承前辈学者之精湛学术思想；又通过本人的潜心思考，提出了自己独到的见地，而具有创新意义；同时，也因其论述详尽、论证翔实，而具有较强的理论说服力。

在写出以上这些看法时，我的心里确有不安，好像颇有些"王婆卖瓜"之嫌。

我想还是祖陈专家、权威们的评语，更显得客观一些。

因为这是北京师范大学艺术系影视学科的第一份博士学位论文，也是中国高校第一个电影学博士点(至今尚为唯一的)的博士生论文答辩，系里进行了严肃又隆重的准备，特地聘请了国内一流的著名专家，对董新宇的学位论文做出评审。他们是：中国艺术研究院博士生导师、权威的电影史论家李少白先生；中央戏剧学院博士生导师、权威的艺术理论家谭霈生先生；北京大学博士生导师、权威的中国现代文学史论家钱理群先生；南京大学博士生导师、权威的戏剧理论家董健先生；北京师范大学博士生导师、权威的中国现代文学史论家王富仁先生；此外还有本系的博士生导师尹鸿教授、系主任周星教授等。诸位享有盛名的专家，非常认真地审阅了董新宇的学位论文后，怀着不无惊喜的心情，写下了语重心长的评审意见，给予了相当高度的评价，同时也精辟地指出了存在的不足和尚待改进的地方。例如：

李少白先生指出："该文从大众文化批评出发，对中国20世纪30年代商业电影的文化蕴涵，做了深入细致的剖析，并得出'情节剧'模式、'情绪化'表述，以及东方好莱坞式'影戏传统'的结论。文中对电影史料、文化史料以及与论题相关的其他材料与学科成果的掌握和运用，都比较丰富和适当；尤其是比较电影研究部分，看得出来，作者做了相当大的努力。文化研究范围广阔，电影的大众文化研究更是块尚待开发的学术领域。作者能在前人成果不多的基础上，把这个论题做到现在的这个规模和程度，已是十分不易和可贵了。对于文化研究，应当指出，国内外学者的认识和方法各有不同，甚至很不相同。关键是要做到言之有物、言之有理。该文在自己立论的框架内，做到了这一点，有相当的理论水平和学术价值，有一定的创建。""理论建构的系统性和各部分之间的逻辑关系尚显不足。"

谭霈生先生指出："这是一篇很好的博士学位论文。关于中国电影史研究的专著已有几部，但是，我所看到的此类著作，或因写作的时代所限，或因编者的研究方法陈旧，大都显得浮浅。它们虽有资料价值，却很少有学术价值。《'看'与'被看'之间》作为一篇电影史研究的论文，运用新的视角、新的方法，对中国早期无声片进行文化研究，在这一领域具有突破性进展。作者认为：20世纪20—30年代国产无声片的主流样式是'情节剧'，并将这种样式的特征概括为'欲望'与'道德’相冲突的感伤主义模式。这一观点及有关的论述，以较为扎实、具体的个案分析为根据，有较强的说服力。更为可贵的是，作者并未滞留于对这一发现的说明，而是从中国文化传统中去追寻其成因，进一步论述中国早期电影不同于西方情节片的情绪特质。这一部分，使本论文更见光彩。通观全文，作者在论题的范围内占有资料较为丰富、全面，有扎实的理论基础，论述逻辑清晰，视野较为开阔，文字生动，表现出较高的研究能力。”

董健先生指出：“在中国电影史的研究中，对早期无声电影的研究是一个薄弱环节。由于视觉形象资料保留的困难，也大大限制了这一课题的进行。博士生董新宇选了这一难度很大的选题，而且又以‘看’与‘被看’的独特视角，从中国现代文化进程中的中/西、古/今关系的矛盾与复杂性出发，又照应到从印刷文字媒介向视觉形象过渡中的一些特有的文化现象，对中国无声电影进行了全面的论述，并提出了自己的论点：在中国无声电影主流样式‘情节剧’中表现出来的‘情绪化表述’，是中国无声电影的根本特征。引入传统诗学的‘情’与‘理’，尤显独到。全文资料丰富，视角新颖，成一家之言。所述问题对当前电影事业之发展亦有一定启发意义。”“对于‘情绪化表述’在其他艺术样式(如弹词、戏曲、文明戏等)中的表现与在无声电影中的表现的根本差异，还有待进一步说清。”

王富仁先生指出：“董新宇的《‘看’与‘被看’之间》是一篇有开拓性的、扎实有力的博士学位论文。该文探讨的对象是中国电影发展史上最早出现的默片创作，是中国早期影人的活动。仅就我接触的材料，似乎还没有人对这一时期的电影创作进行这么细致深入的研究。作者在充分掌握原始资料的基础上，在电影与文学的结合部上，对当时的电影创作进行了细致入微的分析和阐释，它不但对中国电影史的研究，而且对整个中国现代文化史的研究，都有开拓性的意义。该论文在方法论的意义上也有独到之处。它把各种复杂的‘看’与‘被看’的影视文化的关系，同普遍的民族文化中的‘欲望’与‘道德’的关系相沟通，从而多方面地展示了‘电影’这种舶来的艺术形式，与中国固有的民族文化传统的血缘联系。论文极有说服力。”“对电影这种新的艺术形式给中国固有文化带来的不可逆转的新变化，以及这种变化是怎样产生的，似乎论述还不够充分。”

周星先生指出：“董新宇的论文《‘看’与‘被看’之间》，选取了中国无声电影作为研究对象，这是一个比较艰难的研究对象。由于影像与文献资料比较缺乏，相关的研究一直比较单薄与零散，已有的研究也多限制于描述与较简单的分析，难得看到论者以文化研究的角度，对无声电影进行理论性分析概括。所以，我认为，这是一篇有理论含量与开掘深度的博士论文。作者视野开阔，理论准备充分，做到了研究对象与时代文化紧相关涉，颇有宏阔的历史感和高屋建瓴之气势。论文对中国无声电影资料的掌握充实而有重点，特别是从文化角度涉猎相关背景，旁及文学、戏剧与时代文化潮流，角度新鲜；对所用材料剖析细致，不放过蛛丝马迹，条分缕析，新意迭见。全文以自己的阐述方式层层推进，确有不少创新之论，使中国无声电影的研究向深入迈进了一步。论文结构严谨，逻辑严密，章法自成，学风扎实，可谓一篇高质量的博士论文。”“从本体上对中国无声电影艺术表现特点的分析似可加强。”

以上几位先生，从选题的理论意义与文化价值，从对文献史料、影像资料的把握与运用，从研究方法的突破性与研究内容的开拓性，从研究成果的创造性与学术性，从论文写作的学风与文风等不同角度，对董新宇的博士学位论文进行了十分全面的评审，并给予了充分的肯定与鼓励；对她今后的继续深入研究，也给予了重要的指导与帮助。我在深受感动的同时，也为新宇能够获得这些高水平权威的悉心关注与呵护而庆幸，心里暗暗思忖：年仅 26 岁的新宇，真的很有福气、很有福分啊！

董新宇在谈到她的这篇学位论文的由来时说：“它的选题和方向，就是在参加黄老师的‘中国影视与中国文化传统’这一课题的过程中确定的。也正是在黄老师的督促下，我把在她的‘中国美学史’课上所做的作业充实完善，使之成为本论文的核心章节。”

事实是，当我们获得国家批准设立电影学博士点之后，思想上感到压力很大。我们认识到，作为中国高校的第一个影视学科博士点，必须从无到有、从小到大、从弱到强地建设起这个新兴的艺术学科，这就是我们最重要的任务；而在此之前，却没有任何先行的、可资借鉴的现成经验。经过阅读交流、现状调研、反复思考、一再探讨之后，逐渐达成了一种共识：影视艺术是一种世界性艺术样式，但它同时又以美学特征和文化性格，区分了不同民族与国家的艺术风格。中国电影已经走过了近百年艰难而又辉煌的道路，积累了一大批具有中国民族风格的优秀作品；中国电视从1958年创业，目前已拥有经过正式批准的无线、有线、教育电视台3300家之多，观众覆盖面达10亿人以上，从这一点说，可谓名副其实的世界电视第一大国。但中国至今缺少对本土的影视创作进行全面的、系统的、本质的、富有理论高度的研究与总结，更缺少以中国影视艺术实践为支点，提出具有中国文化特征的影视理论。具有中国本土特色的影视文化的主体精神尚未确立，这一深层的文化困惑，已经造成了目前中国影视文化面临的某些实践难点。在影视领域，传统文化和民族精神的失落，已成为一个亟待解决的问题。因此，我们的学科建设，应当以中国美学的独特视点，去研究中国影视艺术现象，既注意吸收世界影视理论的精华；又坚持中国文化的民族特征，努力实现中国美学与西方美学在中国当代影视艺术实践中的融汇。只有这样，我们才能更自觉地创造出具有现代意识与民族风格的影视作品，建立影视艺术的“中国学派”。我们应当和影视界的艺术家和理论家一道，在影视领域里摸索一条具有民族文化特征的中国之路。于是，我们开始了“中国影视美学”这一课题的研究与建构。我们定下的目标是：就中国影视与中国文化传统的关系进行系统研究，尝试为建立本土化的影视文化理论体系、为中国影视文化的研究，开辟一条新路。

我们的想法得到了多方面的关注与支持，经过努力，获得了国家艺术科学“九五”规划项目“中国影视与中国文化传统研究”、北京市“九五”规划重点项目“中国影视美学研究”、国家教育部“九五”规划博士点项目“中国影视民族化研究”、国家教育部“九五”规划项目“中国电影艺术发展史论研究”等多项课题；并为此组建了由项目主持人黄会林教授、周星教授牵头，包括教授、副教授、讲师、助教及博士生、硕士生共15人的课题组，集中力量，集体攻关；已进行了大量的资料搜集、编纂、研究工作；并与出版社正式签订了出版合同，首批书籍五部已陆续交稿。董新宇的这部书稿，便是第二批系列书籍中的一部。它从文化研究的角度，论证了“情绪性表述是中国无声电影有别于同一时期其他国家电影的标志性特征。这一特征内在于‘情节剧’这一中国无声电影主流样式的诸要素之中，是中国文化传统和世纪初中国社会中‘欲望’和‘道德’持续对峙所致”。并通过强有力的论述，揭示了“中国无声电影，乃至整个中国电影中表现出的情绪特质，有着本文化传统内部的根源。”正如权威学者指出的，它“在这一领域具有突破性进展，它不但对中国电影史的研究，而且对整个中国现代文化史的研究，都有开拓性的意义”。

我们的课题研究与学科建设，对中国影视领域的理论构建与实践指导，将具有开拓的性质，我们相信，用民族文化和美学观念关照当代影视文化的理论成果，将会获得社会的瞩目与欢迎。在其中，也有着新宇的一份奉献。

略观古往今来各种书序，似亦无定规；以上拉杂写来，就权当一篇小小的序文吧。

1999 年 9 月

（原载于北京师范大学出版社 2000 版

《“看”与“被看”之间——对中国无声电影的文化研究》“序”）

当代中国影视思潮和现象研究——《中国影视艺术论》序

当静楠请我为他主编的这部论文集作序时，我没有推脱。这不仅是出于我对静楠本人的信任和欣赏，更是因为这部文集全部出自他的学生之手，他们虽免不了还有年轻人的稚嫩，但其文章的思想火花和青春激情、求索勇气和清新之风，都深深打动着我。而奖挹晚生，既义不容辞，也是我愿意承担的责任。我为影视艺术理论新人的成长而高兴，并借此表达我对影视艺术领域实践之树常青、理论常葆活力的期冀。

山东师范大学中文系的影视艺术理论研究，开展得较早也很有成绩，至今已经形成为一个富有生气的学术集体，并且培养了一批影视文化传播方向的硕士研究生，静楠就是这一学术集体中的中坚力量。我与他的相识也正是通过学术的纽带和学生的桥梁，因为这部文集的作者，都曾是他的硕士研究生，而其中的三位现在是北京师范大学艺术系的博士生，有两位更直接成了我的学生。因此，对静楠本人以及对他的学术研究，我也许比别人有着更深的了解。静楠正值壮年，年富力强，学术兴趣和学术领域很广，如他对“后现代”问题的研究，对当代文学的钻研以及有关“重写文学史”的看法，就很有见地。但我最感兴趣的还是他在影视理论研究和影视理论教育方面的工作，也许正是学术上和事业上的这种“亲缘”关系，让我对这本文集产生了浓厚兴趣，也是我愿意为这本集子作序的一个原因。

伴随着我们国家的改革开放，近20年来，中国的当代影视理论和实践发生了巨大的变化，出现了许多新的问题、新的现象，它们吸引了许多影视学人、艺术家和其他领域的专家学者对此进行认真的梳理和严肃负责的思考，而静楠就是其中勤奋而多产的一位。据我所知，他在这方面的耕耘已经取得了相当的成就，特别是在他的周围，聚集了一批也有志于此的青年学生，这本论文集就是一个恰当的见证和阶段性研究成果的总结。虽然静楠并没有编入自己的文章，但作为一部以他的研究生的作品为主辑成的文集，导师身份的他为此所付出的心血和他的思想观点对几位作者的影响，是不言而喻的。可以说，这部文集是静楠及其充满朝气的学术集体对当代中国影视理论界的一个鼓舞和贡献。

《中国影视艺术论》更恰当的名称似乎应该是“当代中国影视思潮和现象研究”，因为这部论文集所收录的10篇文章可以大致分为两个部分：一是对新时期以来中国影视艺术流变的梳理，二是对几个有代表性的影视艺术现象的剖析，同时，这也符合本文集一纵一横的逻辑框架和结构。对中国当代影视思潮的清理而言，需要具备相应的历史文化眼光和清醒的现实参照，本论文集其中的五篇文章，在这方面做得是较为到位的。陈吉德的《世俗交响与平民表达》是对兴起于20世纪80年代后期的中国都市电影及其思潮的综论；宋维才的《世俗的交响》对20世纪90年代的中国电影做了全景式的观照，并在此基础上用世俗化/主旋律、市场化/艺术化、奇观/游戏等成对概念对90年代的中国电影做了不乏新意的概括；王现婧的文章则专对所谓“新生代”的电影做出文化分析和理论扫描；楚卫华则以“电视文艺”为视角，对90年代以来出现或活跃的综艺节目、音乐电视和春节晚会做了全景式扫描和理论考察；冯锦芳的《电视媒介的当代叙事》是从叙事的角度出发，以媒介演进和文化转型为线索，阐释了中国电视剧的通俗化现象……这五篇文章虽角度不同，文采各异，但都紧紧跟踪中国影视的最新思潮和动向，读来颇有启发。而对中国当代影视现象做文化和美学分析的几篇文章，则分别择取了女导演的女性意识”“英雄类型”“张艺谋电影”、电视剧的“心理疗慰作用”和“山东电视剧”等作为切入点，通过对这几种较有代表性的影视艺术现象的探讨，与影视思潮的梳理相呼应，同样可圈可点。

我最后要说的是，本集子的作者都很年轻，未来的路还很长，而方兴未艾的中国影视艺术领域为他们敞开着广阔的施展才能的天地，就让我这一篇简短的序文作为对他们的祝愿和期望：明天是属于你们的，愿中国影视艺术因为你们的努力而更加精彩！

（原载于山东文艺出版社2001版《中国影视艺术论》“序”）

“一纬双经”的新颖编织——《影视审美思维论》序

中国影视艺术的发展需要理论，而理论的力量在于与实践的结合并指导实践。因此，在影视理论和实践之间构建起联系的纽带，使理论和实践血脉贯通，从而推动中国影视艺术更快地发展，是我一直坚持并强调的。幸运的是，这已经成为影视理论和实践工作者的共识。尤其最近几年，这方面的优秀成果不断问世，也受到了广大读者的欢迎，这是让我这位老影视理论耕耘者颇感欣慰的事。读毕秀梅同志的《影视审美思维论》，更增加了我的喜悦。

秀梅同志是黑龙江电视台的导演，具有文艺美学硕士学位。作为第一线的电视艺术工作者，几年来她策划、导演了许多颇受好评并获奖的节目，在其本职工作上获得了相当的成就；而且，她笔耕不辍，屡有理论文章见诸报刊。对这些，我早有耳闻并深为她高兴。但当她拿出这部《影视审美思维论》，并要我为之作序时，我还是既感到惊奇又十分的欣喜，为她的勤奋，更为她书中的见地。

自19世纪末20世纪初以来，美学的重心开始转移到对审美心理的研究上来，审美心理学也逐渐取代审美哲学而成为美学的中心。秀梅的这部专著的立足点，正是力图将艰深的审美心理学原理与具象的影视艺术结合起来，这就保证了它的理论起点很高且扣住了美学发展的脉搏。在此基础上，又深入挖掘影视艺术审美思维过程的深层结构，探索审美思维发生的规律，从而即使本书获得不断的鲜活理论来源，又能使这一源泉成为自己思想的坚实支撑。换言之，审美的心理研究与影视艺术的审美思维机制探讨的巧妙对接，是本书的切入点，这一视点的选择也保证了其理论背景的可靠和具体观点的可信。

在逻辑框架上，秀梅的这部专著可以概括为“一纬双经”“一纬”者，指本书的全部论述紧紧围绕着影视的审美思维机制进行，对审美思维机制的内涵、形态、构成、特性，与非审美思维的区别以及各构成要素之间的关系等都做了翔实而令人信服的论证；“双经”者，是指作者从影视艺术创造和影视艺术欣赏这两条线上，对影视艺术的审美思维机制展开系统论述，指出了审美思维在这两个阶段所表现出的不同特点，并且区分了不同艺术种类中审美思维的特性，艺术美的诱发机制、导向作用等。应该说，正是这种精致的经纬编织，使得本书的许多新颖观点和思想火花更为耀眼和更具启发性，再加之作者对这些观点的宏观审视和微观求索，使本书颇具特色。

从理论上看，本书最吸引人之处也许在于它提出的两个核心命题，即艺术的“准审美思维”范畴和“审美意象大于艺术形象”的界说，前者是作者用来指称在审美思维与非审美思维之间存在的过渡性环节或阶段，换句话说，作者用此范畴意在说明，在艺术的创造活动中，人的思维活动并不是非此(审美思维)即彼(非审美思维)般界限分明，而是往往具有某种模糊性，包含着多种相互渗透、相互生发的因素。在我看来，这一认识虽然尚有待于科学的说明，特别是心理科学的实证，但它对于我们把握艺术创造中审美心理活动的复杂性，避免我们实际文艺批评中的简单武断倾向，具有相当的启发和借鉴意义，尤其对于与传统艺术种类存在许多区别的影视来说，更是如此。而“审美意象大于艺术形象”的命题，虽然表述并不十分恰当，但它所要求的艺术创造和欣赏不能局限于外在的形式或形象，而应突破形象通达哲理意蕴的潜在含义，是与中国美学中的“意境”理论相通的，甚至可以说是摸到了中国美学的脉搏。也正因此，极大地提升了本书的美学品位和理论价值。

最后要说的是，秀梅同志充分发挥了自己身为“电视人”的身份优势和职业优势，在书中的具体论述中，加进了自己从事实际电视节目创作的亲身体会、经验和教训，从而使她的这本专著少了些“岸边观火”的无关痛痒，多了些“下海游泳”

的切身感知，当这些感知化作辛勤的思考并上升为理论果实时，就有了我此时与作者共享学术耕耘的快乐，并殷切期待秀梅下一个收获的季节！

（原载于中国戏剧出版社2001版《影视审美思维论》“序”）

影视画面创作技术原理与实践——《电视摄像技术与技巧》序

众所周知，电影与电视，是当今世界文化传播最广最快、对于人类具有巨大影响力的传播方式。与其他所有文化艺术相比，它们独具的科技因素使之有了自己独特的优势，以其视听综合、时空综合、艺术与技术综合特性，成为最富于潜力与张力的文化艺术样式。可以认为，如果去掉了技术，也就没有了电影、电视。因此，从事影视事业的人们，绝不可能离开技术而存在。在这样一个必然的前提下，学习摄影专业科班出身的李勇，针对电影电视的本体特质所在以及电影电视在全球范围迅猛发展，造成从业队伍急剧壮大、而对于影视画面创作的技术把握水准高低不平的现状，经过长期积累、认真思考、刻苦钻研，完成了这部着重于实践技能的、关于摄像技术与技巧的著作。

随着数字技术的飞跃发展，电视摄像机对于胶片摄影机形成越来越大的威胁。目前的活动画面创作处于视频与胶片共存的时代。作为一个摄影师。要想得心应手地进行画面创作，对于两种媒介的性能的熟练掌握是不可缺少的。本书以视频技术为立足点，行文中不断将视频与胶片技术作比，从而使读者可以在比较中掌握使用两种不同媒介进行画面创作的不同技术环节以及在这些技术环节中有哪些因素可以对最终的画面质量产生影响，进而让摄影师可以最大限度地利用这些技术为影视画面艺术创作服务。我想，由此可以认为这部具有较强专业性的著作，对于从事影视画面创作或有兴趣加入影视画面创作的人们，有着独具的阅读意义。

同时，数字技术的飞速发展，加速了视听艺术的大众化普及。目前，个人制作“DV”短片的成本，已经降低到可以被普遍接受的程度，而互联网又为它们的传播提供了无限丰富的可能。数字化视频技术的魅力，正在吸引越来越多的有志之士加入到这一领域中来。本书的内容在行文中尽量做到通俗易懂，避开烦琐的理工推导，立足于原理性陈述，也无疑会最大限度地增加它的读者群。

我接触本书作者李勇是在不意之中。他 2001 年前来报考由我担任导师的电影学博士生。看到他的报名材料，确实有些意外、有些犹疑。一则了解到他的本科学习是在陕西师范大学的物理系，纯属理工科出身，而我本人一直在文科任教，俗话说：隔行如隔山，唯恐难以胜任；二则了解到他的硕士学习是在北京电影学院的摄影系，专业领域是电影摄影，有很强的技术特性，也怕他难以进入我着重研究的中国影视文化与美学方向。于是，在他考前来访时，坦率地提出了自己的疑问。还记得当时他十分诚恳地表示：自己正是下决心要补充影视文化方面的积累，以强化、提高自身对于本专业的艺术与技术内涵；因而专门到北京师范大学应试。于是，我也特别注意了他参加考试的试卷；并且在他的答卷中发现了他对于试题的思考具有较强的逻辑力量以及他在表述时比较流畅、明晰的文字表达能力。这些让我对他有了一定的认识，并将其录取入学。入学后，我继续关注着他的学习生活，看到他踏实、认真的学习态度，严谨、务实的学习风格；尤其是对于中国文化与影视美学的学习，无论阅读原著、研讨发言、撰写作业，无不兢兢业业一丝不苟，所有关于专业学习的布置或要求，他都能准时地、保证质量地完成并上交；而且适逢北京师范大学百年校庆，艺术与传媒学院承担了创作《百年师大》4 集电视专题片的任务，他担任了主摄像，为此毫无怨言地自动放弃了假期回家看望父母双亲的计划，以全力投入保证了这项工作圆满完成，受到学校领导的表扬，也让我对他的为人和他的专业水准有了进一步的认识。其后不久，他来找我，拿出一部书稿，要我为之作序。有了以上这一段由浅入深的过程和逐渐深入的师生情谊，我自然责无旁贷地应承下来。

仔细翻检原稿，我觉得它依旧呈现出作者固有的文风特色，阅读对象设定清晰，章节回目设置简明。从其绪言："这本书是写给什么人的"开始，没有玄虚、朦胧的表述，直截了当指向写作目标；接下来每章说明一个关键因素，从摄像师到摄像机，从其光学系统到图像传感、信号处理、操作调节、曝光控制，再到多机拍摄、电视录像、"高清"技术等。所有这些问题，都体现着影视的制作要领。正如作者所言，影视艺术与其他艺术形式间的最大区别是对于技术的强烈依赖性，因此作者明确地以技术划分章节，并以技术铺衍行文；但它又不是单纯的技术罗列，而始终围绕着一个不变的焦点——影视画面创作实践。特别需要指出的是，本书不仅有着电视摄像技术与技巧的原理的阐述，更融入了作者个人的实践经验，因而可能更有助于阅读者进行影视画面创作。

至于这本著作的应用价值，我想，它可以作为开设影视艺术专业的大中专院校的基本教材，并适合于对活动画面创作饶有兴趣的广大读者。应该说，这也因应了当今社会相关专业人群的急需。我期待着它的良好社会反馈。

（原载于电子工业出版社2003版《电视摄像技术与技巧》"序"）

殊声而合响，异翮而同飞——《"影视学术前沿"丛书》总序

《"影视学术前沿"丛书》的四位作者均为北京师范大学艺术与传媒学院的博士毕业生，其中三位还是我2003届的学生。不论作为丛书主编还是以其他身份，为这套丛书作序都无法推辞、责无旁贷。

我以为出版社之所以把丛书命名为"影视学术前沿"，大概出于两种彼此关联的原因：一是因为这四位作者都非常年轻，他们出生于1970—1974年，是标准的"生于20世纪70年代初"的影视理论工作者；二是因为他们观点新锐、思维活跃，文笔也"才锋峻立"，能够"竭才以钻思"，从而触及影视理论研究的前沿话题。

可喜的是，虽然他们因为年轻，不免各逞其才，却都没有意气用事，没有潦草治学、鲁莽为文，而是以理性框限激情、以辩证规约偏见、以实证防止臆断，显示出令人欣悦的清新学风。

丛书的每一本书稿，均以他们的博士学位论文为基础，在此基本框架内、外，有所修正和增补。因其吸收了博士论文答辩时各位评阅专家的建设性意见和建议，积淀了他们毕业后几年中进一步思考和研究，故而更加厚实、理性、全面、深入。对他们的书稿，我不想过多具体评判，在此，更愿意引用当初博士论文答辩时专

家们的卓识睿见，以避免“自家孩子自家疼”的主观性。

对于冯锦芳的《缺席与在场的辩证图景——新时期中国电影观众问题研究》，高鑫教授指出：“论文选取了一个独特、新颖的言说角度——从电影观众问题研究，探讨中国新时期电影衰落的原因以及复苏、振兴的方法，具有深刻的理论价值和现实意义。论述中将新时期电影置放于世界电影潮流和中国电影发展的历史长河中加以审视和思考，置放于政治、经济、社会、历史、人文的巨大背景下加以考察和论辩，因而有了坚定的立论根基，视野开阔、论据充足、言之可信。论文对中国电影，特别是新时期电影体现了全局的把握能力，理论准备亦十分充足，故而时时流露出闪光的理论光彩，如对‘错位批判’的揭示；对‘文以载道’的评判；对电影是‘软性’还是‘硬性’的论辩；对‘自然人性’与‘电影快感’的剖析，都很到位，充分显示出论者的理论洞察力和学理涵养，振聋发聩，令人击节赞赏。总之，此文写得有才气，是一篇优秀的博士毕业论文。”王一川教授指出：“论文从观众角度切入电影研究，提出了‘电影史是看不见的观众史’的论点，为中国电影研究提供了值得重视的新视角。运用丰富的材料表明，电影观众在新时期大量流失具有必然性；并从审美与消费两方面进行剖析，提出了个人见解。从电影观众研究出发，引导对中国电影产业状况的深层反思，并由此揭示了错位电影观及僵化体制，这种反思与揭示在当前具有重要的现实意义。论文文笔流畅，章节标题体现了对‘文学性’的追求，不少地方可读性较强。”张海明教授指出：“论文抓住了电影观众这一重要环节，从电影观念、体制、社会文化的变迁等诸多方面深入剖析了中国电影的痼疾，对导致新时期以来中国电影观众大量流失以及由此带来的电影萧条作了恰当的分析，并对中国电影如何走出困境提出了自己的看法。论文不仅在选题上具有重要的理论价值和现实意义，对相关问题的论述也能高屋建瓴、探本问源，从而给人以有益的启示。‘用外科大夫般的理性分析和冷静评判，寻找纠缠着中国电影的内痛外伤’(作者语)。应该说，这种冷静清醒的态度与客观求实的精神，使作者在涉及一些复杂问题时能够一针见血，发现问题的症结。论文另一个值得称道的地方是收集了大量的统计数据并展开对比，如电影观众在中国早期、新中国成立后、新时期以来等不同阶段的消涨起伏，又如好莱坞电影、亚洲各主要国家的电影发展状况等，都有大量的数据举证。不仅增添了论证的可信度，也使得论文本身科学严谨，避免了意气或感情用事的偏颇。”章柏青研究员指出：“以往研究电影，重的是作者论、作品论，该论文从接受者(观众)的角度观照电影史、电影业，且将笔力集中在新时期，其选题切入的角度独特。在论述中，论文并非就观众论观众，而是从新时期以来，特别是20世纪90年代以来中国社会政治、经济、文化的变化，从这一时期世界电影的背景中，由审美、消费两条线聚焦中国观众；又从中国电影观众的流变中，反观中国电影、中国电影业，使论文既是对新时期中国电影观众的研究，又是对新时期中国电影创作、电影产业的研究，透视出作者对中国电影体制、艺术电影与商业电影、电影审美与电影消费等多方面的思考。上述方面也是本论文理论价值与应用价值所在。从论文整体看，选题有相当难度，作者对研究领域的文献资料有基本掌握，学风严谨，文字表达流畅。”彭吉象教授指出：“这篇论文的选题有一定的理论意义和实践意义，抓住了当前中国电影发展进程中一个亟待解决的重要问题，即电影观众问题进行剖析与研究。该论文通过大量数据资料，深入分析了新时期中国电影观众流失的现象。该论文提出了‘电影史也是观众史’的论点，认为电影发展流变的历史，其实也是一部‘观众史’：在世界电影和中国电影的百年进程中，都可以看到观众对于电影语言变革和电影形式创新的无形驱动力；正是观众这只看不见的手，推动着电影工业的发展。该论文涉及中国当前电影发展的重大问题，搜集了许多相关资料，在此基础上阐述了作者的观点，是一篇合格的博士学位论文。”周星教授指出：“在中国电影研究中，还鲜有见及对新时期电影观众问题做如此理论层面剖析的论文。论文选题涉及中国电影发展的要害问题，无疑是有警示意义的，它有助于21世纪中国电影的发展策略研究构架的建立和重要因素的确立。论文有别于相关的电影产业化研究、艺术与商业现状研究或史论评析得失研究，但上述内容都成为电影观众问题的容纳因素和关照内容。因而，论文紧扣住电影研究的前沿论题又角度新颖，综合研究的视野使论文具有厚度；比照的方法、数据参考的方法也是本文扎实的体现。研究的方法论保证了深入的可能。论文学风朴实，思维细密，结构合理，语言流畅，对问题的剖解也见出论者独立思考问题的能力。”

对于竹青的《流年光影——香港电影：“七九新浪潮”之后》，王一川教授指出：“论文采用文化研究与文本解读相结合的方式，在方法上具有创新意义。论文从政治、经济和娱乐产业三方面外因入手剖析香港电影的市场状况，进而结合功利主义意识和电影工业的过度膨胀等内因去说明，揭示了香港电影的盛衰缘由；从商品化、世俗化和标准化三方面考察香港电影生态，并进而对其类型电影作了研究，这有助于显示香港电影的独特地域特征。论文还对香港电影的文化特性作了分析，考察了其中的两种集体意识形态；对香港电影的作者风范的探讨，结合具体文本分析进行，显示了必要的具体性和可靠性。”周星教授指出“这是一篇大气而扎实的论作。论文选取“七九新浪潮”之后的香港电影创作，对其进行了全面而宏观的搜检与分析。选题新，为未有人深入描述的课题。作者构筑了得以宏阔把握香港电影的整体架构，网罗了市场状况、文化生态、类型创作模式、艺术创作性态以及潜藏于创作中的时代变迁的心理进行深入分析，许多见解深入浅出，新鲜独特。论文宏观把握准确，细部分析到位，个例掌握恰当，论说稳重妥当又切合实际。论文语言流畅，逻辑联系清晰，结构合理，有良好的学术功底。我认为这是一篇优秀的学术研究论文。”张海明教授指出：“论文《香港电影：‘七九新浪潮’之后》从选题来说是很有价值的，而论文着力论述的几个重要方面如香港电影的市场状况、香港类型电影、香港电影题材与香港社会文化等，都较以往的研究有所丰富，有所深化。此外，关于许鞍华、王家卫、杜琪峰等香港著名电影导演艺术个性的分析也表现出论文作者的独到的感悟。”高鑫教授指出：“本论文在大量掌握香港电影文本以及创作者资料的基础上，深入地审视并剖析了‘七九新浪潮’之后香港电影的发展历程、创作特征及重要走向，具有较强的现实价值和理论意义。论文中不乏独特的理论见解和艺术观念，特别是引言中第三节对香港电影考察的三个视点：商业市场运作、香港社会现实与时代精神、本土化内涵与独特艺术风范。第二章第一节对香港电影生态的剖析：商品化、世俗化、标准化，写得更是有理有据，剖析深入，见解独到，有相当高的理论深度，体现了作者丰厚的学养和理论创造性。这是一篇建立在对香港电影文本剖析上的有思考、有理论、有见地的优秀博士论文。”章柏青研究员指出：“该论文对‘七九新浪潮’之后的香港电影作了一次整体的回顾与反思。作者论述中采用了文化分析与文本解读的方法。其中‘引言’部分对分析与评价香港电影的三个主要视点的论述，第二章中从‘商品化、世俗化、标准化’角度来考察香港电影的论述极具自己的独到见解。论述香港电影文化内力一章是论文中有较深理论意义的部分，观点正确，符合香港电影的实际情况。论文在资料收集上有一定难度，作者作了极大的努力，日后仍可进一步丰富。”彭吉象教授指出：“该论文运用辩证的观点，对香港电影的成功之处与不足之处进行了全面的剖析，既有具体的影片分析，又有作者的独特思考；既有对香港电影创作规律的探索，又有对香港电影商业化市场运作的剖析；既有对香港电影叙事策略的研究，又有对香港电影文化内涵的追寻。从这个意义上讲，该论文对20世纪70年代末期以来的香港电影从整体上进行了梳理和研究，在一定程度上丰富了大陆学术界对于香港电影的研究，具有较高的理论意义与应用价值。”

对于凌燕的《可见与不可见——90年代以来中国电视文化研究》，王一川教授指出：“凌燕的博士学位论文《可见与不可见》探讨了20世纪90年代以来中国电视文化的政治经济学问题。论文选题新颖，可以填补国内博士论文选题的一个空白，对于理解中国当代文化状况也具有理论意义和实践意义。论文从‘政治经济学’视角切入电视文化，显示了视角上的创新意识，有助于‘发现’电视文化的被隐匿的深层意义。论文对于当前中国电视文化中的体制矛盾与话语冲突的分析，涉及诸多现实紧迫问题，体现了个人独到的观察、思索。论文进而先后结合新闻评论类、谈话类、女性类节目的个案分析，考察了中国当前电视文化的政治学、经济学内涵，使得宏观思索沉落到具体现象分析中，显示了敏锐的理论思考与严谨求实态度相结合的学风。论文在分析中国电视文化状况的过程中，注意发现新问题，提出新见解，体现了求实中创新的精神。论文视野开阔，结构完整，层次清晰，材料翔实，语言流畅，有个人独到见解。”王岳川教授指出：“该论文对处于发展过程中的电视体制的改革加以新的分析，揭示出电视身份与角色的双重性以及电视兼具意识形态宣传和大众传媒赢利的双重身份。并分析了《焦点访谈》等新闻评论节目的话语机制。论文选题具有较高的理论价值，对本研究领域文献资料的掌握较为全面，研究成果有一定的实践意义。论者写作水平较好，学风朴素，达到博士论文水平。”周星教授指出：“在我所见到的关于电视文化分析的文章中，本论文的大气、理论深度和实证分析的细致都是少有的。论文选择中国电视十年来的巨大变化背景下的文化现象和相关体制、机制问题，运用政治经济学、传播学、社会学的研究成果综合剖析电视，显示了研究视野的开阔性，对个案研究的细致与深入，超越了同类探讨，视角独特。论文新意颇多，个性独具，语言顺畅自如，真正显示博士论文的深度。我认为在电视研究中是难得一见的优秀论文。”杨远婴教授指出：“论文通过对中央电视台《焦点访谈》《新闻调查》《实话实说》等节目的政治经济学分析，揭示作为政治宣传喉舌的电视运作机制，描述其意识形态规范化过程，指出叙事策略和导向途径，表现了关注现实、介入现实的人文情怀。论文对20世纪90年代电视体制变革的轨迹、文化精英介入媒体制作的双重意味、新闻评论节目的修辞方式、媒介女性表达的矛盾性等进行了细密而到位的分析，富于理性精神且充满批判激情。论文以对具体电视栏目的实证研究为主脉，因而作者对阐释对象做了大量田野调查式的资料工作，这一方式对于冲突院校学术研究的书本化颇有意义。关于电视文化的政治经济研究在中国鲜有前例，本论文对这一领域的开拓具有积极的现实价值。论文结构清晰、表达流畅。”熊澄宇教授指出：“作者从政治经济学的角度来透视20世纪90年代以来的电视文化，论文选题具有较强的理论意义和明显的社会实践价值，论文并不像学术界常见的从理论思考去论述文化现象，而是以有代表性的电视栏目为例，透过文化现象直接切入文化背后的政治思想、意识形态、管理体制、操作模式以及权力制度、利益、社会建构等重大而又敏感的社会现实问题。论文分析深刻，言辞犀利，观点鲜明，表达了作者较强的理论功底和对本领域文献资料掌握的深度。作者在文中提出的许多问题和思考对我国电视领域管理层的政策导向和从事实际工作的一线操作人员均有参考和借鉴价值。”

对于郑世明的《权力的影像——权力视野中的中国电视媒介研究》，高鑫教授指出：“论文从权力的视点出发，集中研究了中国电视是权力影像的本质特征，角度新颖，视野独特，从而填补了我国在这一研究领域里的缺失和空白，故而有着较强的现实价值和理论意义。由于作者对中国电视媒介有着较为深入的了解，理论准备又较为充实，故而论文写得思路清晰，有理有据，言之成理。……不失为一篇用功之作。”周星教授指出：“这是一篇对电视媒介理论功能探究的有深度的论文。不同于常态的电视媒介研究的传媒形状研究，本文抓住权力之于电视媒介的理论命题，对电视媒介权力定义、内涵及特性作了很有启发性的阐发，将问题引入到对电视媒介重新审视的新背景中。”张海明教授指出：“论文的创获不再对国外有关媒介权力理论的梳理，尽管这也是作者的用力之处，而在于对中国电视媒介权力性质、与政治权力、经济权力、文化权力的复杂关系，以及这种媒介权力如何在与其他权力的转换中实施的具体探讨。”章柏青研究员指出：“视角新颖，观点敏锐。……某些观点具有独创性。”王一川教授指出：“论文的把握是基本成功的，可以视为当前中国电视媒介研究上的一次有意味的收获，对于今后的同类研究应具有启迪意义。”彭吉象教授指出：“该论文涉及一个具有较大难度的课题，而且视角也比较新颖……”

时光真是最高明的魔法师，回想2000年的灿烂秋日，世明、竹青、锦芳入学后在我家书房上课的情景，那时他们都还那样稚嫩、青春、质朴；转眼间，他们已奔向各自的工作岗位，或教书育人，或投身政务。想起和他们一起度过的三轮多彩四季，想起这三个被我称为“小家伙”的学生和小友，不由感慨系之，倍觉欣慰和温馨。三人之中，在年龄上，世明最长、锦芳最小，竹青居中；在性格上，世明宽厚、竹青细腻、锦芳热诚；在文风上，世明清通、竹青密巧、锦芳朗练。三个小家伙相处融洽亲密，上课同来同去，学业互帮互学，颇有古意，让作为导师的我大为欣慰。让我更感欣慰的是他们的成长：作为青年，作为学人，作为影视研究者和实践者的成长。围绕“中国影视与中国传统文化”理论研究和“中国影视美学”学科建设，他们入学后，开始了我一贯要求和主张的影视美学“民族化”的研究和思考。当时我还有些担心，以他们的年龄和阅历，以他们的心性和积累，他们真的能够辩证地认识“民族化”“传统性”吗？他们的作业和毕业论文回答了我。继承传统不是复古，借鉴西方不是照搬，影视“民族化”，应当是在影视创作/影视理论两个纬度上，继承传统/借鉴西方后的再度生成，应当是一种复杂的创造，而非机械的复制。

凌燕是北京师范大学艺术院传媒学院2001届博士毕业生，性格内向但文笔犀利。她的论文能把女性的纤密和男性的宏阔结合起来，自成一体，也是一位有思想、有才气的影视批评新锐。在出版社的推动下，他们四人自然而然走到一起，决心合力推出这套丛书，大有“环顾周遭，惺惺相惜”之意。他们这种建立在学术理解基础上的亲密友情，让我为之深深感动、感叹。

这套丛书的四本专著，两本观照电影、两本研究电视，研究方法不同，书稿风格自然各有偏美。翻看他们四人的书稿，既有“藏颖词间”之文采可喜，亦有“露锋文外”之后生可畏。关于中国影视的问题和前景、方向和途径，关于中国影视的民族化、现代化、大众化，在此不想重复我在许多文章中反复论述、不断思考的观点。中国影视理论建设和创作实践，是依赖整个民族共同努力的集体行为。青年人才的不断成长、成熟和加入，是这种集体行为保持活力的源泉。所以，看到他们的学术活力，看到他们的友好共进，我对中国影视的未来充满信心。

当然，作为一个过程，他们年轻的研究也许还有这样那样的不足，但他们正以认真思考和沉静努力，去完成这一过程——学术成长。《文心雕龙·才略》中有一句话——“殊声而合响，异翮而同飞”，我愿意把这句话送给四位作者，愿四位小友“殊声而合响”，为中国影视的未来而“响”；“异翮而同飞”，为中国影视的明天而“飞”。最后，我更想把这句话送给中国影视界的所有研究者、创作者，以及我自己。那样，我们的影视事业才会繁茂蓬勃，花果满枝，我们的影视品牌才能声名远播，飞向世界。

（原载于中国传媒大学出版社2006版“总序”）

一体多元整合重构：关于中国电视文化的探究
——《中国电视文化的理性重构》序

人与人相遇、相交，似乎确有一种“缘分”。记得是在20世纪即将过去的90年代末，由于中国电视艺术家协会《当代电视》杂志社王啸文先生的邀请，出席全国短篇电视剧研讨会，第一次踏上了神交已久的山城重庆的土地；在这里初识重庆电视台的李晓枫台长。按照常理，他要接待到会的来自京城和全国各地的众多领导，还有许多权威专家学者、媒体朋友；我们面对面交谈的机会不是很多，因此也没有深入进行学术探讨的预期设想。没有想到的是，就在开会的第二天，在偶然相遇时，说起对于当今影视文化的观感，他对于我们正在进行的“中国影视民族化研究”课题十分感兴趣。于是，当天中午我送了他一本随身携带的课题研究成果、由我主编并编选的《中国影视美学丛书》之一：《世纪碰撞——中西文化纵横谈》。更没有想到的是，他竟然就在这个中午舍弃休息看了这本书，又把多位台领导召集起来，谈论书中由我撰写的“总序”《中国影视美学刍议》。他的勤奋好学，他的勤于思考，让我受到很大震动。于是发生了他在博士学位论文的后记里描绘的镜像定格：“七年前一个初夏的傍晚，黄老师优雅地依靠着江水轻拍的船舷，江风拂动她的白发，在斜阳余晖和江水光波的映照中娓娓而谈，身后是深邃而耀眼的光景。”他记录了我当时所说的：“你坚持从产业和经营的层面研究电视是对的，但不能鼓励封闭性研究，只有以开放的历史观和国际的视野，从大文化层面系统研究，才能找到建设中华民族特色的电视文化艺术的正确答案。”从此，他的学习和研究转向了电视文化。两年后，他终于如愿进入北京师范大学艺术与传媒学院攻读博士学位。由此，他在身负重庆广播电视事业领头人的重任而不敢稍有懈怠的情状之下，几乎所有的周末、节假日，无怨无悔地登上“红眼”(夜航)航班，奔向北京，奔向学院，参加几乎所有的课程学习。我还清楚地记得，有几次他眼睛通红，却神采奕奕地来到教室，问他怎么回事？他说：“刚下飞机，没来得及睡觉就来听课了。”这引来同学们一片感叹声！而他的听课笔记总是记得那样详尽、规整；蓝色笔迹、红色笔迹两两分明，也惹得同学们赞誉不已。正如他自己所说：“我尽情地张扬和不断地满足因此诱导和刺激出的求知‘贪欲’”，“把别人喝咖啡的时间都用在了学习上，把个人业余生活的空间唯一地压缩到书斋里”。冬去春来，将近两千个夜晚，每晚用不少于四小时的时间，精读了中外经典理论著述10多部，参阅文件一百多种，整理学习笔记50多万字。而他的深刻体会却正是“学然后知不足”。2002年他完成了学位论文《一体多元：中国电视文化的理性重构》第一稿，在我严格审读并提出修改意见后，又改变立论、调整结构，2003年完成第二稿，其中最后两章发表后获得中国文联第四届文艺评论“理论类”二等奖，属于影视类的唯一。以此稿之思路做出开题报告，经评审专家悉心指教后，再埋头两年半，经过学习、梳理、调整、探究，而成第三稿。然后又有我近乎“严苛”的要求，而致再次四易其稿，终于形成如今的学位论文。在我的脑海中，清晰地叠印着一次又一次地接到晓枫来电，每每是他在电话里十分兴奋地报告说，刚刚又读了某某著述，受到很大启发，经过再次思考，又有了新的发现，从而对论文要做哪些修改等。他那强烈的求知精神与深入的研究收获，常常勾起我的思索与共鸣。就在这样学而不倦、思而不殆的坚持之下，五年中，他发表论文十多篇，获得中国新闻奖(唯一国家级大奖)论文类一、二等奖，主编著作八部，其中《中国电视管理实务》获中国广播电视协会理论专著二等奖。他曾感慨地说："人生需要导师，实践需要理论。理性的引导让实践保持明确目的，又不断地产生理性成果，引导实践向更高层次发展。这样，人也许活得沉重与忧患，但人会活得更高尚与清醒"。这就是我引以为傲的学生李晓枫！

正是基于以上的事实，我在晓枫申请博士学位论文答辩时写下这样的评语："李晓枫同志在坚持重庆广电集团领导岗位的同时在职读博。几年来认真对待全部课程，成绩优秀。每日大量阅读并重点钻研国内外相关书籍刊物达数百种常至深夜，可谓刻苦勤奋；且长于思考，深入探究理论之真谛。对于中国电视文化的理性重构问题进行反复思考，其学位论文修改达七稿，达到了理论创新的要求。"我想，这一评语是实事求是的。

关于电视文化的定位，晓枫经过数年研究与反复思考，在他的学位论文中提出了"公共文化"的概念，深入地进行论证并系统地阐述其内涵与外延特征，以此作为中国电视整合重构的理论基础。这可以认定为论文的第一个创新点。他又进而提出中国电视文化结构"一体多元"的观点，认为在电视文化的形态结构中，应当有其主体性的建构。无论是资源配置、价值观念或是艺术形态，都应有表现其本质特征的、起主导作用的"一体"；而电视文化整体又是一个开放性结构，其多样化、个性化的存在，则作为与"一体"并存互补的多元。这可以认定为论文的第二个创新点。同时，对于电视文化的发展，他提出了"整合重构"的原则。认为应当以科学的发展观为指导，着力克服电视资源的小型、分散而直接引发的恶性商业竞争，及由此导致的理性迷失；并正面论述了自己的建设性主张：对电视文化各要素进行系统整合，体系重构，以推动其全面、协调、可持续发展。这可以认定为论文的第三个创新点。应该说，在论文中这些创新点，富有个人突出的学术理念，富有重要的理论创新意义与实践指导价值。从整体上看，他的博士学位论文论题明确、立论鲜明、论述有力、布局完整、文字流畅，屡见具有开创性的独到见地。同时，结合本专业领域的实际十分紧密；并以中华电视文化之独特本质，作为剖析现实、启迪未来的强力支撑，呈现出论者深厚的民族文化积淀；又特别着重于马克思主义的精髓对于中国电视文化的指导性，显示了作者特有的理论功底。

我们特地邀请了国内本专业权威的专家、学者参加晓枫学位论文的评审与答辩，他们是北京大学艺术学院副院长、博士生导师彭吉象教授；中国人民大学新闻学院副院长、博士生导师喻国明教授；中国传媒大学博士生导师高鑫教授；中国传媒大学学报《现代传播》主编、博士生导师胡智锋教授；北京师范大学博士生导师王宜文教授。为了更全面、客观、科学地评价晓枫的论文，谨录如下。

喻国明先生的评议："李晓枫同志是我国传媒一线创新探索的实践者，同时，又颇多理论思考，其观点往往能够直击现实问题的要害。他的博士论文以建构中国电视文化理论为主旨，在广泛资料采集和案例分析的基础上，经过理论的严整分析、梳理，提出了整合重构电视文化的"一体多元"模式及实践路径。论文对电视文化的定位阐释、对其公共文化身份及其本质的揭示和论证，特别是对于构建具有中华电视文化表现特色的发展战略与策略路线的分析，都是具有理论创新意义、特别是实践指导价值的科研成果。论文立意高远，逻辑架构合理，论点论据的结合充分有效，行文流畅，颇具感情，表现了作者对于电视工作的深深热爱和高度的社会责任感。总的来看，这是一篇质量上乘、理论与实际结合很好的博士论文。"

高鑫先生的评议："李晓枫同志既是电视文化的创造者，又是电视文化的领军人，更是电视文化的思考者。正是这种独特的文化身份，使他以独特的理论视野，准确地把握了中国电视文化的要害。故而其博士论文的论题《一体多元：中国电视文化的理性重构》具有鲜明的现实价值，更有深远的文化建设意义。论文中深刻、尖锐地指出了中国电视文化存在的根本问题——理性迷失；科学地提出了中国电视文化应有的发展趋向——一体多元。主旨明晰、立意准确。全文紧紧围绕这一电视文化的重要实践和理论命题，多角度、多侧面、全方位地予以事实充分、令人信服的科学论证。文中字里行间跃动着一线电视人火热的赤子之心，更跃动着一个思想者深刻的文化批判精神，不失为一篇优秀的博士论文。不足之处是：一、对中国电视文化现象的描述和判断，似应更为科学、准确；二、对'主体不分，多元泛滥’这一重要论点，似应做出更为充分、更为科学的阐释。”

彭吉象先生的评议：“通过申请人长期的研究和资料的积累，为这篇论文的撰写奠定了坚实的基础。这种学习态度和求知精神是难能可贵的。论文视野开阔，注重多学科的系统研究，将基础理论与应用理论、理论升华与实践运用结合起来，提出了新观点与新看法，具有独到见解，并在该领域取得了突破性成果。尤其是该论文在电视文化的结构上，首次提出了‘一体多元’的观点，并将其拓展到电视价值理念的‘一体多元’、电视表现形态的‘一体多元’以及电视产业体制的‘一体多元’等。这些观点和看法，不但对于中国电视文化建设具有重要的理论价值，而且对于当前我国电视业的体系重构、资源配置、创作理念等一系列重大问题也具有重要的实践意义。其中，包括“新人文精神”等观点的提出，也是颇有新意的。论文逻辑清晰、资料丰富、表达准确、文字流畅，是一篇较为优秀的博士学位论文。”

胡智锋先生的评议：“论文立足于中国民族电视文化生存发展的现实土壤，放眼全球电视文化的潮流与趋向，对中国电视作了系统、全面、深刻的理性阐释，是该领域近年来具有开拓性意义的理论学术成果。同时，作者脚踏实地，对中国电视文化历史、特别是现状作了相当深入的考察与剖析，建立在大量丰实而有说服力的实践积累基础上，极有针对性地提出了一系列富于创见的思想观点，具有相当强的现实指导意义。该文所提出的电视文化定位是‘公共文化’、电视文化的结构是‘一体多元’、电视文化发展的‘整合重构’原则等观点新颖、独到，发人深思，毫无疑问具有重要的理论学术意义与现实指导意义。作者写作态度认真，立论成立，全文结构严谨合理、文献材料扎实丰富、书写规范、表述流畅。从整体上看，该文显示出作者在该领域相当深厚的学术积累和实践积累。不足之处：部分文字表述不够准确，文献材料还可以进一步充实加强。个别注释有错别字（如作者名字）。”

王宜文先生的评议：“李晓枫的博士论文《一体多元：中国电视文化的理性重构》有很强的使命感和针对性，对中国电视文化的核心问题，从高度的理论层面和具体的实践层面都进行了深入思考和充分论述，具有很好的理论启发性和实践指导价值。论文的特点大致有以下几个方面：一、强烈的文化批判与文化建设意识。论文视野宏阔、立论锐利、有针对性。作者对论题——中国电视文化现状，有着充分深入的认知与把握，其所进行的文化分析与批评也是切中要害、犀利深刻的。我特别赞赏作者的是，在讨论中国电视文化这一重大课题时，一般的论者通常只是提出问题、分析问题，在解决问题和提出建设性方案方面十分欠缺，也就是说，人人都看到了问题的严峻性，但是，人们满足于指出问题，甚至过于渲染问题，以突出其观察的'尖锐'；但中国电视文化的现状更需要从理论和实践层面提出切实可行的解决方略。在这方面，论文作者做出了突出贡献。论文既怀有强烈的文化批判视点，以观照中国电视文化现状；同时又以理性的分析和强烈的使命感，提出电视文化建设的具体方案，这是特别值得赞赏的。二、合理的理论架构，充分的实践指导。如前所述，作者对论题有着深刻的理解，因而，可以高屋建瓴地审视中国电视文化的现状，并由此提出中国电视文化的发展方向，将其升华为体系严谨的理论构建。作者所提出的'中国电视文化的整合重构'的理论阐析是充分合理的，因而随之进行的关于'电视价值理念''电视表现形态'和'电视产业体制'，的具体引证也扎实确切，具有很强的实践指导性和可操作性。这样的研究十分有意义，对于中国电视文化建设、乃至整体民族文化建设，都是大有裨益的。三、论文写作的主体意识和学理精神。这是一篇富有使命感和学术激情的论文，主要表现在三个方面：媒体参与人的独特身份，使其可以近距离地观察与分析业界现象；大量第一手资料的运用以及丰富的传媒案例，使论证过程变得生动形象；作者的主体意识，主要表现为行文中流露出的情感、责任感、价值观念等。以上三点构成了论文的感性部分，使得论证过程富有生机活力。虽然在行文中可以清晰地看出作者强烈的主体意识，但持论是冷静公允的，具有扎实的学理基础。"

综上我们可以看出，专家们既是以各自的学术眼光对论文做出学术评价的；又同样坚持了严肃的、严格的、严谨的学术评议标准。他们既针对论文的创造性与突破性进行审视，又针对论文的理论意义与应用价值进行评估；既针对论文对前沿研究现状的把握进行查验，又针对论文中体现出作者的基础理论是否坚实宽广，专业知识是否系统深入以及是否具有很强的独立科研能力等方面进行评断；既针对论文的难度及工作量进行体察，又针对作者的学风和写作能力(包括材料是否翔实，结构是否严谨，推理是否严密，学风是否严谨，以及逻辑层次强否、文字表达准确与流畅否等)进行评判；并由此对于晓枫学位论文之创新性价值、开拓性意义、突破性发现、挑战性应对；以及由此展示出的治学品格、文化积淀、学术功力等，做出了充分的理论剖析与肯定。同时，也对论文还可以进一步深化研究的问题提出了意见与建议。这些认真的、诚恳的评议，对于晓枫学位论文的进一步完善，特别是对于他今后更加深入的展开学术研究，更加奋勇的攀登学术高峰，具有十分重要的长远意义。

我曾多次对博士生说过，也在为已经毕业的博士们著作出版而写下的文字中真诚地表达过自己由衷的深刻感受：感叹于他们赶上了改革开放的新时代，有如此大的福气攻读到最高阶段，而我们这些年长者，只有羡慕与遐想的份了！我也诚挚地告诉他们："作为知识分子，一生可能会写出许多文章；但'博士论文'者，除去特殊情况之外，只能是独此一篇，它的重要意义无论怎样估计也是不过分的。因此，希望大家尽己之所能，把个人全部的精华和积淀倾注其中，以此为自己、也为世人留下一份珍贵的印迹。"这无疑是对于每位博士学位论文写作者的独特价值和意义；当然，也是晓枫和他的师兄弟们给予我的一份珍重的记忆。

（中国广播电视出版社 2007 版《中国电视文化的理性重构》"序"）

《光影之舞》序——为学会十年而作

遥想 1998 年，面对全国高校影视教育的迅速发展，亟须集合力量以推进影视学科的建设，于是我们联合关系密切的几所兄弟院校，组织了筹备组，进行了认真商讨，起草了相关文件，携手向中国高教学会申请创办中国高校影视教育研究会，并如愿获得了批准。由此，开始了中国影视教育研究会(后规范名称为：中国高教学会影视教育专业委员会)的起步。从此，同道者同心同德，无怨无悔，跋涉至今，迎来了今年的第十届年会。

回头望去，汇聚在这一学术集体中近百所高校，数百位同行，由筚路蓝缕，开疆拓土，到创造佳绩，培育英才，十年间为国家做出了自己独特的贡献。

细细数来，家珍叠现：似可概括为"起点高""中腰壮""纵深广"。

一

先说“起点高”，第一、第二届年会可以为证。

第一届：1998年5月，在中国高等教育学会支持下，北京师范大学、北京大学、南京大学、南京师范大学、西南师范大学、山东师范大学、贵州师范大学等学校在北京师范大学召开中国高教影视教育研讨会，商讨建立研究会的必要性和可行性。会议认定：电影和电视是19世纪以来人类最富有想象力的发明。今天，谁也无法否认它已经对人类生活产生了巨大影响。随着社会的发展和教育水平的提高，影视教育已深入中国高校，成为最受大学生欢迎的课程之一。同时，它的特性又使它成为美育教育的重要内容和媒介，这是其他艺术样式无法比拟的优势。因此，影视教育必将在21世纪凸显出不可替代的作用和价值。中国高校的影视教育刚刚开始，面临许多困惑与难题。中国高等教育学会影视教育研究会(筹)旨在团结全国从事影视教育的同行，为大家提供一个交流、研究、学习的机会，集聚起来将中国高校的影视教育提高到一个新的水准。我们将在教材编写、资料共享、师资培训以及与世界各国影视教育界的交流往来等方面做一些踏踏实实的工作。会议强调：研究会筹建开始就受到国家教育部艺教司领导和中国高等教育学会领导的亲切关怀，得到广大同行的大力支持，从而相信我们的共同努力，一定会对中国高校影视教育发展产生积极的推动作用。会上成立了筹备组，开始进行各项工作。

第二届：1999年5月26—28日，在中国高等教育学会支持下，在北京师范大学召开“中国高教影视教育研究会成立暨学术研讨会”。来自北京师范大学、北京大学、南京大学、清华大学、复旦大学、四川大学、中国人民大学、南京师范大学、上海交通大学、西南师范大学、山东师范大学、首都师范大学、北京理工大学、吉林大学、浙江大学、四川师范大学、同济大学、中国艺术研究院、北京印刷学院、北京电子科技学院、安徽大学、合肥工业大学、华中师范大学、华中农业大学、河北大学、河北师范大学、海南师范大学、哈尔滨师范大学、北京教育学院、天津教育学院等几十所高校的教师，与中国教育电视台、北京电视台、安徽教育出版社等单位的代表参加了这次会议。教育部艺术教育司和中国高等教育学会发来贺信。北京师范大学副校长郑君礼出席大会并宴请全体代表。在三天紧张、热烈的会议中，代表们主要讨论了以下几个问题：1. 关于研究会的筹备工作(从略)。2. 关于影视教育的现状。与会代表认为，目前国内非艺术专业院校的影视教育大致分为三个层次：一是专业实践型，如北京师范大学艺术系，具有专科、本科、硕士、博士等层次完备的教学体系。二是拓展融会型，如各校中文、新闻、传播、电教等系开设的基础课，影响较广，有一定深度。三是普及提高型，即许多学校作为全校公共选修课，主要目的在于提高学生的艺术素养和鉴赏能力。总之，在中国普通高校中，影视教育是一门颇受青年学生欢迎的课程，在校园掀起影视热潮是比较容易的，关键在于如何持续发展，并进一步深化和提高。3. 关于影视教育发展战略：①加强对电影电视媒体的本体研究，发出高校影视研究自己的声音。②联合各校艺术、中文、新闻、传播、电教系科的师资力量和音像资料，形成集团优势，立足高校，向外界拓展。③以大学生电影节为窗口，鼓励学生制作影视短片，开展学生影视作品评奖活动，加强学生的实践能力，积极扩大社会影响。4. 目前亟须解决的问题：组织编写出版一套高水平的公共影视课教材和学术著作，组织音像参考资料。定期或不定期出版会刊或简讯，建立起信息共享渠道。5. 选举理事会。会上，代表们讨论通过了研究会(筹)章程，以民主的方式选举了28位理事，组成中国高教影视教育研究会第一届理事会，由黄会林担任会长，彭吉象、董健、李亦中、张同道担任副会长(兼秘书长)，陈旭光、周安华担任副秘书长，名单上报中国高等教育学会。与会代表一致认为，这次会议会风务实、思路开阔，提出了许多富有开拓性、前瞻性的意见，为研究会未来的健康发展奠定了良好的基础。同时也有代表指出，在这次会议中，尚有许多高校没能参加，今后还要进一步壮大队伍，优化会员结构，并加强与企业界和媒体的合作，不断扩大影响。会议还特邀歌德学院北京分院院长柯蒙夫先生、中国电影艺术研究中心李讯先生、法国导演范华先生，分别就德国影视教育、美国影视教育和人类学纪录片等问题做了专题报告。

初始两次年会的共同主题是：研讨和交流影视教育的新气象、新方案，促进影视教学经验的普及和应用，对于推动和促进我国影视教育总体水平的提高发挥了良好作用。由于议题确立得当，会议的学术交流得到国内影视教学和科研单位的支持，实现了相关业界和学界的对话互动，起到了传经送宝的积极影响，受到与会成员的热烈欢迎。因而，我想这可以认为是"起点高"。

二

再说"中腰壮"，第三至第六届年会可以为证。

第三届：2001 年 8 月 10—16 日在贵州师范大学召开了"中国高校影视教育学术研讨会"。本届年会由贵州师范大学中文系承办。贵州省教育厅封孝论厅长前来参加会议并宴请全体代表。本届年会目的是进一步为大家提供研讨、交流、提高的机会，推动普通高校影视教育(专业与非专业)发展。会议就下列学术主题展开了深入研讨：1. 大学影视教育内容与方法研讨；2. 非专业影视教育教材研讨；3. 中国影视教育的现状与发展研讨；4. 与影视教育、影视艺术相关的专题研讨。众多专家、学者在会上作了主题报告，如"高校影视教育研究会的时代使命与社会职责"(黄会林)、《高校影视研究会学术研究与学术推广的状况及未来构想》(彭吉象)、"高校影视教育的现状与设想"(周星)、《当前电视媒体改革中的理论热点探索》(于丹)、《网络环境下的视听传播》(熊澄宇)等。与会代表从不同层次和方面探讨了影视学科的前沿问题，并对学会未来的工作提出了很多建设性意见。会议还在张同道教授主持下专门研究了"普通高校非电影专业通用教材"的编写，最终确立了《电影艺术导论》的编写框架、学术风格、工作日程，拟定了《电影艺术导论》教材大纲。会议还组织了"电影电视经典观摩研讨会"，特邀有关专家就视听语言、影视美学、经典电影读解、纪录片、电视栏目、电视文艺等专题作了学术讲座，与会代表和参加年会的大学生反响强烈。会后组织与会者赴贵州"黄果树"等山水名胜考察采风。

第四届：2002 年 7 月 21 日在辽宁大学召开"全国高校影视教育高级学术研讨会"由扈光辉院长、庚钟银副院长主持操办。辽宁大学副校长刘志超、辽宁广播电视局副局长许波、辽宁电视台台长李刚、中国电视艺术家协会《当代电视》副社长王啸文等领导出席讲话，来自北京师范大学、北京大学、中国人民大学、南京大学、四川大学、同济大学、北京广播学院等全国30多所高校从事影视教育的教师50余人与会。会议就大学影视教育的意义、内容与方法问题；大学影视专业和影视公共课教学问题；中国影视教育、影视艺术与影视事业的现状与发展等问题展开了热烈、广泛的讨论。此次会议的特点是紧密联系影视业界，力求达成学术前沿、影视教育前沿与影视业界前沿、实践前沿的深层次学术互动和观念交流。专程参加会议的辽宁广播电视局许波副局长、辽宁电视台李刚台长、中央电视台体育中心周经副主任等从影视事业发展的实际状况出发，切中肯綮地深刻论述了当下影视事业发展遭遇的某些瓶颈问题，并对高校影视教育与影视人才培养提出迫切而诚恳的希望与要求。会议还对影视理论与操作策略中的前沿问题进行了深入研讨。关于教材编写，会议就部分初稿进行了讨论，进一步确定了分工，根据新情况调整了编写人。北京大学出版社副总编、高等教育出版社和河北人民出版社编辑也踊跃参会，希望与学会的老师们合作，对于支持高校影视教育事业表达了热切而积极的意向。会后组织与会者赴旅顺、大连进行采风考察。

第五届：2003年11月16—18日在重庆召开“中国高校影视教育学术研讨会”。本届年会由西南师范大学、重庆邮电学院联合承办，虞吉教授、夏光复主任等主持操办。会议围绕影视教学、学术研究、教材编写和学会未来工作，进行了认真总结和广泛讨论。会议的突出重点在于：一、西南师范大学校长宋乃庆、重庆邮电学院领导刘达斌出席大会，对与会专家表示热烈欢迎；介绍了西南高校对艺术教育、特别是影视教育的重视和推进情况，表达了希望兄弟院校帮助西南影视学科发展的迫切愿望。二、内蒙古师范大学代表致辞中，一方面感谢承办方提供的共同探讨高校影视教育的平台；另一方面回顾近20年高校影视教育的艰难跋涉历程，当前一些院校已经取得相当成绩，跨越了早期的空白境地，但是还有很多院校从事教研工作十分困难，如内蒙古自治区只有内蒙古师范大学和内蒙古大学两所高校开设了影视选修课程，选修率极高，说明学子们的迫切需求，因而成立学会是人心所向，为教师们学习交流提供了极好的机会，希望学会越办越好，成效显著。三、本届年会又有来自内蒙古和上海等地的高校纷纷加盟，到会 135 人，分属 80 余单位，说明学会规模得到很大发展。四、会议就下列学术主题展开讨论：①《电影艺术导论》研讨；②中国影视教育的课程设置与发展研讨；③与影视教育、影视艺术相关的专题研讨。并特邀北京电影学院周传基教授作专题学术报告，使与会者有机会了解电影研究的新锐理念。五、学会成员按照民主程序修订了学会章程，改选了新一届组织机构，选出会长黄会林，副会长彭吉象、周安华、张同道(兼秘书长)，副秘书长陈旭光(常务)、庚钟银(北)、虞吉(南)，常务理事 18 人，理事 40 人；并作出了新一年的工作安排。六、与重庆电视台合作举办专业培训系列讲座，由黄会林、彭吉象、胡智锋、于丹等分别作了主题报告，被业界认为“讲座无论是对节目制作人员更新观念，还是对品牌节目建设都具有指导和促进作用”。七、特别突出的是，在这个不同寻常的年份里，在“非典”肆虐的日子里，教材编写组在张同道教授带领下，不辞劳苦，殚精竭虑，终于完成了中国非影视专业高校第一本代表最新影视学术理念和学科研究水准的电影课程教材《电影艺术导论》，并由中国计划出版社出版。由学会主持编写的这本教材凝聚了大家的心血与智慧。会议对这部教材给予高度评价，热情肯定教材的规范性、学术性、科学性，很多高校踊跃预定，从而发挥了推动普通高校影视教育发展的积极作用。

第六届：2004 年 10 月 23—25 日，“中国高等教育委员会影视教育研究会 2004 年年会暨影视艺术发展与教育学术研讨会”在上海大学举行，影视艺术技术学院金冠军院长主持操办。这是历届以来规模最大、内容最丰富、学术氛围最浓厚的一次年会。来自北京大学、北京电影学院、中国传媒大学、北京师范大学、中国艺术研究院、复旦大学、南京大学、纽约大学、旧金山州立大学等海内外近百所大专院校的学者、教授、专家会聚一堂，共商中国高校影视教育大策。中国高等教育委员会沙玉梅主任，北京电影学院院长张会军教授，上海大学党委书记、常务副校长方明伦教授，上海戏剧学院副院长张仲年教授等应邀出席会议并讲话。会议除了听取学会工作报告、审议学会下年度工作安排外，重点举办了“影视艺术发展与教育学术研讨会”，与会学者、专家主要围绕“影视艺术教育理论与实践”“影视美学理论与新范式研究”“影视创作与产业化研究”和“中国新影像与导演代际研究”四方面内容展开了对话与交流。

一、影视艺术教育理论与实践。研讨和交流影视教育的新现象、新经验，促进我国影视教学科研总体水平的提高，一直是学会重点关注的课题。来自国内外的学者围绕着影视艺术教育理论与实践的一系列问题展开了对话与探讨。如学会会长、北京师范大学艺术与传媒学院院长黄会林教授的主题发言《关于影视艺术教育与学科建设之思考》。作为学校影视学科建设的领导者和见证人，她的发言对于全国影视学科建设具有一定借鉴意义。又如近年来上海大学影视艺术技术学院凭借自己独特的办学模式脱颖而出，在影视教育和学科建设上取得了许多成功经验。学院常务副院长金冠军教授做了《关于影视专业建设的几点思考》的主题发言。北京电影学院院长张会军教授与上海戏剧学院副校长张仲年教授两位专业院校校长的主题发言，则从更为宏观的视野论述了大学发展和影视艺术教育。有些学者从微观理论层次论述了影视艺术教育理论与实践问题。如北京大学艺术学系书记、副主任彭吉象教授做了题为《加大电视在高校影视教育中的分量》的主题发言。西南师范大学虞吉教授提出了“影视及相关专业的通识基点”的命题。有的学者还从一门影视专业课程入手对影视艺术教育进行了探讨。如北京大学陈旭光教授提出开设影视艺术编导课应该处理好八大关系。同济大学聂欣如教授则从大学工科背景出发，提出影视编导课程设置的思路。来自旧金山州立大学的汪绘雨女士介绍了旧金山州立大学电影系的教学状况，建议国内高校影视教育应注重制作能力培养。西北大学曹小晶老师介绍了开设公选课《影视鉴赏》的经验心得。由上海大学金冠军教授和邢虹文讲师主持的《影视教育与上海大学生素质培养调查报告(2004)》则从实证角度探讨了影视教育对大学生素质教育的影响，论证了影视教育已经成为大学生素质教育的重要内容，但是在影视教育的方式和途径上还有待改进。

二、影视美学理论与新范式研究。本届年会一个重要特点是与会学者关注影视教育与理论双轨研究，不仅探讨了影视艺术教育层面的问题，也就影视艺术的一些新理论、新范式和新命题进行了互动交流和对话。关于电影美学与理论研究一直是我国影视美学理论研究的重镇，在会上依然是大家关注的重要内容。南京大学周安华教授在21世纪重新审视了电影研究的比较艺术学，发言富有锐气和创新意识，对于当下电影研究具有启发意义。上海大学潘秀通教授在《科学化与群众化——论中国电影理论话语的新世纪突围与创新》发言中论及了21世纪中国电影理论及美学话语的创新问题。江苏警官学院彭耀春教授在《论20世纪50年代中国电影理论的特征——以夏衍的〈写剧本的几个问题〉和张骏祥的〈关于电影的特殊表现手段〉为例》发言中提出20世纪50年代中国电影理论的特征是"电影性""民族性和群众性"。对于50年代中国电影理论的再检视，不仅是一种回忆，更是一种对当下电影理论研究的启发。东南大学田兆耀老师也从历史的角度反思了电影理论。有的学者还探讨了电影风格理论，对于传统的电影风格认识有一定超越。西南师范大学的段运冬则对目前理论研究尚薄弱的动画领域展开了富有成效的研究，并呼吁更多的电影理论工作者关注当下电影动画的艺术形式的理论研究。关于电视艺术理论研究在会上也引起学者们极大注意。上海大学金丹元教授做了题为《电视审美中的民间文化、纪实性和人文色素》发言，观点富有说服性，对于提升当下电视理论研究有一定价值。上海大学林少雄教授则对影视研究的关系进行了理性思考，引起了与会学者兴趣，围绕着影视分家问题展开了讨论。南京师范大学的陈积德认为影视分与不分家各有利弊，应视具体情况而定。上海大学蓝凡教授提出"电视艺术是艺术，电视不是艺术"的观点，也引起了不小的争鸣，可见关于电视的艺术定位还是有待进一步探讨的课题。有的学者还从其他角度切入电视艺术研究和探讨。聊城大学金洪申老师在《现代化进程中的电视剧》中考察了现代化进程中电视剧的艺术品质。渝西学院田义贵副教授在《身处霸权语境中的电视受众》发言中，提出身处霸权语境中的电视受众是"受控的弱者""乌合之众的有限抵抗"和"被兜售的'商品'"。

三、影视创作与产业化研究。全球化背景下，聚焦中国民族电影和审视文化产业是研讨会的又一热点，许多学者就此提出了自己独到见解。上海大学陈犀禾教授《文化产业研究和法兰克福学派》的主题发言，重点探讨了文化产业研究在当代中国电影研究中的地位，厚重的文化产业研究，对于民族电影的反思与突围具有启发意义。北京师范大学肖永亮教授从数字技术入手探讨了文化产业。上海大学林少雄教授《从电影的发明看其艺术与产业属性》，主要从历史的视野论述了电影艺术的产业属性。山东艺术学院姜静楠教授则对产业化进程中中国电影的观念提出了自己的见解。北京电影学院倪震教授从"软实力"命题切入分析中国影视产业。另外，南京师范大学贾冀川副教授的《民族电影：全球化语境下的困惑与命运》和南京师范大学王丽娟副教授的《中西文化的历史对话——论“电影民族化”讨论的本质及意义》发言，从不同侧面论及全球化语境中中国民族电影的困境与突围问题。中国艺术研究院贾磊磊教授重点谈了中国电影的9种形态以及每种影片在中国电影格局中的地位和特点，对于把握当前中国电影状态很有借鉴意义。西安财经学院王卓慈教授则论述了实现陕西影视文化产业化的对策。有些学者重点探讨了中国电视生产的理论与实践，中国传媒大学胡智锋教授在《当前中国电视生产与传播的几种新理念》中谈了中国电视理念发展的三个阶段和电视传媒本体意识的四对关系。上海大学曲春景教授在《电视剧制作中的形而上学陷阱》发言中提出了富有启发性的主张，认为必须清除电视剧制作中的形而上学陷阱。中国传媒大学戴清教授的发言则专门讨论了涉案题材电视剧创作问题，主要从涉案题材电视剧的类型特征把握其文化品格，并对该类作品在思想内涵、叙事动力以及人物形象塑造等方面存在的问题做出分析。

四、中国新影像与导演代际研究。随着新生代导演的崛起和DV视像的流行，关于中国新影像与导演代际研究成为与会者关注的新话题。北京大学陈旭光教授认为“第六代”导演是一种个体主体性的成长；个体自我意识的觉醒是新生代导演留给人们最初也是最深刻的印象；新生代导演带有明显的先锋性特征。苏州大学倪祥保教授《论中国电影第五代与第六代的“代沟”》系统地论述了第五代与第六代的差异。上海大学聂伟博士则从美学角度论述了第五代与第六代的差异。上海大学吴小丽教授在《女性意识的退守及其多元呈现——新世纪以来部分女导演作品分析》中梳理了近年来中国女性影片的流变，其发言细腻而独特，对于认识我国女性电影的演变富有启发意义。对于DV新影像的探讨也成为研讨会的新亮点。上海大学蓝凡教授的《DV艺术论》是对DV新影像较为彻底且富启发的研究。年轻学者邱宝林对青年DV影像进行学理性分析，剖析了其中文化精神、叙事策略和传播方式。重点探讨了当前青年DV影像潜伏的传播危机问题，主张青年DV影像要反观自身的不足，同时成人社会也应给予青年DV影像更多的宽容和支持。

总体上看，本届年会具有以下三个特点：第一，研讨会信息量密集、视域广泛。会议收到学术论文60多篇，近百名学者专家出席，将近50人次发言，成为影视艺术信息的集中地。同时，大会发言角度各有特色，或纯思辨、或实践探索、或实证调查，展现出异彩纷呈的态势。第二，影视教育与理论双轨探讨，理论与实践互动并生。影视艺术发展与教育学术研讨既体现了重点探讨影视艺术教育的特色，又兼顾了影视艺术理论探究，为研讨会现场人气旺、氛围好提供了基础。第三，首次设立“中国高校影视研究学术奖”。为了鼓励并促进有成就的影视教育工作者脱颖而出，学会组织专家评审并颁发了第一届“中国高校影视研究著作奖”“中国高校影视研究论文奖”和“中国高校影视研究教材奖”。

从第三届至第六届年会所有这些特点，我想可以认为是九届年会“中腰”阶段丰厚而壮实的表征。

三

最后说到“纵深广”，第七届至第九届年会可以为证。

这三届年会由此前于北京、贵州、辽宁、重庆、上海召开之后，继续向我国中部进行纵深开拓。

第七届：2005年8月16—19日，“中国高教影视教育专业委员会第七届年会暨影视艺术发展与教育学术研讨会”由江西南昌大学影视艺术研究中心承办，胡辛主任主持操办。中共江西省委常委、宣传部长刘少阳，南昌大学校长周文斌，全国政协常委邵鸿，中国高校学会沙玉梅主任，江西出版总社周榕芳社长，江西卫视裴强健台长等出席大会。刘部长发表了热情洋溢的讲演，指出：这次会议云集影视教育界精英学者共同探讨专业前沿问题，在江西还是第一次，有利于推动江西影视艺术的繁荣，对江西文化艺术事业及文化产业发展，具有重要意义。黄会林会长代表学会致辞，指出几年来在各方面关怀、支持下，学会大力促进影视高层人才的交流和学术的交流，初步实现了来自多方的互动，并积极推进影视教育体制改革，开启影视教育产业化的机缘，学会成员承担了重要的社会学术职务，以不同形式出现于影视业界前沿，为中国影视事业不辞辛劳。如今面向21世纪，更要努力克服困难，抓住机遇，力求从知识经济、文化产业角度，引导中国影视教育的转型。新时代的学会，应当升级成为影视教育的人才库、思想库，为中国影视文化事业继续奋斗。江西广播电影电视厅、江西电视台、江西省新闻出版集团、江西日报等六单位联合发来贺信；江西卫视等多家媒体进行了报道。

众多专家学者们，齐聚于有着光荣革命传统的英雄城南昌和扬名海内外的庐山，共同探讨交流当今影视艺术、影视文化、影视教育、影视产业发展中的诸多前沿课题，设立的主要议题有：1. 电影艺术理论研究。包括：①百年中国电影的历史学、美学、产业经济学审视。本届会议恰逢中国电影百年华诞，与会专家学者们饶有兴致地回眸百年中国电影走过的不平凡路程，对“百年中国电影”这个学术命题进行了十分必要的再审视与再思考。②中国影视产业的发展与前瞻。在回溯历史的同时，更加关注当下中国电影的现状与出路，于是“电影产业化”在本届会议上的探讨是一个热度不减的话题。③全球化时代影视美学及理论研究的新趋势。④大众传播视野中的影视文化。2. 中国高校影视教育研究。包括：①影视艺术学科的学科建设及学科规范。②高校影视教育的历史回顾与未来展望。③高校影视教育与21世纪中国影视业的互动发展。④大学生影视制作能力的培养与素质教育。3. 高校影视教育经验交流。包括：①高校影视专业教育的经验交流。②高校美育的经验交流。共计三个大项十个小项，可谓琳琅满目，多姿多彩。在会上引发的热烈争辩，常常使会议欲罢不能，直至深夜。

会议的承办方南昌大学影视艺术研究中心介绍了作为地方综合性大学，开办影视艺术教育的艰辛与欢欣，并由此提出一个命题，即如何结合地方高校影视教育实际，进一步探研影视艺术教育的地方特色。大家感触于无论是在南昌，还是在庐山，都深深感受到江西这方“红色摇篮，绿色家园”的地域，孕育着丰富的影视文化资源。南昌大学的影视教育致力于盘活江西“红色文化”“绿色文化”“古文化”这些影视专业教学与科研取之不竭的“富矿”资源的思路与行动，给予本届会议宝贵的启示，即把影视传媒与艺术教育做成一种生动的思想政治教育形式和先进文化的传播方式，是大有可为的。

此届年会的鲜明特点是：第一，视域广泛，学术含量高。会议收到论文近百篇，印制成四百多页的“学术论文集”，涉及影视艺术、影视教育多个领域。会议安排了“理论前沿”“教育前沿”“史论前沿”三场主题发言；“影视美学及理论”“影视创作及产业”“影视教育”三场专题研讨；以及庐山“云庐山庄”两场圆桌学术讨论。60余位代表争相发表学术见解，透视深入，启示性强，掀起了新一轮的研究热潮。第二，褒奖先进，激励创新。会议评选出第二届中国高校影视研究学术奖，获奖成果显示出我国高校影视研究的空前活跃。评奖活动也进一步激励了高校影视教育工作者开拓进取、奋发有为的活力，全面提升了高校影视教学和研究的水准和质量。第三，形式活泼，交流充分。会议既有一场场“学术盛宴”，又有增强爱国主义精神的名胜考察；既有会场的对话，又有会外的切磋。庐山行也使大家开阔了眼界，增长了知识，是一次学术之旅，交心之旅。第四，强化了组织体系。依据“科学、健全和效能”的原则，对学会机构进行了充实和调整，增补了理事与常务理事；并经大会通过，今后凡三次无故不参加年会者，视为自动退出。这些举措进一步增强了学会的凝聚力、感召力，为今后发展奠定了良好基础。

第八届：2006年9月26日，中国高等教育学会影视教育专业委员会“2006年年会暨第八届影视文化与教育学术研讨会”在湖南大众传媒职业技术学院学术报告厅隆重举行，本届年会由学院冯一粟院长主持操办。中共湖南省委教育工作委员会书记、湖南省教育厅厅长张放平，中国高等教育学会影视教育专业委员会会长黄会林教授，中国高等教育学会影视教育专业委员会副会长彭吉象教授、张同道教授、周安华教授，湖南大众传媒职业技术学院党政班子成员，湖南大学党政班子成员，来自全国七十余所高校从事影视教育与研究的近百名专家学者，出席了本届年会与学术研讨会。大会由湖南大众传媒职业技术学院院长冯一粟教授主持，张放平厅长在会上发表了热情洋溢的讲话，对大会的召开表示热烈的祝贺，对影视教育的重要作用进行了高度的评价，对作为文化大省、教育大省与传媒大省的湖南进行了简要的介绍，并对本次会议的召开寄予了高度的期望，称其为促进各高校影视教育的学术交流和影视理论的探讨搭建了一个良好的平台，对推进中国和我省影视教育、影视艺术、传媒产业的发展和繁荣都将起到十分积极的作用。

本次会议分影视理论与影视教育两大主题。与会人员就中国电影、电视文化，中外影视教育的基本类型、模式、特色，以及中国影视教育存在的问题及对策进行了深入探讨。

会议在影视艺术研究和影视艺术教育研究方面取得了突出的成果，代表们思想活跃、各抒己见，如朱大可教授的诸种电影叙事理论、萧永亮教授的创意产业发展理论、陈犀禾教授的影视教学改革经验等，引发了与会代表的浓厚兴趣，产生了强烈的影响。会上专门研究了由学会主编、张同道副会长主持第二部专业教材《电视学导论》的工作。会议代表还在承办方湖南大众传媒职业技术学院组织下，到文学大家沈从文先生的故乡凤凰古城进行了采风考察。

第九届：2007 年 8 月 21 日到 24 日，中国高教学会影视教育专业委员会“第九届年会暨影视文化与教育学术研讨会”在浙江杭州举行，由浙江传媒学院承办，项仲平副院长主持操办。该次会议主题为“影视文化与教育”，学会会长黄会林教授主持专题研讨，来自北京师范大学、北京大学、浙江大学、南京大学、上海大学、中国传媒大学、北京电影学院等高校九十余名专家学者，就“百年中国电影与新百年中国电影”“当下中国影视文化”“中国影视产业化进程和现状的理论思考”“中国电视理论的现状及西方电视理论的引进与检讨”，以及“影视教育的现状”“DV 在大学影视教育中的作用”等问题展开热烈研讨，把脉中国影视的发展方向，共商高教影视教育之大计，取得了卓有成效的理论成果。

一、在“影视教育与科研”单元讨论中，学会会长黄会林教授发表《现代影视高等教育及学科建设理念探究》，提出五部分学理分析与深层思索：1. 高等教育面向大众，中国影视教育事业创新与发展新坐标；2. 高等学府的责任与使命；3. 现代影视传媒产业与影视高等教育的公共空间；4. 影视高等教育与影视传媒产业：新锐品牌链；5. 创新教学科研理念，建构互动式学习型团队。浙江传媒学院副院长项仲平教授《论中国影视教育“辉煌”背后的教学缺位与对策》对当前影视教育蓬勃发展中潜伏的危机展开了前瞻性思考，提出应对策略：①以人为本，以人才培养质量为核心，是影视艺术教育办学重要的理念和根本追求；②建立突出特点、以特取胜的影视传媒教学体系，是培养创新人才的根本保证；③加强师资队伍和学科建设，发挥教师在创新教育体制中的主导价值，是创新人才培养的关键；④充分发挥学生的主体创新价值，培养学生创新性学习的能力，是培养影视传媒创新人才和核心和落脚点。

二、在“影视理论与批评”单元讨论中，南京大学周安华教授论题为《元视界：

电影与戏剧互动中的凝结》，就电影与戏剧之间的关系展开研究。北京大学彭吉象教授论题为《类型电影：中国电影的必由之路——兼论电影理论应承担的责任之三》，对于中国电影的前景，有针对性地拿出自己的答案——发展中国的类型电影，并进行充分的论证。而北京师范大学史可扬教授提出另一种探索答案：《培养观众是中国电影当务之急》。

三、在"电影史研究"单元讨论中，北京师范大学张同道教授把电影历史与城市发展联系分析——《当电影遭遇城市——试论〈尼斯景象〉与城市交响曲电影》。上海戏剧学院张仲年教授从演员与形象入手进行电影史的论述，他的主题是《中国著名女影星扮演的妓女形象的借鉴意义》。福建师范大学颜纯均教授发表早期电影形态的研究——《二元对比的叙事与镜语——早期中国电影美学形态研究之一》。

四、最后一组"影视产业与媒介传播研究"讨论中，北京大学陈旭光教授的《中国电影：创意产业、创意主体与创意人才战略——当代中国电影的创意学研究之一》，对中国当前电影创意研究进行体系性的概括。浙江传媒学院詹成大教授的论题是《中国民营影视公司的发展进程和动因》，就目前我国民营影视公司的历史进行回顾，进行了现状总结和未来前景预测，并尝试分析其中进程的内在与外在因素。

浙江传媒学院院长彭少健教授认为：本届年会是一次丰盛的影视学术聚餐，是一次观念、思想的碰撞和交流，也是对一年来中国高校影视教学和研究的大检阅。

按照规则，会议进行了学会第三届"中国高校影视研究学术奖"评审与颁奖。会议后期组织代表们到世界著名佛国普陀山进香朝圣，以结善缘。

会后，高等教育出版社积极推动，召开了组稿会议，《电视学导论》的编写进入了实际操作阶段。

此三届年会，参会代表三百余人，提交论文近二百篇，每届均由会议装订为厚达数百页的论文集，与会者人手一册，以备深入交流，论辩碰撞，点燃思想的火花。会议的采风考察，从中部省份江西、湖南到鱼米之乡浙江杭州，从历史人文胜地江西庐山、湘西凤凰到佛教圣地普陀山；代表们跨越于山水之间，饱览华夏大地无限风光，深入脑海并链接于影像声画的思索与呈现。我想，认定为"纵深广”应该没有问题。

前后九届年会，广纳学界精英，纵横祖国河山，凝聚了近百所高校、超百位同行，积累了丰厚的精神财富，因而可以说我们是一个充满活力、不懈追求、无私无欲、为了纯净的目标——发展我国影视教育事业，甘愿奉献绵薄之力的学术集体，其前景更令人无限期待。本人能够在其中一面分享，一面效力，亦属人间快事啊！

行文虽有些啰嗦，但本意在于将学会的十年历程集录于文字，用作永久性的珍藏，以免被时光散落湮没，而致“了无踪影”的遗憾。

是为序。

（原载于湖南人民出版社2008版

《光影之舞——中国高教影视教育专业委员会10周年论文集》“序”）

北京市师德榜样自我陈述

各位尊敬的评委：

刚才，我的学生、也是我现在的主要助手之一，代表单位，对我进行了师德的推荐。尽管都是事实，但我必须说明这些成绩都不是我一个人可以取得的，而是得益于各个时期、我周围各种团队的配合和执行。

前两天，我很荣幸地代表北京师范大学教师给2016届毕业的研究生做了一个发言，其中对学生们提出五点期望：

第一、希望他们心存大爱。第二、希望他们不忘学习。第三、希望他们敬业担当。第四，希望他们砥砺坚强。第五，希望他们笃持理想。

最后，我说：“请记住啊，最最亲爱的孩子们，追求真理，燃烧自己，照亮生命！”

没想到，学校的官方微信公众号推送以后，竟然引起很大反响，阅读量达到4万多。其实，这些话，何止是说给孩子们听的，也是我对自己的要求。作为一名老教师，我深深懂得，言传固然可贵，身教才最为难得。“学为人师、行为示范”的校训我始终铭记在心。

16 岁之后参加抗美援朝，战争的经历告诉我，只有不断进取，才能对得起倒下的战友，对得起他们用生命和鲜血换来的美好生活。“活着干、死了算”，曾是我长期的座右铭。

24 岁之后在北京师范大学任教至今，岁月的磨砺告诉我，必须直面社会的困惑，用自己的专业和胆识回应教学、科研中遇到的难题，填补空白、开创局面，是我毕生的追求。

60 年长期、持续的学习告诉我，必须抬眼看世界，同时又不能失去民族自豪感和文化自信心。当全球化几乎等同于美国化、市场化、商品化的今天，我愿意用我的余生，为中国文化“立起来、走出去”做出微薄的贡献。

我更愿意将今天的汇报当作对我本人师德的一次检讨，感谢主办方提供这样的机会！也谢谢各位评委！

在 2016 届硕士毕业典礼的致辞

2016 届的毕业生们，我亲爱的孩子们，你们好！

很荣幸能够代表全校老师，在这个隆重的场合和你们说说话、谈谈心。

我是 20 世纪 30 年代出生的人。三年前，当你们走进师大校门的时候，我已经七十九岁了。说时迟那时快，如今 70 后的黄老师，已经变成了 80 后的黄老师，我又年轻了十岁！所以我首先要感谢你们，感谢你们的朝气蓬勃，让黄奶奶逆生长了！感谢你们的风华正茂，将大好年华抛洒在这古老的校园，让母校焕发了新的生机和活力，也让我们这些老师忘却了岁月和华发……

同时，我也要向同学们祝贺。你们通过勤奋学习，在各自的专业领域，又迈出了坚实的一步，术业专精，能力增强，学业有成。三年的寒窗岁月，你们更聪明了，更自信了，更美丽了，也更有力量了！

今天，可能你们当中的很多人，都是最后一次以学生身份坐在这里。明天，你们将背起行装，各奔前程。在你们即将离开母校的时候，舍不得你们离去的黄奶奶，还是要唠叨唠叨，不多，只有五句。

第一、希望你们心存大爱。读书，不是为了文凭、金钱和权贵，而是为了做一个有温度、懂情趣、会思考的人。深造，不是为了变成科研的机器，而是为了将生产力转化为爱，温暖整个世界。今早，在朋友圈看到一句话："我始终认为一个人可以天真简单的活下去，必是身边无数人用更大的代价守护而来的。"请记住，当你们这些年衣食无忧地在自由舒适的环境中求学的时候，要知道这是身边无数人用更大代价和付出守护来的。往大了说，包括你的国家、师长、父母，往小了说，包括师大甚至北京这座城市的务工人员。希望心怀感恩的你，爱天地、爱生灵、爱社会、爱旁人、爱自己，将爱传递，学业有成之后回馈这个世界。

第二、希望你们不忘学习。走出校门，可能最让你们向往的一件事，就是再也不用被老师逼着读书、考试、写论文了。但是我想要告诉大家，你们未来的一生，依然要面对"社会"这本厚厚的大书、要面对"人生"这道艰辛的考题。经验告诉我，学习是我们破解人生难题、克服艰难险阻、实现自我价值的法宝利器。请记住，对脖子以上的投资是最有效率的投资，不要只记得给电话卡、银行卡充值，也要经常给、一辈子给自己的大脑充值！你们是师大的优等生，也应该成为而且必须成为社会这所大学的优等生。

第三、希望你们敬业担当。进入社会，面对当今这个变化的时代，生活在一个开放的中国，各种思潮和名利与物质诱惑包围着你们，车水马龙，熙熙攘攘。我觉得，年轻人最大的财富是可以选择，最大的风险在于选择什么。有句话叫作"态度比能力更重要，选择比努力更重要"。在人生的重要关口，希望同学们修德明辨，立志定向，明确人生定位、事业支点和发展目标，以心怀苍生的价值观，自觉敬业担当，努力创新、创造，为社会的发展贡献自己的聪明才智！请记住，哪怕一生只做一件事，只要把这一件事做到最好，做成事业，你就是不折不扣的成功者！宋代大哲学家张载的"横渠四句"——"为天地立心，为生民立命，为往圣继绝学，为万世开太平"将永远激励我们前行。

第四，希望你们砥砺坚强。在人生的道路上，遭遇挫折、经历磨难都是注定的事情，对年轻人来说尤其是这样。我期望你们有明辨利害的智慧，一往无前的勇气。现在有句时髦话，叫“no zuo no die”，在我看来，年轻人其实可以 zuo，但要 zuo 得是地方，zuo 得有水平，“no zuo no young”嘛！但是，请记住，zuo 失败了要吸取教训，经历了苦难要收获坚强。哲人尼采曾经说过：“生命之于我们，意味着不断将我们自身及所遭遇的一切转化为光与火”。临别之际，我不说祝愿你们一路坦途、一帆风顺，我唯愿你们能够披坚执锐、风雨兼程！

第五，希望你们笃持理想。有首歌里这样唱道：“生活不止眼前的苟且，还有诗和远方的田野。”没有理想的生命。是低等的生命，没有理想的生活，是乏善可陈的生活。哲学家培根告诫我们：“首先去追求思想中那些美好的内容吧，其余的部分即使不是接踵而至，也会在失去时不觉可惜”。请记住，理想可能无法帮助我们变得富有，却注定能使我们得到自由。我希望同学们都能成为真正的理想主义者，为校门外那个现实的世界，带去美好的初心和温暖的希望。

孩子们，从今天开始，你们大多数人将走出北师大的校门，但你们仍然是师大人，你们将以一种新的身份去继续践行师大的责任与梦想。在此我不禁想起当年启功先生在师大毕业生典礼上说过的一句话：“入学初识门庭，毕业非同学成。涉世或始今日，立身却在生平。”孩子们，去大胆开启你们的新生活吧，未来的某个刹那，希望在茫茫人海中，还可以将你一眼辨出。

请记住啊，最最亲爱的孩子们，追求真理，燃烧自己，照亮生命！

谢谢大家！

在 2018 级博士新生开学典礼上的讲话

亲爱的老师们、亲爱的同学们：

大家上午好！年轻的面孔总是令人愉悦的。今天，十分荣幸能够与我们近 900 名 2018 级博士研究生新同学在此相聚、相识。各位同学大部分是“90 后”，正值意气风发的大好年华，人们说“五年一个代沟”，正好我就是一名“85 后”，或许我们会有一些共同的话题。我今年 85 岁，从 1958 年毕业留校到今年，从教已然整整 60 年。按中国传统的说法，60 年一个甲子轮回，于我而言，今天遇到大家既是一种缘分，也是一种圆满，谢谢你们——年轻的朋友们！

在你们坐到这里之前，或许都曾在工作与学术之间纠结，都曾为不确定的未来辗转反侧，渴望能获得某种人生经验的支持与鼓舞。但是很抱歉，个体生命如此丰富多样，并不存在普适的箴言。我能给予大家的，不过是三句简单的叮咛：

第一，希望你们心存大爱，笃持理想。作为一名博士研究生，学术科研绝不仅仅为了多少 Top 期刊、核心论文，至少还需要有两个层面的思考：在大的层面，你们的科研深刻影响着未来中国的文化形态、社会风貌和科技实力，必须立志高远、心有大爱；在小的层面，知识的获得、学术的精进要使得自己成为一个有温度、懂情趣、会思考的人，警惕自己变成科研的机器。前辈学者的科研之路总是“笔下噙着泪水”，希望身处和平年代的你们，每次敲击键盘都能注入一点热爱。我在 76 岁那年创办了北京师范大学中国文化国际传播研究院，当时我们看到中国文化在大发展、大繁荣背后，同时需要注意的还有中华文明的缺乏传承和当代国人的精神缺钙。有鉴于此，我们推出“看中国・外国青年影像计划”等七大项目，希望通过跨文化的、艺术的方式去敲开古老中国文明的精神内核，让更多人知道中国故事。我坚信中国文化只有立起来，才能走出去，中国必须加强文化自信，我们的研究就是专注于此。希望宋代学者张载的“横渠四句”——“为天地立心，为生民立命，为往圣继绝学，为万世开太平”——能够激励你我不断前行。

第二，希望你们潜心科研，实现自我。司马迁《史记．货殖列传》中曰：“天下熙熙，皆为利来，天下攘攘，皆为利往。”学术研究就是逆流而上，阻力很大，少不了不解的目光，同学们要耐得住寂寞，守得住清贫。曾在北师大任教的 历史学权威范文澜先生《人生箴言录》：“板凳要坐十年冷，文章不写一句空”，学术研究需要直面问题、踏实刻苦，摒弃惯性和惰性，任何“小聪明”“弯道超车”都是不可取的。1992 年我和几位同事在条件简陋、经费短缺、人员紧张的情况下创建北京师范大学影视学科，并着手恢复艺术学科，开始了异常艰苦的征程。当时没有办公场所，我们就栖身在辅仁校区后院年久失修的化学药品仓库，小小办公室墙壁上遍布水印，写满历史的沧桑，全系最现代化的设备只有一台电话机；没有教学空间，只有三合板在仓库里搭建的隔断，里面放着一台台五音不全的老旧钢琴，一按琴键就会吱呀乱响，自带回声效果。虽然身居陋室，备尝艰辛，但我们的老师同学却能苦中作乐，从未灰心气馁，也从未降低教学科研的水准，追求卓越成为我们矢志不移的目标。经历二十余年筚路蓝缕、勠力同心(《左转. 成公十三年》)的接续奋斗，我们的艺术学科已跻身双一流行列，戏剧与影视学专业在教育部4年一届的学科评估中被评为A+，居于全国第一。“骐骥一跃，不能十步；驽马十驾，功在不舍”(《荀子. 劝学篇》)，我们各位同学生逢新时代，拥有更加优越的学习科研条件，希望大家能够秉承北京师大百年优良学风，勇攀科研高峰，愿你们风雨兼程、青春无悔！

第三，希望你们亲师乐群，乐观向上。学校就像一个小社会，又像一个大家庭，在这里大家首先要学会做人，做一个尊重别人和被人尊重的人，一个堂堂正正的人。胡适先生说过：“做学问要在不疑处有疑，待人要在有疑处不疑。”可在现实中，有部分同学恰恰相反，对待学问麻木不仁，对待朋友却疑神疑鬼。《孟子. 离娄上》有云：“行有不得者，皆反求诸己，其身正而天下归之。”希望大家能以“反求诸己”的精神去处理日常的人际关系，做到内诚于心，外信于人，襟怀宽广，自信向上，谦虚谨慎，正直善良，只有这样才能实现精神的彻底解放，进而达到“天下归之”的境界。你们大家无疑都希望自己将来成为一个成功的人，那么请你们独立思考问题，做到独特而不另类，独立而不偏执。你们可知道，全世界的成功人士有一点是共同的，那就是“不抱怨”。任何社会都存在令人不满的事情，一方面需要你们有质疑的批判精神，更重要的是需要你们有乐观的建设精神。在人生的道路上，遭遇挫折、经历磨难都是注定的事情，对年轻人来说尤其是这样。我期望你们有明辨利害的智慧，一往无前的勇气，真正成为时代弄潮儿。

最后，想请同学们记住，理想可能无法帮助我们变得富有，却注定能使我们得到自由。我希望同学们都能成为真正的理想主义者，为世界带去美好的初心和温暖的希望。

各位经过努力拼搏，来到了北京师范大学，并且有幸成为入住沙河新校区的首期博士生，可谓拓荒者、探路人、先遣队！我也有幸，能够被选中，作为教师代表与诸位才俊交流沟通，从此成为“忘年之交”。情义无价，友谊无限！

谢谢大家！

我的学术自述：一直“在路上”

黄会林

从1958年留校任教到现在已经半个多世纪了，至今仍然在学术研究、教书育人、艺术创作、社会服务等各个领域继续工作。在学院我总是以“老朽”自称，之所以给人留下“老而不朽”的印象，也许是因为一直没有停歇下来，所谓一直“在路上”吧。

其实，我起先的愿望是当个幼儿园老师，后来因为当时的同学、如今的老伴绍武动员，一起读了中文系；毕业后留校教起了现代文学。在中文系待了34年后，1992年正式进入影视学科，并开始了艺术学科的创建工作。

从事现在的学术研究确有很多机缘巧合，其中有些经历十分重要，甚至直接影响到个人的学术人格和治学态度。抗美援朝战争开始时，我16岁，正在北京师范大学附中读书，为了“保家卫国”，热血沸腾地和同学们一起报名参军，结果全班有四名同学被批准入伍。抗美援朝战争这段经历让我直接经历了生死考验。我所在的高炮团驻守在朝鲜清川江，美国飞机进行地毯式轰炸，一次，两颗炸弹在身边不足十几米的地方爆炸，我和战友被完全埋在泥土里，一瞬间，心想这回可要“抗美援朝啦！”（“牺牲”之意）。在一次保卫清川江战役中，我们团牺牲了一百多位战友，评出了一百名功臣，我是其中唯一的女性。作为幸存者，深感自己有一份责任，在以后的生活和治学中，不敢有丝毫懈怠，必须勤奋努力地做好每一件事。如今已年过80，一些年轻朋友不理解我为什么还在努力，这可能是如我一样的一代人共有的使命感吧。残酷的战争环境会磨炼人的意志，其实，之后的学术和人生也都是“艰难起飞”。因为家庭出身，在“文化大革命”中受到不公正待遇，在那个时候，坚持现代文学研究，并有幸得到现代文学大师唐弢先生的指点。期间，辅助绍武写作关于陈毅的电影剧本《梅岭星火》，当时还是很有风险的。之后，创办影视专业和艺术学科是在极简陋的条件下进行的。迄今已经举办22届、具有相当影响力的“北京大学生电影节”开始于1993年，是在中国电影最低谷的时候“强行起飞”。如果说，个人的发展存在机缘的话，其中也必然有决定性因素的影响。

还有一个重要的影响元素是：不断提高对中国文化自身价值的认识与肯定，这或许也是多次经历的积淀。我的学术研究和治学思路一直试图寻找中国文化和艺术的独立品格和价值，几十年走下来，这个意识越来越清晰和明确了。

自1958年留校任教至今，民族化的学术立场贯穿了我的整个学术生涯，经过梳理，大致可以分为三个时期。第一时期：1958年留校任教于中文系后的34年，学术重点起始于中国现代文学，之后深入到中国现代戏剧领域；第二时期：1992年出任艺术系主任，创建北京师范大学影视学科，开启了后来的影视领域学术历程；第三时期：2009年至今，本人提出并致力于“第三极文化”学术理念的研究与实践，学术方向转向对文化的宏观思考。

期间可分别划为：

第一时期：中国戏剧民族化的学术基础

创建影视学科前，在中文系任教后期，担任了“中国现代戏剧研究”课程，开始了新的教学领域。在我看来，艺术研究本应以作品为核心指向，研究作品终归是对作者与时代的研究。因而，在研究中国现代戏剧史的过程中，着重于按照代表人物加以展开，而非以“文化运动”“文化论争”来划分，最终完成《中国现代话剧文学史略》一书，被学术界看作第一部以代表人物为划分的中国现代话剧史论著。

中国现代戏剧的学术研究历程为我开启了民族化的学术方向。通过对中国现代戏剧史的系统研究，逐渐意识到，中国现代戏剧的发生与发展历史存在一个“民族化”的问题。“话剧”如同电影一样是“舶来品”，以洪深、田汉、曹禺、夏衍、老舍、焦菊隐等为代表的中国戏剧家，将民族艺术传统和艺术精神融贯于这一源发于西方的样式，创造出充溢着本民族艺术兴味和风格的伟大作品，既是世界的，也是中国的。中国的戏剧艺术只有达到了这种完美的融合，我们才能有信心地说，中国戏剧真正成熟了，足以成为世界戏剧大家庭中具有独立品格的一员。这个研究思路也直接启发了我关于影视艺术的思考。

第二时期：中国影视民族化研究

基于对戏剧民族化的研究，1992年创立了北京师范大学的影视学科。1995年获批了中国高校第一个电影学博士点；随即，北京师范大学影视学科打出了“民族化影视理论建设”的旗帜，开展了一系列影视学术研究。当时倡导民族化影视理论的主要原因在于：第一，电影、电视已成为当今世界文化传媒中传播最广最快、对人们的思想意识、生活方式影响最大的艺术创造和文化传播方式之一。为此，应尽早建立起有中国特色的、能够有效指导中国影视实践的影视理论，否则中国影视艺术的发展将会受到制约。第二，中国影视发展的历史表明，影视虽然属于典型的“舶来品”。但是，中国影视并非欧美影视的翻版，它具有鲜明的中国文化特征。因为影视不仅仅是科技工业，也是美学与艺术：科技手段固然没有民族和国家的界限，然而美学与艺术却有着明确的民族特色。中国影视能否在世界上占有一席之地，关键在于中国影视是否生成了具有民族特征的艺术风格。既然我们有悠久深厚的文化传统可以继承，我们的民族美学与民族文化可以对影视艺术产生深刻的、良好的影响，为什么没能在此领域里得到大力发扬？为什么我们的民族电影未能在国际影坛占据应有的地位？从某种意义上说，这也许要归咎于我国影视理论研究的重大欠缺。在世界电影发展过程中，理论研究颇具规模，并且直接影响着电影的创作和各种流派风格。而在我国，影视理论与评论却常有急功近利、盲目迎合，以及种种西化之弊。不管中国文化的特点怎样，不论民族传统的继承如何，只要是流行的就是适用的，只要是存在的就是合理的。由此而造成影视理论和评论脱离社会和观众的需要，反复地炒冷饭，也使影视这个最富影响力的大众传媒，渐渐不再具有中国传统文化的内涵。中国影视文化的主体精神尚未确立，这一深层的文化困惑，已经使中国影视艺术面临某些实践难点。影视美学的民族文化特征模糊，导致了中国影视理论的严重滞后；而影视理论的滞后，必然会限制中国影视实践的健康发展。

在研究方法上，我们强调了历史回溯和时代前瞻、微观视点和宏观视野、理论分析和决策研究、理性思考和调查统计的有机结合。除了常规性研究之外，我和我的课题组还进行了有主题成系列的针对中国观众和媒介做社会抽样调查，在可能的条件下，通过国际互联网，将调研工作扩大到世界范围。

这一时期的学术历程又可分为三个阶段：

第一阶段：设立电影学博士点

第一阶段起始于1995年。这一年，我们获得国务院学位委员会批准建立影视学科博士授予点，深感责任的重大。静夜长思，压在心头的是如何把握机缘，使中国高校第一个影视学博士点能够站稳脚跟并持续发展。经过再三探讨，我们认定以博士点建设为核心的学术目标是：创建中国影视理论的民族化与现代化研究，并由此确定以中国民族化影视美学研究为中心，从中国文化的基本精神出发，对传统美学进行深入考察分析。以中国美学的特殊角度，观照中国影视乃至世界影视的历史和现象，有针对性地揭示我国影视模仿、“克隆”西方的状况；提出具有中国文化特质的影视理论，从全球视野中看取中国影视民族化的必然性；在如何实现影视艺术“民族化”这一重大命题上，从理论与实践两个方面系统阐述发掘“民族传统文化资源”的思路、构想与方法。

刚拿下博士点时，我们一方面强化科研，一方面积极进入业界，到电影厂、影视剧组、电视台等，开拓中国影视研究与实践的民族化之路。通过数年努力建设，北京师范大学的影视学科得到了同行充分肯定，被认为具有“旗帜”性质。1999 年第 3 期《中国社会科学》首开刊登影视论文的先例，刊登了我们的一组论文，其“编者按”指出“总结民族化的影视艺术发展规律，是影视理论界应当探讨的重要课题……特别是就现有理论来看，绝大多数是西方影视理论的翻译和介绍，本土化的影视理论研究比较缺乏，尚未见到‘中国影视美学研究’这一系统论题的正式提出。这里刊发的一组笔谈，提出了‘中国影视美学’的概念，并对中国影视美学与传统文化的关系进行了探讨。”中国文化源远流长，博大精深，有着健壮的生命力与宽厚的包容性。中国文化的发展历程，就是一部不断吸收异域文化、不断创造新文化的历史。但是，吸收是为了创造，不是为了取代我们传统的文化。这里的关键是如何吸收？吸收必须是以本民族的审美心理为支点，寻求异域文化与本土文化的交融，通过异域文化加强本土文化，使它焕发出灿烂的生机。我所倡导的影视民族化道路的实质，就是将西方美学理论的本土化与中国古典美学理论的现代化，在中国当今影视艺术实践支点上进行碰撞与融汇。

因而，我们所提倡和进行的民族化影视理论建设，不同于 20 世纪 50 年代较为纯粹的艺术技巧研究，更不是要搞“文化保守主义”，而是在新的文化背景下，构建影视艺术发展的民族文化基石，找到有当代生命力的传统价值。比如，如果把影视的发明看作是人类一种新的思维和认知方式的话，从艺术精神和文化传统上比较，可以看出中西方观念上的不同。19 世纪以来，随着摄影术、电影及电视的出现，为西方艺术在 20 世纪完成一次转化提供了契机。转化是指面临危机的西方写实主义由传统艺术种类如小说、戏剧等，转交予新兴的艺术——以摄影(像)为基础的电影和电视。应该说电影、电视的出现，才真正把西方写实主义的传统推向了登峰造极的程度，同时也将西方美学的“模仿说”发展到了极致，影视成为最理想的模仿现实、记录现实的工具。影视艺术建立起具有强大表现力的语言体系，可以表现复杂的情节和内涵，甚至能够揭示深刻的心理世界和抽象的思维过程。但以上这一切都是建立在“照相物理本性”之上的。所有的主题、情感、心理、哲理等潜在的内涵，都要通过实实在在的、可以直接作用于人的视听感官的“影像”体现出来，这就是所谓的“以实写虚”的过程。中国传统艺术精神有着自己独特的思维认知方式，它不以模仿自然、酷肖自然为最高境界，而力求实现主客融合、相互贯通的整体性，追求充满感性生命的人生体悟和对宇宙人生的独特真切感受。艺术的目的在于体悟这种“天人一体”“物我和谐”的境界。中国艺术虽然也注意到描摹“客观世界”的“形似”重要性，但是比起西方要更早洞察到“形”的局限性和有限性，所以它的审美中心放置于“神似”，“神似”中包含着“形似”，这是一种主客体水乳交融的状态。传统艺术中备受推崇的如“得鱼忘筌”“得意妄言”“大音希声”“大象无形”“羚羊挂角、无迹可求”这样一些境界，说明中国艺术更多的是采取了“以虚写实”的思维方式。我所提倡的民族化影视理论研究，正是要找到中西方艺术观念和传统的差异性，从而寻找到具有民族性特色和可供现代性转化的资源。自然，艺术发展是动态的，尤其是影视艺术发展极为迅速，数字技术也在不断改变和塑造影视艺术的新形态，这些都应该纳入我们的理论视野和思考之中，并努力从纵横两个维度进行研究：纵向方面是，对中国影视发展史作整体及分阶段的考察，观察传统文化在其间的承传与变奏；横向方面是，以中国香港、中国台湾及海外华语、华裔影视为参照，分析民族文化传统影响下的影视文化特色及使命。对这些问题的思考，必将有助于了解我们的文化传统和我们自身。

随后，结合国家级、省部级和若干横向课题项目的进行，完成了《中国影视美学研究》丛书八种，被同行专家评价为“为创建中国影视美学的本土体系而努力，具有开创性和奠基性意义”“初步建立起中国本土的影视美学理论研究体系”。

第二阶段：目光转向受众

第二阶段始于2000年。随着学科建设的发展，进一步思考如何使中国影视民族化的研究得以深入。经过反复斟酌，我们抓住了一个根本性的命题：受众是一切艺术创作的起始与归宿；而影视文化已成为当今世界文化传媒中传播最广最快、对人们的思想意识、生活方式影响最大的艺术创造和文化传播方式之一，因而更需要对于受众的特别关注。作为文化产品，在世界走向全球化发展的今天，面临市场竞争日趋激烈化、复杂化的局面，如何在激烈的市场竞争中求得生存和发展？受众与影视品牌建立的内在关系如何？等等，这些现实问题摆在我们面前。必须对现状有清晰明确的了解，才能使我们的研究有的放矢，而不至于使“民族化”的寻求成为空洞的理论或者口号。

于是，一方面，我们注重关于影视受众的理论阐述与作品评论，除发表了数十篇相关文章之外，还主编出版《影视受众研究》丛书八种，其中专著《影视受众论》从纵向和横向两个维度，分别围绕中国影视受众、电影受众和电视受众进行考察，打通社会学、审美学、文化学学科界限，从文化传统角度突出影视受众审美心理的民族特质，深入把握我国影视受众审美心理特征。另一方面，我们践行理论与实际相结合的基本原则，深入开展了科学的社会问卷调查。刊载于《现代传播》2004年第1期的调研报告《受众与影视品牌战略发展的民族化思考》，获得了“北京市第九届哲学社会科学优秀成果”二等奖；已出版的《影视受众调查与研究》以调查研究的方法，对当时中国影视受众做出了多角度、多层面深入的实证研究。

第三阶段：聚焦未成年人

第三阶段始于2006年。在上述理论建设的基础之上，如何开展更进一步的研究，再度成为我们思考的焦点。我强烈地意识到：与受各种生物因素影响的“内源性”因素相比，影视媒介以其视听结合、生动直观、逼近现实的媒介属性，渗透到人们的日常生活之中，深刻地改变着人类生活的面貌。作为“外源性”的影响因子，与家庭教育、学校教育、同伴影响一样，对儿童的成长和发展起到推进或延缓的作用。当今，影视文化推动了未成年人的社会化，同时，在全球化的传播情境和中国特有的文化生活背景下，我国未成年人专业媒体的结构性稀缺、发育不良和媒体以商业化、市场化为主导的诸多现状，对未成年人的成长产生了不可忽视的负面作用，而他们正是国家的未来、民族的希望。也正因此，影视文化对未成年人的影响，越来越受到社会各界的广泛关注。于是，我们将研究重点集中于广大受众之中的“未成年人”，并以此命题申报了北京市与国家社科规划重点项目，并获得批准。

从2006年起，连续五年带领课题组开展“影视文化与未成年人成长”问卷调查研究，获得数据约两百余万个。我们比较深入地调查了北京和全国未成年人与影视媒介接触的行为特征以及影视文化对未成年人学业、行为习惯、价值取向、社会化等方面的影响，提出增强影视媒体对青少年心理正面塑造作用等一系列可行性策略，为我国未成年人教育献计献策。我们的调研数据和分析报告受到政府高度重视，李长春同志亲自批示，国家广电总局和教育部专门进行了研讨并筹划对策。“影视文化对未成年人成长的影响与对策研究”国家重点课题成果获得“2010年第四届全国教育科学研究优秀成果二等奖”，北京市哲学社会科学“十一五”规划重点项目“影视文化对北京未成年人成长影响研究”获得“优秀”等级。

总体看来，这一时期，我的学术思路走的是愈益细致和精确的道路，但随着研究的深入，我们发现解决中国影视艺术和理论发展所存在的问题，必须从中国文化的整体价值性上寻找基石，特别是随着中国与世界的接触与交流越来越密切，在世界文化格局中确立本民族文化的核心价值与坐标更加重要。因而，提出了“第三极文化”理论，进入个人学术生涯的第三个时期。

第三时期：“第三极文化”与“中国文化国际传播研究院”

这一时期始于2009年，我在“北京文艺论坛”上提出了“第三极文化”学术理念。“第三极文化”是经过数年思考和酝酿提出的一个具有原创性的学术概念和理论设想。这个概念的提出，是立足民族文化，放眼全球，创造性地借用自然科学中“南极”“北极”“第三极”的概念，对当今世界文化格局进行的理性审视和科学研判。“第三极文化”在梳理、总结、继承和发扬中国文化中最为突出、最具特色、最有代表性的内容基础上，把中国文化放在世界文化的背景下加以观照。当今世界文化格局中，最有影响的莫过于欧洲文化和美国文化，堪称世界文化的“两极”。而具有数千年传统的中国文化在其独特性、影响力和对世界文明的贡献上，足以成为欧洲文化、美国文化之外的“第三极文化”。它与欧洲文化、美国文化及所有其他文化或相互影响、相互冲突，或相互吸收、相互借鉴，共同构成丰富多彩的人类文化图景。

“第三极文化”是一个需要当代知识分子共同建构的文化蓝图，是关于文化发展的战略思想。从学术层面看，也是试图建立一套话语表达体系，努力寻求一种独立的声音、一种独立的认知方式和表达方式。“第三极文化”是我们追求的长远目标与方向，可以经过努力建设使之逐渐成熟，成为中国文化的标志。艺术是一个民族文化的重要组成部分，是一个民族文化精神的重要体现。进一步建立和完善中国艺术学科体系，就是要更好地推动体现民族文化精神的艺术理论研究和艺术创作，把中华民族文化的优秀传统发扬光大。

下面以电影为例，谈谈“第三极电影文化”。

世界电影诞生于欧洲，并在欧美形成了世界电影的主流发展模式。两者在电影形态和影响力方面各有特色，也互有交织，共同构成了世界电影的主流模式，在电影文化格局中形成了两个既相互关联又彼此区别的“极”。如果说欧洲电影在艺术理念与文化表现性方面居于重要的一极，那么美国电影则在电影产业与文化影响力层面居于最为重要的一极。在欧美为代表的主流电影文化之外，尽管亚洲有印度、日本、韩国、伊朗，以及南美有巴西等一些国家的电影发展，但从文化和艺术影响力层面，还很难构成独立的一极。

“第三极电影文化”，正是针对世界电影发展格局提出的带有战略性思考的学术构想，是中国文化在21世纪全面复兴发展的态势，对于中国电影提出的必然要求，也应该是中国电影谋求发展的理想。中国电影本是“舶来品”，来自西方，但一经接受，就开始了学习、吸收和消化的过程。中国电影发展百年来大体可以分为三个阶段：1.20世纪30—40年代，旧中国时代，主要学习美国电影，学习好莱坞；2.20世纪50—60年代，新中国成立之后，主要学习苏联电影；3.20世纪80—90年代，改革开放时期，主要学习欧美电影。以上三个阶段，在学习之中发展中国自己的电影，出了不少佳作，至今仍有借鉴作用。现在，中国电影开始进入第四个阶段。总结以往经验与教训，举凡被认可的、成功的、或者可列为经典的作品，其共同特点是：在中国的文化、历史、现实的基础上学习外国。在学习的过程中不可避免有模仿崇拜有自卑、迟疑；但成功者无不立足于本国的文化基础，展现出中华的文化神韵。发展到今天，应当可以提出一个新的概念：奋力攀登，不断嬗变，自信地创造，使中国电影在世界占有一席之地，成为世界的“第三极电影”之标志。

为深入拓展“第三极文化”理论，北京师范大学与美国国际数据集团(IDG)联合建立了中国文化国际传播研究院，由黄会林担任院长。自2010年11月建院以来，研究院开展了一系列科研、创作项目，概括起来，主要可以归纳为六个字：“看”“问”“论”“刊”“创”“会”。

一、“看”，指“看中国·外国青年影像计划”。该项目每年邀请外国青年来华，体验中国文化，用开放的视角呈现中国的古老与时尚、质朴与繁华，通过外国青年电影人的独特视角，在中方志愿者一对一配合下，每人拍摄完成10分钟中国文化纪录短片，意在凸显外国青年的独立创作与独特体验——外国青年讲中国故事，从而提升中国文化的国际影响力和吸引力，加强中外青年之间的跨文化沟通、交流与合作。截至2017年，研究院已组织来自美国、加拿大、英国、法国、意大利、荷兰、格鲁吉亚、印度、新加坡、韩国、以色列、澳大利亚、巴西、阿根廷等49国405名青年，出色完成404部短片，共获90余项国际奖，出版系列书籍《民心相通——“一带一路”看中国·外国青年影像计划》《民心相通——“金砖国家”看中国·外国青年影像计划》，作为“一带一路”高峰论坛、“金砖国家”峰会、“金砖国家”青年外交官论坛、“金砖国家”治国理政研讨会等国家重要外交会议用书。中国国家主席习近平2015年11月7日在新加坡国立大学发表重要演讲时专门讲到“看中国”活动，对该项活动给予重要肯定。

该项目不仅在中央电视台、北京电视台、北京人民广播电台等主流媒体进行了专题性播出，而且获得了新华社、《人民日报》《光明日报》《北京日报》、中央电视台、环球网、搜狐网、凤凰网等160多家中外主流媒体的广泛关注和持续报道。Facebook和YouTube等海外社交媒体上持续传播，产生较大影响。

二、“问”，指“中国电影国际影响力全球问卷数据调研”项目。中国电影国际影响力全球问卷数据调研，是由我院根据中国电影的海外传播状况设计的、面向全球的数据调研，目的是调查、收集、研究中国电影的国际传播影响力，最终以电影为载体，研究中国文化国际传播的有效性。该调研自2011年已连续进行多届，问卷涉及百余个国家，上百种母语的人群，得到几百万个参考数据。成果连续多年连载于核心期刊《现代传播》年度1、2期，填补了中国电影国际影响力量化评估的空白，并持续产生积极影响。在调研数据的基础上，每年出版一部《银皮书：中国电影国际传播研究年度报告》，撰稿人集结了国内顶级电影专家，在调研数据的基础上系统地梳理、提炼出中国电影国际传播的问题和对策。每年都有海内外三十多家主流媒体对调研成果进行大篇幅报道。经由美国俄亥俄大学推荐，美国21世纪桥出版公司(Bridge 21 publications，LLC)于2015—2016年出版本书的英文版。

三、"论"，指"请进来"和"走出去""第三极文化"国际学术论坛。自2010年起，研究院每年举办两次以上关于"第三极文化"走向世界的国际学术论坛，包括"请进来"与"走出去"，其学术成果已结集出版7册"第三极文化论丛"。

(一)"请进来"：每年十一月最后一个周五，邀请海内外专家相聚国内，围绕中国文化国际传播展开主题演讲与分论坛讨论，现已连续主办多届。出席的重量级嘉宾来自不同领域、不同学科，达百余位，专家们就中国文化的国际传播主题进行热烈讨论，从历史与未来、经济与文化、政治与文化、东方与西方、中国与世界、传统与当代等不同角度立体地审视文化，用历史学、哲学、政治学、文学、心理学、艺术学、传播学等跨学科视角全面地解读文化，最终形成百余篇重量级的学术论文。

(二)"走出去"：自2012年以来，陆续赴美国、法国、俄罗斯、英国、瑞典等国，与南加州大学、洛杉矶大学南加州分校、法国巴黎第八大学、俄罗斯研究院远东战略研究所、牛津大学、瑞典乌普萨拉大学、美国夏威夷大学等诸多世界知名大学与研究机构主办多届"走出去"国际论坛。围绕中国文化和中国电影如何有效地进行国际传播，与权威专家进行文化沟通与思想碰撞。海外专家称许，"走出去"论坛是近年来少有的中国学者"豪华阵容"，在海外举办的高水平、高规格的中国文化与中国电影学术论坛。

四、"研"，指科研项目，简单总结为基础研究"立项目"，社会服务"建平台"，知行合一"出成果"。注重基础研究，不断探索"第三极文化"的学术落实，提高中国文化国际传播的理论研究与实践应用能力是研究院始终坚持的目标。

（一）立项目：研究院自2010年建院至今，在短时间内实现了包括国家社科重大项目在内各类课题立项。目前在研国家社科重大项目《当代中国文化国际影响力的生成研究》，作为现阶段国家社科基金中层次最高、资助力度最大、权威性最强的项目类别，彰显了我院学术积淀。

（二）建平台：2016年，研究院与文学院联合申报《中华文化学术体系与传播话语体系的战略建构及多元实践》成为北京师范大学学科交叉建设重点项目，联合开展了多项重要学术活动，努力将之建设成为面向学科前沿和政府决策的复合型交叉平台。

（三）出成果：研究院以现有课题和平台为基础，不断形成高水平阶段性学术成果和政府咨询报告，以“知行合一”的精神，在理论研究和实践应用两个方面推出优秀成果。

五、“刊”，指英文学术期刊《中国文化国际传播》。2013年，研究院与德国Springer（斯普林格）科技传媒集团就联合出版英文学术期刊《中国文化国际传播》（*International Communication of Chinese Culture*，以下简称ICCC）签署了合作协议。ICCC是目前国际唯一关于中国文化国际传播的英文学术期刊，由黄会林担任主编，编委来自中国、美国、英国、法国、德国等17个国家和地区，对稿件进行盲审，以保证质量。目前，已出版2014年1～2期（合刊）。2015年将出版3期，2016年起每年出版4期。

六、“创”，指研究院的创作项目。研究院创作项目多元，包括长篇小说、电影、电视剧、纪录片及VR体验项目等。已出版长篇小说《红军家族（前传）》（绍武、会林著），以80万字篇幅的宏大革命史诗，向党的十八大献礼。由该小说改编长篇电视剧已完成内容策划、剧本改编、团队组建，即将投入拍摄。

电视纪录片《九天——1979年邓小平访美》，由北京师范大学和中央新闻纪录电影制片厂联合摄制，被原国家新闻出版广电总局评为优秀纪录片。

大型全景纪录电影季《VR中国印》，由中国文化国际传播研究院、五洲传播中心联合发起，率先将VR技术引入记录领域，52期系列节目陆续与观众见面。

大型人物传记类纪录片《一带一路文化巡礼》，由中国文化国际传播研究院、中央新闻纪录电影制片厂、中央电视台联合制作，展现“一带一路”灿若星河的大师群像。

《唐诗》VR 项目，对唐诗意境进行 VR 化重现，立体、多维展示传统文化魅力。电影剧本《司徒雷登》(田卉群编剧)，获得夏衍杯创意电影剧本奖二等奖，电影项目正在策划开发中。

七、“会”，指“会林文化基金”。“会林文化基金”是以北京师范大学资深教授、中国文化国际传播研究院院长、第三极文化创立者黄会林命名的公益基金，旨在推动“第三极文化”为理论基础的中国文化国际传播。“会林文化基金”致力于整合各种文化资源，期望发展成为引领公益文化教育事业发展的重要引擎，推动中国文化国际传播的重要平台，为中华文化的复兴做出应有的贡献。由会林文化基金主办、研究院承办的“会林文化奖”，于每年三月举办颁奖典礼，以表彰在中国文化国际传播方面做出突出贡献的中外人士，为中国文化国际传播事业助力。

1999 年，本套丛书的主编之一胡智锋教授还是我刚刚指导毕业的博士生，他的博士论文出版《中国电视观念论》时，大概是感念于我对他还算严格，承蒙他错爱，诚邀我作序，我在其中写道：

> 北京师范大学影视学科之所以大胆提出：进行“中国影视美学”研究，与影视界同行们共同奋斗，建设民族化的影视美学体系，从而创建影视艺术“中国学派”目标的初衷。我们设想，这一体系之内，既有对于影视艺术的综合研究；又有对于电影艺术、电视艺术的分别研究；以充分体现其丰富多面的内涵。

在当时的历史条件下，这就是我们这批学者应有的担当。今天，作为这个过程的延续，我很荣幸本书作为京师学派的一部分出版。

感谢给予我养分的北京师范大学！感谢曾经和现在跟我紧密合作的各位亲爱的同事！

黄会林 2018 年 6 月 8 日夜

第三编

绍武、会林作品录

编者按：本编简介绍武、会林创作作品名录，涉及电影、话剧、小说、电视等，相关作品详见北京师范大学出版社十卷本《黄会林绍武文集》。

绍武，1933 年生，山西左权人，中共党员。1940 年随母亲参加八路军 129 师，1952 年入北京师范大学工农速成中学学习，1955 年保送北京师范大学中文系学习。1958 年“大跃进”时期奉命提前毕业留校，在政教系政治经济学教研室担任助教。1963 至 1964 年在中国人民大学经济系进修《资本论》。“文化大革命”后评为讲师。

中国作家协会会员(1979)、中国电影家协会会员(1981)、中国戏剧家协会会员(1986)、中国电视艺术家协会会员(1992)。1980 年任北京作家协会理事。1978 年以来与会林合作发表文学创作 20 余部，约 300 万字；发表(含合作)关于戏剧、电影、电视、小说等领域研究专著 12 部、论文数十篇，约 293 万字；编集出版约 200 万字。成果在《人民日报》(海外版)、《中国日报》《解放军报》《文艺报》《文学报》及美国、法国、日本、香港等地报章刊物有评论介绍。

《梅岭星火》(电影文学剧本)

首发于《人民电影》1978 年第 8 期(“八一建军节”纪念刊)。

中国电影出版社 1978 年(单行本)。

珠江电影制片厂 1982 年摄制公映，导演卢珏。

《虎将行》(短篇小说)

《人民文学》1979 年第 1 期。

《故都春晓》(多幕话剧)

《剧本》1979 年 12 期。

此剧应北京人民艺术剧院之邀创作。1980 年先后由北京人民艺术剧院、中央实验话剧院在首都公演，中国评剧院改编为评剧演出。导演分别是兰天野、苏民、杨宗镜、胡沙等同志。

《风雨年华》(电影文学剧本)

1981 年创作。

此剧应珠江电影制片厂之邀而作；因当时创作环境所致未能投入拍摄。

《蜂蜜是甜的……》(报告文学)

《清明》1982 年 4 期。

北京人民广播电台配乐朗诵。

《彭德怀在西线》(电影文学剧本)

《电影新时代》1984 年 3、4 期。

此剧应西安电影制片厂之邀而创作。全剧共六章，上、下集。因西影厂、凌子风导演和部分领导同志要求，前后修改七次。正式刊出为第八稿。在筹备拍摄过程中，《彭德怀在西线》惨遭侵权而夭折。国家版权法实施后，在法律保护下，讨回了公道。此为不幸中之大幸也。

《艺海沉浮》(电影文学剧本)

1981 年创作。

《蟠龙的苹果》——随彭德怀夫人凭吊先烈记(散文)

《师大周报》，1985 年 6 月 21 日第 4 版。

《随笔》1985 年 2 期，花城出版社。

《雾》(短篇小说)

创作于 1985 年。

发表于《黄会林绍武文集. 长短篇创作卷》北京师范大学出版社，2009 年。

《风沙茉莉》(短篇小说)

《西湖》，1986 年第 4 期。

《一生求索趋光明——记夏衍老人》(报告文学)

《文艺理论家》1987 年 4 期。

《陷入绝境以后……》(六集电视连续剧)

1987 年 10 月—1988 年 1 月。

1987 年，上海电视台筹拍 20 集电视连续剧《陈毅》，应邀担任其中《南国烽烟》

的编剧；终因各方意见不统一，未能制作完成。1992年北京师范大学九十周年校庆，出版《影视戏剧研究 创作集——爱的牺牲》，将《南国烽烟》更名《陷入绝境以后……》似更贴切。

《冲寒松柏》(电视专题片)

北京电视台1990年11月22日播出。

《电视艺术》1990年6期、1991年1期。

《文化名人——夏衍》(电视片)

1990年，北京及18省市电视台联播，获二等奖。

《窃火者之歌——夏衍八章》(大型人物传记片，120分钟)

1992年应国家广电部陈播局长之邀请创作"党史人物传记片""夏衍传"，出任编导。此片完成后在中央电视台黄金时段多次播出。1999年获"北京市庆祝中华人民共和国成立五十周年佳作奖"。

《爱的牺牲——影视戏剧创作集》

北京师范大学出版社1992年。

全国教学图书优秀奖(1992)。

《骄子传》(长篇小说)(上、下卷)

北京十月文艺出版社 1996 年。

1996 年度北京市精神文明建设"十个一工程"奖。

北京市优秀图书奖 1997。

1999 年获北京市庆祝建国 50 周年文艺作品荣誉奖。

《黑洞 炼狱 流火——母亲三部曲》(长篇小说)

上海文艺出版社《小说界文库》1999 年。

第九届中国人口文化奖(国家计生委、文化部等 7 部委)

(2001)。

《爱的牺牲》(多场话剧)

《新剧本》2000 年第二期。

1996 年仲夏,为纪念红军长征胜利六十周年重新修改。

2000 年北京师范大学"北国剧社"公演,导演顾威;中央电视台 2000 年 5 月 11 日~12 日黄金时段播出。

第八届中国人口文化奖。(国家计生委、文化部等 7 部委)

一次偶然的机会,看到了《解放军报》上《他本来可以当将军》一文,引起创作冲动。多年来,从不同渠道又对当年发生的这个故事有了进一步了解,遂写成此剧。

《东方月正圆》(散文)

《中国检察日报》1997年。

《说“梦”》(散文)

《中国检察日报》1997年。

《百年辉煌》(歌词)

《人民日报》2002年8月29日。

《红军家族前传》(长篇小说)(上、下卷)

北京十月文艺出版社2014年。

小记

1985年，协助黄会林结合教学改革首推大学生校园戏剧，创办“北国剧社”担任唯一艺术指导、党支部书记。组织剧社参加“中国莎士比亚国际戏剧节”，在北京首都剧场公演《第十二夜》《雅典的泰门》，引起国际、国内强烈反响；之后，

1990—1991年，参与曹禺、田汉纪念活动，再次于首都剧场公演其代表作品；2002年，为北京师范大学90周年大庆，指导学生创作《教育世家》等剧作，第三次登上首都剧场。

1986年协助黄会林开展高校电视文化艺术活动，组织全国大学生“理想杯”电视作品大赛，以原创电视剧《男儿的王冠》《星星·烛光·梦》2次获得冠军奖杯。

1992年调入艺术系，协助黄会林从0起步开创影视新学科；1993年创办“大学生电影节”，是年评为副教授。

2009年，面对国内文化状态与学科体系建设，与黄会林反复讨论，得出共同认识：需要明确“民族文化坐标系”。多元化是世界文化格局总体特征，从影响力看，主流大体有三极，欧洲、美国可视为世界文化的两极，而具有数千年传统、深厚根基、绵长生命力的中国文化亦为一极，由此提出“第三极文化”理念。

2010年在学校领导决策下，由北京师范大学与美国国际数据集团（IDG）合作，成立了“中国文化国际传播研究院”，围绕着学术研究、艺术实践、文化传播、资源整合开展工作。

2018年2月15日（丁酉年除夕）

第四编

学位论文中的黄会林、绍武

编者按：本编收录的是部分黄会林先生硕士生、博士生、博士后研究者以及部分弟子之弟子在完成学位论文之后“后记”“致谢”中论及黄会林、绍武先生的段落。由于时间久远，尽管多方努力，仍未囊括全部，特向缺席本编弟子们表示歉意。

路春艳(硕士生，1995—1998)

读研的三年，是我十几年求学生涯中最为艰苦的三年。从外语系本科毕业直接进入艺术系影视专业学习，一切都得从头开始。在系里各位老师尤其是我的导师黄会林教授的指导和帮助下，我在专业学习上有了一定进步。这篇论文是我三年学习所得，也是我向老师们汇报的成果。我要特别感谢导师黄会林教授。三年来她为我的成长倾注了大量的心血教我做学问的同时，教我怎样做人。在毕业论文写作过程中，黄老师悉心指导、严格要求，逐句逐字帮我分析、修改，三易其稿，才得以完成。在我即将完成学业，走向工作岗位之即，我只想告诉老师：我会以辛勤努力的工作来回报师恩。

王惠(硕士生，1996—1999)

在写作过程中，我的导师黄会林教授给予我指导，她不仅让我作为她组织的“中国影视发展现状研究”课题小组成员，使我得到与我论文相关的翔实论据，而且我每一次的课堂发言都得到黄老师的点评、指导。我的论文的一稿、二稿，她都逐字逐句地审读，并提出修改意见。

董新宇(博士生，1996—1999)

首先，感谢我的导师黄会林先生。我幸运地师从黄老师六年，黄老师和绍老师的言传身教使我受益终生。具体到这篇论文，它的选题和方向，就是在参加黄老师的“中国影视与中国文化传统”这一课题的过程中确定的。也正是在黄老师的督促下，我把在她的“中国美学史”课上所做的作业充实完善，使之成为本论文核心的章节。从立意论证到句式文风，这篇论文得到黄老师悉心指导。回想之下，她圈点批评的笔迹历历犹在目前。

王宜文(博士生，1996—2000)

一种兴奋与惶惑的复杂心态始终伴随着本文的写作。论文的选题充满挑战和诱惑，但对我来说，如此庞大的课题，特别是其间涉及艺术思维、影像特性民族文化等理论领域，而且它们纠缠在一起，牵一发而动全体，每前行一步都备感艰辛。论文能够完成，我要特别感谢导师黄会林先生。1990 年，我有幸进入先生门下，从师十余年，先生的言传身教、道德文章始终激励和鞭策着我。本文得到了先生的悉心指导和热情鼓励，选题就直接受惠于先生正在进展中的“中国影视与中国文化传统”“中国影视美学”等研究课题，一些论点就萌生或成型于先生主持的课题讨论中。

邱宝林(硕士生，1997—2000)

三年前，非常幸运地来到北京师范大学艺术系攻读影视学硕士学位，并有幸师从黄会林教授，研读中国影视美学，一切宛如昨日般，可以触摸得到。而今，却渐渐在记忆中凝固深藏，因为就要离开。三年来，忘不了黄先生的严肃与认真，不管是做学问，还是做人，谆谆教诲始终伴随着我的成长，这篇稚嫩的论文权作给黄先生的一份答卷。

丁卉(硕士生，1997—2000)

1997 年，我报考了北京师范大学艺术系影视专业的硕士研究生。三年了，我一直以北京师范大学艺术系为骄傲：这里有中国高校唯一的影视专业博士点，有国家级重点课题“中国传统文化与影视研究”；这里正在致力于“中国影视美学”的学科建设，致力于在影视领域探索一条具有民族文化特征的中国之路。“中国影视美学建设”的倡导者、学科建设带头人黄会林教授，正是我的导师。忝列先生门下，成为先生的硕士关门弟子，我既感荣幸，又惴惴不安，害怕才疏学浅，愧对先生。而先生不弃我不才，接纳我加入课题组，鼓励我根据自己的特点选择研究方向。本论文正是在先生“中国传统文化与影视”宏阔大视野指导下，所做的一份微观的个案研究分析，也是向先生和课题组所交的一份粗陋的作业。

先生特别忙，科研教学、系务工作、社会活动，还带着十多个博士、硕士和留学生……然而，先生对每一个学生都周到地关照到了。我写作论文期间，先生多次询问论文进展情况，还有针对性地借给我参考书。先生批阅过的论文初稿，每个标点符号错误都一一订正了！我既感动又羞愧，回想过去的三年时光，先生真是心细如发：从做学问到做人，从学业到工作，没有一处不关心。我把一切铭记在心而不敢轻言谢字，先生严厉又慈爱，其风范值得我用一辈子来回味。先生认真踏实的工作作风、从不退却的拼搏精神，是我永远学习的榜样！

高放（博士生，1997—2000）

在论文完成之际，我首先要感谢我的导师黄会林教授。三年来，黄老师从将我领进艺术之门，到系统的理论学习，以及最终鼓励我从事动画电影理论研究，谆谆教诲无法遗忘。黄老师与绍老师对我各方面的关心与帮助也将使我受益终生。具体到博士论文的写作，正是在参加黄老师的“中国影视与中国文化传统”课题中，我开始关注中国动画电影的民族风格问题，并将在“中国美学史”课上系统的理论学习与个人兴趣结合起来，完成了本文的重要章节。

于丹(博士生，1998—2005)

在博士论文成稿之际，我要深深致敬我的恩师黄会林先生。首先，我致敬先生博雅的学术情怀和辽阔的学术视野。我的论文题目着眼于社会转型时期传媒功能的变化。在指导我这篇论文的时候，先生已年逾古稀。大家都知道，黄会林先生是现当代文学的大家，在戏剧学和电影学方面都有极深的造诣。按说我应该遵循着先生的学术思路，研究先生所熟悉的领域，但我选择了传媒领域，导致先生查阅了大量资料来指导我这篇论文。我非常感恩先生的学术宽容和雄厚的学术基础。先生着眼于社会的前沿变化，依托于基础的传播理论，给了我非常精当的指导。其次，我也深深致敬先生严谨的学术态度。论文几易其稿，先生亲自批改过的就不下四稿。先生的小字在字里行间批注得密密麻麻，有时候连续几页先生每页都要写上几百字，从例证的引用到理论观点的探讨、到需要查阅的资料，有好多地方先生画了红线、画了问号。这种严谨将一直影响我们。

我是一边读书，一边做老师。做学生，在先生面前是不能打马虎眼的；做老师，不敢一刻忘记先生的教诲。做过先生的弟子、写过先生指导的论文，我们也知道如何去做一个好老师，如何去面对我们学生的论文。先生博雅的学术情怀和严谨的学术态度，我将受益终生。深深致敬我的恩师!

闫玉清(博士生，1997—2000)

首先衷心感谢我永远的导师黄会林先生。我论文题目的确定就得益于黄先生“中国影视与中国传统美学”的课题，先生不弃我不才，使我能有幸加入课题的研究。两年来，课题组所取得的每一项成果，都给我以莫大的激励，更对我博士论文的写作有莫大的帮助。可以说，没有以黄先生为核心的课题组，就没有我今天的论文。

在三年的博士生涯中，黄先生以母亲般的慈爱呵护和关怀着我，即使当我犯了错误，先生给我以批评之后，我竟然也能感受到一种被疼爱的感动。先生曾对我的学术研究寄予了很大的期望，但由于我的不才，我的懒散，我的娇气，竟辜负了先生的一片心意。现在想来，真是追悔莫及。好在，我留在了北京，还有机会聆听先生的教诲，我会以一生的时间，以莫大的努力弥补我的遗憾。

祝晓风（博士生，1998—2001）

1998年，我通过考试进入北京师范大学艺术系，又重新做起了学生。这对我是一个很难得的学习机会。几年的学习当中，一直得到黄会林教授的指导。她对学术的严谨求实的精神，对中国电影深沉的感情，她深厚的理论素养、渊博的知识和宏阔的学术视野，都对我这个晚生产生了很大影响，使我受益匪浅。特别是在最近一年，在论文写作的过程中，我更加深深地感受到黄老师对学生的拳拳之心，那种对学生的爱。这篇论文从最初的论题确定，到中间的写作，直到最后的修改，都是在黄老师的直接指导下完成的，融注了她的许多心血。在论文的最后修改阶段，黄老师对本人的听起来有些严厉的批评意见，其实完全是老师的责任心，和一位学者对学术研究的科学理性的态度的表现。我在修改论文的过程中，越来越感受到她的批评的正确，庆幸自己遇上了一位好老师。在此，我要向黄老师表示最诚挚的感激。

于晓红（硕士生，1999—2000）

感谢我的导师黄会林先生。我从1993年与黄老师相识起，便不断地得到黄老师的指教与勉励，并下定了读在职研究生的决心。多年来，在黄老师的督促下，我坚持在不耽误工作的前提下，修完了研究生课程，受益匪浅。具体到这篇论文，它的选题和方向，就是受黄老师的“中国影视与中国传统文化”课程启发而确定的，论文的撰写过程中，黄老师又给予我多方面的指导与帮助。

胡智锋(博士生，1999—2002)

我的导师黄会林教授自始至终，无微不至地关心、指导着我的学习、生活与工作，尤其是在事业上高举影视艺术“民族化”的大旗，为建构影视艺术“中国学派”而无私、忘我地奋斗，为我们做出了榜样与表率。黄先生的为人与为学，她的一系列重要的学术思想与研究方法，给我写作这篇学位论文指明了方向。因此，我要首先向黄先生致以崇高的敬礼！我想，作为她的弟子，不是用“感谢”二字可以表达我的心意的，只能用不倦的努力、不断推出的成果来报答导师的提携与培养。在此，我还要向黄先生的家人绍武老师、方宁学兄等致谢，他们对我多方面的关怀我将长久铭记心中。

史可扬(博士生，1999—2002)

感谢我的导师黄会林先生三年来的教诲，进入影视和影视美学的领域，黄先生是我的直接引导者和教导者，还在入学之前，我就拜读了先生的《中国影视美学建设刍议》，深为其深邃的见解和勾勒出的宏大的电影美学建设蓝图所吸引，以致成为我投考先生博士生的直接原因。在入学后的第一学期，先生为我们开设了《中国传统文化和美学与中国影视》的专业课，也正是通过上这门课，我萌发了做一篇中国电影美学方向论文的念头，并开始构思，而这篇小文中的许多观点，就是在上这门课时，受先生的启发形成的。2000 年夏，我写出了草稿并呈给了先生，在还没有消退的暑热中，黄先生对我粗陋和幼稚的习作做了非常认真也让我极为感动的审阅，并给我以教益和热情的鼓励。蒙先生不弃和鼓励，我先是对原来的草稿做了细化和规范化工作，整理成为八篇论文以《中国电影美学四题议》《寻找迷失的“诗意”——国产电影的当下境况与出路》《新时期以来国产电影的精神漂移》《中国电影的文化内涵》《审美心胸理论是道家美学之魂》《中国电影的价值坐标》《中国传统美学和艺术语境下的中国电影》《中国电影的美学滋养》为题先后发表，从而为我的毕业论文打下了较好的基础。现在这篇论文，就是在这些已发文章的基础上写就的。

三年来，先生及绍武老师在学习上、生活上，给我以不倦的指点和关心，遗憾的是由于学生的木讷和愚钝，多有让恩师有恨铁不成钢的失望，但先生对我的教诲和期望，学生却不敢有丝毫懈怠，并必将成为我一生的财富。

楚卫华(博士生，1999—2002)

那是4月的一个清晨，在师大教二楼的一间教室，我第一次见到了黄老师，她穿着银灰色的夹克衫，烫着卷发，神采奕奕地走进来，为我们进行面试。从此，这一幕像一幅油画印在我的脑海里。在黄老师身边学习的日子，我不仅学到了丰富的知识，而且被老师严谨的治学态度深深地感动了，三年的时光匆匆而逝，却令我终身受益无穷。黄老师给我们提供了很多次听讲座、听报告的学习机会，希望我们能够学习到更多的东西；每次中秋节，我们都聚集在老师家里，享受亲情与美食。本论文从开题到完成，四易其稿，每一次黄老师都悉心批改，给我指出精辟的修改意见，论文的完成凝聚着黄老师的心血，我的感激无以用言词来表达。黄老师和绍老师对我学业和生活上无微不至的帮助和关怀令我终生难忘，在老师身边的日子，我渐渐成熟，老师的敬业和执著让我懂得了生命的意义和价值，也许我不能成为一个有伟大成就的人，但我一定会尽我最大的努力做好我应该做的一切事情，不负老师的良苦用心。

林彦珍(博士生(韩国)，1999—2002)

我还记得1994年冬天，从韩国大学中文系毕业后，我马上来到中国，一边学汉语，一边找我的导师、黄会林老师，把我想学习中国电影的想法告诉了老师。老师问我："你为什么想学习中国电影?"我回答："我在韩国看过了张艺谋和陈凯歌的电影，感到那里有中国的故事。所以，我想用电影来理解中国文化，并把它介绍到韩国。"黄老师笑着说："你先写一篇文章，谈谈你对中国电影的看法。"

从那时候起，我就成为黄老师的一名留学生。近七年来，黄老师和绍老师的关心、教导和鼓励就一直伴随着我，我不仅学到了丰富的知识，而且被老师严谨的治学态度深深感动了。黄老师从来不会因为我是留学生就迁就我，而是同样严格地要求我，七年过去了，我终于理解了老师所说的"严是爱，松是害"这句话的深义。

田卉群(博士生，1999—2006)

师从我的导师黄会林先生已有14年，14年弹指一挥间，然而这14年中我的导师和绍武先生为我花费的心血数不胜数。他们深邃的历史观点丝毫不掺杂任何实用主义的观点，他们理想的坚贞令后学仰之弥高，他们所勾勒出的博大精深的电影美学建设蓝图也强烈地吸引着学生，惭愧的是，师从导师十余年，学习导师牢固的专业知识、不折不挠的实干精神和积极乐观的处世态度，但在治学的严谨和对理想的坚持方面始终相踟甚远，因此常有偏激和犹疑，使两位导师常有恨铁不成钢之憾。但我深信两位导师十余年来的教诲将是我一生受用不尽的珍贵财富，无论是历史观点、学术观点还是做人态度，两位导师都为我树立了典范，使学生得以不断自省，并走向成熟。

遗憾的是，本文中仍然有偏颇舛误之处，恭聆导师赐教，愿与绍先生继续进行长夜探讨，将我所百思未得其解的许多历史和现实问题逐步理清思绪。

蔺永钧(博士后，1999—2001)

衷心感谢导师黄会林教授对本报告的精心指导!

石竹青(博士生，2000—2003)

成为黄会林先生门下弟子，是我梦中也会笑醒的庆幸。先生及绍武老师的言传身教对我生活上的悉心关怀，是我这三年来最美丽的记忆。“一分耕耘，一分收获”的师训，让我沉下心来仔细聆听、领略艺术的风景。先生的韧力与自信、从容与雅致，是我的梦寐与希冀；先生的严厉与微笑、叮咛与嘱望，是我执著前行的支撑。三年，原以为很长，实却匆匆。缘起的时候，我是黄先生眼中一个爱哭爱笑的孩子，三年后的今天，本以为自己长大了，成熟了，然而，在写下这些字句的时候，我发现，我已经泫然泪滴——因留恋，更因感激。

冯锦芳(博士生，2000—2003)

最深沉的感谢要送给黄会林教授，我尊敬的导师。老师三年来的言传身教，使我在学业和为人处世上得到进步，在老师的引领中沿着美好的方向从容前行。在学术上，老师总是要求我们勤奋踏实、本分诚实；在生活上，老师慈母一样的关怀常常让我感动莫名。在天气很凉的日子，如果穿得单薄，总是会听到老师温暖的责备，也总是被老师细心地关照。三年的岁月悄然流逝，在溶溶春水般的心灵之河上，漂浮着的是美好记忆的缤纷花瓣。年少鲁莽的我，曾让老师为我分外操心，也使我在心底埋藏着一份歉意和不安。但老师总是以她博大的胸怀包容我，让我总是告诫自己要好好努力，用行动回报恩师。我还要感谢绍武老师三年来的关心和教导，绍老师为人勤奋、谦和、善良对我影响至深。

郑世明(博士生，2000—2003)

我要感谢我的导师黄会林先生，没有她三年来的严格督促和悉心指导，精神倦怠、懒散不羁的我不可能完成这样一篇论文。时至今日，我仍然惭愧于自己的笨拙和懒惰，没有拿出足够像样的科研成果汇报先生。是先生身上那种永不止息的奋斗精神和奉献情怀，以及也许只属于他们那一代知识分子的强烈的社会责任感，激励着我、鞭策着我，在艰难的学术研究道路上默默前行。还有笔耕不辍、低调温和的绍武老师，他们身上宝贵的精神财富，是我这三年中于学业之外最大的收获。

俞虹（博士生，2001—2004）

在高校任教18年后，有幸走进北京师范大学师从黄会林先生。三年寒暑，求师问道，深深地感到：先生是师——身传言教，一代风范；先生如母——体贴入微，扣寒问暖；先生为友畅聊无忌，喜忧分担。友交先生是乐——开心获益长在；学随先生是苦——不得有半点松息：师从先生是幸——榜样的力量无穷。因为三年的收获又岂止是学业？先生的为人治学、品性精神，足以让学生滋养终生。

关于论文，坦率地说，最初只是想在熟悉和积累较多的领域："影视审美文化"和"节目主持艺术"二者间进行选题、深化研究的……从课程作业到专题论文，再到博士论文的选题与写作，如果没有导师黄会林先生果断的定题，热切的鼓励，充分的信任，以我微薄的积累和犹豫，可能这篇论文也就胎死腹中了。毕竟，这个选题与北京师范大学以研究影视艺术为中心的主流学术区域有一定距离。由此，让我真切体悟到了北京师范大学学术研究中宏阔的包容度与勇于创新的开拓精神，感受到先生的敏锐、开放与高屋建瓴。整个论文的写作过程，都是在导师的密切关注下进行的。导师的建设性意见往往使我在困惑中豁然开朗；而导师的严谨、认真，则让我受益匪浅。绍武老师的睿智和热诚，亦使我受益良多。

路春艳（博士生，2001—2004）

回想这么多年的经历，感慨万千。我之所以能够有博士论文问世，首先要感谢我的导师、领路人黄会林先生。我有幸在先生门下读硕士、博士，黄老师从一点一滴带起，教我做人，教我做学问。她深厚的理论功底，宽广的学术视野，严谨的治学精神对我的成长产生了深刻的影响，使我受益终生。具体到这篇论文的写作，她始终关心着论文的进程，从最初的开题报告，到中间的写作、成文，直到最后的修改，都是在黄老师的直接指导下完成的。黄老师大到帮助我布局谋篇小到修改病句病语、标点符号。如果说这些年我在学术上有一点进步的话，都是在黄老师的指导下所成。我要把最诚挚的感激之情献给我的恩师黄会林先生。我还要特别感谢绍武老师，每次到黄老师家汇报论文，绍老师都是热情招待，并为论文的写作提出宝贵意见。

赵建国（博士生，2001—2004）

由于栖身名师黄会林先生门下攻读影视学博士学位，周围精英云集，熏染甚多；尤其黄先生目光如电，既得其醍醐灌顶，又不失当头棒喝；可以说，黄老师是我一辈子都读不完的书……黄老师的先生绍武老师是我的另一位导师，他身上似乎有一种深得儒家文化精髓的恬淡中庸，每每让我想起一副对联“事理通达心气平和，德性坚定品节祥明”。这种风度令我神往——“虽不能至，心向往之”。

李勇（博士生，2001—2004）

能够进入北京师范大学求学我要特别感谢恩师黄会林先生，三年来先生的言传身教是我受益的根源。至今仍难忘记与先生的第一次会面，我怀着不安的心情来探问先生是否愿意招收如我这样的学生时，先生的和言与平易令我备感温暖。三年中的谆谆教诲、三年来的师生意意所换来的师恩绵绵我将终生不忘。我尤其感怀于先生的敏锐和严厉，可以说我的每一次松懈和小聪明都无法逃脱先生的眼睛，她对待问题的一针见血和一丝不苟，着实令我等后辈敬佩和叹服。先生那种孜孜以求的精神不断敦促着我们，使我们几个同门学友的学业始终不落人后。

还应该特别感谢可敬的绍武老师，感谢他如黄先生般呵护关心我们。

冀星（博士生，2001—2005）

回顾在北京师范大学的日子，我很感激。感激我最尊敬的先生——黄会林教授，感激她教学的深邃，感激她为人的宽厚，感激她对我的循循善诱，谆谆教诲。没有黄先生，不会有我在北京师范大学的今天。

同时，我更要感激一位老先生，可以说没有他的关心、爱护甚至袒护，更加不会有我的今天。感谢绍武先生。

谷国庆（硕士生，2002—2005）

写完论文的最后一个句号，像长跑运动员冲到了终点，疲惫、兴奋而又释然。此时满心涌动的，是朴素的感谢。

能够进入北京师范大学求学，我要特别感谢黄会林先生。三年来的谆谆教诲，累积成丰富的记忆。先生的敏锐和认真，执著和活力，一路感染着我。先生凡事尽善尽美、孜孜以求的精神，是我辈学习的典范。念及先生三番五次在灯下为我批改论文、指点迷津，心中油然而生敬重之情。

李国芳（硕士生，2002—2005）

在论文完稿的时候，由衷地感激我的导师黄会林先生、绍武先生，带我进入电影文化的广阔天地，不厌其烦地督促和指导我的学业和工作，无论是在学术锻炼还是在人生锤炼方面，两位先生都起到了完美的垂范作用，令我终生难忘。黄先生循循善诱，教我以细腻和宽容的态度进行学术思考，绍武先生以刚健的精神气质和严谨的学术精神，经常给予我鼓励和支持，使我能够在学术的道路上不断克服困难，努力进步。

两位先生在学术和学习方面对我提出的严格要求，使我终日不敢懈怠。记得硕士生录取通知书发下来之后，黄先生曾经专门找我，拿出当时的硕士答卷，给予一番表扬之后开始为我逐字逐句的批改，连用错的标点符号、不规范的字都一一标示出来……令我既惭愧又感动，唯有努力钻研学术，以优异的学习成绩向先生汇报。在平日的工作里，两位先生也时时鼓励和督促着我，在工作方法和工作态度方面给我很多好建议，使我逐渐成熟起来。

论文初稿完成，我曾急忙到先生家中求教，先生与我探讨电影文化命题，不觉已是天黑。当我与先生辞别的一刹那，蓦然发现她白发又添几缕，不知不觉中光阴匆匆行过多年，两位先生像父母一样地教导和鼓励着我，使我终生受用无穷。在论文的结尾写上我的感激和敬意，敬祝两位先生健康、长寿！

阎晓明（硕士生，2002—2005）

特别要感谢我的导师黄会林教授。读本科时，黄先生就是我的老师；在读研的过程中，黄老师更是为我们倾注了大量心血，从教学计划、课程安排直到论文的写作、修改、审阅，事必躬亲。为此，我不仅在三年的学习生活中学到了知识，更从黄老师身上学到了北京师范大学的传统，学到了做人的准则，获益匪浅，受用终生。

缪力（硕士生，2002—2005）

在这篇硕士学位论文完稿之际，回顾三年求学之路，我心中交织着耕耘的艰辛和收获的快乐。我深深地感谢为我们的深造付出了无数心血的艺术与传媒学院的诸位领导和导师！

在这里，特别要感谢我的导师黄会林先生对我的不倦教诲和指导，使我克服重重困难、最终完成学位课程和硕士论文的写作。由衷的感激先生耳提面命、诲人不倦，三年来的不断鼓励和细心帮助，尤其是她那严谨的治学精神和人格魅力，给我留下了深刻的印象，令我终生难忘。早在确定选题时，先生就帮我再三斟酌；论文写作过程中，又不断传授学术思维，初稿完成后，先生对论文结构、语言表述、具体观点等方面进行了多次修改和指导。在工作和生活方面，先生给予了我无微不至的关怀，不仅使我学术的能力取得进步，而且在做人方面也让我受益匪浅。

高军（硕士生，2002—2005）

在有过二十多年的职业军人生涯，又有过十年的军旅影视创作资历之后，考入北京师范大学艺术与传媒学院，成为黄会林先生的研究生，是我极感荣幸的事。两年来，脱离了摄制现场的喧闹和闭门创作的烦躁，在北京师范大学校园里，我在黄先生的指导下，又在知识的海洋中汲取营养。过去创作中的困惑得到很多澄清，在了解了电视艺术与大众心理、大众意识、大众文化的关系之后，也懂得了电视艺术独特的审美方式、美感构成和审美价值取向，从而将以往积累的创作经验上升为理论，又获取了指导今后创作指导的理论。

本文的写作，自始至终得到黄会林先生的悉心指导，她的教导不断为我开启思考的窗口。

马继红（硕士生，2002—2005）

能够在早已告别校园和课堂的年龄，成为黄会林先生的研究生，是我人生的一大幸事。自15岁走入军营，就一直期盼着能有一个机会，坐下来认认真真地读书学习，在学海中努力提升自己。感谢北京师范大学艺术与传媒学院给了我这样一个机会，在整个学习期间，我得到导师黄会林先生的关爱，受益匪浅。通过学习，使我对电视艺术理论有了更全面、更深刻的理解。对电视艺术历史进行了更清晰的梳理，探讨了各种创作流派与技法的形成过程，得失成败，获得了基础理论水平和实践批评能力的双向提高。在这篇论文的成文过程中，从开题报告到初稿完成，以至每一次修改，都得到黄会林先生的悉心指导，在此表示衷心的感谢！

刘杰（硕士生，2002—2005）

在我心里，北京师范大学是一所百年老校，也是一所世界知名大学。北京师范大学学风朴实，严谨，历史上从这里走出去很多大学者、著名人士，各行各业都有北京师范大学学子勤奋工作的身影。我也知道，北京师范大学有个艺术与传媒学院，它的前身艺术学科也有 80 年的漫长历史。而且，自 1992 年开始，在著名学者黄会林先生的主持下，在周星老师等一批先生的共同努力下，开始大踏步发展前进，不仅培养了相当数量的本科生，而且拥有影视专业若干个硕士点，拥有中国高校第一个电影学博士点，还创办了在国内有重大影响的“大学生电影节”。能有机会到北京师范大学读书，尤其是聆听黄先生、周先生等知名教授的教诲，我感到十分荣幸，也非常珍惜这个机会。

通过学习，我掌握了很多关于电影和电视的理论，听了许多国内顶级专家的讲座，开阔了视野。正像黄会林先生所说，通过学习，给我的头脑打开了一扇又扇窗户。我没有太多的词汇来表达自己的感激之情，但是，自从到北京师范大学读书以后，我身边的同事、朋友都惊奇地感到我身上的变化。对我来说，这个学习机会，不光是为了学历和学位，更重要的是在导师黄会林先生的严格督导和要求下，通过学习，我有了此前人生从未有过的收获，无论是在思想境界还是文化知识方面，都有明显进步。而且，我也相信，这次来北京师范大学读书，对我以后的事业发展也奠定了一个很高的基础，给了我一个新起点，明确了努力的方向。

所以，我要再次感谢导师黄会林先生、感谢我心中最亲爱的北京师范大学，感谢艺术与传媒学院所有的老师。我想不管将来走到哪里，我都会记住自己是一个北京师范大学人，是黄会林先生的弟子。我希望有一天，如果有机会，自己能够尽己所能，回报北京师范大学和导师黄会林先生对我的培养。

感谢导师对我论文写作的悉心指导和热情鼓励。感谢绍武先生对我的关心和支持，也感谢所有帮助过我的学兄、学姐们。因为北京师范大学，因为黄先生，我有缘同窗，享受这种温暖的情意。

沈卫星(博士生，2002—2006)

有人群的地方，就有文化，不同的族群有不同的文化，文化多样性是一个与人类历史一样漫长的文化现象，就像日出日落，潮涨潮落一样自然。跨进21世纪以后，全球化浪潮进一步把我们的生存空间挤压进日益狭小的地球村落，倏忽间，“天涯若比邻”成为现实，所有人被这股浪潮裹挟着前行，世界前所未有地实现着融合。正当此时，文化多样性像是被发现式地引起了各方面的关注，一时间关于文化多样性的研究多了起来。

作为媒体的文化工作者，对此研究自然十分关心，除了关心对这一问题的理论研究动向，更关心这一研究的实践意义，特别是想探究文化多样性研究会给我国文化领域带来什么。恰在此时，我开始在北京师范大学的读博生活，集中的学习使我能够比较系统深入思考这一问题，当我决定将此作为博士论文的研究方向时，得到导师黄会林先生的热情支持，并给予多方面的热情指导。

说实话，文化多样性这一课题之于我，不论是开题前的思想准备，或是研究阶段的材料准备，责任感的驱使始终大于理论研究的冲动，这便使我的研究重心落在探寻对策和出路，也便是我最看重的研究的实践价值，假如读者能从中看出作者这方面所做的努力，并有所启示，这便达到了我努力为之的目标。

在本论文完成之时，想到为我这篇论文付出心血的竟有很多方面人士，心头竟也轻松不起来，浓烈的感念之情堵溢胸腔。我首先要感谢黄会林先生，是先生的不舍努力，才让我完成了学业，尤其在论文阶段，先生和绍武先生对我的这份不成熟作业倾注了极大关怀，我将终生难忘。

张利箭(博士生，2002—2005)

1988年大学毕业后，一直从事自己喜欢的电视新闻工作，摸爬滚打了一些年，参加了许许多多的电视实践活动，当我渴望给自己充电，渴望新知识的时候，有幸认识了我的导师黄会林教授，从她身上懂得了一生学习的道理，懂得了如何做一个有学问的人，从认识黄教授开始，我又开始了漫长的学习生活，在北京师范大学先后完成了硕士和博士全部课程的学习，接受了校内外多个门类专家、学者的教诲和指点，一路收获着走到今天，这一切，来之不易。

在这里，我要衷心感谢我的导师黄会林教授多年以来对我的悉心培养。黄教授虽已七旬高龄，但她对影视传媒事业仍然保持着旺盛的研究热情和强烈的社会责任感，对于影视理论研究，始终坚持着严谨的求真态度和开放的创新意识，这一切都给予了我极大的感召和鞭策，让我终身受益。本文的写作自始至终都是在黄教授严格认真的指导下进行的，没有她的指导，本文的完成是难以想象的。同时我也要感谢这些年所有给我传授知识的、给我帮助和鼓励的老师们。

高峰(博士生，2002—2005)

我的母亲已离世多年，此时忆起仍心界有泪波涌动，她不仅给我以生命，更是我的良师。母亲于1948年毕业于北京师范大学，几年后，我的舅舅又从这里毕业。所以，我对北京师范大学的了解、信服与向往是根深蒂固的。这三年的学生生活是我人生最重要的转折时期，它让我从“活在别人眼中”转变到“活在自己心中”。

从师于黄会林先生门下，不觉间一千多个日夜过去，在此无论是学业还是世事皆有另踏深景之意义。于诚衷的感念中，我仅道来：黄老师实如我的母亲……

郭运德(博士生，2002—2006)

我对自己的评价历来是八个字：先天不足，后天失调。大跃进年代出生，靠米汤和面糊喂养成人；“文化大革命”时期读书，革命的词句比文化知识学得多，属于典型的物质、精神双匮乏的一代。能在高中毕业、下乡劳动五年后侥幸走进大学，主要是占了年龄的便宜。因为恢复高考时，中学时代的同学大多早已拖家带口，再没了受教育的机会。

幸运女神的垂青并未到此而止：我读了大学，分配到一份与专业相近的工作，大学毕业 19 年后又有幸重新走进北京师范大学校门得以深造。北京师范大学艺术系特别是导师黄会林先生给予我的垂顾和厚爱，再次补偿了蹉跎岁月留给自己的知识缺憾。对于生活和生命、对于师长和友朋的感恩之情，一直是我能在浮躁且功利的社会存在中保持一份阳光心态的精神支撑。

大学时代虽然发愤读书，“恶补”的结果并没能改变十多年荒废造成的浅薄大学毕业时，看着年轻的同学续读学位，往届生们只有羡慕和嫉妒的份儿。走进机关，忙碌于各种俗务琐事。虽然未敢丢弃学业，但读书深造的梦却几乎不敢再做。是黄先生不弃后学，多次督促鼓励，使我重新燃起读书的热情，获得了再次接受系统理论训练的良机。从准备报考到在职读博，前后达四年之多，导师的言传身教，无论是治学还是做人，都让我受益良多。唯一可报答者，只有勤奋读书，不负厚望。

四年中，相关的学术报告使我这个听惯政治演说的人，找回了对学业的美好记忆。相关的专业书籍读了不下两百种，随手记下的感言也积成厚厚一叠。在职求学，没有寻找工作和参评职称的压力，读书成了难得的精神享受和唯一的学习目的。为了验证学习成效，所以在做论文选题时，故意放弃自己熟稔的当代文艺领域，选了个更为宏阔、较具前沿性的文化课题。目的就是想挑战一下自我，为自己留存一份值得珍藏的生命印迹。由于自己视野所囿、学识所限，论文做得比较艰苦。当走过磕磕绊绊的笔耕时光，把一个朦胧中的框架变成一堆切切实实的方块字的时候，读书带来的充实和艰难跋涉后的轻松，让我体验到一份发自内心的如释重负的欣慰。至于论文选题价值如何、论证是否到位、学术观点能不能自圆其说，自己不敢置喙，只好敬候专家、学长和同行们评说了。

在论文写作过程中，从选题确立、提纲拟定到论文定稿，黄会林先生给予了许多具体而深入的指导，特别是对于提纲从最初的八章设计压缩成五章，连续两次审阅近20万字的论文初稿并建议压缩至15万字，仅文稿中的虚词就删节了千余处，导师的严谨和严格令我感动。

李晓枫(博士生，2002—2006)

写论文的笔暂时停下了，我的眼眶却湿润了。

泪光中，老师们的音容历历在目。黄会林导师说过："每一次讲座都将给你们开启一扇知识的窗户。"100多学时的名师讲座，30多位国家一流的学者、专家，内容涉及哲学、美学、政治、文化、历史、科技、文学、艺术、教育、心理、影视、传播、英语十多个学科，无论酷暑严冬，都让我如沐春风、如啜甘露。在黄会林导师家那温馨而简朴的小客厅里，数十次聆听她和绍武老师不厌其烦的辅导和启蒙。于是，我尽情地张扬和不断地满足因此诱导和刺激出的求知"贪婪""把别人喝咖啡的时间都用在了学习上"，把个人业余生活的空间唯一地压缩到书斋里。冬去春来，近两千个夜晚，每晚用不少于四小时的时间精读了中外经典理论著述10多部，参阅文献100多种，整理学习笔记50多万字。"学，然后知不足"，"窗户"开得越多，知识的空白越多，愈深惭于自己的无知和浅薄。记得是2002年，我即完成了论文第一稿，黄老师悉心圈阅，签批竟达60多处；因之又改变立论、调整结构，2003年完成第二稿，并以此稿的最后两章发表，获中国文联第四届文艺评论"理论类"二等奖，据说是影视类的唯一；以此稿的思路作开题报告，周星、李准、彭吉象、王岳川诸位老师精心点评指教，于是又埋头两年半，学习、梳理、调整、综合，遂成此第三稿，此稿又在导师近乎"严苛"的要求和指点下四易其稿。

我仍然不满意，因为只要坚持学习、思考，每天都有新的思想，那么我只好将这“论文”一直做下去。

泪光中，我在嘉陵江边聆听黄老师的谆谆教诲——七年前一个初夏的傍晚，黄老师优雅地依靠着江水轻拍的船舷，江风拂动她的白发，在斜阳余晖和江水光波的映照中娓娓而谈，身后是深邃而耀眼的光景。因为黄老师出席在重庆召开的全国短篇电视剧研讨会期间，我激动地向她谈起了拜读她为《世纪碰撞——中西文化纵横谈》题写的总序——《中国影视美学建设刍议》的感受，才有了刚才这动人的镜像定格。黄老师说：“你坚持从产业和经营的层面研究电视是对的，但不能孤立地封闭性研究，只有以开放的历史和国际的视野，从大文化层面系统研究，才能找到建设中国民族特色的电视文化艺术的正确答案。你还年轻，多学习。”从此我的学习和研究转向了电视文化。当时感念之余，其实我心里在说：我已经不年轻了，十五年前大学毕业时学院准备保送我到北京师范大学中文系读研究生，因当时地方政府要我回去工作而未成行，否则我早就是您的学生。阴差阳错而缘分不断，两年后，我真的回到了恩师身边！从此，在恩师的指导下，我的学习、研究一发不可收。五年来，发表论文十多篇，获得过中国新闻奖论文类一、二等奖，主编文选两本、理论专著六本，其中《中国电视管理实务》获中国广播电视协会理论专著二等奖。人生需要导师，实践需要理论，理性的引导让实践保持明确目的又不断地产生理性成果引导实践向更高层次发展。这样，人也许活得沉重与忧患，但人会活得更高尚与清醒。

海霞（博士生，2002—2007）

我要谢谢我的导师黄会林先生。多年来，她一直以智慧、儒雅、坚韧、慈爱的形象立于我辈前方，告诉我：女人同样可以活得很精彩。她以开放的学术胸襟、博采众家的学术精神、富于前瞻性的学术视野，为我树立了学术榜样。她的民族化的思路，坚定着我的电视实践和论述：她不断地鼓励，升华着我的实践，深化着我的思索，丰富着我的论述，助我将稚嫩浅显的文章一天天疏通夯实。这篇文章，字字句句，都凝结着她的心血。恩师的白发，为我又增添了几许？

郎昆(博士生，2002—2010)

古人谈治学：精读之，审问之，慎思之，明辨之，笃行之。我照此理路，践行本课题的研究和本论文的写作。现在，论文初成，我深感此方法之于我的灵验。一则在一个尚待深耕的研究领域，精读已有的研究文本(成果)，进行理论武装，是一次何等畅快的学理遨游；二则带着问题，请教先生，在思考中释疑解难，“蓦然回首，那人却在灯火阑珊处”，这又是一种何等美妙的精神享受；三则也是最重要的，在本课题上我具有其他人不具备的经验优势，27 年的电视从业经历和五届总导演的履历，使我占有了丰厚的第一手实践材料和思想心得。因而，“笃行”于我是得天独厚。

在这里，我要深深地感谢我的恩师黄会林先生。首先，是先生给我选择了这个能充分发掘我研究潜质的课题，使我找准了研究方向；其次，是先生教给我本课题研究的方法论，使我少走了不少弯路；再次，是先生高屋建瓴给我点拨了具有原创价值的学理探点，启发了我的研究思路；最后，是先生在繁忙的教学和研究中挤出时间，认真细心的指导和提升我的论文写作。可以说，没有先生，就没有这部论文的诞生。

在向先生问学的几年时间里，我还得到了另外的收获，这就是先生的崇高的师德、善良的情操和渊博的学问。这种之于我的人格滋养和心智陶冶，是我永远珍藏的精神财富。它将使我在以后的求知、求智和工作生涯中，终身受益。从先生身上，更体现出北京师范大学的校训“学为人师，行为世范”的精神传承。

周雯(博士生，2003—2006)

特别感谢我的恩师黄会林先生，她给予我的爱是那么的丰富，有长辈的呵护、为师的严厉、朋友的坦诚、还有女人的温和。深深吸引我的，不仅是先生丰硕的学养，博雅的气质，还有先生无悔的奉献和做事的执著，更有与绍武先生50年患难与共、历经风雨、相守相知的深厚情感，这一切都使我长久感怀于胸，终身受益。

李君（博士生，2003—2006）

能够历经千辛万苦完成这部论文，我首先要感谢我的导师黄会林先生。她不仅是我的博士导师，更是我的人生导师。因为在她的教导下，我比以前任何时候都清楚地理解了“做人”的道理。黄会林先生从我们入校起就反复强调：当我的学生，必须先做人后做学问。

做人第一条，就是要学会谦虚。我自认为从来对待别人都比较谦虚，但导师不满意，认为我不够谦虚。我苦苦思索了很久才明白，谦虚是一种心态，是一种哲学，是一种美德。它不是说我表面上见到所有的人都有礼貌就是真正的谦虚，谦虚应该是发自内心的。世界上所有的人都憎恶被人伤害，都希望被人尊重，而谦虚就是对别人最大的尊重；谦虚可以让自己静下心来思考别人的优点和自己的缺点，然后心甘情愿地向别人学习，自己就会不断进步；谦虚可以保护自己不受无端的伤害，更不会伤害别人，让自己逐渐成为受欢迎的人。

做人第二条，就是要善良，凡事都多替别人考虑一点，想想自己的行为是否会影响别人。世界上的一切矛盾、纠纷和争斗，不都是因为一些人为满足私欲的所作所为影响了别人的健康、幸福和安宁引起的吗？如果我们在每一件事情上都能够换位思考，就一定能与周围的人们建立起友好和谐的关系。

做人第三条，要懂得感恩。人的一生总有不少艰难与坎坷，是许多亲人和友人的及时帮助才使我们顺利地渡过难关。要感谢所有帮助过自己的人，并不断努力设法回报他们。一个人如果能够将这一点牢记在心，他就一定会受人尊敬、获得友谊、坦然面对生活的艰辛和苦难。

三年的时光，导师黄先生给我们上课和带领我们做课题，使我不但学到了大量的知识，而且也悟出了许多知识的内涵。尤其是她倡导的重视中国影视民族化的学术思想，为我们开启了一条发现与传播中国优秀传统文化的崭新道路。许多年来，中国的不少青年人尤其是影视媒体工作者都以为影视是西方先进文化的特有产物，只有西方影视才值得欣赏，中国文化是落后的，无法用影视来表现。这是一种无知的思维，是因为对中国文化的无知造成的。首先，影视是载体，任何文化都可以借助影视载体来传播自己的意识形态。西方人可以通过影视传播西方文化，中国人也可以借助影视传播中国的先进文化；其次，中国有博大精深的传统文化宝库亟待开发。在影视剧领域，中国历史题材的精彩故事浩如烟海，是取之不尽用之不竭的源泉：在专栏节目领域，中国千姿百态的艺术门类与文化内容蕴含了中国人的博大智慧与生命追求；在时尚竞技类节目领域，中国传统哲学与美学的精华思想深刻影响了中国人的审美观，发扬传统优秀文化思想，可以使中国的许多娱乐节目体现出与西方娱乐节目截然不同的价值观和文化韵味。如果中国的影视媒体工作者都能够具备深厚的中国文化修养，中国的大量影视作品将会在世界范围内产生巨大影响。

自 2003 年入学到 2006 年年底，黄先生带领我们完成了三个学术课题，这对我们来说是可遇不可求的极好的实践机会。黄先生向我们传授做课题的大量知识，教导我们如何锻炼学术思维、如何规范学术表达、如何正确对待引经据典与独立思考、如何高效利用时间收集资料和分析资料等。正是因为经历了三个学术课题的训练，在撰写毕业论文的时候才不会慌乱和茫然，在选题、立论和论证的过程中才会按照一种正确的思维方式工作。我们的毕业论文几乎都修改过三稿以上，每一稿黄先生都认真阅读，记录疑点与错误之处，然后当面教导我们修改的内容与目的，严格要求我们完成每一个论文步骤。

黄先生不但是我的严师，她更给了我慈母般的关爱。2003 年秋天，当我刚刚开始博士生涯的时候，我爱戴的母亲因病永远离开了我。当我办完母亲的后事带着哀伤的心情回到学校以后，心中始终萦绕着伤感与落寞。是黄先生在我上第一节课的时候用她慈爱的目光和关怀的话语给了我莫大的安慰，课后与她的倾心交谈又使我感到十分温暖，仿佛我又回到了母亲身边。她一方面在学习上严格要求我，另一方面在生活上体谅和关心我，渐渐地，我从哀痛中走了出来，开始把全部的热情和精力都投入到了博士课程和课题之中，广阅博览，潜心钻研，终于在学业上取得了一定的成绩。

沈鲁（博士生，2003—2006）

如果说北京师范大学是中国高等师范教育的一面旗帜，那么北京师范大学的影视传媒学科对当代中国高等影视传媒教育必然具有重要示范意义。对于我这样一个懵懂中闯进影视传媒研究领域的毛头小伙，却能从一开始就在该领域的前沿从事学习与研究工作，实在令自己感到荣幸，更感到压力。因此，我必须首先感谢我的博士生导师，著名影视教育家黄会林先生。对于黄先生的尊敬与仰慕，早在我硕士阶段一遍遍研读先生的论文论著的时候就已经萌生而一发不可收。那个时候，我就时常想，如果在喧嚣浮躁的今天，能够皈依到这样一位为当代中国高等艺术教育、中国高校影视传媒学科的建设与发展做出了突出贡献的大师级人物的身畔求学问道，那将会是多么幸福的一件事啊。生命中的因缘际会就是这样巧妙，诚蒙黄先生不弃，我终得以忝列师门，恭执弟子之礼。三年来，并不因为时常能够见到黄先生而对先生的钦敬之情有丝毫减弱，相反更多了由衷的亲近之念。在先生门下的这三年，真切感受到了先生对待教育事业的坚韧不拔之心和对待学生的无私关爱之情。从入学之日起，先生在与我的每次谈话中，对我的长处与短处，对我的不足与潜力都有着细致入微的体察，而先生对我的教诲鞭策与勉励更是三年来无一日间断。若非如此，我这三年的成长断不会如此快速而扎实。而在整个博士论文写作阶段，黄先生对我的关注与指导更是倾尽全力，每次见面几乎必定要谈几句论文的情况，而每一稿黄先生都看得很认真，每一页上的批注圈点都切中要害。可以说，整个博士论文的最终成型，离不开黄先生的及时开导与悉心指导。黄先生的老伴，作家绍武老师，为人谦和，和黄先生一样对待事业充满激情，每次去黄先生家中，总见绍武老师伏案写作，笔耕不辍，与绍武老师的交谈总能感受到一个长者的风范，潜移默化中获得很多教益。

马莳（博士生，2003—2006）

回想寒窗苦读的三年间，才疏学浅、憨直鲁钝的我，幸蒙恩师黄会林先生不弃，敲叩雕琢，刮垢磨光，本人虽尽心竭力学之习之，仍感力所不逮，常恐有负恩师厚爱，心中时时惴惴不安，如履薄冰。在拙文即将完稿之时，感念恩师不辞辛劳、诲人不倦，悉心栽培之恩情，弟子没齿难忘。黄、绍二老，夫妻相携，伉俪相濡，同行师道，共著华章之情义，令弟子感佩，亦愿仿而效之。

罗军（博士生，2003—2009）

我要感谢我的导师黄会林先生！我所体会的黄老师的因材施教，应该是“去毛病、指方向、教本事”这几个步骤。

一、去毛病，黄老师首先教会我们不要崇洋媚外。2000年前后的一年多的时间，我在美国洛杉矶的一家设计公司从事电视频道的包装设计，接触到一些电视频道品牌传播和管理的技术。回国后，一直雄心勃勃，想把国外同行的实践融入中国电视发展的洪流。虽然我当时从心里是尊重国内同行的，但是，总有一种翘尾巴的误会，认为国内的传媒不够商业化，品牌意识比较淡薄，需要西方的所谓“先进经验”。黄老师说：“不要尽是ABC。”朴实的语言和不经意的告诫，使我首次认识到，我必须换一个角度来思考问题、对待学业和从事工作。鸦片战争以后，我们民族的自豪感受了挫折，自弱的心态比比皆是。基本的自豪感是有的，但是流露在日常工作和生活中，就比较不彻底了。这，算是黄老师给我们敲响警钟！

二、指方向，黄老师鼓励我们建立民族化的知识体系。黄老师一直倡导“影视民族化”，以我的浅见，这不是一个简单的影视学理论体系，更是一种扎根于五千年传统的思维模式。这样的思维模式是基础，影视民族化是这个思维模式经过若干人共同努力而自然形成的一系列结论。这个思维模式，是我个人在博士学习期间对黄老师教诲的最突出的理解。黄老师没有要求我们照搬她的术语，而是一开始就为我们这些博士们打开一扇扇中国美学、中国哲学、中国民族影视创作等侧面的窗户。黄老师指定了宗白华先生的一些著作给我们精读，我们都有如沐春雨的感受——原来这样一种学贯中西的治学境界，是如此令人神往。这是黄老师作为教育家的循循善诱。黄老师不但是课堂上讲，自己也身体力行，包括穿着打扮，都流露出自己的民族化的主张。先生知行合一，我们当弟子的就有榜样我能够将老子的“以正治国，以奇用兵，以无事取天下”的言论，用于我建立的“从内到外建立品牌”的基本骨架，完全是沿着黄老师开启的方向，不断探索而得。在“民族化”思维下，学术研究的道路很宽广，资源很丰富，有时候还有一种“如有神助”的感觉。

三、教本事，黄老师还教会了我如何将民族化的思维方式转化成研究结论。学习期间，黄老师带领我们参与了几个课题的研究，手把手地教我们如何结构、如何思考、如何取证、如何提炼、如何行文，尤其是如何合作！这些操作性的实习，我坚信一定会令我们受益终生的。

博士学习即将结束，但是品牌传播的民族化问题，将是我长期的工作。在此感谢黄会林先生为我所做的一切！

梁玖(博士后，2003—2005)

在北京5月连续两天的春雨初晴的夕阳中，终于要给本报告画上句号了。这似乎也应该松一口气了。然而，心中并没有太多释怀的感觉。因为，这实在是一个冒险性的研究课题。思及至此，我首先要诚恳而衷心地献上无限的敬意和感激，给我的导师，黄会林教授。没有会林先生高妙的智慧和果敢的决断，就没有今天的这个研究文本诞生。会林先生不仅从来没有支持上的犹豫，而且还在我研究的过程中，不断地鼓励：“学术研究，就是要敢于创新。”坦诚地讲，一个人能够在学术道路上，遇见学高和倾情的导师，的确是人生的无限荣光和幸福。自寻师、入

“黄门”以来，既获得了先生会林和绍武伉俪的学术谨严的教导和督导又获取了二老如父母般的关爱和帮助，这让我在京华的日子，有了根的感觉、有了家的温暖、有了工作和生活的安定。于此，我向会林和绍武老师，致上深深的谢意和感佩。

所谓缘分，其实是指一种好的偶然性。

事非经过不知难，我感怀和欣赏自己人生中所有的面对。借此，我再一次向北京师范大学艺术与传媒学院院长、博士生导师、我的恩师黄会林教授，献上我全心地感谢和祝福！

庚钟银（博士生，2004—2007）

感谢恩师论文写作阶段的悉心指导，更要感谢恩师三年的全面栽培。

恩师不只有黄会林先生，更有绍武先生。作为生活和事业的伴侣，他们共同给学生以教诲、鼓励。

投到恩师门下，受到的不只有严格的求真务实的学术锤炼，更有宽容的镌美向善的为人熏陶。

三年，劳累恩师了。

请恩师黄会林先生、绍武先生接受学生最朴素的心意表达吧：“感谢恩师！”

刘跃军（博士生，2004—2007）

首先要感谢的是我最尊敬的导师肖永亮教授和黄会林教授。老师们视野之开阔、治学之严谨，人品、学品之高洁，让我无比敬仰。黄老师和肖老师在电影理论和思想上孜孜不倦的教导，在动画项目运营及关键问题把握上恰如其分的点拨，使我终身受益，在本论文的写作过程中，大到论文的主题、结构，小到字词的用法，老师们始终严格要求。一次次的批评，一次次的鼓励，让我感受到你们的关怀和温暖。正是在您们不断的教导和点拨下，本论文得以顺利完成，学生在这里对老师们表示最诚挚的感谢！

杨宣华（博士生，2004—2007）

在电脑上敲出论文的最后一个标点，突然感到，其实对于中国电影音乐史的研究才刚刚开始。

为了这一天的到来，在求学的道路上，我走过了漫长而艰辛的三年。

在这三年当中，我最敬重的前辈、导师黄会林先生一直是我心中强有力的支点。学业上，她严格要求，一丝不苟，谆谆教导我们脚踏实地地多读书、读好书，让我从一个音乐学专业的毕业生成长为电影学相关学科的研究者：生活上，她体贴入微，关怀备至，是最为知心和亲近的家长和好朋友。每每看到她孜孜不倦地工作、教学，用自己顽强乐观的精神和毅力感染着身边包括我在内的每一个年轻人时，我总在想，还有什么艰难困苦不能逾越呢？衷心感谢黄先生收我为徒并耐心教诲，在北京师范大学艺术与传媒学院和导师身边学习的三年将是我生命中最为充实和快乐的三年，在这里得到的学识将使我受益终生。

蔡晓芳（博士生，2004—2007）

我要感谢我的博士生导师黄会林先生。论文从选题到具体的写作进程，以致最后完成，无不是在先生的悉心指导下进行的。先生具体而微的论文要求，使我对论文写作和学术研究有了新的理解。先生学识广博，敏锐犀利，谈吐挥洒之间，点石为金，令我有顽愚钝开之感。先生的老伴，作家绍武老师，更以他无形的人格魅力深深影响着我，他渊博的学识，方正坦诚的为人以及荣辱不惊、处变不乱的人生态度，都是我不断提升自我，终生努力的方向。无论是在生活、工作还是学习上，两位先生都对我关怀备至，悉心呵护，在我困惑时给我以指引，软弱时予我以扶持，让我时时有如沐春风之感，师恩笃重，未可言表，当铭刻在心。

刘元元(博士生，2004—2008)

感谢我的导师黄会林先生，四年中她付出了极大的辛苦与耐心来教导我这个“笨小孩”，是她拉着我登上了又一座山峰并使我终身受益；她和绍老师慈母慈父一样的关爱还涉及学业以外的方方面面；黄老师的人格魅力、处事原则、敬业精神也时刻在教我如何做人……

杨晖(博士生，2004—2010)

能让我鼓起勇气，完成博士生的所有课程，写完博士论文，在自己最迷惘和痛苦的时候给我最多关爱和力量的，是我的恩师黄会林教授。黄先生严谨治学的态度感染着我，她慈母般的关怀温暖着我，使我在求学的路上能够战胜一切困难，永不言弃，执著向前。如果说多年的工作经历给了我一双巧手，那么是恩师教给了我一双慧眼，给予我专业的教导，教我学会去洞察和判断传媒产业的发展和动向。曾记得，黄先生当面的谆谆教诲，电话里的嘘寒问暖，让我勇气倍增，坦然面对所有的艰难。尤其让我感念的是先生不仅教我学问，更教会我许多做人的道理。所以，我最应当致谢的，是我敬爱的黄先生。

我同样要感谢的，是我尊敬的绍武老师。绍先生为人宽厚，一生淡泊名利。不管我有学问上的困惑，抑或是生活上的烦恼，绍先生都会把我当成自己的孩子一样耐心地开导。如果偶尔有冒犯黄先生的时候，绍先生定会挺身而出，帮我顺利“过关”。在这里，我要诚挚的说声谢谢绍先生。

韩骏伟(博士后，2004—2006)

回顾两年来的博士后研究时光，首先感谢导师黄会林教授的关心和指导！黄先生作为文学、戏剧、影视等多个领域颇具威望的专家学者，桃李满天下。有幸成为其中的一分子，受益匪浅。黄先生说过，一定要有发展的眼光，“永远把目光放在最前面”。作为我国影视学学科的开拓者，作为“大学生电影节”的创办者，黄先生始终关注着影视学理论和实践的前沿问题，并思考着中国影视在坚持自己民族化道路的同时如何走向世界的问题。这种思考，是本研究报告得以形成的最初思想来源。

董小玉（博士后，2004—2006）

星移斗转，时间如风，两年的博士后学习生涯一晃就过去了。当我在巴山夜雨的初夏，一遍又一遍地修改我的博士后报告《现代新闻采写理论与实践》的文稿时，常常思绪万千，浮想联翩。但有一个感慨与信念却从来没有变，那就是学习只有起点，永无终境！当我上小学的时候，从教于江津师范学校的母亲就用长江之水养育我，用慈母之心激励我：“勤能补拙，生命之树常青就在于勤奋学习、不断学习、一生学习！”由此，我从师范附小，读到了西南师范大学、东北师范大学、华东师范大学、北京师范大学，现在就要出站了，但我依然认为，学习并没有结束，学习永远是我生命的主旋律！

北京师范大学百年华彩，历史悠久，名师荟萃，人才辈出。在这所名校里，恩师黄会林先生教书育人，高尚情操，潜心治学，成果卓著。虽说从师仅有两年时间，但从她严格的要求和深情的教诲中，从她对我慈母般的厚爱和倾注的心血里，我深深感受到了“学为人师，行为世范”的崇高精神境界，真可谓“先生之风，山高水长”啊！北京师范大学厚重而精深的校训将铭刻在我心中，恩师的言行是我一生做人和做事的典范。

在这里，无尽的感谢汇成一句话：尊敬的老师，谢谢您！

刘小军(博士后，2004—2006)

我由衷地感谢我的导师黄会林教授！两年前，黄老师接受我做博士后，我从中国戏曲学院走进北京师范大学，开始在自己梦寐以求的国内一流综合大学对“戏曲导演教学本质”这一论题进行深入研究。今天，在完成这份出站报告之际，回首研究历程，心存万分感激。在此，对黄老师、对艺术与传媒学院、对北京师范大学，也对中国博士后基金会两年来为我在科研及生活方面提供的一切帮助表示衷心的感谢！

董华峰(博士后，2004—2006)

很多时候，对一个问题的领悟是瞬间的事，就像是隐含着某种玄机，所有的积累如果不沉淀为自己的体验，就无法真正说清楚一个问题。令我惭愧的是，悟得太晚，即使是这来得太迟的悟，还要归功于导师黄会林先生。如果没有上黄先生的课，没有聆听、感受先生以生命体验的方式对中国传统美学神韵的传达，中国古典美学和传统文化在我可能还只是一种附着于思想浅表的知识累积，而不会成为一种体验世界和电影文本的方式和视角，正如先生所说，她把我们领到山前，最终能够上得多高、领略到什么样的风景，便是个人的能力和造化了。中国传统文化这座山有着太强的吸附力，只要你站在山下，就会不由自主地被她所笼罩。所谓传统，其实是一种如同遗传基因一样的血脉联系，无论我们承不承认，自觉不自觉，她都在影响着我们的行为方式；成就我们的是她，阻碍我们的也是她。她就像一位神秘的引路者，常常是在不知不觉中就把我们引向了她的领地。我们所要做的就是能够时时理性地反省、审视自己做出的选择和追求的目标之间的距离，进而调整自己对于传统的倾向性。这也正是本文所做的工作：是什么原因导致中国电影为什么成为今天这样一种景象，支撑它表达的传统和文化心理到底是什么？在反复的叩击、追问、寻觅下，清楚地看到，无论电影人主观上怎样想疏离和拒斥传统，最终还是被传统所裹挟。所以，既然是无法割断的，就应该清醒地面对，由不自觉的接受变成自觉的继承；由无意识状态的被支配，变为主动的汲取和运用。这实际上只不过是一个再简单不过的道理，但我们却常常在最寻常的问题上迷失。这也正是所有的人文科学能够生生不息的原因所在。

真诚感谢导师黄会林先生给予的这两年工作和学习机会，这样一段经历的收获，在我，并不只是有这样一份“报告”，而在于，她为我未来的生活，打开了另一扇门……

吕益都(博士生，2005—2008)

三年的读博时光如白驹过隙，入学时的情景还历历在目，转眼间已面临毕业与在校学习的告别。能够在北京师范大学艺术与传媒学院读书，聆听许多名家教授的授业、解惑；能够在黄会林先生门下作学生，在如沐春风的课堂感受导师的学养与风采，对于我是有缘、有幸。只是时光流逝得太快了，这美好的学生生涯我将永远心存珍贵与感激。

由衷感谢我的导师黄会林先生，先生深厚的学识，特别是对中华传统文化的推崇与审美价值取向，使我获得了系统知识的突破点，为知识的拓展与研究视角的确定，洞开了扇明亮的窗。在这三年间，先生更以其做人的准则、孜孜不倦、甘于奉献的敬业精神、严谨的治学态度、对社会重要文化现象与问题出于知识分子良知的责任感，在潜移默化中影响、感染和教育着我，无论是在思想上还是学问上，我都获益多多、有了很大的进步。从先生身上我充分感受到了北京师范大学“学为人师，行为世范”的优良传统。先生曾经的军旅生涯，使我这个现役军人在师生情谊外，更多了一层敬重与亲切。还要感谢与黄先生相濡以沫50余载的绍武先生，绍先生的慈祥、正直、笔耕不辍，让我心怀敬意，他的“资深老兵”经历，同样使我这个“新兵”备感亲切与尊敬。

蒋文倩(博士生，2005—2008)

三年来，读书是我摘取的最大的一枚善果。就世俗意义上的功利而言，在没有学历照样干得很好的新闻界，博士常常是大家取笑的对象，我几乎从不愿意跟别人说我读博士的事。在过往的三年里，学习和工作常常发生矛盾，弄得我苦不堪言，但我还是默默坚持下来了，为自己慢慢明白为什么要读书而欣然。明白读书为什么，读书就不会太苦，读书就会变成愉快的事。这是一个求得内心智慧和光明的过程。也是一个面对纷乱复杂的世界，对自己气定神闲的一份修炼。

这段时间，导师黄会林先生不断地对我的论文提出批评和修改的意见。明白我写的为什么不好按照她的意见修改又有什么好的我，在夜深人静，在身体极度疲惫的时候，心中的情感不是厌倦而是欢喜。

今天当我手捧这份沉甸甸的论文的时候，内心的收获也是沉甸甸的。

善缘结善果。

在我看来，一个优质的人所具有的三元素是：感情、灵气、动力。在我的生命里，导师黄会林先生对我灌注的爱，三者兼具。读书与忙碌的工作，尤其有一件读博的具体事情贯穿，常常让我感到“忠孝不能两全”，是导师宽厚和理解的爱，成全了我紧张的工作之外，繁重的读博生活。三年，和导师黄先生建立起来的如母女般的亲密、理解和发自内心的尊重，还让我除了学习之外，用另一个视角，于许多细微之处欣赏着导师，见证着“女人是可以不老”的奇迹。从小我们学语文、学数学、学技术、学知识，但是没有人教我们怎样做女人，是黄先生用她无处不在的优雅为我补足了这一课。前年是黄先生和绍先生金婚，我们这些学生们自发组织了一个讲座，请绍先生和黄先生给我们讲讲他们50年相亲相爱的秘籍，绍先生淡淡地说：“我挺舍不得让黄老师生气的。”最朴素的话是最有穿透力的。多年以来，绍先生早上起来做的第一件事就是给黄先生泡一杯绿茶。50年的相濡以沫总是在这些细节中散发着绿茶般的馨香，沁人心脾，令我仰止与羡慕。三年前，因为考博而投师黄门，三年后，在我的心中盛满的是两位导师的爱，这真是人生的一大幸事。他们对我总是鼓励多于鞭策，他们从不强求我如何如何，几句淡淡地提醒，总是能够唤起我向圣向贤的自觉。点点滴滴，这岂是一个“谢”字可以了得！

王韵（博士生，2005—2008）

本文能够完成首先要衷心感谢我的恩师黄会林先生。感谢她多年来对我学习、生活无微不至地关怀与指导。正是她毫无保留地将广播电视学与研究方法的知识传授于我，给我提供参与重大项目研究的机会，带领我们从博士一年级就进行社会调查的实践，才使我敢于运用社会统计学的手段触碰这样一个并不熟悉的课题，并在她的不断鼓励之下最终完成对这一命题的研究。先生为学生单独开设预答辩评审会，逐字逐句地审阅学生论文，并一遍又一遍地提出中肯的修改意见，担心学生生活中的点点滴滴，令我切身体会到她对学生无法割舍的挚爱深情。此时此刻，我无法用一个“谢”字来表达她对我提携与培养的感激。她在事业上的勤奋、执著与奉献是学生终生的榜样。师道传承，铭心不忘。

感谢绍武老师。他以爷爷般的慈爱关怀着我，以宽阔的胸怀包容着我，以独特的人格魅力感染着我。他海纳百川，鼓励学生与他展开辩论，在争论中探寻真理。是他给予我追求真理的勇气。他离休至今依然笔耕不辍地坚持各种文学创作，而且成果颇丰，这种精神与毅力是我今生学习的榜样。

陆彭（博士生，2005—2009）

完成学位论文掩卷闭目，真是感慨万千。骤然想起老子的一句话：“上善若水，水善利万物而不争。”三年前，导师黄会林教授将我这个北京电影学院表演系的硕士生收入门下，精心引导我系统地阅读大量中外电影理论书籍及表演理论书籍，同时鼓励我积极参加影视实践，并对我的作品进行周密的指导和分析，使我的理论和实践水平都得到了巨大的提高。导师为了把我这个电影的门外汉引入电影圣殿可谓费尽心血，对我的博士学位论文大纲更是五次修改，在繁忙的工作之中对完成的博士论文也是七次批阅，提供了很多建设性的设想和建议。

吴嘉童(博士生，2005—2013)

还记得那是2004年的春天，在吴氏策划组织的一次国外演出中，我和黄会林先生的一次谈话让我结识了这样一位优雅、可敬的前辈，我深深地感动于黄先生70岁高龄还在为中国的文化事业劳碌奔波的精神，这种精神更让我萌生了跟随黄先生、重返大学校园读书的想法。陈寅恪先生有一句诗：吾侪所学关天命。我想加强自身对中国传统文化和艺术的学习，绝不敢妄言是关乎天意的大道理，但文化如水，能够浸润人的心灵，更能够提升自我修养，传递世间最美好的感情。由此，我下定决心投奔到北京师范大学，投奔到艺术与传媒学院黄会林先生门下攻读博士学位。

自1991年开始从事演出交流方面的工作，“空中飞人”早已成为我最习以为常的生活方式，从一个国家到另一个国家，从一个大洲到另一个大洲，将世界各地多元化的艺术引进中国，将中国和其他亚洲国家灿烂的文化展示给全世界，是我和公司的同事们共同努力的目标和动力。20年来，当我们一起完成一个又一个的演出交流项目的时候，当我们看到越来越多的中国文化产品为世界接受和欣赏的时候，当中国的文化交流事业在有识之士的共同努力下有了长足进步和发展的时候，我深感高兴又自觉责任重大。

由于知识结构以及个人经历所限，在论文写作过程中相关学术背景和学科理论的知识储备还有欠缺，相关的前人研究资料也很少，论文做得比较辛苦，还是有很多的不足，但回顾起来真的是很有收获。我特别希望通过我们这些从事中国文化交流事业理论和实践工作的人们不断努力，使政府对中国文化艺术“走出去”的扶持更有计划性，更具可持续性，只有对文化“走出去”的鼓励政策和补助措施具备前瞻性，“走出去”才能达到更好的效果，我希望中华民族丰厚的文化传统在今天的世界结出更多的果实。

我的父母都是北京师范大学的老师，我又从小在北京师范大学院里长大，对师大有着不同于其他人的感情，进入到北京师范大学艺术与传媒学院学习深造，也圆了我和父亲的一个梦。在此我要深深感谢我最尊敬的导师黄会林先生！在职求学，最难平衡的就是工作和学习的时间，是黄先生的宽容、不弃，多次地督促和鼓励，使我坚持并下定决心挤出时间完成了论文。黄先生国际化的视野，前沿而精髓的学术造诣，严谨勤奋的治学风格，都深刻影响着我的工作和生活，让我永志不忘。

孔朝蓬(博士后，2005—2008)

衷心感谢我的导师黄会林教授，先生的严谨与严格提醒我不能懈怠，先生的关怀与支持让我坚定了完成课题的信心。两年中，先生的教诲使我在学术视野、知识结构、实践能力等方面都有了不同程度的提升，博士后期间共发表论文11篇，其中全国中文核心期刊5篇(包括CSSCI期刊2篇)，主持吉林省社会科学基金项目1项，吉林省教育厅社会科学基金项目1项，完成吉林大学哲学社会科学青年基金项目1项。我知道距离先生的要求仍然很远，唯有不懈努力回报师恩。

王翠艳(博士后，2005—2008)

《中国戏剧艺术传统研究》是黄会林教授主持的研究生教材《中国艺术传统研究》中的一个专题。感谢先生的信任，肯把这样一个厚重而宏大的研究课题托付于我。借助这个研究课题，我实现了对自己继往的研究“传统”(因为本文的写作始终围绕“传统”二字展开，故且容我放肆一把、厚颜不惭地将自己浅浅窄窄的问学之路称为“研究传统”)的“承接”以及“超越”。

言其“承接”，是因为在这个课题中我赓续了11年前跟从邹红教授读硕士学位时开始的戏剧研究之路。说来话长，这也是一个不乏“戏剧性”的故事：2002年，在经历了两年的出版社工作之后，我如愿考到王富仁教授门下攻读中国现代文学专业博士学位。入学后的第二天，王老师约我们几位新考入的学生在实习餐厅吃饭，王老师席间问我是继续做戏剧还是“挪个点”。或许是因为当时年轻还残存着喜新厌旧的浮躁脾性，也或许是受编辑杂学旁收的职业习性影响，正忙于俯首大嚼的我不假思索地顺口答道：“挪个点吧。”在此之后，我暂别了戏剧研究，选择了女子教育与中国现代女性文学的发生作为我博士期间的主攻方向。在一头扎进女性文学的同时，我发现我仍然是热爱戏剧的，于是我又常常抑制不住地左顾右盼，在做论文间隙看戏剧史著竟成为一种不错的休息方式。2005年博士毕业，我荣幸地被黄老师接纳，在她的指导下进行博士后研究。听闻黄老师的博士生固定有一门传统美学与当代影视的课程，我饶有兴趣地参加了，在与“黄桃”们热烈讨论和争论的同时，我的思绪也常常会不自觉地“开小差”到传统美学与当代话剧的领域。就这样，我在“三心二意”中又蹉跎了两年，预定的未成年人题材影视剧研究课题迟迟没有完成。也许一切都被黄老师看在眼中，也许冥冥中自有定数，一年前的这个时候，我正窝在家中愁眉不展地观看一部笑声不断的儿童电影，手机响了，是黄老师打来的，她劈头第一句话就问我出站报告完成得怎么样了，我支支吾吾顾左右而言他……在听到黄老师说可以将《中国戏剧传统研究》作为我的出站报告时，我突然有一种云开见月明的感觉。如果说邹老师在我心中播下了一颗从事戏剧研究的种子，那么在黄老师的培育之下，这颗种子成功地破土发芽了。生有涯而学无涯，我天资愚钝，又缺乏韧性，能够有中国戏剧和现代女性文学这两个与我性情相得的研究领域陪伴我的职业和人生，我愿足矣。因而，我谨在这里向邹老师、王老师、黄老师致以我深深的谢意。

言其“超越”，是因为我从前的论文采用的基本都是个案研究的方法。从这篇出站报告起，尝试进行一种宏大的历史叙述和理论概括。报告从选题立意、谋篇布局乃至行文措辞，都得到了黄老师的悉心指导。就这一点而言，我需要再次感谢黄老师，感谢她的辛勤指导，更感谢她给予我告别旧我开辟新路的勇气与自信。

因为本报告系为研究生教材而写，故在力求写出新意的同时在某些具体知识的阐发上采用了学术界较为权威和通行的观点，特向相关作者致谢（在正文中已一一注明）。

李法宝（博士后，2005—2007）

本文的写作得到了众多良师益友的鼓励和帮助。首先，要特别感谢我的指导老师黄会林教授，本文在选题、查找资料、草拟提纲及其写作过程中，始终得到了她的悉心帮助和指导，尤其是她为人豁达、治学严谨的方法与态度，更使我终身受益。

本文在写作过程中，参考了黄会林等著《影视受众论》、贾磊磊著《电影语言学》、章伯青、张卫著《电影观众学》、克里斯·安德森著《长尾理论》、余秋雨著《观众心理学》和金唯一著《电视观众心理学》等著作，获益匪浅。在此，谨向他们表示诚挚的谢意。

王卓明（博士生，2006—2008）

深深感谢导师黄会林先生绍武先生，夫妻合璧教诲关怀着我，有好几次跟两位先生争到激动处眼泪直流，却经黄会林先生微笑从容点拨，绍武先生刚直率真批判，刚柔之间令我立时证得自身谬误端倪，亦感受到先生对我关怀呵护之心。专业之外，黄先生宽宏沉静又精致婉约确有一代宗师气象，绍老师实有观察家的气质，每次感受两位先生风范不禁会心一笑。先生书房有唐弢先生所赠墨宝，上书“平生不羡黄金屋，灯下窗前长自足。购得清河书一卷，古人与我诉衷曲”。清逸平淡之境，亦道出两位先生心中气象。百年之后，诚望我亦当得词语，算是对先生最好的报答。

赵玉琦(博士生，2006—2009)

“2008年3月11日，周二，晴。匆匆赶到艺术楼，欲找黄老师摊牌，论文做不了，资料太难搜了。电梯门开，黄老师出来，脸色微黄，一袭红围巾，精神十足。二楼会议室内八个学生正在等她。她问我论文进展如何，我话到嘴边又吞下了。绍老告诉过我，上个星期，她刚从医院出来。她都坚持，我怎能放弃？

那是我在论文进展得最艰难时候的日记。当年轻气盛开完题以后，我的麻烦就开始了，中国电视批评史，没有人做过，唯一可以参考的是几部文学批评史和电影批评史，但是中国电视批评史和它们相比还不一样，一个最大的不同即障碍就是史料问题怎么解决。

概言之，中国电视批评史的史料是个金字塔型，越往后越接近塔底史料越多，越往前越接近塔尖史料越少，而“文化大革命”时期几乎可以说是塔尖中的塔尖，全国电视几乎瘫痪，从何找出电视批评史料呢？

后来的几个月我几乎跑遍了国家图书馆、北京师范大学图书馆、中国传媒大学图书馆、北京电影学院图书馆。随着自己刨出的资料越多，我对论文写作的信心也越充足。那是酷暑的八月，静静地待在传媒大学南图书馆里，查找文献、编写提要。窗外的知了声，抄写卡片声，翻书声，那是最充实的日子。

按照原先我和先生的商量，论文拟定的下限时间是2006年。可是当我开始收集2000年以后的资料时，明显感觉时间不够，当然还有一个重要的原因就是进入21世纪的电视批评，史料太庞大了，仅学报论文而言，六年中就已经达到了1300多篇，尚不包括发表在报纸、网络上的文章。“有一分材料说一分话”，这是先生的忠告，我知道在不充分掌握史料的情况下，即使率尔操觚，也是会被先生毙掉的。

好在我还是恪守了“有一分材料说一分话”的忠告。论文虽然有许多不足，但是至少有两个方面的努力自信或可值得一提：一是第一次对中国电视批评史进行了正本清源的梳理，国内虽然有关的文章不少，但如此长时段的整理电视批评史和史料的文章尚未一见；二是在充分占有史料的基础上提出了中国电视理论的一些新说，比如我认为早期中国电视的批评标准来源于广播；又如我认为1983年是中国电视摆脱广播影响真正成为一种独立媒介的分水岭等，虽然许多细节处仍有待完善。

最感谢的当然是恩师黄先生，三年前，我初来京师，意气风发，仅凭着一摞文章直扣师门，不意先生竟然在三十多位竞争对手中相中了我。我那当了一辈子农民的父亲激动地说：那是他儿子最大的幸运。

许波（博士生，2006—2009）

如果说人的一生只有一两步是关键的话，那么能够有机会投入黄会林先生的门下，无疑是我一生中重要的一步。黄先生的人品、学识，令我景仰。尤其是先生的人格魅力，更令我倾倒。先生学识广博、敏锐犀利、治学严谨、要求严格，堪称楷模。论文从选题到完成，无不浸透着先生的心血。先生对论文具体而微的要求、悉心仔细的审阅，使我对论文写作和学术研究有了新的更为深入的理解。先生常说："严是爱，松是害"，在先生严格地要求下，我体会到先生的良苦用心和无私的大爱。我曾不止一次对先生说，见到先生我总有一种害怕的感觉。后来我明白了，那是因为我对先生的敬畏。在我心目中，先生不仅是我学术上的导师，更是我人生的导师；先生给予我的不仅是知识和学问，更是人品和思想。对先生的感激之情，是语言无法表述的。"大恩不言谢"，先生之恩，弟子永铭在心。

感谢绍武老师，他慈祥宽厚、方正坦诚的为人以及孜孜以求的人生态度和无形的人格魅力深深打动着我，是我学习的榜样。尤其是当我沉浸在失去亲人的痛苦时，黄老师、绍老师用他们的爱心给予我最大的抚慰与帮助。两位先生对我的关怀与呵护之情，我终生难忘。

刘藩（博士后，2006—2008）

两年的博士后工作一晃而过，进站时的种种情形好像还在眼前，而今却要出站了。也许是因为一直忙碌着，所以感觉时间过得特别快。两年前，有幸得以拜在黄老师门下，两年来，在黄老师的严格要求下，做了一些研究和教学工作，深感做一名黄门弟子十分荣幸，亦非常“艰难”。

因为以前当记者的缘故，我与人交往一向比较随意，经常口无遮拦地和人称兄道弟。直至进了黄门，才逐渐懂得了“师道尊严”“谨言慎行”“严谨求实”这类对学者的要求的含义。老师的严格，甚至严厉在北京师范大学是众所周知的。当初刚入门时只是耳闻，不以为意。但随着和老师的接触越来越多，内心深处逐渐发生了变化：看到老师那么大年纪了，做事还那么兢兢业业、勤勤恳恳，做人还那么踏踏实实、认认真真，于是每次说了不该说的话，做了过头的事，回过头来和老师相比，都会深感自己为人做事的不足——浮躁之气太多，沉稳之气太少。老师对我直接的教导其实并不多，但身教胜于言传。一次又一次，老师做事的严谨教育了我。记得有一次，和老师合作一篇论文。本来我自以为已经修改得差不多了，便拿去给老师看。谁知几天后老师打电话叫我过去，坐下来拿出论文，我接过一看，禁不住心里一惊：竟然被改动这么多！各种编辑的标记和仔细的画线一个接着一个，令我顿时心里泛起一种局促、一种窘迫、一种敬畏。可能鲁迅当年看到藤野先生改过的笔记也许就是这种心态吧：又惊又喜，又敬又畏。惊的是竟然改动那样多，喜的是看到了自己的不足，敬的是老师的严谨，畏的是老师的要求。从那以后，我再也不敢把自己觉得差不多的东西送给老师看了。一定要自己改得“不差什么了”才敢拿出手。在一次次的小事中，老师的严谨逐渐将我以往的浮躁和马虎打压了下去。这可以说是我在黄门最贴心的收获。

当然，两年来，黄老师给予我的还有很多，以两年为期进行一个总结似乎还不够庄重严肃。在以后的学习工作中，我还将以老师作为高悬于心的榜样，不管做人还是做学问都不断严格要求自己。老师曾经对我讲，自己是一个过渡性人物，在学术上基础不够，只能为学生们开辟道路，希望学生能超越自己。在另一个场合，老师还告诉我，像胡智峰、于丹、阎晓明等师兄师姐是我学习的榜样，要我像他们一样努力在事业上有所成就。但是我想，每一位师兄师姐都会同意：不论自己做出多大的成就，老师做人的风格、做事的风范，老师在潜移默化中所给予我们的教益都是我们一生受用不尽的财富，都是我们为人做事的一个标杆和基石。老师已经七十多岁，仍然奋战在教学科研一线，这种老革命到老还革命的精神永远是我学习的榜样。

王向东（硕士生，2007—2010）

衷心感谢我的导师黄会林教授对于本文的悉心指导，黄先生严谨的治学风格，耿直的为人作风，以及在硕士研究生期间关于戏剧理论学习的严格要求，使我受益匪浅，在此，对黄先生三年来的辛苦和操劳表示衷心的感谢！

杨越明（博士生，2007—2010）

首先要感谢的是我敬爱的导师——黄会林先生。先生对学生之关怀，不仅在于将自身之学养精华、人生感悟倾囊相授，毫无保留，更在于对我治学过程中的不断的鼓励与持续的信任。在我遇到研究瓶颈之时，先生反复鼓励我，让我坚定了自身具有高水平学术研究的能力。在我困惑于论文与育儿不能兼得之时，先生给了我支持，让我坚定了自己能够安排好时间，同时获得生命中的双重丰收。我庆幸能够投身于黄先生门下，成为众多“黄门弟子”中的一员，对恩师的感激之情，难以言表，只能以今后在工作中更出色的成绩来回馈恩师的帮助。

董宁宁(博士生，2007—2010)

直到与中国传统文化再次相遇。说“再次”，是因为这一次不再止于知识层面的阅览、学习，量的累积，而是一次接通血脉气性的质的飞跃。我无法尽述它对我产生了怎样的影响，但我深知，能有如此之“顿悟”，这都得益于导师黄会林先生的点化。

依稀记得成为黄门弟子后第一次去导师家拜访，导师给我上的第一课就是从我手写的笔迹开始的。她说，字如其人，笔迹可以反映一个人的内心，字写得龙飞凤舞，说明心浮躁，不安静啊。做学问亦如做人，都要脚踏实地，笃诚真实来不得半点偷懒和虚假。一路上，有导师言传身教，先生的认真务实，对我的濡染和浸润，是灵魂的滋养。先生给我提供的，不仅仅是崇敬仰慕却很难企及的高度，更是一种榜样般的人生参照，是一种持久温暖且具旺盛生命力的精神力量；更从黄先生和绍武先生身上感受到那些隐藏在生命深处的雍容与真趣、睿智和坦荡，杂糅而生的花朵，生长在并不声张的厚实里，盛放在一年四季，时刻给我生命以单纯而丰富的提醒。

于是，彻底没有了完成任务、毕业找工作等一系列现实问题的焦虑，一切都缓缓地从容起来，身体、心灵、生活的节奏，论文写作亦变身为修行。这期间，得到了黄会林先生和绍武先生的悉心指导和热情鼓励，选题也是直接源于导师“中国影视民族化与现代化”理论对我的启发。我自知以自身的能力根本无法驾驭如此庞大的命题，但是二位先生不断地提点以及给我的莫大信任成就了我一双隐形的翅膀，让我拥有飞翔的勇气和力量。

崔莉(博士生，2007—2010)

驻笔于此，才顿然意识到，不经意间三年的求学之旅已经悄然接近终点。此刻，回望来时路，无尽的谢意似潮水般涌上心头。

最崇敬的谢意献给我的导师黄会林先生。三年来，黄先生、绍先生不仅给了我学术上的滋养，更给了我家园般的关怀。有幸求学于师门，使我的人生有了豁达的境界和开放的格局。我的这篇论文凝结着黄先生的智慧和心血，她不仅指导设计了论文的论题与基本框架，反复强调写作要像打井一样深入下去；还细细规范我的行文，甚至对标点符号一一进行修订，字里行间令我感受到导师严谨治学的认真和孜孜不倦的勤奋。

张雨茗(博士生，2007—2010)

感谢命运让我遇到尊敬的导师黄会林先生。她像我的人生标杆，成为我为学做人的榜样。黄先生不仅以严谨的治学作风、开阔的学术视野教育影响我，还从做人的高度对我进行点化和提携。黄先生曾当面批评我遣词造句用词太大、意思太满的传媒风格，让我学会内省、习练平易谦虚的表达。我顿悟：这不仅是对我为文的批评，也是对我做人的提点。学问上的指点，生活中的帮助，黄先生成为我人生最重要的精神滋养。感谢绍武老师，每一次见他都如沐春风，让我体味到老一代知识分子的风范真谛。也感谢黄先生和绍老师多年的相濡以沫的历久弥新的深情，给我相信爱情存在的真实范例。

刘硕(博士生，2007—2010)

感谢恩师黄会林教授对我的细心培养和呵护，我的博士论文前前后后六次改稿，黄先生诲人不倦，百忙中不厌其烦的进行指导和讲解，令我的论文水平一次次有所提升。黄先生严谨的治学态度不禁令我感动，她的为人之道和为师之道，值得我们共同学习，黄先生将为我今后的人生之路打下坚实的基础。

李晓燕（博士生，2007—2011）

最应该感谢的当然是我的恩师黄会林先生！感谢命运，让我有幸成为黄先生的学生。感谢黄先生的引领，使我对中国的电视节目有了一种新的认识角度与思维方式：用民族化、全球化的眼光去分析中国的电视艺术；使我对中国传统文化有了更新的感悟，对电视创作与研究有了高屋建瓴的视野与质的飞跃，我的点滴进步，都离不开黄先生的教诲与鞭策。百忙之中，先生总是不顾身体劳累给我细致入微的指点与帮助！本论文的数千处修改，每一处都渗透着黄先生的心血和智慧。但我也清醒的知道，以我的浅见，这篇论文仍远未达到先生的标准和要求。这是我非常惭愧和抱歉的，也是我在未来的学习、工作中需要进一步完善和提高的。

黄先生不仅以严谨的治学作风、开阔的学术视野教育影响着我，还似慈母般从做人做事的角度给予我诸多教导、指正和提携。对我身上的“媒体作风”，黄先生有时似和风细雨般娓娓指出，有时则如暴风骤雨当头棒喝，慈母之心拳拳之情殷殷可鉴！

无论是学习还是做人，黄先生都是我人生的标杆、前进的旗帜！先生的境界是我一生学习与努力的方向！先生春风化雨、润物无声的教导必将让我获益终生！

更让我钦佩不已的是黄先生虽已年过七旬，但仍为中国影视事业的发展乃至学院、学生的每一点进步终日奔忙、呕心沥血、殚精竭虑！每思每想，另人唏嘘感慨。

感谢绍武老师，每每想起绍老师，心中总是涌起一股暖流！这样一位慈爱长者，总是在我最彷徨无助甚至接近崩溃边缘的时刻给我鼓舞和力量！让我感受到慈父般的宽厚与温暖！感谢方红姐姐，时常以她细腻的情怀给我安慰和信心！也感谢黄先生和绍老师多年恩爱如初、相濡以沫的深情，为我和我的家庭做出了实实在在的榜样。每当身处于那温暖的家中，都让我感动不已。

谷海慧(博士后，2007—2009)

本报告的完成首先要感谢我的合作导师黄会林先生。不，其实我更愿意称她为“老师”。“先生”固然是最能表达敬重之情的词汇，但“老师”更能叫出我心中对她的亲近。因为，在对这篇出站报告大到选题、结构、概念，小到字句、标点的悉心指导过程中，黄老师不只是一位严谨的学者，还是一位体贴的亲人。在她身边从事百年话剧史研究工作的两年，不仅开阔了我的学术视野，训练了我的学术思维与工作方法，而且丰富了我对人生的想象。黄老师对他人的充分尊重与体谅、对工作的认真与热情、对美的理解与热爱，常常让我感动，继而振奋。而她与绍老师的恩爱，则成就了我心中的美丽神话。在黄老师这里，所谓“师道”，不仅在于“传道、授业、解惑”，它还是生活中对我的注视、给我的示范。感谢绍武老师。虽然我与绍老师的交流不算很多，但总觉得与他特别投缘。每次出入黄老师家，绍老师宽厚的微笑、“小猫咪”的爱称，总让我心底无比快乐和安稳。我甚至想，改日我要专为拜访绍老师而去敲响那扇门。

卢炜(博士后，2007—2010)

本选题有两个缘起：一是作为学生的任务，参与导师黄会林教授主持的全国艺术科学重大课题《影视文化对未成年的影响与对策研究》，通过调查研究，逐渐认识到本课题的理论意义和社会价值；二是作为父亲的使命，当年我是抱着孩子考入北京师范大学的，又是狠心辞别襁褓中的孩子来京求学，三年硕士，三年博士，逃离了孩子的生长阶段，再也不忍心错过孩子的教育黄金时期。一边调查研究，一边观察孩子，本课题开展得沉重而愉悦。

研究家庭电视对未成年人的影响既要有理论指导，还要有具体实践。我已经历了影响教育未成年人最大的三种身份：成年家长、教师和媒体人。这三种身份为我研究本课题带来许多便利条件：一是我的工作单位在我国广播电视艺术的专属院校，两所院校中的一所——浙江传媒学院，我又在最大的二级学院即影视艺术学院。本学院几乎囊括了所有与电视有关的专业（摄、录、制、编、导演）。二是电视实践，一方面参加影视作品创作，作品在中央台和省台播出，也多次获奖；另一方面到浙江卫视挂职锻炼，参与大型专题片《西湖》、综艺节目的策划、制作和评审等工作。然而，正如我当年博士毕业时只有理论，而近几年奋起弥补一线实践，显得有点矫枉过正。

北京师范大学是我国第一所电影学博士点院校，也是影视研究的翘楚。而黄会林教授又是北京师范大学艺术与传媒学院的创始人，学科带头人。本人有幸得到黄先生的指导真乃三生有幸。尽管不能脱产跟随恩师身边学习，但师恩不敢忘记。几年来刻苦勤勉，希望不辱师门。再次感谢黄会林教授的言传身教，终生难忘！

刘琛（博士后，2007—2010）

在报告付梓之际，首先我要深深地感谢我的指导教师黄会林教授。能够来到黄先生身边学习，既是一种缘分，更是我的福分。两年多来，先生不仅以慈母般的胸怀关爱着我，更以她严谨的治学态度、博大的学识和一直处于学术前沿的风范引导着我、激励着我，更督促着我。此报告的写作过程，也就是对先生所一直倡导的影视民族化理论学习和领会的过程，尤其在博士后学习期间，我有幸参加了先生的2007年度国家社会科学基金艺术学重点课题《影视文化对未成年人影响研究》，正是这一课题的研究，直接催生了我的这篇报告；而且在写作过程中，先生既给我以耐心和高屋建瓴的指导，更给我以最大的自由空间，鼓励我对学术问题进行大胆深入的探索。现在，报告终于完成了，不管水平如何，它都是心血之作，也是我向先生的致敬和感激之作，唯愿我的这一稚嫩习作可以完成我的这一愿望。

李漫（硕士生，2008—2010）

在本论文即将完成之际，谨此向我的导师黄会林教授致以衷心的感谢和崇高的敬意！本论文的工作是在黄会林老师和田卉群老师的悉心指导下完成的。两位老师敏锐的洞察力、渊博的知识、严谨的治学态度、精益求精的工作作风和对学术的钻研精神使我受益匪浅，给了我极大的动力。

金学敏（硕士生，2008—2011）

时光荏苒，一晃三年的师大求学时光即将逝去，回首这快乐而又丰富的岁月，首先要感谢的就是给予我细心指导的黄会林、绍武老师。黄老师的教学古韵风华，让人增加对中国文化的认知，黄老师达观的态度也让我受益匪浅。跟随黄老师的三年，在老师的带领下，我接触到了国家重大课题，参与了很多重要的研讨会，丰富了自己的实践经验，了解了很多前沿文化思想。而写作一直是我的爱好，但一直苦于无人指导，绍老师知道这个情况后，也热心地给予我帮助，将自己的经验介绍给我，并多次鼓励我坚持创作，让我有信心继续写作。

阮青（博士生，2008—2011）

感谢我的恩师黄会林先生，由于平日言辞的笨拙，从不曾将自己的感恩之心完整地表达。尽管用论文小小的后记来承载我对恩师的感情与谢意，是异常单薄、远远不够的，但总算是找到了一个契机来表达我的真心。

黄先生给予我的早已超出一名导师所能给的全部。2008年的夏天，我拜入黄门，成为一个小小的“黄桃”，从此有幸接受黄先生的“真传”，恩师在近八十岁的高龄还亲自给我们上课，带领我们做科研，搞调查。执著地用“中国传统文化”和“第三极文化”的理念浸润我们的思想和灵魂，受益匪浅。黄先生智慧、豁达、宽厚，对我在学术上的不得要领，总是给予细心指导，有关学术格局大小、高度和视野的教诲，思想深邃而又言简意赅，总让弟子如醍醐灌顶。黄先生学识广博、高瞻远瞩、治学严谨、对弟子学业上要求严格，但生活中总能让你如沐春风。初来乍到之时，黄先生还亲临我的宿舍，操心我的日常生活。至今想来仍然暖人心扉；病中的我总能得到黄先生的关怀，她热心地给我推荐中医，让我好好调理身体。这些弟子都将终生难忘！

感谢绍武老师，难忘有了绍武老师的加入，每次黄老师家的讨论会总是那么有趣和热闹；难忘绍武老师在编剧上给予我的指导；难忘绍武老师给我们拿的零食；更难忘绍武老师在黄老师对我们严厉时，对我们的袒护！

真诚地祝愿黄老师和绍武老师身体健康，这样我就能有更多的机会聆听他们的教诲！

叶宇（博士后，2008—2011）

在恩师黄会林教授的指点之下，终于完成了十余万字的博士后研究报告。因为才疏学浅、能力制约，总觉得力所不逮，差强人意。深恐拙作有辱先生弟子之名，忝列同辈学友。然扪心自问，两年间，无国庆长假，无新春团聚，于讨生活的艰难中求得一方书桌，思考一些关于中国电影形而上的话题，或许也能够为“第三极文化”的时代命题提供一些微薄的贡献，如此，算是聊以自慰。

文字总是知识分子的一种存在方式，我想我也免不了把这些文字视为自己生命和生活的一部分，因此总想在这些文字的后面，以最郑重的方式表达自己的情感。

2008年的秋天，或许是我30年人生中最低谷的时刻，从北京大学博士毕业以后的我面对很多年轻带来的困惑和磨砺，不知何去何从。一天傍晚，我终于和同为先生弟子的兄长虞晓叩响了黄会林先生的家门。虽然我们都很忐忑紧张，但那却是一次轻松的谈话，先生的从容豁达、亲切严谨至今难忘。熟悉黄会林先生的师兄师姐师弟师妹都知道先生送给大家的三句“开门箴言”：其一是“超越我”。黄先生勤勉治学的风范，经常让我倍感压力，也深怀惭愧。作为导师的这一要求，不仅是一种宽厚的情怀，更是对学生的一种期望和鞭策。先生曾是我博士学位答辩的主席，多年来一直深得指点，时至今日，我依然觉得所得很多，但是进步太小。先生的第二句话是勉励大家有着中国知识分子的文化自觉，一如黄先生一直倡导的“民族化”研究。正是在这样的前提下，我和同届博士后兄长林嵒教授将“第三极文化”作为我们博士后研究报告的对象。因为一直在电影频道工作，所以对中国电影产业化进程中的诸多实践活动有着直观的感受，在研究写作的过程中，黄会林先生“第三极文化”理论的宏观方法论和理论框架始终是一种强大的支撑，让我将民族电影营销的策略研究和“第三极文化”的内涵能够结合起来，受益良多。当然，在艰苦的理论研究背后，先生的第三句箴言将让我受益终生。黄老师一直说，要让我们像爱她一样爱绍武先生，回归于生活的从容情怀和温暖情感，是作为学生最感叹的，也是最钦佩的。

感谢黄会林先生在学术上对我的教诲和帮助，在人生道路上的温暖和关怀！

林嵒(博士后，2008—2010)

2008年6月，我进入北京师范大学艺术与传媒学院做电影学博士后研究，合作导师是黄会林先生。黄先生做学问执著谨严仔细，为人却宽厚温柔体贴，两者都体现出了她所特有的风范，这给我留下了深刻的印象，三年里给了我们无限的关怀和关照，也为我的研究开了个好头。与黄先生半年的听课学习以及后来的交流中，黄先生非常希望我们(我们这届博士后共有李晓丽、叶宇及我三人)能从传统文化着手进行中国当代电影的研究，而这一点又和我的想法颇为一致，所以就欣然应命，2010年5月间与黄先生的交流中，她希望我们能从她提出的“第三极文化”观念入手研究中国当代电影，这对我又是一个启发，也是一个新的课题，于是剩下的时间里，便开始思考这个问题了。

我原来一直从事文学与传媒、影视文化学的教学和研究工作，虽然对中国当代电影的发展与现状有些了解，但也仅仅是为教学的方便，似乎没有更为深入的思考和研究。这次转入中国当代电影领域进行研究，困难显而易见。主要包括电影文本的阅读量不够，电影发展史以及电影理论准备不足，因博士做古代戏剧和小说研究，相对于中国传统文化和民族文化的领域还相对比较熟悉，这为研究奠定了一定的文化基础，对我进行"第三极文化与中国当代电影关系论"的研究减少了一些阻碍。好在自己有心理准备，在平时的阅读中也有很多印象比较深刻的东西，又夜以继日地重新浏览了相关的资料，因此在材料的收集上和写作计划的确定上还比较顺利。但也因为工作原因耽误了按时出站，幸好黄先生宽厚、仁爱，使我又申请延期了一段时间，这期间也与同门师妹们参与了黄先生的一个课题的调研与撰写文章工作，在科学研究的方法和视野上使我获益匪浅。

李晓丽（博士后，2008—2010）

在本报告完成过程中，我要特别感谢：我的合作导师黄会林老师，她是一个严谨、负责任的导师。她在学术研究中给予我很多启发，并鼓励我在自己的研究领域进行深入研究，对一些关键问题她还耐心细致的进行指导，使我受益匪浅。她是一位令人尊敬的师者。

虞晓（博士生，2009—2012）

窗外又已是乍暖还寒，扑面的风中，已有了稀疏的春意。我平生大幸之一，便是忝列黄门，跟随黄会林先生求学读博。三年里悲喜交加，深深体味世间无常。母亲离世，痛彻心脾，无可诉说。先生平日待我慈祥关爱，于学术却一丝不苟；年近耄耋，名满天下，却仍兢兢业业，勤勉严谨，言传之，身教之，三年如一日，渐渐滋生出亦师亦母亦友的情感。

犹记得第一次面见先生，满心惶恐，先生告诫：努力！自此不敢懈怠，望能以勤补拙。待得幸亲闻木铎之音，第一次上先生课，先生叮嘱：超越我！弟子感动莫名。犹记得2009年中秋夜，第一次师门团聚，缤纷喧闹，温暖在心……今生永远不变的身份，是“黄桃”。

感谢绍武先生，他用仁厚大度，包容了我一次次的搅扰顽皮；以侠义风骨，教给我做人的责任和担当。

高永亮(博士后，2009—2011)

两年来的科研工作进展顺利，收获颇丰。首先感谢我的合作导师黄会林教授。黄先生从事教学、科研、艺术创作半个多世纪，指导硕士生、博士生、博士后成百上千，发表文艺作品、学术成果2200余万字，堪称桃李芬芳、硕果累累。数十年来，先生一直致力于“影视美学民族化”研究，孜孜以求，笔耕不辍。76岁高龄时又提出“第三极文化”理论设想，不断发表论文、召开专题研讨会、出版《“第三极文化”论丛》，在学术界、艺术界及社会各界引起强烈的积极反响，同时全力促成北京师范大学中国文化国际传播研究院的成立，并亲自挂帅，担任首任院长，致力于“第三极文化”理论研究和艺术创作，矢志不渝地倡导学术研究和艺术创作要坚守民族文化本性并努力把中国文化更有力地推向世界。黄先生对继承和发扬中华民族优秀传统文化的执著和担当，令人钦佩不已。可谓：“老骥伏枥，志在千里，烈士暮年，壮心不已。”先生时常教导我们，做人要坦诚、大气、宽容，做学问要严谨、扎实、切忌急功近利。悉心指导科研工作之外，先生十分关心我的生活和家庭，经常嘘寒问暖，主动帮助解决生活中遇到的各种困难。尤其是出站前联系工作时，先生多次过问并积极主动帮忙联系和推荐，对先生的感激之情溢于言表。

特别感谢黄会林教授的爱人、著名作家绍武先生。绍先生是革命烈士后代，早年从军，后在高校教书，几十年来专事学术研究、潜心艺术创作，不求闻达，与世无争。身体力行的同时，绍先生经常这样教导我们：“年轻人要老老实实做人，扎扎实实做学问，踏踏实实搞创作，追名逐利贻害无穷。”两年来，有幸得黄会林、绍武二位先生耳提面命，必将受益终生。二位先生之人格、品德、学问、艺术造诣，“仰之弥高，钻之弥坚”“高山仰止，景行行止”，吾辈同侪“虽不能至，心向往之!”

孔昭巍(博士后，2009—2012)

2009年9月，我有幸进入北京师范大学艺术与传媒学院博士生导师黄会林教授的门下，做艺术学方向的博士后研究。黄先生德高望重，桃李满天下。在站期间，我感受到了导师慈母般的博大情怀，在专业领域对弟子进行学术素养的谆谆教导，在生活上对弟子无微不至地关心和爱护。我谨记先生的教诲：所研究的课题对当今社会的文化现象和社会问题要具有针对性、启发性和指导意义。

2010年，与其他在站博士后一起，完成了黄先生主持的国家艺术科学基金重点研究项目——2010年度“影视媒介对未成年人的影响研究”调研分析报告。2010年参与编写由黄先生本人亲任主编，弟子们分工合作的《新中国新北京文艺60年：1949—2009电影卷》，这本凝聚着先生大量的心血和汗水的书，最终付梓出版。

在站期间，先生创建的“第三极文化”理论得到了国家的权威认可。先生不辞辛苦，担任中国文化国际传播研究院院长，进一步发挥中国影视文化的国际影响力。我亦决心在先生的引领下，执著努力。值得一提的是，黄会林先生和绍武先生汇总了自1978年至2008年30年间的学术研究论著和文学艺术创作，出版了《黄会林绍武文集》十二卷，成为我永远的心灵滋养和工作学习的参考典籍，并激励我以两位先生为榜样，努力前行。

于秀娟(博士后，2009—2011)

平生第一次走进北京师范大学校园几乎是二十年前的事了，想来遥远又漫长，但是闭上眼睛，多少往事如梦如烟却又历历在目。辗转多年，2009年再次来到师大成为其中的一员时，不禁感慨万分，这片美丽的校园承载了我多少酸甜苦辣，见证了我从学生到教师、记者、研究人员的转换历程。她已经收留了我最美好的青春年华，成为我生命中不可分割的一部分。

在站期间，恐怕我是同门中最幸运的一个，空间的毗邻让我能有更多机会聆听黄会林教授的耳提面命，不仅学习到更多中国传统文化知识，更从黄老师的言传身教中感受到她的严谨、细致与耐心，尤其是对他人的高度尊重，都让我获益匪浅。黄老师在学术上的精深造诣也成为我今后工作的动力，奋斗的目标。这里，我要感谢为我付出最多心血的黄会林教授!

盛楠(艺术硕士生，2010—2012)

回首在母校的学习时光，能成为黄会林先生的研究生是我毕生的荣幸，她由内而外散发出的魅力和风采，让我深深迷恋，她更用自身的言行为我们解读何为大家风范，让我深信选择北京师范大学攻读硕士让我受益终生。

刘湜(博士后，2010—2012)

非常感谢我的合作导师黄会林先生！她开高校影视教育之先河，开拓性地创建了北京师范大学艺术与传媒学院，一手创办的“北京大学生电影节”如今已经19岁了，一路走来，不辞辛劳。黄先生于2009年提出了与世界文化共融发展的、更为宏大的理论构想“第三极文化”理论，并在76岁的高龄又开始创业，创建了中国文化国际传播研究院。黄先生以一己之才情，怀着对传承中国文化深深的责任感和伟大情怀，老骥伏枥，依旧走在路上。“严是爱，松是害”是我一进师门听到的黄先生的第一句话，数十年来，黄先生也是不断用这六个字要求着她的所有学生们，而我们也在先生严格的要求下大踏步成长。两年来，我的些许进步无不和先生的严格要求、悉心指导有关，亦得益于先生的渊博与宽容、提携与关爱。先生常说"一分耕耘、一分收获"，尽管我不是先生最优秀的学生，但我在点滴耕耘中也收获了属于自己的本领和能量，感谢先生！未来的日子里我唯有努力，努力，再努力。

李明(博士后，2010—2013)

本报告是在合作导师黄会林先生悉心指导和热情关怀下完成的。首先向黄会林先生表达崇高的敬意和由衷的谢意！三年来，导师对我的学习和研究都非常严格，并给予了悉心的指导，使我受益匪浅。导师仰之弥高、钻之弥深的学术造诣，泰而不骄、矜而不争的为人风范，居之不倦、行之以忠的敬业精神和博学笃志、切问近思的治学态度都给我留下了深刻的印象。人能弘道，导师的言传身教已经并将继续对我的专业发展起着极为重要的作用；导师丰富的学养、严谨的作风、求精的态度成为我不断前行的动力和标杆：导师的浩然正气与睿智通达是我人生旅途上永远明亮的启明星。

漆谦(博士生，2011—2014)

第一次直接面对北京师范大学资深教授黄会林先生是在2008年3月，我参加艺术硕士面试，黄先生是主考官之一，当时，黄先生给我的感觉是和蔼而严厉。在此之前，我了解到，黄先生是北京师范大学艺术与传媒学院的首任院长，是中国高校第一位电影学博士生导师，迄今指导硕士生、博士生、博士后有130余人。她在1986年创办了"北国剧社"，1993年主持创办了"北京大学生电影节"，在影视艺术界享有一定的知名度。

怀着忐忑的心情，我报考了黄会林教授的博士生，没有想到的是，我如愿以偿，成为黄会林教授在2011年招收的唯一的博士生。与黄教授的近距离接触，感受到她严谨的学风，事必躬亲的工作作风。她的教学方法独特，培养学生的理念与众不同，主张严格化与个性化相结合，注重激发学生的潜能，培养学生的创作力。她对任何知识的传递都不仅仅停留在理论层面上，而是在具体实践中加以运用。在读博士的三年里，我一面学习黄教授提出的"第三极文化"理论，参加她开设的中国传统文化与美学课程，一面参加由她亲自主持的国际项目实践课，如中美青年暑期交流项目"看中国"和国际研讨会等。参加实践课，使我开阔了视野，具有了国际眼光，对于中国文化有了更深的理解尤其是参加"看中国"项目，我负责媒体宣传及宣传通稿的撰写，我需要深入思考不同文化背景的青年之间，相互交流，相会影响的意义、价值和可能产生的效果。之后，看到中美学生一起合作完成的DV短片，所呈现出的对于中国文化不同视角的展现，使我深刻体会到：跨文化的交流，不仅仅是简单的接触，而是不同文化背景的中外青年在共同完成一项任务时的相互作用，相互影响，这样的文化整合，才能完成中国文化跨文化的有效传播。"深度接触改变对中国认知"的理论假设，成为我博士论文的主要论点。2013年6月23日—7月12日，在黄教授的支持下，我完成了对美国和法国青年的调查问卷和控制实验，验证了这一理论假设。在此项工作中，中国文化国际传播研究院的朱正等全体成员给予了巨大支持，在此表示感谢！

我是做记者出身，用画面语言来表达我对社会、生活的理解，对很多问题的认知是在实践中得来的，而进行学术研究，却需要用学术思维、理性思维，逻辑的严密性来进行推论。针对我的这一薄弱环节，黄会林教授认为我应该多读书，尤其是中国传统文化的书籍，因此2012年的3月至8月，她给我开了《中国文化读本》《中国美学大纲》等21本书单，要求我每月完成3篇3000字以上的读书报告，我一共提交了15篇读书报告。这个学习过程，使我了解了中国传统文化的精髓，并深刻体会黄教授一直倡导的中国影视文化民族性的根源，同时也使我了解了中国文化的现状和学术研究的进展状况，形成了博士论文的研究思路。

感谢我的导师黄会林教授，她使我理解了文化真正的含义，在我的后半生，都会将中国文化的国际传播作为永恒的课题，一直研究下去。

肖薇（博士后，2011—2013）

在此，要感谢我的合作导师黄会林教授。您是一位杰出的富有创见与远见的学者，更是一位有着超乎常人意志与坚强品质的领导者，从您言传身教的学风与工作作风中，我得到的是人生最宝贵的“做人、求学、实干”的道理。这是从一个耄耋之年仍然孜孜不倦地为中华文化的崛起而勤奋工作的先生身上见证到的精神财富，是激励我人生进步的楷模力量！

白雪静（博士生，2012—2016）

衷心感谢我的导师黄会林先生的引领，使我既开拓了眼界，又增长了见识。能成为黄会林先生的博士生，是我自2006年到北京师范大学工作以来，一直的愿望。这期间旁听过黄先生硕士生和博士生的课程，2012年终于如愿，幸运地成为黄门的弟子。在黄会林先生创办的中国文化国际传播研究院的工作经历，不仅使我成长，同时也帮我打开了研究视野，能够站在自己学科的基础之上，从国际传播的视角去思考中国舞蹈艺术，展开跨学科的研究。论文自选题至定稿，修改过多少次自己已然记不清楚了，每次的大改，黄先生都逐字逐句的批阅，甚至连标点符号都不会放过。每每看到先生返回的、密密麻麻批改后的论文，我都会既心疼又惭愧。跟随黄会林先生这些年，无论是做人、做事还是做学问，黄先生都为我树立了学习的楷模，让我懂得做人要低调、谦恭；做事要坚持、执著；做学问要严谨、踏实：先生于我而言，亦师亦母，既慈祥又严厉，能成为黄先生门下的弟子，我是幸福的，但又时常怀揣忐忑，告诉自己时刻要铭记谨言慎行。别不奢望，但求能一直跟随先生的脚步，前行，前行，前行……

封季尧(博士生，2012—2017)

非常感谢我的导师黄会林先生。我曾一度沉溺于西方文学和哲学，然而却产生自我文化身份的困惑。硕士时代才对中国文化产生浓厚兴趣，尽管读了不少历史及文化方面的书籍，却始终难以弥合中国现状与文化传统之间的缝隙。我所困惑的是：如果无法理清文化身份的问题就无法对中国现代性转变进行有效的思考和解答。2011 年，第一次听黄先生谈到“第三极文化”的时候，我就被吸引了，“第三极文化”理论为我打开了一扇思维的窗口。博士学习阶段我参与了不少中国文化国际传播研究院的实践项目和书籍编写工作，黄先生的严格要求和耐心指导，令我获益匪浅。在逻辑上，我摆脱了单纯从西学理论或者单纯从传统文化出发进行思考的狭隘思维方式，以西学的理性精神和逻辑能力对中国当代文化现象与历史传统进行溯源式的考证，确定了未来的学术研究方向，也坚定了“知行合一”的研究信念。感谢黄先生和绍武先生对我学习上的指导和生活上的关照，师恩永记心怀。

王斐(博士后，2012—2014)

感谢我的导师黄会林教授，带领我走进“第三极文化”的殿堂，让我领略“第三极文化”的丰富之美，而且我想在未来“第三极文化”会是指引我们众多黄门弟子一生奋斗的精神力量。

杨卓凡(博士生，2013—2016)

完成这篇博士毕业论文，意味着将向过往的三年学习生活挥手告别。三年前，在导师的引领下，有幸与“看中国”结缘。三年来，我的学习、生活、思考一直围绕着跨文化传播中国文化、组织外国青年拍中国故事而展开，这个过程所带来的乐趣是生活中最坚实、最美好的记忆。人与人跨越文化鸿沟的情感交流、影像超越文字障碍的视听表达，让我切身感受到文化沟通的重要与奇妙。透过外国青年的视角，我重新认识中国文化，感受人性的美好，命运的悲喜。在实践与治学过程中所遇到、看到的每一个生命个体，都为我的生活习惯、价值立场和思考方式带来影响。

论文得以完成，离不开导师黄会林先生的言传身教。论文数易其稿才最终完成，写作过程对我而言痛并快乐，对先生而言，却倾尽心血，仅仅为论文题目便曾讨论一个上午。从开题报告、论文，到最后提交外审的自评书，都得到先生一字一句地修改与指正。

回首当年心怀忐忑与敬仰之情登门拜访，导师为我打开家门的场景，仍觉如梦一场。渺小的我居然从此便被收入门下，有幸在黄会林、绍武二位先生身边度过了攻读博士的三年时光。先生简约的人生信条“一分耕耘，一分收获”将影响我的一生，“严是爱，松是害”让我更加珍惜年轻之时有先生尽心“修理”、严格“敲打”的幸福。在此感谢二位先生在我迷茫、气馁时的指引与鼓励，在我急功近利时的教诲与提点。感恩二位先生为我开阔学术视野，让我树立“第三极文化”的世界观与价值观，增强我的文化自信与文化自觉。感谢二位先生为我提供难得的平台，给我实践、锻炼、成长的宝贵机会，为我打开看世界的窗口，让我的生活发生了改变。二位先生的大家风范，深深影响我的治学与做人，学生定会一如既往的跟随二位先生学习、修炼，攀登人生高峰，感受生命的美好。

张伟(博士后，2013—2016)

钱穆先生曾言，身体发肤受之父母，精神生命受益于师友。于我而言，文化生命发端于黄会林先生。何出此言呢？大学生活之前，我接受的是填鸭式应试教育。大学生活之始，我受父母包办，与“法学”结缘，从此开始了法学人生。本科、硕士、博士、教学，我都一直生活在法学的空间里，无论是思维方式还是学术视野，都养成了一种理性、客观的习惯。自2013年起，黄会林先生以一种包容、温和的情怀将我纳入“黄门”，我才真正地开始与中国文化相知、相识，而且真正地对于中国文化产生了一种“温情与敬意”。

黄会林先生于2010年开始提出“第三极文化”，这是一种知识分子的文化担当与文化自觉。坚守中华民族的文化本性，创造不可替代的“第三极文化”，这是黄先生迫切的呼吁，更是一种文化的气势，是一个中国文化在世界文化格局中保持文化自信与文化自觉的战略性目标。黄先生给我们开设了《中国美学的民族化与现代化》《中国电影海外传播的数据调研》等课程。同时，黄先生煞费苦心地为我们举办“文化大讲堂”系列讲座，她邀请知名文化学者为我们讲授《中华文明三千年》《大唐盛世》《庄子》《孔子》《易经》《横渠四句》等内容。这一系列的文化课程与文化讲座，真正让我感觉到自己中国文化的干涸。从此，我开始大量研读文化经典，对于中国美学与中国文化等方面，开始恶补。如果说两年前我的精神食粮是社科书籍，那么这两年我的精神食粮都是人文著作。而且，非常神奇的是，读完这些人文著作，我对社会科学也有了更深一层的认知与理解。

文化是土壤，更是空气。不管是人文科学还是社会科学，都离不开中国文化的本土性与实践性。黄先生要求我们不仅要具备一种文化自觉，更要有种文化实践能力。我在中国文化国际传播研究院工作期间，参与了2013年、2014年连续两届“看中国——中外青年影像计划”，我们邀请国外青年学子到中国拍摄自己眼中的中国故事。我和同届博士杨卓凡、高鸿鹏一同进行“2014中国电影海外传播数据调研”，从问卷设计、问卷发放、问卷回收，到数据统计、数据分析、调研报告，是一次非常有意义的经历。我和同门一起赴俄罗斯进行“中俄文化对话”，一同筹备和举办2014届中国文化国际传播第五届年会。这些经历都是我人生中不可多得的宝贵财富，其中的汗水和泪水都已经交汇在我生命的小溪之中。

黄先生是严师，是高师，更是大师。感谢黄先生对我的悉心教诲，感谢黄先生对我的耳提面命。老师的丝丝话语，让我如沐春风，更加充满了前行的动力。

感谢绍武先生育人潜移默化，立德润物无声。您的治学精神与爱国情怀，是我人生的榜样。

方彬(博士生，2014—2018)

黄会林导师是我一生的恩师，是我走上从事影视学习、工作和研究道路的领路人。在20世纪90年代，青年的我在黄老师的指引下，进入电视台从事影视编导的工作；为了提高影视理论知识和实践能力，在黄老师的指导下攻读了硕士学位。2014年，中年的我有幸再次投身到黄老师门下攻读博士学位，在黄老师的指引下从事中国文化国际传播的学习、研究和实践活动。在和黄老师一起的岁月中，我从导师身上学习了许多，无论从学习、工作、生活和为人处世上等各个方面都收获良多。在学习上，黄老师一生孜孜不倦地学习，敏锐把握时代脉搏，与时俱进，吸收新鲜知识，借鉴古今中外优秀文化，黄老师勤奋学习的精神，使我认识到人的一生要活到老、学到老。在工作上，黄老师一直追求卓越，勇于创新，勤奋坚韧，积极进取。而且作为女性，黄老师是优秀职业女性的典范，她对工作精益求精的态度精神和作为女性的独立自主意识深深地教育了我。在生活上，黄会林和绍武老师对我像家人一样的亲切温暖，在我人生的各个阶段都给予我指导，我内心深深地感谢和感激。在为人处世上，黄老师与学校以及社会各界都积极合作，建立广泛联系；黄老师在与人相处中，对人尊重、理解、周到、细致。黄老师的言行都深深改变着我。在此，感谢和感恩导师黄会林先生！

丁宁(博士后，2014—2016)

感谢我的导师黄会林先生，她如灯塔，指引着中国文化国际传播研究院的前进方向，也为我的做人、做事、做学问导航。

孙振虎（博士后，2014—2017）

感谢黄先生慨然纳我于门下，打开了我的国际视野，打开了我的电影思维。感谢研究院的诸位同事，都是我的益友亦良师，在科研和生活方面给了我很多启发，带给我很多美好时光。感谢黄先生对我的博士后科研报告从开题到写作的耐心指导，对前后三稿进行了精细审读并给出详细的修改意见。先生的谆谆教诲，永世难忘。跟随先生三载，视野大阔，对于学业、学问和学术，有了新的反思与理解，尤其是对"第三极"艺术文化观视域中的中国话剧有了新的研究视角。

"第三极"艺术文化观视域中的中国话剧研究，是值得深耕细耘的新领域。自进站起，本人收集并学习了"第三极文化"理论、中国文化国际传播以及"第三极"电影理论等主题文章与著作，一直在思考如何在"第三极文化"理论指导下形成自己的学术生长点，如何基于"中国文化国际传播"的新视角，给自己规划未来跨学科、跨文化的学术研究领地。本课题尝试构想"第三极戏剧文化"，并从国际化、国际传播角度展开一些基础性研究。

黄会林先生基于中国艺术文化战略性发展构想而提出了"第三极"艺术文化观。从中国艺术文化的发展立场来看当今世界的艺术文化发展格局，大体可以见到欧洲、美国、中国三极鼎立的状况。中国艺术文化对世界的价值，其实在很多领域都有着具体的体现，但各自的文化传播媒介、方式、方法，及其价值表达、价值接受，都是各不相同的。比如瓷器、绘画、丝绸、国学、文学、电影、话剧等，各有其文化传播的特征，都值得深入、具体地研究，作为"第三极艺术文化"研究的基础内容。

"第三极戏剧文化"与"第三极电影文化"一样都是中国艺术文化的重要组成部分。在电影方面，黄先生构想"第三极电影文化"，认为"第三极电影文化"是"第三极文化"的重要表征。在黄先生带领下，中国文化国际传播研究院率先展开了中国电影海外影响力研究，每年都有问卷调研报告和"银皮书"出版，已经积累了相当的数据，并形成了一定的影响。而从中国话剧来看中国艺术文化的世界价值，其实可总结的内容非常丰富，不仅有中西文化融合的一面，还有促使西方文化创新的一面。《宝川夫人》《蝴蝶君》等话剧作品，采用了西方所能接受的形式，获得了很好的票房，在国际上的影响至今仍有余波。当前较为前沿的“跨文化戏剧”命题，也可以用来概括近一百多年来自从东西方戏剧有了实际的演出交流后帮助催生的很多新戏剧形式。如果从《赵氏孤儿》的译介算起，中西戏剧交流已经有近三百年的历史。中西戏剧交流的大幕一旦拉开，便充满了无尽的双向想象和认知。中西戏剧交流的动力来自不同戏剧文化传统间的差异。“第三极戏剧文化”在中国艺术文化体系中发挥着重要的作用。

“第三极戏剧文化”近年来的成绩为第三极艺术文化的整体发展做出了重要表率。“第三极艺术文化”的发展特点，主要表现在植根于中国文明传统、与时俱进和多元共存。这些特点，在“第三极戏剧文化”所取得的成就中有集中体现。中国话剧在21世纪的国际化进程中迎来了大发展、大繁荣。北京仅小剧场每年平均产出原创剧目早已超过300部，有时同一天的小剧场演出能超过10部。伴随着剧场繁荣，是中国话剧的国际化努力，国内的大小戏剧节、戏剧论坛，必冠以“国际”。“经典剧目走出去，国际戏剧节请进来”的局面已悄然发生变化，中国话剧越来越多地走向全球，在其他国家的国际戏剧节上进行演出。中国话剧在国际上的发声和演出越来越多，逐渐开始增加国际影响力，国际协作也越来越密切。全球跨文化戏剧协作越来越密切，跨文化戏剧形式，既有用东方的艺术形式来讲西方的故事，也有用西方的观念来重讲东方的故事。中国话剧在全球的跨文化传播，已成为新时代文化的鲜活表征之一。中国话剧作为东方艺术精神的一种载体，焕发出其光彩夺目的一面。

总之，21世纪以来，中国话剧在国际上的影响力是值得关注和研究的。对中国话剧的国际化和国际传播的研究，希望能够在“第三极电影文化”的研究之外，补益“第三极戏剧文化”的具体研究。“第三极”艺术文化观视域中的中国话剧研究，是值得深入拓展的学术领域。

李雅琪(博士生，2015—2018)

人说“艰难困苦，玉汝于成”，回顾跟随先生的这三年，每一天都过得紧张充实、斗志昂扬，不敢荒废一日。这三年无论是在工作、生活还是学业上，好像承载了五年的容量，也觉得自己不行，但生活在先生身边，养成了“不怕苦、不叫累”的习惯，受先生的教导，格局、视野、工作和学业都有颠覆性的提升，也算是历难有成。萨缪尔说“人的心灵应如浩渺瀚海，只有不断接纳美好、希望、欢乐、勇气和力量的百川，才能青春永驻风华长存”，先生便是这样旗帜性的存在，她的乐观、包容、奉献精神感染着身边的每个人，激励着我们要像先生一样永远拼搏、永远年轻，我想在先生门下求学的三年所得到的历练是我一生最珍贵的财富。

绍老师总调侃自己是“政治老头儿”，但是我想说，绍老师真的是一个纯粹的、脱离了低级趣味的、最可爱的人。他总是鼓励我们年轻人要珍惜这个大好时代，要大胆做事要有所作为。绍老师和黄老师的夫妻之情也时常让我感动，他们相互支持、相互陪伴，是精神伴侣、更是革命伙伴，为我们后辈树立了榜样。

刘江凯（博士后，2015—2017）

我的成长总会遇到很多关心和帮助过我的人，常怀感恩之心，才能不忘初衷，不舍进步。多少感恩的话都无法表达我对博士后合作导师黄会林资深教授和绍武先生的敬意和谢意。还记得两年前我给黄老师写信后立刻接到她打来的电话，为了帮助我顺利进站，减轻经济负担，老师一次又一次帮我争取了学校的科研和工作条件。当我遇到困难、焦灼、无奈时，两位先生常常约我聊天，分享人生经验，给予我无私地指导和直接的帮助。当我犯傻出错的时候，两位先生既会严厉的教育批评，也能满怀宽容之心地接纳引导。他们对国家和民族的赤子之心，对晚辈学生的殷切期待，这些最宝贵的精神资源召唤着我不断反省，奋力前行。

毛锐（田卉群教授硕士生，2006—2009）

说完小田老师，接下来不能不提到师父的师父——黄会林教授，本科还在文学院的我对先生已有高山仰止儒慕思贤之心，考入艺术与传媒学院，北京大学生电影节上先生关于“对不起”和“不好意思”的纠正，更让我看到了她治学行事的一丝不苟，生活里，她又实在是再和蔼可亲不过的长者、再可爱讨喜不过的顽童。

李国顺（王宜文教授博士生，2006—2009）

感谢敬爱的黄会林教授在我博士生期间的学习讨论、课题研究过程中，黄先生始终身体力行，亲力亲为。她严于律己、宽以待人的崇高风范，朴实无华、和蔼可亲的人格魅力，令人如沐春风，倍感温暖；她严谨治学的精神、精益求精的作风一直深深地感染和激励着我。

菡子（王宜文教授博士生，2014—2018）

感谢北京师范大学艺术与传媒学院所有教导和帮助过我的老师。尤其是黄会林教授她用睿智和风骨为我等后辈展现了学术大家的风范，指引我们在学术之峰不断攀登。

杨卓凡（张洪忠教授博士后，2016—2018）

没有多少人如我一般幸运，博士、博士后阶段来到北京师范大学，被黄会林先生收在门下，从此给我的人生带来巨大变化。

首先要感谢会林、绍武两位先生。如果没有两位先生，我的人生定不会有今天的光景。先生给予我无私的爱与包容，在站做博士后这两年才真正认识到自身的无知与顽劣，每每审视自身狭小的格局与痼疾，便感激涕零先生对我的不放弃。在两位先生身边，看到了他们人性的光辉，愿为事业奉献自我的精神，在科研与工作中不达目标不罢休的坚毅与决心，更看到他们为了教育事业奉献终生的大善与大爱。这两年，更多的是心疼两位“85后”的老人，大到为了事业，为了学校，为了学科，为了团队，小到为了我和每一位承蒙先生栽培的小字辈，两位先生无时无刻不在奉献自己的心血和能量。多少次先生四处奔波、顶住困难为了学科向前冲，多少个夜晚两位先生因关心国家发展、事业发展而彻夜难眠，多少次陪着先生为了团队或是为了我个人的发展而一趟趟穿梭在前主楼各个办公室之间，多少次两位先生克服病痛或伏案写作，或冲在一线……每每想到这些，不禁令人泪目。

第五编

学生笔下的黄会林、绍武

编者按：本编收录不同时期学生们受教于两位先生的心得体会。

推荐黄会林参评2016年度北京市师德榜样发言

北京师范大学中国文化国际传播研究院 罗 军

各位评委，下午好！

我是北京师范大学中国文化国际传播研究院的罗军，请允许我向您推荐我校资深教授、我院院长黄会林先生。

一、老骥伏枥、成绩卓著，言传身教，桃李满天下

黄先生早年参加抗美援朝，后于1958年提前批毕业从教，至今已58年，仅仅统计指导过的硕士、博士、博士后，数量就超过了150人，博士生中有文化名师于丹、“长江学者”胡智锋、《新闻联播》主播海霞等学界、业界和管理界精英，包括相关院校正副院长。她发表文化领域著作、文章约550万字；与绍武合作创作电影、电视、话剧、小说、报告文学等约320万字；编辑或主编出版书籍1440余万字；共约2310万字。承担国家级、省部级“九五”、“十五”、“十一五”重大、重点科研项目及各种横向科研项目十余项，其中包括主持教育部哲学社会科学研究重大课题攻关项目“中国艺术学科体系建设研究”和全国艺术科学“十一五”规划重点项目“影视文化对未成年人成长的影响与对策研究”等。

二、填补空白、持续创新，教学实践，事业先天下

1985年，中国话剧处于低谷，作为当时教学改革的一项尝试，黄会林教授创建“北国剧社”，剧社活动至今30年，在国内外形成较大影响。1992年受命恢复北师大艺术系，创建影视学科，后主导募集善款并督建我校田家炳艺术楼，为艺术

与传媒学科腾飞奠定了基础。1993 年创办“北京大学生电影节”，为中国电影提供了“青春激情、学术品位、文化意识”的标准。1994 年，在学科建设中，首创“中国影视民族化”理论。《中国社会科学》刊载相关系列论文后，认为“具有开创性和奠基性意义”。1995 年，领衔申报、获批全国高校第一个影视学博士点。1998，领衔申报、获批全国首批艺术学博士后流动站。2001 年，创建我校艺术与传媒学院。2011 年成立中国文化国际传播研究院。2013 年与德国斯普林格出版集团合作，创办《中国文化国际传播》英文期刊，为世界上首本关于此交叉领域的学术期刊，有 16 个国家地区 32 位编委按照匿名评审惯例运行，已出版七期。

三、立足民族、放眼世界，国内国外，影响达天下

2009 年，黄先生提出“第三极文化”理论，在西方价值观覆盖世界的危局中，为中国文化探寻一条通往世界的路径。2010 年创办我院后，黄先生更是已 80 高龄，频繁出访美国、法国、英国、俄罗斯等地，从事高端文化对话。并开设论坛，邀请国际知名学者前来为中国文化出谋划策。

2011 年，黄先生创办“看中国·外国青年影像计划”，邀请外国青年来华拍摄中国文化短片。活动已开办五届，2015 年 11 月，习近平总书记在新加坡国立大学发表重要演讲，提到“看中国”，充分肯定了此项目用镜头记录现代中国，传递中华文化的纽带作用。

2013 年，黄先生和弟子们共同捐资创立北京师范大学会林文化基金，用以资助研究院各项工作，尤其是 2014 年由黄先生创办的“会林文化奖”。该奖项旨在奖励对中国文化国际传播做出突出贡献的中外学者，每年评选中外各一位获奖者，每位获奖者颁发将近 30 万元人民币，为世界树立一个关于中国文化的标杆。

这就是我今天向各位评委推荐的师德模范，她桃李满天下、事业先天下、影响达天下。黄先生是我们可敬的老师、可亲的长辈、可靠的领路人和可爱的队友。举贤不避亲。她每天践行的师德令我们受益匪浅、收益至今，我们庄严、郑重地向你们推荐！

推荐绍武 2018 年度感动师大人物评选

北京师范大学中国文化国际传播研究院　罗　军　孙子荀

绍武，男，1933 年生于山西左权。1940 年随母参加八路军 129 师，1948 年在太原前线正式入伍。1952 年入北京师范大学工农速成中学，1955 年保送北京师范大学中文系，1958 年提前毕业留校，先后在政教系、经济系、艺术系、艺术与传媒学院任教，杏坛生涯已逾六十载。

一、红色文化创作的捍卫者

绍武是革命烈士遗孤，自小在部队长大，革命经历和戎马岁月奠定了他的创作追求：用戏剧、影视和文学作品为革命英雄谱写赞歌。

绍武的创作历程肇始于 20 世纪 70 年代，与夫人黄会林携手，累计发表革命题材文学创作 20 余部，共 300 余万字。代表作包括 2 部重量级电影剧本《梅岭星火》《彭德怀在西线》；2 部产生较大影响的多幕话剧《故都春晓》《爱的牺牲》；2 部重要题材电视作品《陷入绝境以后……》和党史人物纪录长片《窃火者之歌》；3 部长篇史诗小说《骄子传》(80 万字)、《黑洞·炼狱·流火——母亲三部曲》(30 万字)、《红军家族前传》(80 万字)。其中，《梅岭星火》在著名学者唐弢和夏衍的充分肯定和悉心指导下问世，由珠江电影制片厂搬上银幕，观影人次超过一亿三千万，广受好评；《故都春晓》被中央实验话剧院、北京人民艺术剧院、中国评剧院同时段公演，轰动全国；《爱的牺牲》两度公演并在中央电视台黄金时段播出，获得全国教学图书优秀奖、第八届中国人口文化奖；《骄子传》荣获北京市精神文明建设“十个一工程”奖、北京市优秀图书奖等多项大奖；《黑洞·炼狱·流火——母亲三部曲》获得第九届中国人口文化奖；《红军家族前传》被改编为 36 集电视剧，正紧张拍摄，2019 年献礼国庆 70 周年。

绍武、会林的作品从不随波逐流，充满真情实意，扎根红色文化的丰厚资源，生动再现了共产党人从土地革命、抗日救亡到解放战争的坎坷道路和光辉历程，对中国革命必然发生、必然胜利的真理进行了理性思辨和艺术演绎，实现了史、诗、思三者的融合，四次获得国家级重要奖项，作品四度登上国家最高话剧舞台，三次央视黄金时段播出，得到评论界和广大受众的高度评价。

二、社会主义价值观的传薪者

绍武是著作等身的作家，更是提携后学的教育家。自1981年起，黄会林资深教授陆续培养了150余位硕士、博士和博士后，绍武主动担当，以革命文化的主流价值观对弟子们予以亲切关怀和严格要求，成为学生们心服口服、名副其实的编外导师。学生们取绍武的“武”、会林的“林”，戏称师门为“武林门”。

2010年中国文化国际传播研究院成立并积极开展学术研究、艺术实践和国际传播工作。绍武始终关心研究院发展，无论是顶层设计还是日常工作，都倾注了他的思考和关怀。他多次组织读书会、学习会，引导年轻人的理论学习和思想进行，孕育正能量。

绍武始终奉行“知行合一”的教育理念，注重学术和实践的结合。1985年，他与黄会林结合教学改革首推大学生校园戏剧，创办“北国剧社”并担任唯一艺术指导、党支部书记。剧社参加“中国莎士比亚国际戏剧节”，在北京首都剧场公演《第十二夜》《雅典的泰门》，引起国内外强烈反响。北国剧社经32年发展，逐渐成为业界公认的高校戏剧“第一举旗手”，影响力延续至今。

1986年，绍武与黄会林开展高校电视文化艺术活动，组织全国大学生“理想杯”电视作品大赛，指导的作品《男儿的王冠》《星星·烛光·梦》先后两次获得冠军奖杯；1992年，调入艺术系，作为核心成员之一从零起步开创影视新学科，为获得中国高校第一个电影学博士点贡献了力量；1993年，参与创办北京“大学生电影节”，至今已成功举办25届，成为国家级文化名片之一。

在教育下一代的问题上，绍武从不推脱，勇于承担、敢于教育，以充分的正能量和独特的切身经历循循善诱、因材施教，赢得学生们尊重。

三、关注国家命运的担当者

绍武1953年加入中国共产党，是一名党龄资深、党性纯粹的老党员。虽然已是耄耋之年，依然关心党和国家的大政方针，多次建言献策。2018年“七一”，他与黄会林致信习近平主席，提出“关于举办共和国英模大会并颁授‘共和国勋章’的建议”，得到中央及时重要回复。

四、“第三极文化”战略理论的首倡者

进入新世纪，有感于青年一代被西方强势文化普遍覆盖，绍武与黄会林反复研讨，得出共同认识：需要彰显文化自信，明确“民族文化坐标系”。当今世界文化呈现多元格局，从影响力看，主流大体有三极，如将欧洲、美国文化视为世界文化的两极，具有数千年传统、深厚根基、绵长生命力的中国文化亦当为一极，由此提出“第三极文化”理念，为国家提供了来自北京师范大学的战略级别文化创新理论。

从文学创作到教书育人，再到立足民族、放眼世界传播中国文化，六十余年的奋斗之路，凝聚着绍武对学校发展的高度使命感、对文化传承的强烈责任心及对党和国家的无限忠诚，无愧于“学为人师，行为世范”的校训！

难忘恩师(节选)

北京师范大学中文系1978级 张 明

在黄会林老师的课上，我的一次作业受到过黄老师的表扬与讲评，这是我的全部专业课作业中所受到的唯一一次特殊“礼遇”。印象里，黄老师的皮肤始终很白，声音清脆，讲课清晰流畅、娓娓动听。有一次黄老师讲到一位现代散文女作

家(好像是谢冰莹)的散文特点是“清新隽永”，作家不大熟，“隽永”一词也不熟，同学们感到新鲜，于是课后一时间“隽永”成了“热词”，被大家乱用到了中国话剧方面的选修课，很多同学选，我也在其中。课程过半后，黄老师布置让写一篇小论文的作业，我分析的是曹禺的《雷雨》最后一幕的戏剧冲突，当时感觉写得很顺，有话可说，于是写得较长。几周后的一次课上，黄老师讲评作业，对我的和二班一位同学的作业提出表扬，说我们作业的长处一是分析作品具体、充实、不空泛，二是有言之成理的个人看法。后来在我毕业后的教学中，我也以这两条标准来对学生作业的内容加以要求。

和黄老师熟悉了之后，每逢相遇都要问候一番，说上几句话。1981 年夏天，我的一首参加北京高校“五四”征文的小诗获了奖，并登在报纸上，之后不久在学校的南门碰到了黄老师和绍武老师，黄老师大声地对我说：“诗写得不错，继续努力!”这句热情鼓励我的话语一直在耳边回响，并激励我尽力做一些力所能及的事情。

黄老师是戏剧和影视研究方面的大家，著述甚多，如主编并参与撰写了《中国影视美学丛书》(8 种)、《新世纪高等学校教材影视艺术学科基础教程系列》(14 种)、《影视受众研究丛书》(8 种)等。特别可贵的是，黄老师不但是理论家，而且是实干家，她创办北京师范大学艺术系，创建北京师范大学影视学科，创办“北京大学生电影节”，创建北京师范大学“北国剧社”等，成就卓著。黄老师还和绍武老师一起进行文学艺术创作，如电影《梅岭星火》、话剧《枚都春晓》、长篇小说《骄子传》等。12 卷本的《黄会林绍武文集》收录了黄老师和绍武老师自 1978 年至 2008 年三十年间的学术研究论著和文学艺术作品，可以视为是黄老师的主要代表作之一，虽然大学毕业后见到黄老师的次数有限，但从北京师范大学的校报、校友通讯，从珠海分校的图书馆、书店以及网络上，都可以经常地获知黄老师的信息。每次看到黄老师有新的成果面世，我都会由衷地替黄老师高兴，同时对自己也感到是一种无声的鞭策。

原载于《岁月静好情谊悠长

——北京师范大学中文系 1978 级 3 班 40 年记忆》第 189 页

遥不可及的榜样

北京师范大学中文系 1978 级 李淮芝

黄会林先生是我们的班主任，记得我读研时，她带着我练过太极剑，那时在现在的南大门附近有一片杨树林，早起我拿个木头剑，跟着黄老师比划，可惜现在只记得一个起式了，然而先生矫健的身姿，时尚的衣着，却留在记忆中了。40 年后，在珠海与黄先生相遇，短短两天，每时每刻都刷新我的观念。起初，已经以老人自居的我，总想搀着她徐行。渐渐的，我忘了先生已经 80 多岁，以为和我同龄，彼此没有多大差别，无须特别照顾。又渐渐的，觉得我和先生与年轻老师和学生，我们一样年轻！学生说，这两天你行动矫健灵活了许多！何止行动，她给我的学生上了一堂课，讲了“第三极文化”，讲了七个字：看，外国青年看中国影像计划；问，中国电影问卷调查银皮书；论，中国文化如何走向世界论坛；研，国家社会科学重点项目：当代中国文化国际影响力生成；刊，英文学术期刊；创，创作；会，会林文化基金，会林文化奖。每个字都是内涵无限，叹为观止。在我的脑子里，大学的每一位同学的名字，都清晰地对应着一个年轻的、风华正茂的形象；小学同学，每个名字，又都对应着一个或者拖着鼻涕的小男孩，或者扎着辫子的小女孩。我不想改变这些印象，不愿把这些刻在脑子里的印象再与一个老头或者老太太杂糅在一起，所以我不愿意聚会。想你时你在脑海，还是曾经的模样，然后静静地忘记。

原载于《岁月静好情谊悠长——北京师范大学中文系 78 级 3 班 40 年记忆》第 67 页

庆祝黄会林教授从教四十周年座谈会的发言(节选)

黄会林先生 1990 届硕士生 邹 红

我算得上是黄老师、绍老师的老学生了，因为 20 年前我已是他们的学生了。

20年前，黄老师给我们上课的情景，今天还历历在目。我们77、78两个年级一起上课，当时新二教室可以容纳二百多人，黄老师上课的生动性我只用一个细节就可证明，当时有一个女同学拿着指甲刀剪指甲，全场听得见，大家都闻声去看，那位同学非常不好意思。毕业后，我留校任教，1987年又跟着黄老师读硕士。我选择在现代文学领域搞戏剧研究，和20年前黄老师给我们上课时打下的基础分不开，没有20年前，就没有我的今天。当时大学第一门课就是现代文学，黄老师给我们讲周朴园、讲曹禺的时候，我学起来觉得非常有意思，后来到我写硕士论文的时候，我也非常感谢我的老师。当年我定曹禺的硕士论文题目时曾犹豫过，当时我选了两个题目，一个关于李健吾，一个关于曹禺。对李健吾的有关研究较少，可能更容易出成果，而对曹禺的研究已经比较多了。但是黄老师说："曹禺是中国最伟大的戏剧家，如果你好好地做，应该能做出成绩。"于是，我选定了曹禺研究的论文题目，后来的事实证明这对我的帮助非常大。

绍武老师虽然从名分上不是导师，但我觉得他是非导师的导师。当初我们读硕士时就在黄老师家的客厅里上课，我们争论的时候，绍老师在那边搞创作、写东西，听到我们这边争论，忍不住了，过来和我们一起讨论。绍老师常常有许多非常精辟的思想。黄老师带我们一篇一篇地研读余秋雨的《戏剧理论史稿》，读完以后黄老师要求我们每个人写出看法，谈自己的体会，然后交流，最后老师总结。这种方法必须下苦功夫，有时实际上不在于读多少书，而在于把一本书读透了，便能受益很多年。两位老师告诫我们做学问要扎实，不要浮躁。如果要真正做出学问来，一定要耐得住寂寞。对此，我的感受特别深。

老师对我们的要求很严。记得有一天要讨论了，前一天我干到晚上三点，为的是怕到发言时讲得不好挨批，用黄老师自己的话说"我就得拿小鞭子抽你们"，我每次去上课就像是上发条去了。中国有句古话说"不养儿不知父母恩"，当我自己带了研究生以后，我才知道当年老师带我们是多么难。以前我给学生上课没什么难的，我准备好了就可以，但是带研究生后，感觉就不一样了。老师需要根据各个学生的特点因材施教，这是特别难的。

（原载于解放军文艺出版社《艺苑撷英——黄会林教授执教四十周年纪念文集》）

生命的宽度

黄会林先生1998级博士生 于 丹

一、妈妈老师

曾经看到过一个故事：天神给人间降下新生命的时候，都会慈爱地告诉孩子：“去吧，孩子们，最美的未来就在人间。”

孩子们天真而迷惑：“真的吗？我们听说人间还有许多黑暗和残酷的事呢……”

天神笑了：“放心吧，你们每个孩子降临人世之前，我都已经派去一个专门的保护神，她会时刻保护着你，为了你的幸福，就是拼上生命也在所不惜！”

孩子着急地问：“我要怎样才能找到她呢？”

天神说：“你一叫‘妈妈’，她就出现了。”母亲是个终生职业，不能辞职，不能换岗，虽然劳累却无怨无悔，乐在其中。我的恩师黄会林先生给我的就是这种“娘”的感觉，我们不止一个学生都是管她叫“娘”的。

在黄会林先生、绍武先生从教50周年的纪念会上，我们看见的不仅是德高望重的两位师长，更是用自己生命提携、关爱、帮助、教育了无数孩子的母亲父亲。当时很多先生的学生是带着孩子来的，从抱在怀里呀呀学语的宝宝到风华正茂的大学毕业生，跟着父亲的叫奶奶爷爷，跟着母亲的喊外婆外公，一向奉行“严是爱，松是害”的黄先生、绍先生，看着儿孙绕膝，眉目言语中已经不见严厉，满溢慈祥。

几乎每个学生，都在他们家有些独一无二的故事：先生给一针针缝过被子的学生，已经鬓染霜华；在先生眼皮下谈恋爱的情侣，儿女也上了大学；至于哭了病了想不开了就去先生家蹭饭撒娇的更是不计其数。周而复始，一届又一届轮回往复……

年长些的学生大多记得黄先生和绍先生半个多世纪前的合影：一个英气勃勃的青年和一个辫子上扎着蝴蝶结、笑意盈盈的翘鼻子小姑娘，身上是一样的中国人民志愿军军装，当沧桑涤荡过流光，岁月洗劫了红颜，是什么力量让一对老人笑容依旧，甚至比少年欢喜更多出些隽永从容？我想因为他们选择了做教师，做了无数孩子的母亲父亲。

二、严与慈

提起黄先生来，我脑海中第一刻浮现出的，就是她的严谨和她的慈祥。这两种不同的，甚或可以说成是对立的感受，往往是她留给身边的人最强烈的印象。正如同她身上具有的当年志愿军的飒爽英姿，和她现在的端庄优雅般，形成了反差却又和谐而融洽。所以，黄先生无疑是一个包含了多种元素的人，她的生命成长使她拥有了辽阔的宽度。对于一个老人来讲，回顾自己的一生，有时候不仅仅是去看这份生命的长度，而更多的是看在这里头包含了什么，容纳了什么，看它是有多么的宽广。黄先生年轻的时候，曾加入志愿军入朝作战，这个经历无疑给她的一生都留下了强烈而深刻的影响，即使她后来成为一位如此睿智深邃的学者，但是还是能从她身上感受到军人的雷厉风行，包括她给学生们布置课堂要求、科研课题及学术任务，都像是在下达军令，令来如山倒。从某种意义上说，正是她以这种带兵的方式，拳打脚踢才开创出了我们这个学科，这几乎是一个不可能完成的任务。应该说，不论在当时还是现在，这都可以算是学术历史上的一个里程碑，一件无法去想象的事。中国第一个电影学的博士点，没有落在北京电影学院，也没有落在当时的北京广播学院，反而落在了北京师范大学。这些奇迹的开拓，跟她自身的这种风格这种经历是有着必然直接的关系。

黄先生带学生，既是严师也是慈母，她总是能让学生觉得她是关怀着自己的长辈，甚至是血浓于水的亲人。而在对待学术上，她的态度又十分严谨。印象最深刻的是我的博士论文，就是黄先生亲手一遍一遍地修改的，不仅从学术上、内容上，而且从句式句法到修辞用语，甚至连标点符号都要认真订正，这就是她的严谨。但同时她又有她的慈祥，我和黄先生之间就有很多让我一生刻骨铭心的故事。记得我给学生当班主任的时候，在晚上要晚点名这是黄先生开创的一个规矩，班主任每周日要给学生点名，督促学生返校，给学生们讲话。我一直每周都坚持。有一次点名结束得很晚，出了教室天已经黑透，我没留神，把脚给崴了并骨折住院了。那是在夏天，天气非常热，对于是否做手术我心里很没底，但又因为怕亲人着急，我住院的事也没告诉家里，所以第一个就想到了黄先生，给黄先生打了电话，让她替我拿主意。没曾想黄先生得知后第一时间就赶到了医院，急切地找主治医生了解详细情况，然后就替我做了主。后来骨科的医生、护士一进病房就跟我说："你妈说了，大热天的不让你做手术。"所有人都把她认作我的母亲，因为她是第一时间就赶到，追问医生我的情况，为我着急，给我拿主意。不只是我，黄先生的好多学生，都感觉是在她家这样长大的，都能感受到在家里面母亲那种对孩子的关爱和呵护。一件事情怎么做、怎么样，方方面面黄先生都会为我们考虑得很周到。记得我怀孕快要生产的时候，那个时候我还挺着个大肚子里里外外地忙。因为我觉得黄先生这么一个雷厉风行的人，她的学生也都应该是这个风格，平时她也会希望、要求我们能够皮实一点、泼辣一点，但是那段时间她是真害怕了。在我已经到临产前几天，还挺着肚子给学生答辩，还在为学院的事奔波。她替我着急，天天逼着我让我住院去。我说这也没什么动静，就别住院了。黄先生真急了，有一天晚上打电话到我们家，气鼓鼓的，然后训我丈夫，说你是不是管不了她，我告诉你你必须马上把她给送到医院去。然后黄先生对我说："小丹啊，家里现金还有两万元钱，不知道够不够，拿着，你先去住院去，要不够的话家里再给你找，你不能再在家里待着了，你挺着这么大肚子，你不去医院我们不放心啊。"我当时感动得不知道怎么去回答她，她的那种着急，她对学生的那种心疼、那种呵护、那种关爱，真的就是像对自己的孩子一样。所以我们真是有好多学生一直在管她叫"娘"，就是觉得她跟绍先生其实就像我们的母亲父亲那样，对我们一直有这样一颗不仅是严师更是慈母的心。黄先生这个人之所以能有这么大的成就、这么大的格局，是因为她生命的宽度比别人要宽，她矛盾的特质在她的身上表现得特别鲜明，她以一个学者的严谨和一个母亲的温柔打造了我们这批学生；她把一个军人的雷厉风行和一个文化学者从容优雅的气度完美地融合在一起。但是有时候你又会想她究竟是一个什么样的人呢？你又只能觉得她是一个慈祥的老人，她是一个内心特别有激情、有梦想但同时也有很多温柔的女人，一个很美的女人。我以前曾经说过，有多少男人的心胸，加在一起都比不了这一个女人的大气。

三、开创与承担

是黄先生开创了北京师范大学艺术与传媒学院。从原来的艺术系，到后来的艺术与传媒学院，这里倾注着黄先生巨大的心血。她从原来的艺术系系主任，到后来的艺术与传媒学院的院长，为北京师范大学艺术学科的创立与发展做出了不可磨灭的贡献。我从做她的学生到做她的部下，有近 20 年的时间，她的言传身教，她的人品气度，她的思想学识，对我的影响是深刻而深远的。她做院长的时候我是影视系主任，后来还做过院长助理。这么多年我们开班子会，黄先生永远跟大家说一句话，就是："你们放手去干，有什么功劳都是你们的，有错处是老太太的，我给你们扛着，别有顾虑。"其实人只要做事就可能会出错，年轻人能不能放开手脚大干一场，关键在于身后有没有一个愿意给你担着所有的错处，鼓励你勇敢地去创造的人。黄先生就是这样一位愿意给年轻人做靠山的、鼓励年轻人大胆去做的长者。她永远将功劳归于年轻人，而将错处独自承担。她创建艺术与传媒学院并担任首任院长的时候已经是 60 好几岁的人了，而我们那个时候也就 30 来岁，累啊忙啊谁好意思说，你看老太太，谁敢说老？一个学院、一个机构它真正的希望是什么，就是它有未来。我们跟着黄先生的时候，可以说从技术上、条件上还比较落后，但是你就是相信跟着她有未来、有奔头。我们最早在北校，就是在辅仁大学小院里借的办公场所。小院破破烂烂，一到下雨天，办公室四处漏雨。在这么简陋的条件下，黄先生带领我们一砖一石建起来了这所学院，可谓筚路蓝缕。1994 年艺术系招收第一届本科生。我是从 1995 年 2 月开始在这里教课，可以说我是跟着黄先生，跟着这些学生一直走到今天，见证了这个学院、这个学科的成长。我一直记着清华大学老校长梅贻琦先生说的那句话："所谓大学者，非有大楼之谓也，有大师之谓也。"而大学有没有大师就是要看有没有像黄先生这种，用自己的生命提携学生的人，无论是学术上还是生活上，她对学生的那番用心，她的赤诚，永远都会让你觉得她是自己的亲人。“母亲节”的时候，我给黄先生发短信说：“母亲节快乐，最近在不在家，你要是在家我要回来跟你聊聊天。”“5·12”后我都在灾区，心里挺难受的。从灾区赶回来就要给学生上课，所以想见一见黄先生。黄先生回我短信说：“我不出门，就在家等着你，回来就打个电话吧。”她现在真的开始自称是老人了，黄先生年纪大了以后她的那种严厉少了许多，变得特别温柔，所以这个短信看的我心里很不是滋味，因为你会觉得她真的老了，有了那种在家盼孩子的心。她当年是一个多么意气风发的人，即使年纪大了还是那样激情澎湃，热情洋溢。从那么多年前，她做我导师、做我领导，一直到今天，我觉得她还是我娘，这种关系是永永远远的。我们曾经学她的学问学她的人品，所有这些都学过之后，你自己长大了，你就知道，这就是娘，永远都会有这么一个人，她永远都会在这里等你，而我这种感受可能也是很多她的学生的感受。

然而黄先生身上有些东西是独特的，学生学不到的，由于有着曾经参加志愿军的经历，在黄先生身上总会体现出那种对党的忠诚，军人的雷厉风行，这是我们仅仅作为书生、作为知识分子身上所欠缺的。她作为一个战士的信念和忠诚，对我们的影响和传承，比她的学问对我们的影响都要大。

黄先生选择了做教师，做无数孩子的母亲，她现在还在路上，还有充沛的爱去提携更多的孩子，让一届一届离开师门的孩子成为信念的火种。我爱她，我觉得她是我生命中一个特别重要的人，她是我身边一个可敬但是更可爱的好老师。最后我想说，黄先生是一个生命有宽度的人，而我作为她的学生、作为她的女儿，我也特别希望我的导师、我娘，拥有更长更长的生命的长度，我祝愿她健康长寿，如果说她是一条大河，她的生命已经有如此的宽度，那么我就祝她能够渊远而流长。

（原载于《传记文学》，2012 年第 7 期）

在时间中自动上弦——黄会林先生印象

黄会林先生1996届硕士生、2006届博士生　田卉群

多年前，有位朋友从香港买了块名牌机械表，每天很得意地戴在手上，却从没见过他给表上弦。好奇地问过一次，这位朋友对我的少见多怪嗤之以鼻：这块表是在运动中自动上弦的。

最近跟这位朋友重逢，闲聊之中，提到我的老师黄会林先生，以78岁左右的高龄，创建中国文化国际传播研究院，将注意力放在中国文化的对外输出方面，他惊呼：这正是近期有识之士屡屡反思的核心，没有文化输出，没有价值观，中国仅靠GDP的增长，不可能成为负责任的大国。问及如何输出中国文化及价值观？答曰，黄老先生提出了美国、欧洲、中国三极理念，号召其门人弟子，从剧本创作、文化交流等多个方面，重建、构造“第三极”价值观。在机构方面，老先生探索全新合作模式，一切从无开始，一两年间，便隐隐有风雷之势。

这位酷爱名牌的好友，听我讲述老先生传奇，为之瞠目，他诚恳地说：他从前只听说过在运动中自动上弦的名牌机械手表，但甚少见过能在时间和工作中自动上弦的老人家。这一回，是他少见多怪。

我的老师黄会林先生，确乎是这样一位在时光中自动上弦、自我激励、不断创新、想人之未想、创人之未见的老人。

20多年前，我刚踏进北京师范大学的校门，就听说，这里有个北国剧社，演出莎士比亚戏剧《第十二夜》《雅典的泰门》，轰动戏剧界！戏剧，对于我这个丑小鸭一样的青涩新生来说，那是多么神奇的领域：灯光一亮，另一场人生，辉煌灿烂的演绎、掌声、欢呼……那时候，我是在台下，把掌声献给台上的同学们，他们演出《雷雨》，演出《玻璃动物园》，对于他们充满激情的投入的戏剧人生，我是如何的仰慕啊！

带领我的同学们进入戏剧舞台的，就是剧社的创始人、黄会林先生。

因对这一神奇领域的狂热梦想，毕业保研的时候，我竟然报到黄会林先生门

下，我完全没有想到，跟老先生只见了一面，连话也没敢说几句，老先生便以全然开放的心灵和无条件的爱接纳了我。

我的四年大学生活，是沉寂而孤独的，更多的时候，我读书，骑自行车旅行。在我到达一个中途停靠站，四顾茫然的时候，突然，一辆车开足马力隆隆而至，让我搭上了这班车。从此，我的生命获得了全新的视野及速度。这辆车，无论在何种坦途或泥泞道路上，始终保持着高速前进，这辆车的司机不懂得什么叫不可能，什么叫退缩，这辆车，没有倒挡，甚至，永远也不会熄火。在这辆车上，我看到了太多的风景，都是全新的、独一无二未曾有人尝试的：大学生电影节、高校第一个影视专业博士点、中国文化国际传播研究院……

如何在悬崖边上多进一步，这多的一步，便是成功关键——这一步，我看见老师多次迈出。但自己却每每退缩。

记得当年，跟随老师做了电影节，做了十个导演访谈，又在拍《星星·烛光·梦》这部电视剧，我却突然有了一种空虚的感受。直到今天，我都记得，我苦闷地坐在花坛边上，老师过来问我怎么了，我说：这一年的忙碌，我觉得迷失了。老师挨着我坐下，告诉我，儒家的坚持是何其可贵。选定了目标，不要怀疑，按部就班，日复一日地坚持下去。

老师这么说，也是这么做的。老师弘扬中国文化，但我此刻脑海中却出现了一位西方哲学家笔下的人物：加缪笔下的西西弗斯，他推石头上山，石头到了山顶，又滚下，他再推石头上山……

用西西弗斯来形容我的老师，不知道她是不是愿意接受。但，在烈日暴雨下，推着石头上山，再上山的形象，总忍不住跟我的老师联系起来。她这一生都在创造和忙碌，内在的发条从未停止。

曾经跟老师探讨过，为什么她会这样永不停息地进行充满创造性的工作，对于烦琐的日常工作，她也游刃有余。有一回，老师跟我讲述了她在朝鲜战场上的故事：那时候，老师是梳两条辫子的文艺兵，到朝鲜慰问战友。演出第二天，战斗发生了，就在前一天还曾听老师演出，为老师拍巴掌叫好的战士，牺牲了好几个。

近距离接触的死亡，让其时还非常年轻的老师对生命有了更深的感悟。她只有一个愿望：替死难的战友们活下来，她个人的生命不仅仅属于自己，还属于那些跟她一起期盼过生命、却被死亡带走的战友们，老师的生命因而犹如倒映，映照着他人的期待和渴盼。

著名的战地摄影师罗伯特·卡帕说过："如果你拍得不够好，是因为你离得不够近。"

这句话，对老师而言，可以这样说：如果你对人生不满，是因为你离死亡太远。

老师的生命因而有了内在的发条，驱动她毕生永不停息的创造。

我们这一代人的生活，跟老师比起来，显得平淡。因此，虽然偶尔能够感知到老师内在的发条，却很难像老师那样，不知疲惫，永远前行。

老师只有一次请我帮个忙，因为她的博士生们嚷着要去咖啡馆上课，老师略带羞涩地问我，哪家咖啡馆好些？风景好，清静，还可以上课？

只有这一次，我在老师面前露脸：对于世俗的享受，我比老师熟悉。选了后海一家咖啡馆，跟老师和博士生们一起去玩耍。在咖啡馆里，我们这些年轻人都游刃有余，只有老师，并不能够在那氛围中真的放松下来。老人家感慨地跟我说：这一生，每一天睁开眼睛，都想着有无数的事情去做。从没有一天，可以像我们这样，想想去哪里玩，泡泡酒吧，喝喝咖啡。

但老师并非不懂生活，对于生活，老师有着精致的追求和极佳的品位。

老师应该算是上海人，老师的母亲康女士，在上海定居。老师一度翻出20世纪二三十年代母亲穿泳装的老照片给我们看，那真是风情万种！羡煞我们这些人！

第一次见到老师深层的女性气质，是在1994年春天的上海，老师带着我出差去招生，我年轻好事，骑个除了铃不响哪儿都响的破自行车，一路骑到浦东去发招生传单。

入夜快八点才回来，自行车骑到老师母亲家所在弄堂，路边是法国梧桐，一幢一幢的洋房，被时光和爬山虎雕刻出历史的味道，老师站在一扇雕花白铁门前，白衣黑裙，衣袂翩翩，却忧心如焚，那一刻的老师，在我眼中，看成了一幅绝美且永不褪色的风景。

老人们还在等我吃饭，一道清蒸鱼，十分美味，老师的母亲却说：蒸了肯定不止七分钟，过了七分钟，鱼就老了。

一道炒豆芽，一道炒虾仁，这两道菜，要做到火候正好，鲜脆可口，才算合格。读书的时候，常常到老师家里蹭饭吃，老师家的饺子特别美味，拌好了馅，还要打进去一个鸡蛋，煮出来，一个个鲜美的肉团。老师还有绝活：一滴水都不放，用一块后臀尖，加一小杯黄酒，一点调料，慢火炖出鲜美可口的黄氏红烧肉！

老师喝茶，永远要热的，清香四溢的龙井。老师家中，永远有一位男士，站在窗前，等着老师中午回家吃一顿热热的午饭。晚餐，两位老人家往往就将就了。有时候，快到家了，看见家中老伴在窗前的身影，老师的步伐就不由自主地加快了。

绍武老师是山西人，老师是南方人，但两位老师毕生相扶相依，甚少发生龃龉。他们携手度过了那些最艰难的时期，也一同到梅岭蛮荒之地，为写作《梅岭星火》披荆斩棘、进行实地采访，北国剧社的舞台，是两位老师共同撑起的一方新天地，大学生电影节，绍老师每年拍照，拿出好酒供庆功宴宴饮，学生每次去老师家里，都同时恭聆两位老师教诲，可以说，我们都是会林、绍武两位老师的学生。

有很多夜晚，我在老师家里，跟老师探讨，甚至争执，以致流泪。这么多年，只要提出要求，老师家里的大门永远为我们敞开。细想自己，无非三五学生，尚不能做到这一点，但老师，桃李满天下，却为学生做到了。

言及师恩，不禁泪盈，但学生却每每有负恩师盼望，此刻，就有一部剧本，在老师期待的视野中，但因种种原因，尚未能完成，掷笔长叹。老师，我辈后生，终于不能如同您那样，那么年轻，就找到了内在的发条，在时间中自动上弦，提供永远的动力！惭愧！

（原载于《传记文学》，2012年第7期）

她和春天有个约会——黄会林教授与北京大学生电影节的一世情缘

黄会林先生2010届博士生　董宁宁

今年，北京大学生电影节已经走过了15个年头，黄会林教授也已经走过人生中第75个年头，接触过黄教授的人都私下对她像年轻人一样的干劲钦佩不已，也有人猜想黄教授的秘诀就是每年春天里和一群年轻人像赛跑一样为了大学生电影节而奔忙，还有人曾当面求证，黄先生只是淡然一笑，却不经意间营造出一种返璞归真的无言氛围，这种境界提醒人们，一个走过70载春秋的慈祥长者，怎样执著地将生命与电影血脉相连。

一

一夕轻雷落万丝，霁光浮瓦碧参差。这是北宋词人秦观的《春日》，那流光溢彩的浪漫激情，正是黄会林教授心中的别样风景，凭着这份纯真和灿烂的热情，黄会林教授带领一批青年人精神抖擞地投入到北京大学生电影节，那一年她即将迈入六十载年华。

尽管社会久已公认黄会林教授是北京大学生电影节的创始人，但每次提及必然遭遇黄先生严肃的指正，她怀着真诚的感动耐心说道：大学生电影节是我和一批年轻教师共同发起的，大学生电影节的主人，此人姓大，名学生。电影节的品牌，就是靠大学生来支撑的，靠一届一届的青年学生的坚守和努力，才能让电影节不断发展壮大、可持续发展。这么长时间以来，我一直坚信，什么是大学生？大学生天然就应该能做大事，敢做大事，敢于成为大手笔，才能成就大文章。

带着这种对青年人的使命感，黄会林教授和一批年轻教师在一穷二白的情况下，打出了北京大学生电影节的旗帜，招揽了一批又一批的年轻才俊，凝聚了五湖四海的青春学子，共同交织成每年北京春日里一道亮丽的风景。与其他电影节不同，北京大学生电影节所有奖项均由大学生和老师组成的评委会评定。评委会由来自全国各地的大学生和年轻教师组成，其中四分之三是学生评委，教师评委占四分之一。时光荏苒，大学生电影节的公信力和文化品位自成格调，人文品质和文化锐气风雨无阻，影响力和专业水准有口皆碑，事实证明，大学生们值得信任，担得起责任，尤其是能担重任。

十年以前，黄会林教授欣然力主将“飞虎”选取为北京大学生电影节的品牌标志，大学生电影节的奖杯也被正式确认为“飞虎杯”。“飞虎”质朴、大气，文采朗朗，壮志昭昭，非常符合大学的文化怀抱、青年的锐意锋芒和电影人的灵动精神，为北京大学生电影节品牌提供了一个完美的形象表达系统。虎，是万兽之王，是中华民族凝聚力的象征，具有强大的感召力。它不仅是祥瑞之兽，它还代表着一种精神，孕育着无限的生机和创造力。

二

远木随天去，斜阳着树明，犬知何处吠，人在半山行。在世人往往容易对春光明媚欢欣雀跃的时候，黄会林教授却用行动诠释了南宋诗人杨万里这首《春日》的内蕴：一年之计在于春，春之道在于弘毅笃行，才能成就夏的绚烂，秋的收获。

以六十岁体力，为青年人壮行，必有一番甘苦。黄教授却说，没有甘苦，只有经久的感动。每次提及大学生电影节，黄教授都感动不已，难忘多少个未眠夜，多少青春同路人。宿舍楼熄灯之后点蜡烛准备新闻稿；赶在下课之后食堂开饭之前骑自行车运拷贝；大清早就起床提着糨糊贴海报，为的是让电影节的消息第一时间公布在校园；陪着印刷机不睡觉，为的是让宣传册的每一页都没有版式错误……在电影节工作组的年轻学生们，付出了极大的努力，黄教授心疼孩子们，把辛苦的勋章都挂在他们身上，其实她亦是一样黎明即起，彻夜陪伴，帮助年轻人邀请嘉宾，校对稿件，很多细碎的小事都亲力亲为，这是黄先生多年来的一贯作风。黄会林教授经常谦虚地说：我只不过是个帮助摇旗呐喊的老水手，真正掌舵启航的都是那些可爱的孩子们。光荣和梦想属于他们。

在黄会林教授的带领下，大学生电影节从容行过十五载六十季光阴，终于在2008年的春天臻于一呼百应的卓然之境，舒展自如，自成高格，尽得风流背后的秘密是廉生信，静生威，素生高华。黄会林教授认为，“北京大学生电影节”品牌体系之所以形成比其他同类大型活动或文化品牌更重要和更长久的无形资产和核心竞争力，功劳决不在任何一个个人，而是在于历史积淀之厚重、兼容并包之大气，开放时代之机遇，首都地缘智缘的合力。首先，深沉的历史人文积淀是不可再生的。北京大学生电影节的主要承办方北京师范大学艺术与传媒学院背靠北京师范大学百年历史和人文积淀，依托艺术传媒学科九十余年的厚重生命力，为北京大学生电影节品牌铺设注入了天然的人文号召力和强大的文化凝聚力；其次，艺术传媒的综合文化学术积淀是不可复制的。艺术学、电影学与广播电视艺术学学科三位一体、紧密联动的“大电影”“大艺术”“大传媒”、“大人文”战略架构，为大学生电影节品牌成长提供了稳定的文化依托和学术支持，这也是大学生电影节品牌能够同步行进于主流时尚界而不失其文化品格、人文水准的根本缘由所在；最后，与大学生电影节携手走过的一个激动人心时代是无法重复的。1993年，北京大学生电影节在筚路蓝缕的境地强行起飞，那是一个踌躇满志而生机勃勃的时代，也是一个不可多得的发展机遇。以上三点优势的相互依托，最终使得北京大学生电影节在首都的地缘、智缘优势和品牌积淀是难以逾越的。

三

“暮春者，春服既成，冠者五六人，童子六七人，浴乎沂，风乎舞雩，咏而归”。夫子喟然叹曰：“吾与点也。”这是《论语·先进》中记载的大圣人孔子所推崇的春日。这段话之所以能引人共鸣，不仅因其奋发中自有闲情，更在于其恬淡中不舍远志。黄会林教授的志向里面也蕴藏着这种清淡之气与高远之境，那是她从幼年便开始积淀的对电影和文化教育事业的情愫。

为人质朴亲切的黄教授曾是“大户人家”出身的“女公子”，祖籍江西吉安，生在天津，长在上海。父亲黄梅轩，20世纪40年代曾任天津剧院经理，后又担任南北剧社社长。剧院是“中旅剧社”的演出基地，名重一时的唐槐秋父女、林默涵、周刍等常在那里演出。在此浓郁的艺术氛围濡染熏陶下，黄会林教授童年里就埋下了电影及戏剧情结，她的哥哥黄国林日后也在新中国戏剧界享有盛名，哥哥的妻子也就是黄先生的嫂子，就是著名电影艺术家陶玉玲。

后来黄会林教授考上了北京师范大学附中。读初三时，正值抗美援朝，党和政府发出“抗美援朝、保家卫国”的号召，当年11岁还是一名中学生的黄教授，也写血书要求参军参战，先是在华北防空司令部炮兵处作战士，后来调到华北防空政治部文工团，从文工团里挑选4人入朝参战，4人中又有黄会林。黄教授说，那是净化人的灵魂的一段岁月，正值清川江、大清江两座大桥保卫战，战火纷飞、枪林弹雨中，她跟队友三人一组参加行动。一次遭遇敌机袭击，三人艰难行进，田野上除了累累弹坑竟没有平地。当敌机俯冲时，三个人立即卧倒在一个浅坑里，等一阵震天撼地的爆炸声后，她们从尘土堆里钻出来，抖抖泥沙，都还活着，不禁泪流满面抱成一团。看看前后，都是刚刚被制造的新炸弹坑，相隔不到10米远！……“保卫清川江”战役，打了整整七天七夜。牺牲了100位战士，她们亲手掩埋牺牲的战友，心里百感交集。

战役结束后，评了100个功臣，黄会林教授便是其中的一个，是唯一的女兵。经历了战场洗礼，见证过生存与毁灭、战争与和平的最大戏剧，回到校园之后，黄教授投身于戏剧、电影、电视的学术研究工作，她追随戏剧、电影大家夏衍先生学习和创作，在北京师范大学创立北国剧社，写作电影剧本，乃至担任中国大学第一位电影学博士生导师，直到创建北京大学生电影节，黄教授为电影而求索的生涯逐渐拉开大幕，呈现出宏大的格局。

黄会林教授敏锐地觉察到影视研究的分量，从1992年开始，就在教室四处漏雨，没有任何设备，经费几乎空白，条件十分简陋的情况下带领寥寥7人，承传北京师范大学拥有80年历史的艺术系建制，努力开辟影视学科新天地。今天，北京师范大学艺术传媒学科以中国大学第一个电影学博士点、广播电视艺术学博士点和影视学科所有相关的两个硕士学位点为核心，已经发展成为中国影视研究、影视教育和影视人才培养的重要基地。学科依托百年师大综合文化积淀，以中国民族化影视美学研究为中心，初步建立起中国本土影视美学理论研究体系。在《中国大学评价》课题组发布的中国大学研究生专业排名中，“电影学”已连续两年名列研究生专业同学科排名榜首。艺术与传媒学院所在的现代化教学楼也是黄会林教授积极争取捐赠兴建的，她还私人捐赠数十万元在北京师范大学设立康毅奖学金，奖励为艺术教育做出贡献的大学师生。

四

朝来庭树有鸣禽，红绿扶春上远林。忽有好诗生眼底，安排句法已难寻。这是宋代诗人陈与义的《春日》。春到深处，步步生花，每年春天都惊鸿乍现的大学生电影节已经在首都文化蓝图中翱翔了十五年，影响着几代人。任何事物的“成”都是一个冒险、来之不易的过程，黄会林教授一路与北京大学生电影节同行，面对危局和困境，是“慎思”还是“谨行”？这两方面也许都无法得到黄先生的首肯，她用行动叮嘱我们：重要的是去“做”，而且在保证效率的同时兼顾品格。这是导师的“言传”，但她的“身教”是在“做”中既能懂得执著“得到”的重要，更能领悟轻松“舍弃”的玄机。做学问绝对不是钻在故纸堆里，而是要积极将所学应用到实践中，以“六经注我”的方式融会贯通。在乐此不疲、脚踏实地的忙碌中，黄先生始终保持着一种既与青春同步，又微微超前的行进姿态，这是一个不知疲倦永不停息的追求者的姿态。

“六十季桃李初长成，十五载青春正飞扬，登临过汉代的砖瓦，凝望过今天的城市，年轻的心没有边界。十五年弘毅笃行，我们相信，电影这个名字，值得赤子精诚追随。”黄会林教授在与今年春天第十五届北京大学生电影节的约会中如是说。她正是用她与电影的一世情缘，用脸部特写诉说的所有点滴往事、丝丝细节，幻化成燎原的火种，点燃了人性的光辉，在黄教授那并不声张的厚实里，有童心和智慧杂糅而生的花朵，在春天盛放，这些花朵最希望被铭记的不是芬芳，而是希望留下一颗记忆的种子，种植下一个世纪的激情，同时给我们的生命以单纯而丰富的提醒，让我们总是满怀希望在与春天的约会中执手相握，酝酿新的手笔、新的出发。

（原载于《传记文学》2012年第7期）

人生之美 在于历事

黄会林先生2009届博士生 许 波

在国内社科界，尤其是在影视文化研究领域，提起黄会林先生很多人都会报以崇敬的态度。作为国内高校电影学专业第一位博导，在学界和业界拥有崇高的声望。黄先生经常出席一些公众场合，无论是在年轻美女明星堆里，还是在知识女性的行列中，她都以独特而优雅的气质和韵味成为最吸引人目光的一个女人！其传奇经历与跌宕起伏的人生可谓绚烂多彩，而其生命的厚度与价值更令人仰慕。

黄会林先生生于1934年。新中国成立前就读于上海培明中学，后入北京师范大学附中；16岁参加中国人民志愿军入朝作战，在枪林弹雨中经受了生死的考验和战火的洗礼，既掩埋过战友的遗体，也俘虏过美国的大兵，并荣获军功章；回国后，进入北京师范大学工农速成中学读书；1955年，入北京师范大学中文系学习；22岁与著名作家绍武结婚；24岁提前毕业留校在中文系任教；“文化大革命”中深受冲击；1986年创办“北国剧社”，成为高校校园戏剧的标志；1992年出任北京师范大学艺术系系主任并创建影视学科；1993年与师生创办“大学生电影节”，以“青春激情、学术品位、文化意识”为方针，以“大学生办、大学生看、大学生评、大学生拍”为特色，获得我国电影界、教育界、文化界强烈反响；1995年为北京师范大学争取到全国高校第一个影视学博士点，并成为全国高校第一位影视学博士生导师；2002年以68岁高龄创建北京师范大学艺术与传媒学院，出任首任院长；2005年为北京师范大学赢得全国首批艺术学一级学科博士授予权；2009年在深入研究、分析中国文化和世界文化发展趋势的基础上，极富创见地提出“第三极文化”理论，确定了中国文化在世界文化格局中的位置；2010 年 11 月创办中国文化国际传播研究院，并出任院长，肩负起向世界传播中国文化的重任。

一、坚持“上课”的博导

在当下教育界，能够亲力亲为坚持给学生上课的博导不占多数，甚至有些博士生、硕士生长时间见不到自己导师的面。和他们比起来，黄先生的学生是幸运的，他们都亲耳聆听了先生一学年的课程，而被先生耳提面命地当面教诲更是不计其数。每每提及上先生的课，他们都会不自觉地显现出由衷的骄傲与自豪，那种兴奋与喜悦的心情溢于言表。

在北京师范大学艺术与传媒学院，黄先生每学年都会给每一届她的硕士生和博士生们开两门课，第一学期的课程是中国传统文化与影视美学，第二学期的课程是中国影视文化发展战略研究，而且先生的课并不囿于课程本身，会根据时代和学科的发展，将最新理论与成果融汇到课程中。

黄先生的课一般分两个步骤：第一周学生自己读书准备，第二周由先生带领集体讨论，每次上半天。如果遇到先生外出开会等情况，先生会及时通知学生们，待先生回来一定会把课补上。早几年，先生有时就在家里上课。几个博士生围坐在先生书房的圆桌旁，或阐发自己的“高见”，或激烈地就某个问题讨论，或与先生交流、探讨，甚至争论。最后，由先生系统地梳理、分析、讲解。然后，留出时间由学生们提问，再解答。下课时，布置下节课要讲的内容和需要学生们看的书籍以及要思考的问题。时间就这样不知不觉地在对知识的攫取和对问题的思考与探讨中飞快地过去了。这颇有些中国传统教育的影子：杏坛之下，先生居中而坐，弟子环坐一圈，先生与弟子相互问答。在问答中，先生已然将传道、授业、解惑融入其中。那是一种平等的交流与对学问的探讨，学习的过程融洽而温和，学生如沐春风，先生神采奕奕，在和谐温暖的氛围中，品尝着知识的甘饴和思想的佳酿。记得曾经见过一张学生在先生家围桌上课的照片：一张普通的可以折叠的圆桌，先生和五个学生围桌而坐，桌上摊着打开的书本，一个学生似乎在侃侃而谈，其他四位同学或托腮沉思，或奋笔疾书，而先生则慈祥地注视着发言的学生，目光中透着鼓励与期望。也还记得那次在先生执教五十年纪念会上，于丹老师回忆起她随先生读博士时在先生家上课时的逸闻轶事。她说上课休息时，先生的老伴儿绍武先生常将给自己小孙女的糖分给她，上课时趁先生没看见偷偷地放进嘴里，又怕先生看出来，所以不敢大口大口地嚼，只能抿着嘴慢慢地“消化”。她说：现在回想起当时的情景，嘴里似乎还有糖的甜味。她还说起当时在先生家上课时，她趁先生不注意给胡智锋老师“捣乱”，逗胡老师说话，害得胡老师被先生“骂”的“故事”。她说这些话时，脸上流淌出幸福而陶醉的神情。可以看出，跟随先生上课的情景已然深深地印在了她的脑海中，成为她生命中不可磨灭的美好印记之一。从于丹的回忆中也可以领略到先生课堂上那种既严肃又活泼、既紧张又轻松的氛围。那在先生循循善诱下热烈而充实的半天课程，也同样是先生前几届博士生记忆中最深刻而美好的印记之一。

近几年，由于加入了博士后一起上课，先生的家已然不能满足上课的需要。因而，课堂也从先生的家转到了学院的会议室。一条长会议桌，每次上课先生坐在一侧，学生们在先生对面坐成一排。上课时先生先将这次课的主要内容简要地说说，算作是引子。随后学生们根据自己课下准备的内容，阐述自己的观点，然后同学间相互讨论，甚至争论。先生也不时加入讨论、提出问题，并引导同学们往更深的层面去思考。最后由先生进行总结，解答同学们提出的问题。半天的时间很快就过去了，同学们很有些意犹未尽的感觉，因而延长上课时间便成了经常的事。尤其是冬天，下课后走出“教室”，外面已然是灯火通明了。

先生的学生们都知道，课前的准备一定要扎实、充分，绝不能存一点儿侥幸心理，因为先生会根据你的发言判断出你课下下了多大的“功夫”。在学习、学术方面，先生的严格在北京师范大学是出了名的。一次，在先生的课上，一位课前没有好好做准备的同学阐述自己对当堂课程涉及的问题的认识，虽然言语流利、貌似深刻，但先生立即指出他的发言没有实质内容。先生先问他课前都做了哪些准备要求读的书是否都读了。先生说：“你让我很失望，你的水平不应该是这样的。如果你想在我这儿混个文凭，那就想错了。在我这里必须要努力、必须要真下功夫。如果觉得我过于严厉，你可以另投名师。”那位同学后来私下里说，他没想到先生一点儿情面都没给他留，当着同学们的面那么严厉地批评他。后来他亲手写了一份深刻的检查交给先生，并向先生真诚地承认了错误，方才得到先生的原谅。他深有感触地说："自那以后，每次课前我都会非常认真地做准备，认真看书认真思考认真做读书笔记，而这样做确实对我的学术成长非常有益。"

能够亲耳聆听先生的教诲、听先生讲课，是黄门弟子们最值得骄傲的事。先生的一位弟子曾说：黄先生在中国传统文化、传统美学方面有很深的造诣，并能够自觉地将其运用到现代影视艺术之中。众所周知，现代影视艺术是由西方传入我国的，其理论构架也多是以西方文化、西方理论为基础。而黄先生将中国传统文化、传统美学观念引入现代影视艺术研究之中，独辟蹊径，既拓宽了研究领域，更传递出中国在影视艺术创作和研究方面独特的不同于西方的特点。听先生的课，对自己思想的开阔和学术水平的提高非常有益。另一位黄先生的弟子曾谈起他曾经经历的一件事。他说：他的一位硕士同学考取了一位知名教授的博士。一次聚会上，他的这位同学向他抱怨说自开学已经快一年了，别说导师的课没有上过，就是导师的面也只是在开学之初匆匆一见，之后便再也见不到导师的身影了，遇到问题向导师请教给导师发邮件，也十有八九是不回的。而他这位同学的师兄除了博士论文开题时见过导师一面外，也再没见过导师，现在正为论文的写作发愁。当黄先生的弟子和他的同学说起他经常跟随先生上课以及课上的内容非常丰富时，他说他的同学"脸上露出的羡慕和嫉妒的表情"让他迄今难忘。说这话时，他的脸上溢出无限的自豪与骄傲。

在北京师范大学艺术与传媒学院，黄先生已经招收了十八届博士研究生，招收的硕士研究生更是不计其数。自学院成立了艺术学博士后流动站以来，黄先生带的博士后也有很多届了。这些硕士研究生、博士研究生和博士后们无一例外地都至少跟随先生上过一学年以上的课。如同先生从教五十周年纪念会上北京师范大学领导所言：先生从教以来，除"文化大革命"受冲击期间以外，始终坚持在教学的第一线，始终与学生们在一起。能够从一入学就跟随先生上课，黄先生的弟子是幸福的，更是幸运的。

就当下大学教育和研究生教育而言，质量滑坡是客观存在的问题，并广受诟病。究其原因，最主要的我以为当属教师的责任心和责任感的缺失。现在还有多少老师能够沉下心来充实自己、认真备课，在提高自身素质的基础上将知识传授给学生；还有多少博导、硕导能够坚持不间断地给学生上课。我们见到太多的博导、专家、研究员如赶场般地飞来飞去出席各种研讨会、推介会、恳谈会，而他们的学生几周、几月，甚至整学期的见不到自己导师的面。在这样的大环境下，我们的大学教育、尤其是研究生教育又怎么能够真正得到提高呢？“师者，所以传道、受业、解惑也”，这是对教师最基本的要求，而当下又有多少教师能够做到呢？黄先生的弟子是幸运的，而这幸运所折射出来的是一些博导、专家作为教师的失职。黄先生以其所作所为践行了北京师范大学“学为人师，行为世范”的校训。

二、严格的老师，慈爱的长者

提起黄先生的严格，在北京师范大学那是无人不知无人不晓，别说是艺术与传媒学院，就连其他理工学院的同学、老师都知道黄先生是一位对学生严格要求的导师。先生的严格体现在对学生的学习、纪律和学术研究方面。北京师范大学艺术与传媒学院的院训即为“严是爱，松是害”六个字，通俗、简单但却很有道理。这是黄先生任艺术与传媒学院院长之始为学院定下的“规矩”。而黄先生则身体力行地践行着学院的这六字院训。在学习方面，先生要求学生对课程要有充分了解，对需要精读的书、需要泛读的书有明确的要求，并在深入读书后要有自己的思考和见解，而不能人云亦云地不负责任地简单敷衍。在学术研究方面，先生对学术规范要求很严，论点、论据、论证过程要严格按学术规范要求做，引用、运用别人的观点必须要注明，学术研究既要有自己独到的见解更要严谨平实，要具有真正的理论价值、科学价值和学术意义。先生对学风非常看重，将做学问与做人联系在一起，对学生提出很高的标准和要求。或许是有过从军的经历，先生对纪律有着严格的要求，学校和学院的一切规章制度必须遵守。一次，先生的一位博士研究生因个人原因比学校要求的注册日期晚了两天，以为没什么大不了的事，也没请假。没想到被先生知道了，先生把这名学生叫来批评了一个多小时，先生说北京师范大学不像其他有些学校开学很长时间都可以不来报到注册，在北京师范大学学校的制度必须遵守，无故不来报到注册按旷课处理，严重的按纪律可以开除。最后，这位同学写出深刻的检查，并向学院负责注册的老师诚恳道歉，方才得到先生的原谅。

先生对学生毕业论文的要求更是严格。从开题报告到撰写过程，直至初稿完成，先生都会过问、督促。相信先生的所有博士研究生都会把先生批改过的论文原稿作为最有价值的纪念品悉心珍藏起来，并不断地拿出来勉励自己、激励自己，因为那里浸透着先生的心血和期待。先生对学生毕业论文从选题到写作始终非常关注，会根据学生的特点及论文的具体内容给予充分而中肯的意见和指导。待论文初稿写成后，先生会用铅笔在论文上勾画出来，从论点、论据、论证、篇章结构等方面提出修改意见，并和学生进行交流、讨论。当根据先生的意见修改后的第二稿呈送给先生后，先生会再次认真地审阅，从内容到形式、从语言到句式，甚至连“的、地、得”的用法和标点符号的使用都会用铅笔标注出来。那次先生从教五十周年纪念会上，先生 2002 级的博士郭运德先生曾拿出当年先生批改过的论文稿给大家看，基本上每页都有先生用铅笔勾画过的痕迹。郭运德说：这只是毕业论文中的一稿，还有修改过的其他几稿也是这样的。郭先生的脸上现出崇敬的表情，他动情地说：我一直认真保存，这里体现了先生的严格和严谨，是对我无形的鞭策。先生的另外一位弟子私下里曾说起过这么一件事：一次，他的一位毕业于某研究院的旧日同学在他家偶尔看到先生批改过的布满铅笔划痕的论文稿，不无感慨地说：“你真幸福，遇到这么认真负责的导师。我都怀疑我的博士毕业论文我的导师是否都看了！”确实，就当下的实际情况，导师能够认真细致地阅读弟子的博士毕业论文，并提出中肯的意见，已然不多。而能够像黄先生那样严格要求、逐字逐句地推敲审阅，并用铅笔勾画出来，实属罕见。先生的严格、严谨、认真负责，以及对学生的爱，正是从这些具体事例中自然彰显了出来。

与先生在学习、学术上的严格不同，先生在生活上给予学生以无微不至的照顾与关怀。在一次课上，细致的先生发现平时很活泼的一个女学生有些沉闷，便问起原因。那位同学说自己连续发低烧，也去医院看过，但查不出原因。先生很着急，详细询问了情况，马上给校医院的一位老医生打电话，将学生的情况告诉了她，并让学生马上去校医院看，还特别叮咛学生去找那位老医生，因为先生知道那位老医生的医术非常高明。待学生从医院回来，先生不厌其烦地嘱咐学生要好好调养，爱惜自己的身体。一次，一位刚刚失去亲人的博士生去先生家谈论文修改，先生从学生的情绪中察觉出异样，待问明原因，先生把老伴儿绍武老师也叫了过来，两位年近耄耋的老人拉着学生的手，真诚地安慰，使学生的内心充满暖意。先生对学生的爱是无私而厚重的，无论是不是先生的弟子，只要和先生接触过，都能感受到先生发自内心的对学生的爱。

黄门弟子们都知道，每年中秋节前后，黄先生和老伴儿绍武先生都会在家举办简单的聚会，与弟子们共度佳节。凡在京的弟子如果时间允许都会出席，甚至也有外地弟子专程赶来。那场面热闹而温馨。先生会事先准备好月饼、红酒和水果，大家聚在一起，边吃边聊，不同年级的弟子先自我介绍一番，先生会不时插话，稍作点评。尤其是对新入学的同学，在自我介绍后，先生会向大家做深度介绍，一下便拉近了弟子间的距离。先生的脸上始终挂着笑，看着面前的弟子，先生既自豪又满足，那种发自内心的快乐是外人无法体会到的。合影是聚会不可或缺的重要项目，在先生的书柜里分布着多张聚会时的合影。黄先生与老伴儿绍武先生居中而坐，众弟子围在二位先生的周围，或端庄或诙谐，有调皮的学生会摆出各种古怪的姿势，而二位先生则笑容可掬，在学生们的簇拥中溢出满满的幸福。而这幸福源于先生数十年来对学生的严格要求与悉心关爱。

“超过我”是黄先生对弟子提出的要求。每年黄先生在给新入学的博士生、硕士生及博士后所上的第一课一定会提出她的三个著名的要求，这是历届学生都耳熟能详的：第一，受不了严格要求的可以另投名师；第二，做学生的一定要超过老师，你们一定要“超过我”；第三，也是最著名的一条，是关于老伴的，她说：“你们要比尊重我还要尊重我老伴儿。”关于黄先生的严格，前面已经说了，这里不再赘述。而先生对学生的严格要求，很重要的一个原因便是先生希望她的弟子们能够超过她，看到学生超过她，她会深感欣慰与高兴。而关于老伴儿的，是因为相濡以沫几十年，老伴儿总是在她的身边默默地支持她，是她生活和精神上的重要支撑。正如先生的一位学生所言：“正因为她心里装着这个东西，因此她干什么，她都觉得有人支持她。一路走过去无论什么风雨，她都不怕，从这一点来讲，她心里装着爱。不但是爱她的亲人，而她这个爱是可以扩散出去的。黄老师是一个因‘爱’而美丽的人。”

在当下把学生当作“不花钱的劳动力”无偿使用普遍存在的背景下，像黄先生这样寄希望学生超过自己、学有所成，而对学生投以无限爱心、关心、热心的先生，实在不多。佛教讲“相由心生”，黄先生的美缘于内心深处对学生的爱。

黄先生已经年近八十岁了，但她身材依然婀娜挺拔，看她背影还是很年轻。黄先生总是一身中式服装，穿旗袍尤其优雅得体，美丽动人，更显书香气质，典雅风度。黄先生极富传奇色彩，她的人生轨迹色彩斑斓、跌宕起伏，但都与国家和中国文化、学术研究以及教书育人紧密联系在一起。先生说：“我经常跟我的学生们说，我说我觉得到我死的那一天，我最大的财富就是学生，最让我感到安慰，感到自豪，感到骄傲的是学生。而我最大的遗产就是书，本来一个人赤条条来去无牵挂，人是带不走一分钱的，我想我走的那一天，我有这样两个最大，我觉得我就非常满足了。”学生与中国文化紧密相关的著作无疑是先生最为看重的，也是先生为国家和社会所做的重要贡献。先生曾经说过：“人生之美在于历事，”这句话不啻为先生自身的写照。黄先生的美丽，来自岁月的风度。荏苒时光积淀了她的优雅，世事沧桑历练了她的智慧，而对学生无尽的爱和对事业不懈的追求则丰富了她的内涵。弟子们都说：“能够追随黄先生是自己最大的幸福！”

（本文原载于《传记文学》，2012 年第 7 期）

在 2014 年绍武会林学术思想研讨会上的发言

黄会林先生 1987 届硕士生　张　健

黄先生作为教育、学术大家，其独特、过人的地方自然会很多，但其中有一点，近 20 多年来，给我的印象越来越深刻。在她的身上，人们总能感受到一种“更生自己、照亮别人，生命不息、创造不已”的人格力量，一种强悍的生命意志和活力，一种“永葆青春、永不衰老”的精神。

黄先生58岁临危受命。从那以后，从师大艺术系的重建，到大学生电影节的面世，到全国第一个电影学博士点的创立，到艺术传媒学院的创建，一直到她71岁那年在全国率先拿下艺术学一级学科博士学位的授予权。黄先生用了十多年的时间，让一个濒临绝地的系科尽扫多年的暮气和晦气，焕发出青春的容颜，异军突起般地矗立于全国同类学科当中的第一方阵，从而成就了师大学科史上的一个奇迹。而这些，也正是黄先生那种“永葆青春、永不衰老”精神的精彩体现。

我想，这种精神，首先来自高度的事业心和使命感。研究文化、传承文化、创新文化，于我的老师，绝非职业问题那么简单，它们是历史的责任、生命的意义和灵魂的寄托。正是因为有了这一点，黄先生在教育事业和学术事业上才会有一种大格局、大追求和大担当，才会壮心长存、青春永驻、创造不止。

强调知行合一、理论与实践的结合、思想力与行动力的结合，这是黄先生的一贯主张。她的学术天地是广袤的，不仅包括文本研究、案头工作，同时还包括了广泛而丰富的实践内容：多规格的学生培养、多层次的学科建设、多领域的文艺创作以及社会活动等。由此，才有了北国剧社的诞生和大学生电影节的面世，才有了师大艺术学科群的全面崛起，才有了中国文化国际传播研究院的成立。理论与实践之间的良性互动，为黄先生带来了敏感、灵感和不竭的驱动力。我想这也是她能够永葆学术青春的重要原因。

从知行合一出发，黄先生必然会高度关注社会文化当中的现实问题。她善于用这类问题去激活“四平八稳”的基础研究；而在解决实际问题的时候又绝不会忽视基础研究“厚积薄发”的支撑作用。黄先生对于中国话剧史的研究，在中国电影美学体系民族化方面的建树，在“第三极文化理论”方面的发明、倡导与践行，都体现了上述特点。问题意识和系统建构这两者间的动态平衡为黄先生的事业带来了自我更新的活力，也带来了特有的创造性：在她那里，理论问题、现实问题、前沿问题的解决，不仅是动态的，而且往往也是三位一体的。或许，也正是这种独特的学术路径，帮助黄先生跳出了传统学科分类的窠臼，为自身的创造力赢得了自由、灵动的空间。

黄先生的教育、学术思想，是一个值得立项、应该予以深入研究的课题。至于我所说的，无非是个人的一些感触，请诸位批评指正。

最后，我祝绍武、会林两位老先生青春永驻、寿比南山！

同时，也想利用这次难得的机会，对两位恩师30多年来对我的提携和教诲，表示衷心的感谢！

谢谢老师！谢谢诸位！

光与影的美学散步——聆听黄会林教授学术讲座有感

北京师范大学艺术与传媒学院影视学专业2006级学生　田亦洲

近日，艺术与传媒学院原院长、我国著名学者黄会林教授为我院本科学生做了专场学术报告，讲授关于中国电影民族化特质研究的专题。作为黄先生的一名年轻学生，我在聆听报告之后，一种异样的情愫油然而生。我想借用中国美学大师宗白华先生的“美学散步”来阐释黄先生讲座的特质，可能有助于同学们的接受与理解。黄先生以其独有的亲和力与感染力，赋予课堂以轻松、惬意的氛围，将一贯严肃的学术报告演绎成为一种“散步式”的享受，却又不失其内涵的深厚，不乏美感的流动，伴随着先生娓娓道来，一幅充盈着厚重的文化与学术含量的画卷渐次展开。

正如黄先生所说，“中国电影一个世纪的风雨历程，给中国观众留下了悠长的、不可磨灭的印迹。印迹的内核，正是深藏其中、浸润内外的中华民族独特的文化意蕴与风情神韵。”长期以来，对于西方电影理论方法的借鉴为我国电影研究增添了丰富的内涵，但同时也阻隔了国内研究者对于中国电影予以民族性的美学审视，忽略了独特的民族文化内质对于中国电影艺术的重要作用。黄先生以其强烈的民族责任感与学术勇气，适时提出了“百年电影的民族化特质”这一宏观性与综合性课题，对于刚刚走过百年历史的中国电影有着非同寻常的意义，它将促使具有民族化特色的中国电影理论体系予以进一步构建和不断走向完善。

随着对中国电影百年历史的梳理，脉络与体系了然于眼前，使我们沉浸在黄先生营造的严谨的理论氛围与学术境界之中。黄先生将中国电影史分为四个时期，对每一时期的重要作品进行系统的归类，并对其特征予以提炼与归纳，形成建立在对于电影史料缜密研究基础上的科学判断与整合，进而黄先生又赋予其民族化特质的阐释，更是在前人研究基础上的扬弃，展示了新的学术视角，充分表现出黄先生对于宏观知识体系的自由驾驭与拓展。

讲座并没有因其内容的知识性与学理性而变得枯燥，黄先生以大量具体影片作为例证，进行辨析，不仅增强了课堂的趣味性，也为同学们深入理解中国电影的民族化特质提供了形象的支持。黄先生以她的慈祥与爱心，与我们这些稚嫩的莘莘学子进行学术层面的交流与对话，其亲和的表情迅速缩短了与大家的距离。她还以生动的话语和明晰的表述，使一些本来可能枯燥的理论术语，生成了富有感染力的意味，将那些丰厚的学术思想与理论化作一泓清溪，滋润着大家的心田。一堂难得的学术讲座，蕴含了多重的教益。从黄先生的学术精神到人格风范，都将使我们久久萦怀于心。

灵思动心，影史流长——聆听黄会林先生讲座有感

北京师范大学艺术与传媒学院影视系 2006 级学生　许哲涵

来北京师范大学已经有三年了，在师大或在艺术与传媒学院总有一个美丽的身影让每一位邂逅她的我们不忘感慨：什么时候我们才可以近距离与这位虽已年近古稀，却依旧保持着优雅的气质和迷人的风度，散发着独特魅力的先生接触与对话？我很荣幸，在我毕业前等到了这个机会：全国高校艺术教育专家讲学团学术讲座主讲人之一，我们的老院长黄会林教授，来我们学院开高雅艺术讲座《中国百年电影与民族化》。真可谓的：“桃花时节好风景，春意盎然喜遇君！”

在黄先生的课堂上，同学们在视觉和听觉的引领下，大脑的思维都是在不停跳跃着，黄先生用轻柔委婉的话语，缓缓为我们打开一幅虽深藏其中、但浸润内外的中华民族独特的文化意蕴与风情神韵的中国百年电影有声画卷：脉络条理清晰、背景色彩浓淡分明、音乐跌宕起伏、人物形象栩栩如生、个性独特、各展风骚的电影导演……

从学院出来，我耳边还在萦绕黄先生的话语，思索着：一百年的中国电影史

如同一幅中国长卷，独具中国特色的民族文化从历史深处尽情流淌出来；而黄先生的这堂课如同中国文化一样需要花时间去品，确有“余音绕梁，三日不绝”之味。

思索一：究竟什么样的电影才是观众所认同所接受的？每年中国本土电影都有几百部，但真正能上线的却只有七八十部，而能让观众接受和喜欢的就更少了。从1905年到2005年，中国电影走过了一百年的历史，优秀的电影不在少数，而它们之所以能给中国的电影观众，乃至世界的电影观众留下悠长、不可磨灭的印迹，其根本原因是这些电影中蕴藏着的中华民族独特的文化意蕴和风情神韵。

思索二：学电影的人都知道中国电影导演有第三代、第四代、第五代、第六代以及新生代之分，但是这种分法的划分依据究竟是什么呢？记得黄先生提出这个观点时，当时我就觉得很有意思！以前自己学习电影史时，为什么就没有过这种思考？既然有第三代，那为什么没听说过第一代、第二代呢？学习外国电影史时，我们知道外国电影都是按照流派划分的，苏联的蒙太奇学派、意大利的新现实主义、法国的先锋派和印象派等。我以为与外国电影史相比，中国百年电影史的划分条理性稍弱些。但黄先生按民族化的发展作为划分依据将中国百年电影划分为中国早期电影(1905—20世纪20年代)、中国电影第一个高潮期(20世纪30—40年代)、中国电影第二个高潮期(20世纪50—60年代)和中国电影第三个高潮期(20世纪80—90年代)四个阶段，就中国百年电影民族化演变的过程而将中国电影分为这四个阶段，我个人认为这种分法对于电影创作者意义深远，并认为这种分法无论对于从事电影研究或是影视创作的每一个个体都具有实际性的帮助。纵观整个百年电影历史，有心人会发现这样一个真理，即唯有民族的才是世界的。因此主创者、电影作品、观众的共同土壤是民族化。

还有，我原对民族化的概念并不清晰，我一直认为民族化就是我们独有的、个性的东西，比如中国文化中重视道德、重视主体、重视传统、乡土情结等，而以上思考受益于黄先生的这堂课。黄先生认为民族精神是开放的，而非封闭的；凸显其现代性的，而非局限于古老的；而民族精神正是民族化的内核所在，充分吸收世界文化精华的，而非仅限于中国文化传统的一种全新的民族精神。

最近我上网查找“民族化”的解读，无意中又有新发现：我们学院张燕老师在她写的一篇文章中有一段详解过中国电影中的“民族化”：“民族化”的主要内涵，并不等同于民族性、民族特色或者民族主义，而更在于强调通过借鉴外国电影的他者经验来更好地突出自身的民族品格，来为表现本民族的内容题材服务。在电影语言日趋国际化、通行化以及观众视听感觉日益趋同化的情况下，如何“化”西方霸权式的电影经验、电影语言为我所用，将中国电影做得好看、耐看、有艺术性，同时又能在价值观念、地域色彩、风俗习惯、审美理想等方面凸显出中华民族独特的东方品格，是当前在全球电影面临“美国化”的境遇下，提出中国电影“民族化”的真正内涵。

一个大师的讲座让我有所思考、有所领悟。国学大师、北大教授季羡林曾语重心长地告知年轻人：要学习古文，要背诵两百首古诗词、古文也要背上几十篇，要多看古典文学作品，要学好世界性语言英语……作为一个影视系的本科生，需要精读、泛读、广泛涉猎各科知识，更需要阅读更多的经典书籍和品味更多的文艺、影视作品，要先有选择地了解我们国家及世界有关国家的民族与文化。作为一个热爱影视创作的青年，我当务之急需要做的是在了解自身特点，在积累成长阅历的同时，力求朝着黄先生期望我们所要做的：多观察、多思考，深入民族、深入文化、深入时代，创作出来的作品才不至于背离社会、背离生活、背离艺术，才不会违背了观众的审美旨趣。

第六编

媒体报道的黄会林、绍武

编者按：本编精选媒体记者采写的关于先生的报道。

建立影视艺术的“中国学派”
——访黄会林《光明日报》祝晓风“访谈”录

黄会林，1934年生，教育部艺术教育委员会委员、中国电视艺术家协会理事、北京高校电视文化工作委员会主任，北京师范大学教授、博士生导师、艺术系主任。完成中华基金项目“大众文化现状研究”，与加拿大合作“中国当代著名电影导演研究”。现主持国家艺术科学“九五”规划研究课题“中国影视和中国文化传统研究”，和教育部“九五”人文社科研究项目“中国影视民族化研究”、北京市重点项目“中国影视美学研究”。主要著作有《夏衍传》《中国现代话剧文学史略》《艺苑咀华》等，另与绍武合作有《梅岭星火》《故都春晓》《彭德怀在西线》《爱的牺牲》等影视戏剧作品，近年创作的长篇小说《骄子传》获北京市“两个一工程”奖。

记者(以下简称记)：中国影视美学这一课题的提出，意味着您对中国影视文化现状的一个基本判断。那么，这是怎样的一种现状呢?

黄会林(以下简称黄)：中国电影自1950年拍出戏曲片《定军山》以来，已历经90余年，走过了一条艰难而又辉煌的道路。中国电视从1958年创业，目前已拥有正式批准的无线、有线、教育电视台3300家之多，观众覆盖面达10亿以上。从这一点来说，中国是名副其实的世界电视第一大国。但从另一方面来看，我们的电视、当然也包括电影，在创作和理论方面，都还是相对落后的。

记：现实的问题很多。比如电视对青少年的负面影响，在他们当中普遍存在的“电视病”等，都是很明显的。

黄：这既是中国目前存在的问题，也有世界电影、电视所面临的共同问题。美国的有识之士就一再提醒电视可能带给少年、儿童的不良影响。

记：在这样的情况下，提出建设中国的影视美学有什么现实意义?

黄：电影、电视虽然是舶来品，但中国的电影、电视并不是欧美的翻译版，它具有鲜明的中国文化特征。电影、电视不仅仅是科技工业，也是美学与艺术，而美学与艺术却有着鲜明的民族色彩。影视艺术输入中国的历史，也是它们逐步中国化的历史。中国电影在20世纪三四十年代，五六十年代，还有八九十年代出现过三次创作高峰，都有过十分优秀的、具有鲜明中国文化特色的作品，比如《渔光曲》《十字街头》《林家铺子》《甲午风云》《芙蓉镇》《红高粱》，等等。

记：既然我们有丰富的文化传统可以继承。我们的民族美学与民族文化可以对电影电视艺术产生深刻的、良好的影响，为什么在目前的影视创作中，具有中国气派的作品还不多呢？

黄：这也许要归咎于中国影视理论研究的欠缺。我们有些影视理论与评论常有急功近利、盲目迎合西方的毛病，不管中国文化的特点怎样，不论民族传统如何，仿佛只要是流行的就是合理的，于是便脱离社会和观众的需要，反复炒冷饭。这些都造成了影视文化面临的某些实践难点。

记：这些实践和理论中的问题大致说来有哪些？

黄：在研究中主要表现为现状关注较多，文化开掘较少；实践积累较多，理论提炼较少；从作品角度研究较多，从传播角度研究较少。影视文化教育既体现为艺术创作的作品形态，又是大众传播渠道中的社会存在物。但由于资料及方法等原因，至今的研究主要集中在前者，而对后者的考察则显得相对贫乏。而且，中国传统美学体系相对模糊，对其本体特征的把握有很大困难，而影视艺术是一种具象的、综合的视听艺术，由表及里地发现二者的内在联系，将是一个长期的探索过程。

记：用一种文化的眼光来考察20世纪中国电影、电视的演进，您曾提出过许多有意义的课题。比如，如何解释初期阶段国产电影在商业上的成功，左翼文化运动以何种方式获得群众的认同，完成这一大众传媒"向左转"的过程？用这种文化的眼光来考察当下的中国电影、电视，比较迫切的问题是什么？

黄：在内在逻辑上，当前中国影视的发展正面临着从"超超主题"向"特色主题"的转换。影视技术虽发源于西方，但影视文化则必须立足于本土；影视语言可以是世界的，但影视语法必须是民族的。20世纪90年代中国影视的发展已拥有了相对坚实的物质基础和初具雏形的传播网络，而具有中国本土特色的影视文化的精神主体则尚未确立。传统文化和民族精神的失落已成为一个亟待解决的问题。

而同时，在外部环境上，由于卫星电视、互联网络的发展，世界范围的文化交流和融合正在加速。这时另一方面的潜在危机必须注意到，那就是发展中国家的民族文化日益受到来自西方的影视文化的包围和侵蚀。因此，在影视文化领域制定民族文化的应对策略已是一项刻不容缓的任务。

记：江泽民同志曾指出：中国电影只有具有中国特色、中国风格、中国气派，才能堂堂正正地走向世界。是否可以这样说，民族文化及传统美学观照下的当代影视文化的理论成果，将会有力地推动中国影视学术的进步。

黄：影视艺术是一种世界性艺术样式，但它同时又以美学性和文化性区分了不同民族与国家的艺术风格，如电影在发展中形成了苏联学派、美国学派、法国学派、日本学派等。而中国电影也以一大批有民族风格的优秀作品，为世界电影“中国学派”的创立打下了基础。但是，中国电影理论界对本土创作缺少全面的、系统的、本质的、富有理论高度的研究与总结，更缺少以中国影视艺术为支点，提出具有中国文化性的影视理论。如今，越来越多的人认识到，应当以中国美学的独特视点去研究中国影视艺术现象，既吸收世界影视艺术的精华，又坚持中国文化的民族性，实现中国美学与西方美学在中国当代影视艺术实践中的融汇。只有这样，我们才能创造出具有现代意识与民族风格的影视作品，建立影视艺术的“中国学派”。

（原载于1999年4月，《光明日报》）

构建民族化的影视艺术理论——访影视艺术学者黄会林教授

《中国文化报》胡智锋　郑世明“访谈”录

问：大家知道您曾经长期在北京师范大学中文系从事现代文学的教学、研究，是什么原因促使您后来转入到影视美学研究领域呢？

答：进入影视美学研究主要有两个渊源。一是因为创作，我的老伴绍武对创作情有独钟。1972年陈毅元帅去世，“四人帮”捏造了许多不实之词诬蔑陈总，作为老兵的我们，决心写点东西给后代留些真实的记录。我们选择陈总在赣南开展游击战那段历史。从1972年到1976年，在我的恩师唐弢先生指导下悄悄进行。这部剧本直到1976年10月粉碎“四人帮”以后才见了天日。唐弢先生把它推荐给夏衍。《梅岭星火》最后由夏公定稿，后来被珠江电影制作厂拍摄成故事片，这可算是我们和电影的首次结缘。进入影视研究的第二个渊源是1978年拜识夏公以后，我经常去帮他整理一些信件、文字，1979年夏公住院，我又参与了医院值班。当时我和绍武商量，趁这个宝贵的机会做夏公研究。遍观国内所有出版物，当时没有一本是专门研究夏公的。这样，从夏衍研究开始，我进入了电影理论的研究。

问：在您主持艺术系以后，北京师范大学影视艺术学科得到很大发展。并在1995年争取到全国高校第一个影视学博士点。您能谈谈这方面的情况吗？

答：师大艺术系立足于不事张扬，埋头苦干；立足于方向明确，脚踏实地。我始终相信一分耕耘，一分收获。我们背靠北京师范大学历史悠久、根基扎实的综合学科背景，有人文、理工学科的强大支持。我们这个研究群体的同志受过十几年或几十年的文学、美学、文化熏陶，有坚实的理论功底、创作经验，所有这些，可以使我们较快地进入角度更高、视野更开阔、思考更深入的影视文化研究。另外，由北京师范大学艺术系联合兄弟单位创办，已连续搞了七届的大学生电影节，为我们的研究提供了第一手数据资料。这些都使我们更有信心从事这一课题的学术研究。

问：目前有哪些主要的成果？

答：近几年已经获得四个由我主持经正式批准的项目：一、国家“九五”社科基金项目《当代中国文化研究》；二、国家“九五”规划“全国艺术科学规划研究课题”项目《中国影视和中国文化传统研究》；三、北京市“九五”规划“哲学社会科学研究课题”重点项目《中国影视美学研究》；四、国家教育部人文社会科学研究“九五”规划项目《中国影视民族化研究》，现已推出成果200余项。我们课题组将成果总体命名为《中国影视美学丛书》。从1997年以来，我们先后完成并向出版社交稿的有：第一辑“借鉴与思考”5部书稿；第二辑“梳理与开掘”3部书稿；最近一部36万字左右的《中国影视美学民族化特质辨析》则作为第三辑“探索与攀登”的总体性成果。

问：您对国内影视领域的研究现状如何评价？

答：我以为中国影视的现状是：实践先行，理论滞后。现有理论许多是西方理论的翻版，有翻译，有介绍，但更多的是把西方理论拿来套用，不管中国文化的特点怎样，不管民族传统的继承如何，只要是流行的就是可用的，只要是存在的就是合理的，由此而造成影视理论和评论脱离社会和观众的需要，反复地炒冷饭，也使影视这个最富影响力的大众传媒渐渐不再具有中国传统文化的内涵。

问：是否可以这样说，在这样的背景下，您的课题研究在学术界更自觉地举起影视民族化研究的旗帜呢？

答：我常说，国有国格，人有人格，影视艺术也有自己的品格。回眸中国影视艺术的成长过程，我以为，它的最高品格便展现在“民族化”之中。中国影视并不是欧美影视的翻译版，它具有鲜明的中国文化特色。因为，影视不仅仅是科技工业，也是美学与艺术。科技手段没有民族和国家的界限，然而美学和艺术却有鲜明的民族性格。换句话说，尽管影视使用的语言是国际性的，但影视使用的语法，却必定是民族性的。影视艺术输入中国的历史，也是它逐步本土化的过程。我认为，中国影视能否在世界上拥有它应当具有的地位，关键在于中国影视是否生成了具有民族性的艺术风格。

问：作为国家广电总局电影审查委员会的委员，您参与了大量影视评奖、创作、监审工作。面对加入WTO将要带给中国影视界的挑战，您有什么看法？

答：加入WTO以后，每年将有更多好莱坞和外国影片进入中国，这不可避免地会给国产电影带来巨大的冲击。美国某电影公司首脑，曾经发出过“铁盒大使”的狂言，他说：“带有正式国书的美国大使，并不比千千万万铁制的拷贝盒更有办法。这些铁盒里装有卷得很紧的一本本影片，印着美国电影制作者的思想、想象和创造才能走遍世界。”这种冲击，不仅是商业问题，也是涉及国家文化之根的问题。因此，在影视文化领域制定民族文化的应对策略，已是一项刻不容缓的任务。如今，越来越多的人认识到，应当以中国美学的独特视点去研究中国影视艺术现象，既吸收世界影视艺术的精华，又坚持中国文化的民族性。只有这样，我们才能创造出具有现代意识与民族风格的影视作品，建立影视艺术的“中国学派”。华语片近期在国际上的频频得奖便是一个信号。所以，我认为影视艺术民族化的追求，是中国影视的必由之路，也是我们应对好莱坞影片冲击的法宝。“行到水穷处，坐看云起时”，我想对这些问题认识清楚了，在实践中去摸索、创造、中国影视必然会有一个光明的未来。

（原载于《中国文化报》，2001 年 3 月）

影视专业在我国非艺术类高校正式设立
——访北京师范大学著名教授黄会林女士

肖　明

经国家教委批准，北京师范大学于 1992 年 6 月正式设立影视专业。这一专业的设立，为推动我国高校的影视教育开拓了一条新路。为此，我走访了北京师大影视戏剧教研室主任、影视学科带头人黄会林教授。

黄教授自 1958 年毕业后在北京师范大学中文系现代文学教研室任教；早在 1972 年，她就协助她的爱人绍武先生开始电影文学剧本的创作。1978 年，珠江电影制片厂摄制了他们夫妇编剧的电影《梅岭星火》，受到电影界专家的好评。1980 年，他们创作的多幕话剧《故都春晓》又搬上了戏剧舞台，由北京三大剧院演出。

谈到北京师范大学产生影视专业的原因时，黄教授感慨地说：“我与绍先生一起组织一批热爱影视戏剧的大学生办起了北国剧社。北国剧社和现代化所带领学生拍摄的校园电视剧，在‘理想杯’全国大学生电视剧大赛中获头奖。从此影视戏剧创作活动在北京师范大学校园里蓬蓬勃勃开展起来，这支新生力量得到了北京师大领导的充分肯定和重视。1986 年年底，北京师范大学中文系正式成立影视戏剧教研室，当时由我负责，系统、全面地展开了影视与戏剧教学科研和实践活动，那时这个教研室只有三位老师，现在已形成一支相当有实力的教师队伍；毕业的本科生、硕士生大都战斗在影视创作和研究的第一线。”

对北京师范大学成立影视专业的社会意义，我请教了黄教授，黄教授说：“影视艺术是一门新兴的、现代化的、大众化的艺术，现在我国电影、电视的观众已超过八亿之多，而影视文化教育却远远没有跟上，全国除了电影学院培养电影专业人才，向全国输送毕业生，普通高校远远没能充分地为社会，为影视界提供影视专门人才，这是一大遗憾。”年近60岁的黄教授看起来精神焕发，她接着说“高校应该把科技、知识和艺术结合起来，以美育推进德育、智育和体育的发展。电影是近代科技的产物，更应在这种结合中，发挥它教育、娱乐的优势。”

目前，这个专业开设中外文艺理论、古典及现当代文学、大众传播学、中外影视戏剧发展史、影视评论与研究、影视文化与美学、影视剧名作分析、影视剧理论名著导读、影视剧名家研究等；另外，实践课还开设影视方法论研究、影视剧实践训练、影视社会实践等课程。这样，不仅将在综合性师范大学进行影视文化、影视理论的教学、研究，而且要学习影视作品的制作，一个全面、正规的影视专业教研队伍终于在我国非艺术类高校诞生了，这些经验将会推广到我国其他综合性大学。我们祝愿这支队伍不断发展壮大，为繁荣我国的影视视野贡献力量！

（原载于《中外影视报》，1992年9月1日）

打开社会之门的钥匙——美育

红　娟

北京师范大学艺术系主任黄会林有过一个很漂亮的比喻：金字塔代表一个人所受的教育，德育、智育、美育是塔的三条边，它们有距离，但到了塔尖却是一个点。

这位多年执著于艺术教育的园丁是这样解释她的观点的：21世纪我国将有3.5亿被教育者，他们将是社会发展的决定力量。对于高素质人才的培养，德、智育固然重要，但靠理性认识终归不能解决全部问题。德、智育只是牢固的感情的接受，但要真正发挥其作用还得靠美育加以升华。李政道说过：“艺术和科学是一个铜板的两面，科学是靠想象发现自然，艺术是通过想象打开社会之门。”

黄会林有一个美妙的构想，选一百种好歌、好诗、好画、好电影、好戏给从幼儿园到大学的不同年龄段的孩子们听、读、看，这样培养出来的孩子才有背景并能扬优抑缺。

刚承办完“大学生电影节”，黄会林又和艺术系的师生们投入到“理想杯”校园电视剧的拍摄中了。20世纪80年代高中名噪一时的北国剧社便是黄会林创建的。13天工夫，5000元钱，一帮只是业余爱好的男孩儿女孩儿们各排出一整出名剧：《雅典的泰门》《第十二夜》，这也可称是中国话剧史上的奇迹了。他们顽皮地用白纸写上字作请柬邀请各位戏剧名家捧场，竟还佳评如潮，首都剧场公演时的火爆赛过专业团体。黄会林急急奔向里屋捧出来几大本相册，“这是曹禺先生的贺词，他来了好多次呢！”翻着一张张剧照，她动情地诉说着十年前的一幕幕。

（原载于《中华读书报》，1995年9月27日）

博导原来是女兵——记中国高校第一位电影学博导黄会林

孙建三

一、让我们从1995说起

1995年是我们的电影百年华诞，对全世界的电影人来说，这是一百年才有一次的盛大节日！

当全中国和全世界电影人一起，以空前的激情热烈庆祝这节日时，笔者访问了一位资深的研究电影史的学者。笔者问：“在这全世界庆祝电影百年华诞之时，从电影史研究的立场出发，您认为在1995年，在我们这个世界电影观众最多的国家中，和电影关系最密切、对中国电影发展最重要的，最值得一提的人和事是什么？”

这位学者告诉笔者：“1995年对于中国电影而言，是一个特大年，从史学的视野看，值得大书大讲的事和人是很多的。但是，如果在这些众多的人和事中，只讲一个人，只说一件事，那么我们就讲我国专门培养教师历史最长、水准最高、师资阵容最强、招生范围最广、规模最大的高校——北京师范大学，在经历了多年的准备之后，1995年开始招收电影学的博士研究生。”

“要讲一个人，就是经过长时间努力奋斗，在推动创建我国高校电影电视学科博士生教育中，出了大力气，而成为我国高校中的第一位电影学博士生导师的黄会林教授。”

“一所高校开设电影学博士生课程，一名教授成了博士生导师，真的这么重要吗?”

史家回答：“对于面对12亿观众的中国电影来讲，长期以来，最缺少的是什么？是高水准大批量的电影学教师群体。有人在1992年年初作过一次统计，当时我国人口已接近12亿，全国有1200万教师，可全国的电影学科教师还不足450人！而当时的中国体育教师，竟有100万之多!”

“12亿人口，1200万教师，只有不到450名教电影的教师，这就是中国电影最大的问题所在。”

“从1995年中国人拍第一部电影始，至1995年北京师范大学开设电影博士止，90年中，中国高校一直没有电影博士教育！因此，北京师范大学正式开办电影学博士教育这一件事，结束了中国高校没有电影博士教育的可悲历史，同时开始了中国高校中从此而始拥有了电影博士教育的历史。”

“从1896年，电影进入中国开始，中国就有人学习电影。从1905年中国人排出第一部电影开始，中国就有人在推动我们民族的电影教育。从1936年开始，中国人拥有了自己的电影高等教育。一代又一代的英才为中国的高校电影教育奋斗了终生。今天，当全世界共庆电影百年华诞之际，在伟大的中国共产党领导下，北京师范大学，终于开始设置了电影学博士教育，从中国电影教育史的角度而言，难道不该将它视作中国电影众多大事中的头等大事吗?”

二、清川江边那一百个功臣中她是唯一的女兵

在学者如林，博士生导师就有一百多位的北京师范大学中，笔者第一次见到

黄会林教授时，她那一身的儒雅之气，使人怎么也不会想到，她是经历过九死一生，经历过美国轰炸机群地毯式轰炸，在烈士堆中活了下来的志愿军功臣。

黄教授出生在一个知识分子家庭，父亲是一位对中国话剧做过贡献的人物，20世纪40年代，老人家在天津担任明星电影院经理，后来又担任南北剧社社长。这个影院又放电影又演话剧，在这样一个大环境中，黄教授在孩子时代就对电影、戏剧、文学产生了很大的兴趣，也使她在幼年时就有条件和机会看大量的电影、戏剧和文学作品。九岁她开始读《红楼梦》《水浒》《三国》，还有鲁迅、巴金、茅盾的作品。

1950年10月，抗美援朝开始。当时正在北京师范大学附中初三年级读书的黄会林，和全校同学一起报名参军，结果全班只有四名同学被批准入伍，16岁的黄会林便是其中的一个。

入伍后被分配到华北防空军司令部炮兵处作战科当标图员，1952年随部队入朝，在高炮部队政治处宣传队当宣传员。"当兵的生活是难忘的，其中最难忘的有两件：死神曾和我擦肩而过。入朝后，我们宣传队几乎每天都上阵地，正走着，美国的轰炸机来了。我和两位战友跳进了身边的一个弹坑中，只听轰轰两声巨响，身下的大地在猛烈颤动，泥土石块铺天盖地从头上砸下来。就在这一瞬间我想过这回可'抗美援朝啦！'（就是牺牲了的意思）我们完全被土埋在了弹坑里，当我们终于从土下边爬出来时，一看，我们两边各一个大弹坑！离我们只有十几米，我们刚好在中间……"

"那时美国人的飞机天天轰炸，我们高炮部队从入朝头一天开始就一直打到停战回国。作为军人，我经历过一场恶战。当时，我所在部队的高炮团和兄弟部队的高炮群一起驻守清川江边，任务是保护清川江大桥。这座大桥，对于志愿军前线补给的运输大动脉来讲，是关键的要塞，如果这座桥被炸掉，整个志愿军前线的补给就断了！朝鲜停战前那段日子，美国人发动了特别猛烈的进攻。美军机群作战，出动上千架次轰炸机来轰炸清川江大桥，每当敌机一来，作战警报一响，江两岸的几个高炮群一起对空开火，这一仗打了七天七夜。我们宣传乐团又送炮弹、又抬伤员，在阵地上弹片打得头上的钢盔当当直响。每次飞机一走，宣传队员们马上进行战地鼓动，七天七夜下来，美国飞机被打落不少，大桥平安无事。战后总结，我所在的512团牺牲了一百名烈士、评出了一百名功臣。"在这一百名功臣中，18 岁的黄会林是唯一的女兵。

三、没有死在战场上，进了学校就要发奋学习

经历过美国飞机地毯式轰炸，曾亲眼看到自己不少战友阵亡，当她终于带着朝鲜民主主义人民共和国银质军功章和中国人民志愿军功臣称号走进学校，走进教室时，18 岁的姑娘发誓：一定要发奋学习！

她做了插班生。同班有一位学习非常优秀的男同学，很快成了她的好朋友。这个男同学叫绍武，是一位烈士的儿子。还在绍武 10 个月时，父亲就过世了。抗日战争开始后，做教师的母亲带着他参加了八路军。1941 年，只有 8 岁的绍武正式入伍当了八路军。1942 年，在那次大扫荡中母亲壮烈牺牲。从此他都随部队转战，在养父母身边长大，解放战争中参加了太原战役，参加了进军大西南。1952 年毛主席指示兴办工农速成中学，选拔优秀年轻的工、农、兵、干部入学。绍武成了第一批入学的调干生。

经历了抗日战争的血雨腥风，经历那么多国恨家仇，亲眼看到多少同胞惨死，多少战友阵亡，又经历了解放战争！多少忘不了的日日夜夜，多少曲曲折折生生死死。他想把经历过的一切都写出来。不写出来对不起那些壮烈牺牲的英灵。他立志要从事文学创作，要写那辉煌壮丽的中国革命，要写抗日战争和解放战争……在班里他是学习最努力最勤奋的，他成了所有功课全部 5 分的好学生。

18 岁的黄会林把绍武当成了自己学习中的竞争对手，这一场学习比赛的结果，不仅使这位经过战火、当时班里最出色的姑娘成了三好学生，而且她还真诚地接受了这位男同学的爱情。后来他们双双被保送进了北京师范大学中文系，再后来，绍武终于对黄会林说：“咱们结婚吧。”

1956 年春节，对很多今天年过六旬的人讲，那是 20 世纪 50 年代中令人最快乐的一个节日。在这个节日中，黄会林正式做了绍武的妻子。

大学生时代，这一对年轻人一直有一个志愿——毕业后一起到边疆去大干一场。没想到，因为这对年轻人的学习和表现好，两个人先后留校了。

绍武去了政教系，黄会林留在了中文系。

北京师范大学是一所历史悠久的著名综合性大学。它现有12个学院、24个系、50个博士点、95个硕士点、12个博士后流动站、36个研究中心、近300多名正教授、700多名副教授、在校本科生7000多人、研究生2000多人，在这里，电影所包含的声、光、机、电、化(硬件)，文、史、哲、教、经济(软件)的所有学科都有国内一流学者在耕耘。

在这样一个大环境中，黄会林一步步从助教升为讲师、副教授、教授。她耕耘于鲁、郭、茅、巴、老、曹(鲁迅、郭沫若、茅盾、巴金、老舍、曹禺)和“二史一论”中。“改革开放”新时期开始时，她所在的中文系现代文学教研室把教学分成四大块——小说、戏剧、散文、诗歌。也许是志趣，也许是命运，她被分派从事戏剧教学。

在“文化大革命”那场灾难的后期，命运把这一对夫妇带到了中国电影的巨匠夏衍的身边。

四、随着电影巨人走进电影

在中国共产党的十大元帅中，有一位“将军本色是诗人”的文豪元帅陈老总陈毅。50年代陈老总曾和夏衍有过一次长达50小时的谈话，老总把自己在江西南部三年游击战争生活的传奇经历，那些最精彩的段子生龙活虎地讲给这位中国电影史中的传奇人物夏衍听。这是一个伏笔。

1972年，“文化大革命”把国家搞得一片混乱，大学里该做学问的做不了学问，该教书的教不了书。一心想用文学来为人民革命战争唱赞歌的绍武，一头钻进了革命战争的史料当中。在史料中神游时，他看到了陈老总那神奇的战争经历。他被深深打动！一股冲动涌上心头——这要是拍成一部电影该多好！

为什么不自己写一个剧本呢？他问自己。他和妻子开始了艰苦跋涉。

他们不仅为电影取了一个很诗意的名字——《梅岭星火》。而且带着一种无法平静的冲动，开始了创作。那时，“四人帮”当道，这种创作只能秘密进行。在创作中又秘密地得到了著名文学大师唐弢先生的指导。1976 年 10 月“四人帮”被打倒，创作由秘密转向公开。为了写好这个剧本，1977 年 4 月至 7 月，夫妇俩人深入到江西陈老总当年打游击的地方调查和体验生活。到 1978 年 3 月，他们把几经修改的剧本送给唐先生。唐先生觉得剧本已经成型，把本子交给了夏衍。由于有前边的伏笔，夏衍看这个剧本很认真，很兴奋。老人在剧本的原稿上用红蓝铅笔留下了大量的文字。

在这部电影剧本的创作过程中，这对夫妇发现当时夏衍没有秘书。又发现当时没有一本研究夏衍的专著，于是主动承担起夏衍的一些文秘工作，同时成了研究夏衍最初的耕耘者。1978 年以后，先后发表了《夏翁年表》2 万 3 千字。《夏衍戏剧研究资料》55 万字，《夏衍剧作集》三卷共 120 万字，《夏衍传》27 万 5 千字，《夏衍电影剧作集》33 万字。后来还拍摄了反映革命家夏衍生平的电视专题片《冲寒松柏》《窃火者之歌》等片，并分别制成 20 分、40 分、120 分三种版本。除此之外，还先后发表了一批研究夏衍的论文。

在剧本《梅岭星火》的创作完成之后，中国电影的一代宗师夏衍发现了这对夫妇。他对他们讲：“干下去，别停下。”

于是在《梅岭星火》之后，夫妇两人又先后完成了多幕话剧《故都春晓》、电影剧本《彭德怀在西线》、电视剧《南国烽烟》、电视小说连载《陷入绝境以后》，还有小说《轿子传》《母亲三部曲》等。

为了使教学更生动更有活力，1985 年黄会林和丈夫一起在北京师范大学创办了“北国剧社”。大学生本来就是有文化、有风采、充满活力的一族，从 6000 名大学生中选出的佼佼者，在这对充满激情的夫妇指导下，很快成了首都话剧舞台上光彩四射的一群。他们居然连续四次登上中国话剧的最高殿堂——北京首都剧场演出。在中国首届莎士比亚戏剧节中，演出了全部由女同学扮演的《第十二夜》，并且成为著名莎剧《雅典的泰门》在中国的首映。他们的演出不仅引起轰动，演出莎剧的剧照，还成为当年我国国家领导人出访英国时送给英国女王的礼品。

9 岁开始在父亲书房里读了大量文学作品，又在父亲的电影院中看了大量电影和话剧，有着深厚文学功底的黄老师和丈夫一起，在夏衍的指导下，逐步从文学、戏剧转入电影，并进入了电视。黄教授陆续发表文学、戏剧、影视领域著作、文章等约160万字；夫妇合作小说、戏剧、影视作品10余部，约210万字；编集或主编出版约800万字，在完成了30万字的《中国现代话剧文学史略》一书之后，又主编了41万字的《电视文本写作学》。参与主编了被国内高校广泛使用的33万字的《影视艺术教程》，和为中小学生使用的两本50万字的《电影观赏指南》以及《中国影视美学丛书》(已出版8部)、《影视艺术学科基础教程系列》(已出版6部)，等等，多次获得国家、省部级奖项。

1987年1月，北京师范大学中文系正式建立影视剧教研室，黄会林做了主任。

拥有12亿人口的中国，电影教师太少，这一现实引起国家有关主管部门的重视，于是国家教委高教、师范、直属、艺教四个司联合审批，正式下达批文，北京师范大学于1992年创建"影视教育"专业。1992年8月，此前已指导过6届影视剧硕士研究生的黄会林教授，受命出任北京师范大学艺术系系主任，并与师生一起艰苦创建"影视教育"专业。在艺术系建系之初，系里年轻的教师们议论发起创办大学生电影节的设想，得到了黄会林的热情支持。

可是办一个电影节谈何容易！黄会林四方奔走，发动全系教师、学生共同奋力拼搏，在校领导和社会各界的共同支持下，电影节终于在1993年正式开办起来！至今已成功地举办了8届。对中国的电影事业，对中国的电影教育事业，产生了积极的推动作用，他们在"青春激情、学术品位、文化意识"的口号下，发动几十万大学生参加观片和评选。在中国的电影界、文化教育界造成非常好的影响。

办电影节的前后，黄老师还组织师生开展拍摄"校园电视剧"的创作实践。她们拍摄的作品，两次获得全国高校"理想杯"冠军！

说起我国高校第一个影视学科博士点建在北京师范大学，黄教授告诉笔者"在进行电影文学创作和指导六届戏剧影视硕士研究生的实践中，一步步对电影电视有了更多的接触，在长时间的接触中，特别震惊的是电影电视对国人影响之巨大，从八九十岁的老人，到呀呀学语的娃娃，无不在电影电视的覆盖与笼罩之下。从正面讲，它有极为巨大的引导力，从反面讲，它的负面作用也常常表现得十分可观。它有着巨大的威力，能直接影响社会进步和精神文明的建设。

"在研究过程中我们看到，如美国这样的国家，电影、电视对于他们整个国家、民族的生活方式，价值取向和国力国威的形成，都发挥了重要的作用。美国人在影视教育与科研上，都给予了巨大的投入。

“现在的世界，影视已成为社会不可缺少的内容，要使我们民族影视文化向理想的境界发展前进，就不能不培养大量的高水准人才。高水准人才从何而来，就需要尽可能多的高校大力开展电影电视教育。从而就迫切需要相当数量的博士、硕士水准的教学科研人才。

“目前我国电影电视学科建设还极其薄弱，特别是我国1000多所高校中，过去连一个电影、电视学科的博士点都没有。仅个别高校有影视学科的硕士点，这和我们民族巨大而急切的需求成了鲜明的对照。为此，我们认识到，在高校中建立电影、电视学科博士点的迫切与重要。正因此，在多届影视学科硕士教育的基础上，从1993年我们开始进行学科建设和申报影视学科博士点的大量准备工作。

“北京师范大学是一所由多学科综合背景组成的国家重点高校，开展影视艺术研究已有多年历史。在全国高校中，它拥有在这一领域取得突出成果的硕士学科。已有研究方向：影视学、影视历史及理论、影视艺术与高技术学、影视文化与大众传播理论、影视接受心理学。承担着国际、国家、省部委科研项目11项，已与美、加、英、日等著名大学建立了学术交流、专业合作关系。学校领导特别重视专业资料及设备的建设，有专业图书225万册，及上万种报可供使用，并有价值100万美元的影视教学、研究设备。拥有文理工各科博士点、博士后流动站。这些都说明北京师范大学具备设置影视理论博士点的基本条件。再加上，学校各级领导对于这一学科建设都给予了特别大的关心与支持，因此，经过有关部门的层层研究、审议，最后经国务院学位委员会正式批准，中国高校的第一个电影电视博士点，就开设在北京师范大学艺术系了。”

到此，我向一切关心中国影视事业的人们报告：中国高校的第一届影视学博士生已于1999年毕业，正式得到了博士学位。北京师范大学迄今已招收了六届影视学博士生。

桃李满天下的黄老师今年已经67岁，她仍在继续为建设中国综合大学中的电影电视学科而奋力工作着，让我们等着她的好消息吧……

（原载于《当代电视》，2001年8期）

黄会林：我来搭台大家唱戏

卢　燕

编者按一连9届的“大学生电影节”，让它成为中国电影界的一个品牌，它的影响力甚至超越了某些国家级的“老字号”。这个完全由大学生自己操办的大型电影节已经被中国电影节越来越看重，也越来越为大学生和观众所期待。电影节与北京师范大学分不开，与他们开设的影视专业分不开，更与一位像妈妈一样的老教授分不开。这位教授就是黄会林，一位漂亮的“老太太”，她对大学生电影节的成长起着重要的作用，她使北京师范大学的艺术系特别是影视专业名声在外，是她创造性地提出了“中国影视美学民族化”等研究课题。

一、白手起家

黄会林教授谈起当年办电影节时的情景仍感慨万端。1992年9月，北京师范大学艺术系的影视专业刚刚建立，几位年轻老师“想弄点动静”，于是，他们想出个主意，搞个电影节吧。他们就带着这个想法找到了刚刚到艺术系当主任的黄会林教授，“当时系里只有账面上的5万元钱，可只是在账面上的，谁也没见着，我们那时等于真的是从零开始。我们就开始准备，一个偶然的机会，我到出版社去办事，我说起这个事，正好有一个女孩在那，她说她可以帮忙找赞助。后来，果然她给找了一家单位赞助15万，是‘营多’方便面，我们就办起来了。”黄老师说白手起家也就用了半年的时间，1993年的三四月份第一届大学生电影节就开幕了。

如果说办电影节是事出偶然的话，那么接下来接连不断的工作就是极其认真的了。黄教授说：“我们当时定的方针就是面对北京的大学生；面对全国国产电影；还要评奖。我们希望通过电影节让大学生参与到电影中去，也使电影进入大学，为中国电影和大学生这一活跃的观众群架一座桥梁。我们也想借此为中国电影也应该为中国电影出把力，而且，通过电影节把北京的大学生结合起来，同时打自己的品牌。”于是，大学生电影节从一开始就组织了除观摩电影之外的许多活动，如评奖，当时有6个奖项，包括最佳电影、最佳男女演员、艺术创新奖、最佳观赏效果奖等。而且，评委会里五分之四是大学生。同时，还组织一些学术活动、座谈会、见面会。

从一开始的几个希望到1995年第三届时终于提出了大学生电影节口号：青春激情、学术品牌、文化意识。作为创办者之一的黄教授每一届都参与了工作并组织一些学术活动，给学生们以指导，她开玩笑地说：“我已经好几届想不参与了，可他们非要我参与，自己也确实是没有一届没有做点什么的。我们经常遇到经费问题，有一年，系里的教师们几乎都觉得那年办不了了，后来有了6万元钱，我说那也办，最后也办得不错。”我们的采访被打断过好几次，都是有关这次电影节的。作为九朝元老，黄教授这些年来感触最深的就是责任，尤其是对中国影视教育的责任。

二、三年三大步

谈到责任就引出了黄老师的又一大贡献——对北京师范大学艺术系尤其是影视专业的杰出贡献。或许就是这种责任感让她在接手北京师范大学艺术系后三年跨出三大步，使北京师范大学的影视专业从无到有，进而闻名全国。我知道黄老师和他的同事们为此付出了极大的心血，更何况她还是个“半路出家”。从教现代文学专业改到影视教育的教学上，黄老师毕竟有自己的所思所想。

1955年就到北京师范大学的黄会林老师起先的愿望是当一个幼儿园老师，因为她想学的是学前教育专业。后来，是因为老伴绍武动员黄老师到中文系，所以毕业后教起了现代文学，而且一直留在中文系。1991年，华东师范大学率先开设了影视教育专业，他们力邀黄会林教授加盟。“那时，各个高校都还没有影视专业，他们是第一个，对我还挺有吸引力的。我就跟学校提交了请调报告，学校说咱们也申请一个就是了。或许是占据着天时、地利的缘故吧，三个月就批下来了。

当时，他们问我是建在中文系好，还是建在艺术系好。现在看来，那是关键的一步，我们把它建在了艺术系。当时的艺术系5年没招本科生了，只有音乐专业，一个半硕士(一个全职的和一个在职的)。”

面对这样的状况，黄会林教授定下了3个方向，第一，抓教学，建立自己的学科体系；第二，搞科研，因为没有科研就无法深入研究；第三，需要与实践相结合，就是办大学生电影节。1993年年底，他们争取到了影视专业的硕士点，1995年争取到了一个博士点，这是全国综合类高校影视类专业的第一个博士点。

由于是新兴事物，刚开始时十分艰难，那时教材也是黄教授率人编的，也正是在一步步的实践中，黄老师在教学的同时对中国影视及其教育有了更深一步的认识。而这三年三大步也正是黄老师对中国影视及其教育问题深刻认识的一个印证。

三、中国影视实践先行理论滞后

黄教授进入影视美学研究领域不是没有基础的，她曾经和老伴绍武合作创作了反映陈毅元帅的电影剧本《梅岭星火》。“1972年陈毅元帅去世，‘四人帮’捏造了许多不实之词污蔑陈总，作为老兵的我们，决心写点东西给后代留下真实的纪录。我们选择陈总在赣南开展游击战那段历史。从1972年到1976年，在我的恩师唐弢先生指导下悄悄进行。这部剧本直到1976年10月粉碎‘四人帮’以后才见了天日。唐弢先生把它推荐给夏衍。《梅岭星火》最后由夏衍定稿，后来被珠江电影制片厂拍摄成故事片。所以，我的一些观点是从实践中而来，不是从书本到书本。”

“影视这些年发展得不能说不迅速，但突出的问题是实践超前和理论滞后，这造成了中国影视发展中的关键性的缺憾，这也影响到它的全面发展。电影电视已经成为当今世界文化传媒中传播最广、对人们的思想意识、生活方式影响最大的艺术创造和文化传播方式之一，它是最现代、最先进、最具有力度的一种艺术形式，并逐渐成为在世界上展示自己形象的一种手段。所以，我国迫切需要建立有我们自己特色的、能有力指导中国影视实践的一套理论。否则，中国影视艺术的发展将受到它的制约。”有感于此，黄教授希望能对现有的理论进行整合和一番梳理。“这在电视尤其需要，我们现在可以说是世界级的电视大国，但不是强国。这些问题主要表现在对现状关注较多，理论提炼较少；从作品角度研究较多，从传播角度研究较少。影视文化教育既体现为艺术创作的作品形态，又是大众传播渠道中的社会存在物。但由于资料及方法等原因，至今的研究主要集中的在前者，而对后者的考察则显得相对贫乏。而且，中国传统美学体系相对模糊，对其本体特征的把握有很大困难，而影视艺术是一种具象的、综合的视听艺术，由表及里地发现二者的内在的联系，肯定是一个长期的探索过程。”

电影电视虽然都是舶来品，但黄教授却从源远流长的中国传统文化上找到了他们在中国的立足之本。

四、中国影视不能翻版

“影视是纯粹的舶来品，但中国的电影、电视并不是欧美的翻译版，它具有鲜明的中国文化特征。影视不仅仅是科技工业，也是美学与艺术，而美学与艺术却是有着鲜明的民族色彩的。影视艺术输入中国的历史，也应是它们逐步中国化的历史。影视艺术在中国生根就必须与中国土壤的独特性紧密结合。中国影视能否生成具有民族特征的艺术风格。也只有与中国民族文化相结合，与关心中国民族发展的艺术追求相结合，这样才能成为有前景的第八、第九艺术（戏剧、美术、音乐、舞蹈、书法、建筑、园林）。影视是新兴的艺术样式，它本身是丰富的，与现代化接轨的，不应该是自闭的，应该有民族特色。但只保住民族内涵而不吸收西方的精华，我们也会滞后。我们应该做的是在继承传统文化的精华的同时吸收西方文化的精华来补充，这样才能促进更新我们的观念，其实，就是指开放式的。”

五、我来搭台，你们唱戏

有了对中国影视的认识，黄会林教授在教学中把中国传统文化中的美学与影视的结合纳入进来，连续开设了中华传统美学与中国影视的系列课程，包括人、气、道与中国影视；情理论与中国影视；行神论与中国影视；虚实论与中国影视；意象论与中国影视；气韵论与中国影视等课程，尝试着从一开始就把中国伟大的传统文化里蕴含着的影视美学元素交给学生。在艺术系工作这么多年黄会林教授说自己就是给大家提供一个展示身手的舞台，她在系里开设了各种课程，把有可能获得的都尽可能地给他们，包括上课、搞科研、课题组都尽量让青年人参加，还包括前面讲到的大学生电影节。“我负责搭台，让他们唱戏，主角、配角、龙套都是自己唱出来的。对学生的管理有六字箴言：严是爱，松是害。”

影视这些年的发展很迅速，但影视教育却没有跟上来。山西省一位官员大声疾呼：再不能6＋1＝0，指的就是这一现象。学生的六天学校教育不及一天在家看影视剧的影响。这里不排除对影视剧的低调看法，但关键是：我们成人又给了青少年怎样的知识水准、科学的判断和艺术审美力呢？可以说，这方面的引导与教育是极其不够的。应该让每个人从小学、中学起就受到正确的引导，这样长大了才会有一个对影视作品良好的鉴赏力。不仅如此，影视教育对于培养整个民族的艺术素质、跨世纪人才的科学头脑以及崇高的审美追求都有积极的作用，所以我才在这方面不遗余力地去做。

黄会林教授除了每年参与电影节以及教学的工作外，还有好多的研究课题，还进行创作，她与老伴儿绍武共同写了许多作品，同时她还是研究夏衍的权威人士，发表了关于夏衍的许多文章，研究夏衍也缘于《梅岭星火》的创作。

68岁的黄教授丝毫没有停步的意思。问她怎么能干这么多事，老太太一笑：“我就是少玩儿了一点。”

（原载于北京青年报“人物在线”2002年4月26日）

在和谐中孕育发展——访我校艺术与传媒学院院长黄会林

去过艺术楼的人大概都不会忘记这座楼的美丽在阳光下呈现柔和的淡黄色的桌椅，从脚底悄悄散发的大理石的气息，一楼庄重大气的北国剧场，四楼简单雅致的小花园，六楼挂满了各式字画的回廊……她的每一个角落都仿佛在静静诉说着一个个关于艺术的传奇。而这里的艺术与传媒学院，拥有近90年悠久历史、又随时代多方拓展具有现代性特征的艺术学科。在不同的发展时期曾包括有音乐、美术、戏剧影视等艺术门类。艺术与传媒学院下设影视传媒系、音乐系、美术与书法系、舞蹈系4个系；设有数字媒体研究所、科学与艺术研究所、艺术教育研究所3个研究机构及影视戏剧研究中心、中国书法研究中心、公共艺术教育中心影视创作与制作中心4个研究教育机构。现已有2个博士点，7个硕士点，1个艺术学博士后科研流动站。在教育部学位与研究生教育发展中心所属高等学校与科研院所学位与研究生教育评估所公布的2004年全国一级学科整体水平评估结果中，我校艺术学排名第四。

就影视学科来说，从1992年到2005年，我校影视学科从无到有，从平淡到辉煌。1993年被批准设立了全国综合大学第一个“影视艺术与技术”硕士学位授权点；1994年招收了首届影视教育专业本科生；1995年经国务院学位委员会批准，建立了全国高校第一个影视学博士学位授权点、并有了影视学科全部覆盖的2个硕士学位点，被誉为“三年三大步”，令同行瞩目。每一个脚步都是一次飞跃其中艰辛坎坷自不必言说。经过了十几年的打拼，黄会林院长在影视学科构建上已总结出一套系统的理念，即“一个目标、两个翅膀、三个支柱、四个特色”：

“一个目标”中的目标是指要把我们的专业建成培养中国影视传媒教育人才、影视传媒研究人才、影视传媒创作制作人才的重要基地。在培养过程中，一方面紧密围绕影视专业的本身，不断深入其间；另一方面绝不可忽视本学科背靠综合大学实力雄厚的文理学科和浓郁的人文环境。目标的确立与相应的措施，因应了我们的办学方向，使我校影视艺术学科在发展过程中，形成了注重培养高文化水准、开阔的理论视野和精通专业技巧、能适应社会主义事业需要、知识结构全面合理的复合型人才的特点。“两个翅膀”指艺术与传媒之双翼飞翔，双翼齐飞，既有利于发挥艺术的传统学科优势，又可促进开掘传媒的现代教育属性。在专业有机整合的基础上，可以力求以艺术教育体现综合大学的人文理念，传达科学的文化品质，并以传媒教育拓展实践学科的社会空间，逐步与国际相关领域接轨。“三个支柱”指建设影视学科必不可少的三个方面：教学、科研和实践。教学，作为高校的第一任务；科研，不仅是高校教师必须具有的实力，更是教学增长与提升的基础；而实践，则属于影视艺术学科不可缺少的独特环节。这三个支柱缺一不可：只有两个则属平面，难以支撑，有了第三个便可构成立体锥形而稳固直立，持续发展。“四个特色”则指的是整合建制特色、人才培养特色、理论研究特色和实践品牌特色。把握本学科具有的相关特色，以利于本学科的长足发展，以明晰本学科如何达到事半功倍的切实绩效。

谈到保持教师党员先进性，黄院长说，她认为保持党员先进性教育是十分重要的。从理念层面看，保持共产党员的先进性非常必要，共产党作为一个执政党，怎样去体现党的先进性，保持党员先进性教育就是很重要的一环，是体现我党党性的重要途径。从现实层面看，我国正处于社会转型期，腐败现象不可避免，通过理论上的加强，有助于治理或者说扼制这种现象。这是事关国家、民族命运的大事，是党贯彻实施“三个代表”重要思想的重要途径。

说到这里，黄院长还动情地回忆了自己20世纪50年代当志愿军抗美援朝的情景，一场战斗牺牲一百多人，昨天还在一起谈笑风生的战友今天就要去掩埋他的尸体，这次重要的战斗结束后，部队表彰了一百名功臣，黄院长是唯一的女兵！可她似乎并不以此为傲，她说：“如果那些战友不牺牲，受表彰的就应该是他们，是他们用自己的生命换来了我们的生存。”所以，直到现在，她都不会跟党在任何事情上讲条件，因为她相信，如果那些牺牲的战友还在世而当初牺牲的是她的话，他们也会有同样的想法，同样的为党和人民尽职尽责。那一段时期对她个人价值观的形成影响很大，因为那个时候的人们都是为了理想而奋斗，她们都是写血书要求上前线，并以此为荣。现在是和平年代，社会进步了，可是我们不能丢掉这些，我们要居安思危，培养作为一个知识分子的理想追求和爱国情怀。

可是对于现在的学生而言，没有经历战争的年代很难像那个年代人一样真正理解并实践党的含义，又应该怎样去引导他们呢？黄院长说："现在的孩子们（黄院长已经习惯用"孩子"去称呼她的学生们）没有这些经历，所以光跟他们讲大道理是不行的，要结合实际""孩子们的可塑性很强，关键在于正确地引导他们，对我来说，就是把学生放在心坎上""我们要爱学生"……

也许，艺术与传媒学院更大的魅力就在于这一个"爱"字上，学院内部融洽的师生关系，温馨和谐的人文氛围都是让她备受学生喜爱的原因。黄院长说起自己的学生就像是说起自己的孩子般的骄傲。当谈起二十年前自己创建北国剧社时不分昼夜和学生们在一起拍戏时的苦乐，还有学生们的演出得到各方肯定时，她的目光中写满了安慰和满足。也许正是这种浓浓的爱才把学生和老师紧紧地连在了一起，一起成长，一起辉煌。

（原载于《北京师范大学校报》，2005 年 3 月 20 日第 2 版）

"永远把目光放在最前面"——访北京师范大学艺术与传媒学院院长黄会林

实习记者　夏卉旋　董　华

采访黄会林院长的地点，约在了她家的客厅。整个采访中，她始终微笑着，哪怕是说话，眼角的皱纹也似乎在欢跃。她的外表，她的声音，让我们很难置信，她已经年过古稀；然而，她全身散发的那股自信和魅力，却无时不在透露，就是她和她的团队，撑起了北京师范大学艺术与传媒学院的一片天。

一、艺术与传媒　双翼齐飞

记者：在学院建设的发展规划中，我们看到这样一句话，"艺术与传媒将成为学院起飞的双翼"，能请您解释一下这句话的含义吗？

黄会林：根据建院14年来走过的印迹，我们总结出影视学科如何健康、有效发展的办学经验，大体归纳为：一个目标、两个翅膀、三个支柱、四个特色。而关于这个“双翼”，就是其中的“两个翅膀”。

所谓“两个翅膀”，在于从大的方面着眼，我们的发展思路切忌狭隘化，而应着力于艺术与传媒之双翼飞翔。事实上，在本校的艺术学科领域内，影视学科因其拥有本学科全部2个博士学位授予点和2个硕士学位授予点，构成特有的学术体系，被列入北京市重点学科，获得国内外广泛认同，因此成为艺术的“龙头”系科；同时又因为拥有广泛的艺术教育多学科综合实力，包括艺术学科的艺术学博士授予权一级学科和艺术学博士点、其他艺术学二级学科全部硕士点；以及已分别招收本科生、硕士生、博士生的数字媒体专业；形成以“影视传媒”学科牵头，各个姊妹艺术学科亲密组合的态势，合成为一个强有力的“强势群落”。

记者：那么，这对“双翼”算不算是贵院独有的特色呢？和其他院校的影视专业相比，对传媒教育又有怎样的影响？

黄会林：双翼齐飞，既有利于发挥艺术的传统学科优势；又可促进开掘传媒的现代教育属性。传统艺术和现代传媒互动影响积极，特别适应于21世纪艺术教育专业化与综合化结合的必然趋向，对于影视学科向纵深发展和向社会辐射，具有比较突出的后续条件。而在建构艺术科学研究的理论优势的同时，开发传媒平台社会产业化发展路径，亦可强化艺术学科的社会应用价值。另外，注重开拓数字媒体、科学与艺术等相关教学、科研的新领域，可以突出现代化高科技的新特质。

总之，在专业有机整合的基础上，可以力求以艺术教育体现综合大学的人文理念，传达社会科学的文化品质；并以传媒教育拓展实践学科的社会空间，逐步与国际相关领域接轨。上述二元组合的学科配置，使我们的艺术与传媒学院成为我国艺术教育体系中建制全面而重点突出的独特艺术学科。

二、一个目标　三个支柱　四个特色

记者：根据前面您提到的办学经验，除了“双翼”，还包括“一个目标、三个支柱和四个特色”，这又分别代表什么呢？

黄会林：简单点说，“一个目标”是把影视专业建成培养中国影视传媒教育人才、研究人才和创作人才的重要基地；“三个支柱”是指教学、科研、实践是建设影视学科三个必不可少的方面；而“四个特色”则是指整合建制特色、人才培养特色、理论研究特色和实践品牌特色。

记者：那么，在“一个目标、三个支柱和四个特色”的指导下，贵院又是如何具体发展的呢？

黄会林：“一个目标”，需要明确中国高校影视学科专业的目标定位。而我们的目标是，建成培养中国影视传媒教育人才、影视传媒研究人才、影视传媒创作制作人才的重要基地。要达到这一目标，必须培养本专业学生具有一定的影视传媒理论素养、比较开阔的影视传媒文化视野以及良好的影视传媒从业品质，使他们毕业时能够胜任影视传媒业界和其他文化艺术部门的理论研究和实务工作，或者成为学校和教育部门从事相关专业教学、管理的高级人才。因此，在培养过程中，一方面必然紧密围绕影视专业的本身领域，不断深入其间；而另一方面，绝不可忽视本学科背靠综合大学实力雄厚的文理学科和氛围浓郁的人文环境。

所谓“三个支柱”，包括建设影视学科必不可少的三个方面，即教学、科研和实践。这就需要厘清构建符合于综合大学影视学科生长的、具有可持续发展空间的学科体系之必备内涵。这三个支柱缺一不可；只有两个则属平面，难以支撑，有了第三个，便可构成立体锥形而稳固直立，持续进展。经历了 14 年的尝试，事实已充分证明了它的必要意义。

“四个特色”，是指需要把握本学科具有的相关独特特色，以利于本学科的长足发展，以明晰本学科如何达到事半功倍的切实绩效。就 14 年的前行轨迹而归纳之，我以为可以大体认定为四个特色。一为整合建制特色。二为人才培养特色。我们以“人才是事业发展的决定因素”为理念，多年来注重队伍建设与人才培养。三为理论研究特色。经过将近十年的稳步建设，我校影视学科已逐渐成为我国影视理论民族化研究领域不可替代的重要基地。四为实践品牌特色。标志性的举措是成功举办 13 届的“北京大学生电影节”。为本学科教学、科研提供了一方宽广天地。

三、传媒回音毕业生后劲足、有优势

记者：在这种比较完善而又独特的学院建设中，贵院的毕业生在进入新闻行业时和其他新闻类院校的毕业生相比，有什么样的优势？

黄会林：客观地说，我觉得各有各的优势。我们不应贬低他人，但我们也很自信。比如，中央电视台、中国电视总公司等很多单位都表示，“很乐意吸收北京师范大学的学生。”因为我们的毕业生后劲足。

在经过4次修订的“影视学专业”课程设置中，学校的平台课程包括计算机与信息技术应用、数理统计、体育文化以及人文科学、社会科学、自然科学、生命科学等，占全部学分31%。有了这些学科的强力支撑，使专业师生获得宽广的文化滋养、广博的知识背景。在时代的激烈竞争中，他们可以面对社会需求的广泛性，从事影视传媒的教育教学、理论研究、实践操作、行政管理、产业运营等工作岗位。

记者：在您的学生中，有一批像元元、海霞这样的名人学生。作为他们的老师，能谈谈您对这些名人学生的感受吗？

黄会林：我觉得有两个特点。

第一，对于学校来说，他们只是学生，和大家一样的学生。同样经过统一的入学考试，获得入门资格。入学以后，无论是学分要求，还是论文答辩，也绝对没有特殊“照顾”。他们的学位论文基本上都要经过三至四稿的修改，才最后提交答辩。不管对方名气有多大，我们都是一视同仁，一切按照学校的规章制度，进行正常的学习。

第二，对于他们自身来说，这是这些同学自觉追求的一次充电的机会，是一种求知的渴望。面对社会的发展和进步，他们所肩负的责任和压力也越来越大，为了更好地适应社会的需求，他们从心底里萌生求知的欲望。这是他们要求进步，要求自我得到提升的表现，是一种发自内心的追求，而并非为了浪得虚名，或是混个文凭。所以，他们也会自觉地按照普通学生那样要求自己。学校曾经考虑要给他们另辟学习环境，与普通学生区分开来，但遭到了他们的一致拒绝，要求和普通同学一样坐在教室里普通的课桌旁听课、学习。

当然，对于这些名人学生，我们都会给予尽可能多的文化补充和思想启发，努力帮助他们再次腾飞。

四、成功取决于努力和认真

记者：14 年来，贵院发展之迅速，和您的领导和决策是分不开的。作为文学、戏剧、影视等多个领域颇具威望的专家学者，请问您是怎样把您的学术背景融入学院建设之中的？

黄会林：我自认为是一个过渡性的人，我能获得比较普遍的认同，可能是因为这个领域文化的积淀还不是非常丰厚的缘故。

而我也沾了数十年文化积累的光。我在北京师范大学中文系读书时喜欢古典文学，但毕业留校却被分配教现代文学。学校给我的熏陶和我自己学到的东西，这是非常重要的垫底。改革开放时期，学科需要转型，我们开始进入电影领域，然后又是戏剧领域，最后走上了研究影视的道路。

当然，我想有一点也是重要的，那就是我做事很认真，也很努力。无论是学院建设、学科建设，还是教学工作，我从来不会懈怠，都一定认认真真地完成。

学院走到现在，绝不是我一个人的作用。1+1 永远大于 2，1－1 永远小于 0。这是我的信念。

我是努力的，而且，我认为，我们学院的所有老师都是非常努力的。

五、用发展的眼光建设影视传媒学科

记者：如何更好地利用资源，发挥优势，发展一所综合大学中影视传媒学科，能否请您给我们更多一些的建议？

黄会林：从事影视传媒，尤其是传媒工作，我认为跟上前沿思想是特别重要的。过去的是积淀，不能舍弃，但也一定要具备发展的眼光，永远把目光放在最前面。比如，如今的数字媒体、文化产业，特别是创意产业，其实就是这些课题。

影视传媒是最接近科学前沿的。时代的更新，更把我们的影视教育与学科发展推向了新的高潮。对于它的建设，一定要心里有个根，脚下有个底，然后眼光往前看。

（原载于《新闻与写作》，2006年第10期）

“大道行健”黄会林

鲁博林

2015年11月的最后一个周五，北京师范大学京师大厦的会客厅高朋满座，贤者云集，安乐哲、顾彬、罗多弼、杜伯妮、陈杨国生、齐鸣秋、曹卫东、秦伯益、丘进、曾庆瑞、黄式宪、贾磊磊、高峰、郎昆、于丹、俞虹、苏浩等诸多蜚声海内外的专家学者如约而至，汇聚在中国文化国际传播研究院举办的第六届年会现场。

这个被昵称为“请进来”的国际论坛，自2010年开弓上马以来，六年从未中断。而向这些学术“大拿”们广发“英雄帖”的东道主，正是如今已82岁高龄的黄会林。

“一个负责任的大国不能仅仅发展自己，而应该思考并努力应对全人类的困境，寻求人类未来更好的可能性。”

开幕式当天，鹤发童颜的黄会林以一袭中国传统服饰亮相，登台致辞。八十载荏苒时光，赋予她一种“不畏浮云遮望眼”的气度，和穿越耄耋岁月而来的韵致。

演讲结束后，黄会林优雅地步下讲台，毫无疲态、台下掌声如海沸。

这位老人的志业，并非“千里逢迎，高朋满座”那么简单。就在不久之前，由她发起的“看中国·外国青年影像计划”火遍全国。

到了这个年岁，何必还如此拼命？黄会林笑着说，“活着干，死了算”——这大半生，她心心念念的，到底还是“身外之物”——从振兴戏剧到传播电影，再到为中国文化立言，从来初心未改。

回首往事，黄会林很少因“虚度年华而悔恨”，也从不“因碌碌无为而羞愧”。对于一直行健不息的她而言，影视是坚据的城堡，戏剧是从影的摆渡，文学是卅年的故交，底色更有一抹沙场的鲜红。由武及文，经文入戏，借戏从影，照影化人。这一生，宛如从天而降的江河，以款款涓流，汇成万钧之势，又从风急浪高，归入天宽地阔。

一、战地黄花

1934 年正月。寒冬。一个名叫“慧麟”的女孩出生在天津，名字里就透出一股子隽秀儒雅的门庭气息。黄氏祖籍，在“隔河两宰相，五里三状元”的江西吉安，一门出过不少栋梁之材。慧麟的高祖父是清末河南巡抚黄赞汤，祖母孙氏系晚清四朝元老、光绪帝师、京师大学堂创办人孙家鼐之孙女。

慧麟降生之际，偌大的中国正笼罩在战争的阴云之下，民生凋敝。

慧麟的童年是在颠沛中度过的：6 岁时，因父母离异，她随母亲移居上海；10 岁之际，因祖母的严命，重返天津父亲家；11 岁那年抗战胜利，她被父亲带到北平念书；北平解放前夕，又同全家一起搬回上海——直到新中国成立后，才安定在首都北京。

“我童年时在北京、天津、上海之间不断迁徙。本是读书长知识的时候，却因此而基本功打得很不扎实。”

回忆起自己的童蒙时期，黄会林所遗憾的，还是读书太少。而相较于“幼蒙庭训”的不足，沦陷区任人鱼肉的记忆则更为深刻。

1937 年淞沪会战后，上海沦陷，满城肃杀。随母去沪上居住的小慧麟，常见荷枪实弹的日军和遍地关卡。严冬，她随大人出门，因两手拢在袖套里，过关卡时竟被强令上缴袖套并反复搜查。

“那时过得太辛苦，总觉得苦日子没有尽头。”回到天津后，慧麟更多体察到的是家庭生活的凉薄。由于继母当家，她和哥哥饱受虐待，甚至一度离家出走，这也让她早早地萌生了“自立”的念头。“我常想要快些长大。只要长大了，就可以离开这个家庭，去做自己想做的事。”

谁能料到，自立的机会很快就来到了。

1950 年，万象更新。慧麟随家迁回北京，插班进入北京师范大学附属中学学习。6 月 25 日，朝鲜战争爆发，在“保家卫国”口号的鼓动下，全国掀起了一个轰轰烈烈的参军热潮。当时的她正在念初三，所在的班级报名之踊跃，竟无一缺席。最后，共有 4 人被批准参军，其中就包括了这个“戴眼镜的小丫头”——由于名字笔画太多，不易书写，她被指导员改名为“会林”。

之后，黄会林便随同部队，“雄赳赳气昂昂”地开拔入朝。

谈起那次关键的人生选择，黄会林总是用“幸运”来形容。于她而言，从军的经历无异于生命的崭新开端。她记得，在鸭绿江大桥附近的一处农家，部队临时驻扎。房东朝鲜大爷大娘，惊异于这些明眸皓齿的女兵竟然也前来相助，激动得泪水盈盈。老大爷亲笔题写“有朋自远方来，不亦乐乎”相赠，一如北方寒冬回春的暖意。

在朝期间，行军主要在夜间进行，一些战士甚至会边打瞌睡边走路，情况异常艰苦。“夜里行军一抹黑，前排的人有时会带着后排乱跳，好玩极了。天寒地冻，女孩子洗头发都得敲开河面的冰，洗完后头发冻成了冰棍，用小树枝一根根敲打掉，头发便干了。”

然而，战争的残酷总是猝然来袭，死亡如秃鹫一般在上空盘旋。几乎每天，她都目睹着身边的战友血肉横飞，自己常在战斗结束后收殓掩埋烈士遗体。好几次，炸弹在距离不到十米处爆炸，土石迸溅，与死神擦肩而过。

最严酷的考验来自清川江大桥保卫战。为了摧毁这条主干线，美军派出大批 B-29 轰炸机群，不间断地空袭，所过之处，唯余焦土。志愿军总部下令黄会林所在的高炮 512 团死守此桥，在团政治处的黄会林，和战友们一起肩负起送弹药的任务。

“120斤重的弹药箱，二话不说扛起来就走。”谈起当年的战事，黄会林话语间英气不减。她记得半路上枪林弹雨，一边是弹片飞溅，一边是战机扫射。头上的钢盔不断发出弹片弹射擦碰的声响，如同死神的“奏乐”。战斗持续了七天七夜，上百人战死沙场。战后部队进行总结评功，本团评出100名“人民功臣”，其中1名女战士，就是黄会林。

“就是死在这儿，也是为祖国尽了自己的一份责任!”

九死一生之中，黄会林终究得到了命运的眷顾，而她的许多战友却埋骨他乡。从那时起，一种强烈的使命感攫住了她——作为幸存者，她的生命并非仅属于自己，而是承载着无数忠魂的意志。她开始觉得，余下的半生必须以全部生命力量去报恩，以“后死者”之身实现战友们那些未竟的遗志。

二、杏坛春晓

1953年，板门店谈判落幕，朝鲜战争结束。回国后的黄会林，虽然背负着岁月的沉重，却并未由此消沉。一个潜伏已久的念头在她的内心逐渐苏醒：要读书!

“一想到能够再次读书，我高兴极了。”相较于调入文工团或从事文职工作，求知若渴的黄会林选择了继续深造。擅长文科的她，顺利考上北京师范大学工农速成中学。

黄会林还清晰地记得，刚来到位于北京宝钞胡同的工农速中的场景。那时正值课间休息，班主任招一招手，一个憨厚的小伙子跑了过来，帮她把行李扛到了宿舍。

“没有想到，眼前的这个人会陪伴我度过之后几十年的风风雨雨。”谈及与丈夫绍武的初见，黄会林仍会显露出少女般的羞怯。

在工农速中，黄会林和绍武是班里年龄最小的两个，但也是成绩最好的“状元”和“榜眼”。两人相互扶助，日久生情，又在毕业之际，双双上榜，被保送北京师范大学中文系就读。

20世纪50年代的北京师范大学可谓大师云集，文气浩荡。名家之风也让黄会林如饮甘泉醴酪，如蒙醍醐灌顶。

“刘盼遂先生学问很好，讲课旁征博引，令人如沐春风。但他吃穿简朴，常常着一件洗得发白的衣服登台，袜子也满是补丁。启功先生讲唐诗宋词，他的格律底子很好，又有幽默感，吟诵诗词激情四射，常常博得满堂彩。”

回忆求学生涯，黄会林犹感此生难忘。她天资聪颖，各科皆优，唯有一门不尽如人意，即是俞敏教授的现代汉语课。不服输的她于是倍加努力攻坚克难，这位语言学大师也开始注意到了那个貌似稚嫩的小姑娘。

一次答疑时间，俞敏先生将黄会林单独叫去办公室，把她的提问本翻出来，指着问：“这是你写的字?”

黄会林点点头。“游击习气!”老师不客气地评点道。

曾征战沙场的黄会林自然明白，所谓“游击习气”来自何处。出身书香门第的她，幼时也描过红模，临过大家，然而生活的动荡却没有给她成型的机会。她或许有些许委屈，但面对先生的批评，还是下定决心要认真练习写字。

“其实写字并不难，就是排列组合四个字，也就是间架结构的问题。”三十年后，当黄会林就书法问题请教启功先生之时，他如是说。那时的黄会林虽已执教多年，却一直向往把字写得好一些。看她如此认真，启功将自己所书的《千字文》作为摹本送给了这位“小友”——这是后话。

20世纪50年代末，黄会林毕业后听从组织安排提前留校任教。昨日初识门庭，今日始为人师，讲台上下，却非一夕可成。她勤学好问，孜孜不倦，力图尽快从助教成长为可以登台授课的讲师。然而时代风云难测，政治运动的浪潮猛烈敲打着校园的围墙。“文化大革命”开始，全国停课，刚获允授课的她陷入无课可教的境地。

“那时候，造反派组织了一个牛鬼蛇神改造班，我在班上是辈分最小的，班里大多是一些老先生，像黄药眠、启功、钟敬文、俞敏等先生都是‘同学’。”据黄会林回忆，改造的方式主要是体力劳动，譬如种菜、盖房子等，这些她都干过。

只是未曾想到，几年的播种、锄草，朝夕相处，黄会林竟由此和当年仰慕的恩师成为“难友”，建立起匪浅的忘年情谊。

对黄会林而言，俞敏先生是她长年的“一字师”。1995年，黄会林夫妇应邀以万字长文哀悼驾鹤仙逝的大师夏衍，起笔时纠结于首句“哲人长逝，唯余德馨”的分量欠重。立即登门请教，经俞师指点，将“唯余”改为“千载”，顿时得到了提升。启功先生则始终是一位温情的长者，他曾自带干粮，领着绍武和会林在故宫里整整考察了一天。不仅如此，因文学或创作之故，像唐弢、夏衍、曹禺等名家巨匠，与会林夫妇结缘的大家亦不在少数。

“文化大革命”结束后，恢复教职的黄会林很少走动。但每年春节，她必定前去给钟敬文、启功、俞敏三位师长拜年。

“他们去世一位，我就少拜一位，现在他们都走了，我再也不外出拜年了。”话语间，落日的余晖洒在她的银发上，窗外的木铎路愈发萧瑟空寂。

三、北国风云

在英国作家毛姆的小说《刀锋》中，有一位叫“拉里·达雷尔”的飞行员，他参加过一战，却因目睹战争的残酷和战友的死亡，而变成了一个“晃膀子”的沉思者。和拉里相比，黄会林有一处与其颇为相似——亲历过刀锋最残酷锋利的一面，并知晓救赎之路的艰难。

然而不同的是，黄会林更类似传统的儒者。她并不费心思考彼岸世界的图景，而是一开始就毫不犹豫地纵身现实的洪流。

20世纪80年代初，由于有协助爱人绍武创作电影剧本《梅岭星火》和多幕话剧《故都春晓》等经历，黄会林虽仍在中文系讲授“中国现代文学”课程，教学重点却转向了戏剧。

“记得当时听黄老师的戏剧史课，至今印象犹深，那时整个课堂都洋溢在激情的海洋里。”

如今身为北京师范大学艺术与传媒学院影视系主任、博士生导师的田卉群，如是描绘当年受教的心驰神往。

身为教师，黄会林最大的创举是别出心裁的教学“革命”。在她的课堂上，学生可免去论文，以剧本作为期末答卷。她和老伴绍武一起带领学生们搞创作，重实践，自导自演原创剧本，在20世纪80年代诗潮遍地的校园里刮起了一股清新的戏剧之风。

所有这些，都成为后来北国剧社出世的先驱。

“我至今还会想起1986年的那个冬天，那些青春激荡和诗意浪漫的日子。在那些日子里所得到的教诲和启蒙，深深地影响着我的人生。”曾就读于北京师范大学中文系1982级的北国剧社元老周妍，这样表达了她对老社长的感恩之情。

30年前的1月，正是被誉为高校戏剧的“第一举旗手”——北国剧社成立的日子，而其创建人及首任社长，便是黄会林，艺术指导则由绍武担当。

时间回到1985年年末。那时，由黄会林课堂作业改编的第一批学生自创小戏降生不久，甫一登台，就引起了剧协的注意。

“当时正赶上中国首次承办国际莎士比亚戏剧节，北京是两个主阵地之一。剧协的人看过我们演剧，觉得很有潜力，就邀我们参演一个片段。”后来黄会林将邀约转告学生，哪知学生有冲劲，更有野心。

“要演就演全本!”青年人的热血上涌。经过一番交涉，学生的“请愿”得到了应允。

然而，参演国际戏剧节却不能只凭一腔热血，规划、管理、人力、资金方面的压力接踵而至。为了便于统筹协调，成立一家戏剧社团方是上策。那么，问题来了——新剧社叫什么?

“‘中国自有戏剧，当自南国始’，这个‘南国’也就是1927年由田汉先生创办的南国社。”为了“仰慕田汉老，追踪南国社”，黄会林和大家商量，将新剧社命名为“北国”——那时的她绝不会想到，这两个字会成为划过时代上空的耀眼星辰。

1986年1月10日。天寒地坼。

那晚，黄会林和绍武领着学生，制作出简单的请柬，再用白布铺上课桌，就在旧主楼8层并不宽敞的会议厅，召开了北国剧社的成立大会。

让黄会林深感意外的是，当天晚上来人之多，超乎她的想象。顶着猎猎北风前来的，有吴雪、刘厚生、吴祖光、徐晓钟、丁扬中、李汉飞、苏民、兰光等业界赫赫有名的“大拿”。著名艺术家黄宗江迟到了，一进门便说：“我是不是走错地方了？剧协在这儿开主席团会吗?”

笑声响彻会场，暖意如雪融。

成立大会上，黄会林言简意赅地宣布：一、白手起家；二、演戏不要耽误学业。

正值考试周，所有社员“领命”后，随即散去，各自投入紧张的学业之中。考毕搁笔，新春将至，散落的漫天星火齐齐聚拢，要在校内掀起燎原之势。面对全校开始放寒假，北国剧社宣布：学校吹熄灯号，我们起床！

黄会林夫妇心疼这些离家不归的孩子，却更珍视他们内心的理想坚守。寒冬腊月，她亲手为小演员们下厨、送食，老伴绍武则用工资添置了年节的果蔬礼物，权作压岁。舞台上下，老两口如一家之长，亲眼见证孩子们的成长。除夕之夜，爆竹声声，汗水却濡湿了排练场。

3个月以后，北国剧社在总政排演场初试啼声。

“我只有一个问题要问你们——你们怎么可以演得这么好?”时任中国剧协主席的曹禺在观看之后，毫不吝惜自己的溢美之词。听闻此语，不少演员哭了，绷了太久的黄会林和绍武，也禁不住湿了眼眶。

随后，北国剧社以黑马之姿杀入戏剧节，在中国话剧殿堂——首都剧场连演五场，一炮打响。演出之夜，时任中宣部部长的朱厚泽、文化部部长的王蒙都亲临现场观戏。曹禺也来了，带着许多外国友朋，来见证莎士比亚的“东方面孔”。不出几日，国内各大媒体以及欧洲时报、美国中报、香港晶报等对此的报道已铺天盖地。

北国四月，已换了人间。

正是从那时起，北国剧社开始登上历史舞台，成为中国话剧百年史上首个载入史册的当代学生业余演剧社团。

十年弹指，黄会林没有停歇，她和绍武亲率北国剧社“东征西讨”，陆续排演了诸多大家名剧，并自创《教育世家》等佳作，让北国之名愈加响亮。曹禺当年曾亲为题词“大道本无我，青春长与君”，赠予北国诸君。如今故人不在，韶华渐逝，燃烧在黄会林内心的那股青春之焰却从未止息。

这把火，点燃了三十年相承的北国剧魂，也点亮了她自己的一生。

四、大影希声

田卉群说，黄会林是那种永远不会故步自封和自我设限的人，即使在悬崖边上，她都会往前再探一步。学生于丹也惊讶，一个甲子过去，黄会林一直处于“在路上”的状态。而谈到自己的老领导，现任北京师范大学艺传学院院长的周星提到八个字——老骥伏枥，志在千里。

的确，在黄会林的字典里，似乎从未有一刻出现过“疲惫”和“休止”这样的字眼。

在校园戏剧领域的深耕，让黄会林在业界名声大噪，这种光环一直持续到20世纪90年代她退休前夕。当所有人都以为她会就此偃旗息鼓、功成身退之时，她却“乘长风破万里浪”，重新开拓出一片流光溢彩的新大陆。

1992年，黄会林临危受命，带领着尹鸿、周星、李志田、绍武等五位教师，和她正在培养的六位硕士生一起，从名满文坛的北京师范大学中文系走出，入主位于辅仁大学后院的艺术系。

这一决定当时让许多人不解：图个什么？

原来，当时北京师范大学的艺术学科可谓“一穷二白”，不仅已五年未曾招生，硬件设施更是“一无所有”。系所在地，是辅仁校区一个长年失修、四处漏水的化学药品仓库。而办公室里，最现代化的工具竟是一部旧电话机。

其实，很少有人知道，这次“出走”是校领导下的死命令，而黄会林的本意原只是要立起一个影视学科。“我们那个年代的人不会跟组织讨价还价，既然指派了，我就来，既然来了，我就好好干。《中庸》讲‘素位而行’，还是那句老话，既来之，则安之。”

重振艺术系的过程，无异于平地起高楼；创建影视学科，更是要从无到有定章制典。为了突出自家特色，黄会林和同事们把培养“头脑型”人才作为目标，以此区别于输出“工匠”“艺匠”的专业技术院校。此外，对传统文化的强调，也成为黄氏一门的“金字招牌”。

此后几年，影视学科的进展可以用“狂飙突进”来形容，这也印证了黄会林的精准嗅觉：第一年，影视学科成立；第二年，开始招收硕士生；第三年，开始招收本科生；第四年，获得中国高校第一个电影学博士点。不仅如此，黄会林更拒绝“躲进小楼成一统”，把艺术学做成“故纸堆学”。在她的倡导下，新学科以敢想敢做著称，开实践风气之先。

赫赫有名的“北京大学生电影节”，就诞生在那个意气风发的年代。

“大学生电影节的想法，来自几个年轻教师的日常闲聊。当得知他们的设想之后，我也倍感振奋，当即鼓励并安排大家着手去做。可问题是——钱从哪里来?”为了给这个“新生儿”筹集资金，黄会林以年届耳顺之身，四处奔波游说，却遭到一路的不解和奚落，几度濒临绝望。最终，却因为一个偶然的机会，辗转联系到一家愿提供赞助的台企。

23年前，第一届大学生电影节就这样在磕磕绊绊中成功上马。

有了第一届，自然要有第二届、第三届、第四届……黄会林内心的韧劲得以激发，她远不止是想“玩玩票”，而是要持之以恒地打造出一个品牌。然而，年轻的电影节永远是饥一顿饱一顿，数度面临钱荒，最严重的时候几乎要倒贴筹办，连部分核心成员也萌生退意。

关键时刻，数十年前浴血朝鲜战场的坚定意志迸发而出，这股子绝不认输的劲儿，不仅帮黄会林顶住了巨大的压力，也感染了身边的所有人。

“老太太告诉我们，钱多大办，钱少小办，没钱也要办!”

如今身为北京师范大学纪录片中心主任的张同道教授，那时担任电影节的组委会秘书长。回忆起当年草创的艰辛，他记忆犹新：“那时没钱是常有的事，但黄先生有决心，即使‘强行起飞’，也不能停。”

为了省钱，运送拷贝蹬三轮，办公地点打游击，标志条幅靠手工，都是家常便饭，黄会林自己也跑场地，吃盒饭，身先士卒。正是这股“敢啃硬骨头”的军旅作风，让年幼的电影节挺过了经年风雨，得以在今天蔚然成荫，成为浮华名利场中一道别样的风景。

没有喧嚣的炒作，没有华丽的时装，没有资本的涌动，唯有一颗为电影作嫁衣裳的本真之心。黄会林眼中的大学生电影节，一如她那张饱经风霜打磨却天真不改的容颜。

五、景行行止

岁至八十，黄会林还是没能歇下来。

在艺术学科担任系主任、院长、博导的日子里，她沉下心来，开始在“新长征”路上探索。从影视美学的民族化，到影视受众研究，进而深入到未成年受众，再复归于中国文化国际传播的宏大课题。她越战越勇，决不愿荒废有生之年的一分一秒。

“80后”的黄会林，时常让“80后”的青年人备感赧颜。

现如今，“黄会林”三个字名满学界。她是“第三极”文化的创始人，执掌着中国文化国际传播研究院的巨细事宜，以她的名字命名的基金会，则持续为许多大型国际活动输血。她桃李满园，各大学府、媒体、文化机构及政务部门，皆不乏黄门子弟，其中可称名者甚众。

荣誉等身，名望若此，她本可以金玉满堂，乐享鸿福——然而，现实生活中的黄会林，却和以往一样：简单、朴素、低调示人。

数十年过去，黄会林和老伴绍武依然居住在师大校园一幢老旧的公寓楼里。家里空间不大，却堆满数十年的旧物。念旧之人，唯求安心——此心安处是吾乡。离休后的绍武喜好在家读书，埋头辛勤投入文学创作。唯黄会林依旧每日奔忙，风尘仆仆，老伴则给她挡风洗尘、保驾护航。

这是生活中的黄会林。匆忙却从容，质朴而优雅。

“黄老师是一位优雅的女人，她总能很好地平衡生活的方方面面，为学如为人。”在于丹眼中，黄会林即便简单也不随意，永远是干净漂亮，一丝不苟。而学生辈中广为流传的，还有她不凡的厨艺——“黄氏酒焖肉”的绝佳火候，依稀饱含着她对生活的考究。

举手投足间，当年那个出身名门的“女公子”若隐若现。

唐刘禹锡的《陋室铭》言："斯是陋室，惟吾德馨。"如是八字，用来形容心怀天下奔走不息的黄会林和她那方不大的"斗室"，正是恰如其分。她一生好墨宝，家中各处都能看见当年的老友和师长留下的手迹。她的书房中，有一张唐弢先生当年题写相赠的诗文，上书——

"平生不羡黄金屋，灯下窗前长自足。购得清河书一卷，古人与我语衷曲。"

（原载于《光明日报》，2016 年 3 月 24 日）

中国教育电视台《读懂中国》：壮志铸伟业，爱心育英才
——"文化使者"黄会林

艺术与传媒学院 2018 级博士班

黄会林，1934 年出生于天津，她的童年在颠沛流离中度过，1954 年进入北师大工农速成中学，1958 年毕业留校做教师，开始了六十载杏坛生涯。一甲子的奋斗之路，黄先生大道行健，矢志不渝，始终与祖国同呼吸、与时代共命运。

她是战地黄花，一腔热血卫祖国。1950 年，16 岁的黄先生"雄赳赳气昂昂"地开拔朝鲜战场，浴战火洗礼，她多次与死神擦肩而过，战后入选 100 名"人民功臣"。作为幸存者，她立志余生以"后死者"之身实现战友们的未竟遗志。

她是北国巨匠，一身风骨树旗帜。黄先生与爱人绍武埋头写作，创作了电影剧作《梅岭星火》、话剧《故都春晓》享誉全国，目前为建国 70 周年献礼的七十二集电视剧《红军家族》也已进入拍摄阶段。二老创建北国剧社，成为业界公认的高校戏剧"第一举旗手"，曹禺先生为剧社题词"大道本无我，青春长与君"。1992 年，58 岁的黄先生受命担任艺术系主任，从零起步创建北京师范大学影视学科；影视学科获批中国高校第一个电影学博士点；获评教育部一流学科建设名单 A+。她创立的"北京大学生电影节"，就诞生在那个意气风发的年代，如今一晃大学生电影节已陪伴首都青年学子走过 25 个春秋。

她景行行止，汇聚东方传薪火。2010 年起，黄先生积极倡导"第三极文化"以

树立文化自觉、弘扬文化自信，并创办“看中国·外国青年影像计划”。8年来，来自40多个国家400多名外国青年先后来到中国，从繁华的北上广到古朴的兰州西安，从黑土白云的东三省到多姿多彩的云贵川，他们用双脚打量走过的每寸土地，用镜头讲述眼中的中国故事，把中国改革开放的成就、新四大发明传到全世界。中国国家主席习近平2015年在新加坡国立大学发表重要演讲时专门讲到“看中国”活动，充分肯定了活动用镜头记录现代中国、传递中华文化的纽带作用。同时，黄先生与弟子们共同捐资创立会林文化基金，创办“会林文化奖”，奖励为中国文化国际传播做出突出贡献的中外学者，为世界树立中国文化标杆。

已八十五岁高龄的黄先生先生，仍频繁出访从事高端文化对话。她笑称自己是“85后”，经常说，我的学生要做到三个字“超过我！”她的一生不松劲、不停步，杏坛六十载，壮志铸伟业；爱心育英才，桃李竞芬芳！

第七编

黄会林、绍武大事记

1933 年

● 绍武出生于山西辽县。

1934 年

● 黄会林出生于天津。

1940 年

● 绍武随母参加八路军 129 师。

1942 年

● 绍武母亲鲍玉珍烈士牺牲于太行山。

1948 年

● 黄会林入苏州振华女中。

● 绍武参加太原战役。

1949 年中华人民共和国成立

● 黄会林入上海培明女中。

● 绍武随军驻扎北京，秋南下南京、武汉，进军西南。

1950 年

● 黄会林就读北京师范大学附属中学，因抗美援朝入伍。

● 绍武随部驻防河北石家庄。

1952 年

● 绍武入北京师范大学工农速成中学。

● 黄会林随部赴朝鲜作战，参与清川江大桥保卫战。

1953 年

● 黄会林在朝鲜前线荣立中国人民志愿军三等功。

● 绍武加入中国共产党。

● 朝鲜战争开始停战谈判，黄会林随部回国。

1954 年

● 黄会林入北京师范大学工农速成中学插班学习。

1955 年

● 绍武、黄会林被保送北京师范大学中文系。

1956 年

● 绍武、黄会林结为伉俪，子方宁出生。

1958 年

● 绍武提前毕业留校，任政教系政治经济学教研室助教。

● 黄会林提前毕业留校，任中文系现代文学教研室助教。

● 女方红出生。

1959 年

● 黄会林参加昌平十三陵水库、密云京密引水渠等校外劳动。

1960 年

● 黄会林被中宣部抽调参加普教改革，编写九年一贯制教材。

● 绍武率文科教学实验队 19 人赴顺义，并留守参加农村社会主义教育工作队。

1962 年

● 黄会林担任中文系 59 级 4 班班主任。

● 黄会林开设中国现代文学课程。

● 绍武任北京师范大学机关商店党支部书记。

1963 年

● 绍武入中国人民大学进修《资本论》。

1964 年

● 绍武赴延安参加“四清”运动。

● 黄会林担任中文系 64 级 2 班班主任。

1965 年

● 绍武率学生前往石景山钢铁厂“开门办学”。

1966 年“文化大革命”开始

● 黄会林被称为“狗崽子”“修正主义苗子”“黑典型”，受到批斗，和启功等老专家列入“牛鬼蛇神改造班”，进行劳动改造。

● 绍武被贴大字报。

● 绍武、黄会林组织“万水千山长征队”，从杭州出发，步行三千里，到达井冈山、韶山。

1970 年

● 绍武赴山西临汾北京师范大学“五七干校”务农种菜。

1972 年

● 陈毅同志含冤逝世，绍武、会林开始创作反映陈毅率游击队进行赣南游击战的剧本《梅岭记》。

1973 年邓小平复出，高校复课

● 绍武参与政教系教学改革，赴密云“开门办学”。被造反派夺权未果。

● 黄会林恢复现代文学课程教学。

● 唐弢先生系统指导黄会林研习中国现代文学。

1975 年

● 黄会林编写教材《鲁迅生平与思想》《鲁迅谈自己的创作》。

● 唐弢先生多次指导《梅岭记》创作。

● 北京师范大学党委宣传部打印《梅岭记》。

1976 年周恩来、朱德、毛泽东先后逝世，唐山大地震，“四人帮”覆灭

● 因歌颂“走资派”，《梅岭记》被封存。

● 绍武率学生赴大兴“开门办学”。

● 北京市创作联络办公室召开会议，研讨绍武、会林戏曲剧本《梅岭记》。

● 长春电影制片厂约稿，创作关于陈毅“赣南游击战”电影剧本。

1977 年恢复高考

● 继 1976 年上海访问陈毅旧部之后，继续赴南昌、赣州等地采访陈毅事迹、体验生活，其中在赣南超过 100 天。

● 绍武、会林开始《梅岭星火》写作。

1978 年党的十一届三中全会，“改革开放”起点

● 夏衍来信鼓励、当面指导、亲自修改绍武、会林创作。

● 绍武、会林电影文学剧本《梅岭星火》发表于《人民电影》第 8 期。

● 黄会林应夏衍亲自邀请开始赴夏衍家处理文字杂务等。

● 黄会林获评讲师。

1979 年

● 夏衍推荐绍武、黄会林入中国作家协会。

● 绍武、会林短篇小说《虎将行》发表于《人民文学》第 1 期。

● 夏衍全程指导绍武、会林创作话剧剧本《故都春晓》的选题、采访、结构、语言、剧院选择及发表。

● 黄会林参与夏衍住院陪护。

● 黄会林、绍武开始夏衍研究。

●《故都春晓》发表于《剧本》第 12 期，献礼新中国 30 周年华诞。

1980 年

●《故都春晓》先后由北京人民艺术剧院、中央实验话剧院公演，中国评剧院改编演出。

● 绍武、黄会林参加北京市文代会，绍武任北京作家协会理事兼戏剧组组长。

● 黄会林开设《现代戏剧研究》课程。

● 黄会林、绍武《夏衍年表》发表于《戏剧艺术论丛》第 2 期。

1981 年

● 绍武、会林完成电影文学剧本《艺海沉浮》。

● 绍武、黄会林入中国电影家协会。

● 黄会林招收第一名硕士研究生。

1982 年

●《梅岭星火》公映。

● 绍武、会林报告文学《蜂蜜是甜的……》发表于《清明》第 4 期。

●《中国电影家列传》收录黄会林、绍武撰《电影家夏衍传》。

● 浦安修邀请绍武、会林创作关于彭德怀同志剧本。

● 绍武、会林随浦安修赴西北，采访数百位彭德怀元帅战友，历时两个月，行程数万里。

1983 年

● 黄会林、陈坚、绍武编著《夏衍研究资料》(上、下)出版。

● 黄会林《独树一帜的夏衍剧作》收录于《中国现代文学专题选讲》。

● 黄会林获评副教授。

1984 年

● 绍武、会林电影文学剧本《彭德怀在西线》发表于《电影新时代》第 3、第 4 期。

● 会林、绍武编《夏衍剧作集》(1、2、3)出版。

1985 年

● 绍武、会林完成短篇小说《雾》。

● 会林、木易、绍武编《夏衍电影剧作集》出版。

● 会林、绍武著《夏衍传》出版。

● 绍武、会林担任电视剧《毕业之后》艺术指导。

● 黄会林《现代戏剧研究》课程教学改革，与绍武组织学生创作、编导并演出六部小话剧。

● 中国戏剧家协会邀请北京师范大学参加莎士比亚戏剧节。

1986 年

● 黄会林、绍武、林建创建北国剧社，黄会林任社长，绍武任艺术指导、党支部书记。

● 北国剧社演出《第十二夜》《雅典的泰门》，获得国内外巨大反响。

● 绍武、黄会林入中国戏剧家协会。

● 黄会林参加北京市电视艺术家协会成立，当选理事兼高校电视文化工作委员会主任。

● 黄会林、绍武创办“理想杯”大学生电视作品展播。

● 黄会林、绍武指导学生电视剧作《男儿的王冠》《星星・烛光・梦》获理想杯冠军。

● 绍武、会林短篇小说《风沙茉莉》发表于《西湖》第 4 期。

● 孙女方婧之出生。

1987 年

● 黄会林经王瑶先生推荐参与中国大百科全书《文学卷》，撰写“现代戏剧概述(上)”“夏衍”“田汉”“于伶”“吴祖光”“南国社”等条目。

● 绍武、会林《巨片意识——一个重要的信息》刊于《文艺报》。

● 黄会林获评北京市教书育人先进工作者称号。

1988 年

● 黄会林获评教授。

1989 年

● 黄会林、绍武《夏衍传》获中国首届优秀话剧文学理论专著奖。

● 黄会林主持国家社科"八五"规划"中华基金"项目"当代中国大众文化研究"。

1990 年

● 绍武、会林撰稿电视专题片《冲寒松柏》在北京电视台播出。

● 黄会林所著《中国现代话剧文学史略》出版。

● 北国剧社参加曹禺、田汉纪念活动，在首都剧场演出其代表作品。

● 黄会林获北京市归侨、侨眷先进工作者称号。

1992 年

● 黄会林受命担任艺术系主任，从零起步创建北京师范大学影视学科。

● 黄会林因"为发展我国高等教育事业作出的突出贡献"获国务院政府特殊津贴。

● 绍武调入艺术系，协助影视学科创立。

● 黄会林、绍武出访加拿大，与约克大学签约合作，并举办中国戏剧讲座。

● 会林、绍武《艺苑咀华(影视戏剧研究论文集)》出版。

● 绍武、会林《爱的牺牲(影视戏剧研究创作集)》出版。

● 绍武、会林《爱的牺牲——影视戏剧创作集》获全国教学图书优秀奖。

● 黄会林、绍武担任北京师范大学建校 90 周年大型文艺晚会总导演。

● 黄会林、绍武入中国电视艺术家协会。

1993 年

● 黄会林等创办北京大学生电影节，作为学科建设重要实践支撑。

● 绍武协助创办大学生电影节。

● 艺术系获批全国综合性大学第一个影视艺术与技术硕士点，成为"学科建设第 1 步"。

● 黄会林等主编《影视艺术教程》获中国高等院校影视学会优秀学术成果一等奖。

● 绍武获评副教授。

● 黄会林获得首届曾宪梓教育基金奖。

1994 年

● 艺术系招收全国高校首届影视教育专业本科生，成为“学科建设第 2 步”。

● 黄会林担任国家教委艺术教育委员会第三届委员。

● 绍武离休。

1995 年

● 黄会林提出学科建设“创建中国影视民族化与现代化”总思路：一个目标——培养头脑型复合性人才；两个翅膀——艺术与传媒，双翼齐飞；三个支柱——教学、科研、实践，缺一不可；四个特色——整合建制、人才梯队、理论研究、实践品牌。

● 北京师范大学获批中国高校第一个电影学博士点，成为“学科建设第 3 步”。

● 黄会林启动“中国影视民族化美学”系列研究。

● 黄会林主编《中国影视美学丛书》(8 种)开始出版。

● 黄会林著《中国现代话剧文学史略》获第二届中国话剧研究优秀著作奖。

● 绍武、会林撰稿大型传记纪录片《窃火者之歌——夏衍八章》在中央电视台黄金时段播出。

1996 年

● 黄会林担任博士生导师，招收首届 3 名博士生。

● 绍武、会林长篇小说《骄子传》出版。

● 黄会林获得宝钢教育基金奖。

● 黄会林加入中国共产党。

1997 年

● 绍武、会林《骄子传》获北京市精神文明建设“十个一工程”奖。

● 黄会林主持国家艺术科学“九五”规划项目“中国影视和中国文化传统

研究”。

● 黄会林担任北京市高级专业技术职务评审委员。

● 黄会林主编《北京师范大学影视艺术学科基础教程系列》(共 14 种)开始出版。

1998 年

● 黄会林等创办中国高教学会影视教育专业委员会，任会长。

● 黄会林获得教育部人文社科基金“九五”规划项目“中国影视民族化研究”。

● 黄会林赴香港参加“国际华文戏剧节学术研讨会”，部分主持并做论文报告。

● 黄会林获得华为奖教金奖。

1999 年

●《中国社会科学》第 3 期首次刊发影视研究论文，登载黄会林等关于中国影视艺术民族化系列论文。

● 黄会林于《光明日报》提出建立影视艺术“中国学派”。

● 黄会林奉命赴香港拜访田家炳，争取善款兴建艺术楼。

● 黄会林担任中国电视星光奖评委。

● 黄会林、绍武《夏衍传》获中国首届优秀话剧文学理论专著奖。

● 绍武、会林电视传记片《窃火者之歌——夏衍八章》获北京市庆祝中华人民共和国成立五十周年佳作奖。

● 绍武、会林长篇小说《黑洞·炼狱·流火——母亲三部曲》出版。

2000 年

● 黄会林、绍武督建田家炳艺术楼。

● 黄会林启动“中国影视受众”系列研究。

● 黄会林主编《中国影视受众研究》(8 种)开始出版。

● 黄会林开始指导影视学科博士后研究。

● 黄会林获教育部全国学校艺术教育先进个人称号。

● 绍武、会林多幕话剧《爱的牺牲》刊载于《新剧本》第 2 期，公演后中央电视台黄金时段播出。

● 黄会林赴台湾参加“国际华文戏剧节学术研讨会”，部分主持并论文报告。

●《爱的牺牲》获第八届中国人口文化奖。

● 黄会林担任中国电影基金会名誉理事。

● 黄会林担任第十八届中国电视金鹰奖评委。

● 黄会林获全国“百佳老电视艺术家”称号。

● 王宜文等编“纪念黄会林教授执教四十周年”《艺苑撷英》出版。

2001 年

● 北京师范大学“田家炳艺术书院”大楼落成。

●《黑洞 · 炼狱 · 流火——母亲三部曲》获第九届中国人口文化奖。

● 黄会林担任国家广播电影电视总局电影审查委员会委员。

● 黄会林担任中宣部“五个一工程奖”评委。

● 黄会林担任第二十一届中国电影金鸡奖评委。

● 黄会林担任中国电视星光奖评委。

● 黄会林担任中国田汉研究会副会长。

2002 年

● 北京师范大学艺术与传媒学院成立。

● 黄会林担任首任院长。

● 黄会林主编《中国当代文艺论丛》(10 种)出版。

●《黄会林影视戏剧艺术论集》出版。

● 黄会林著《艺苑论谭——放言影视艺术民族化》出版。

● 黄会林、绍武赴美国夏威夷进行学术访问与合作会谈。

● 黄会林赴澳门参加“国际华文戏剧节学术研讨会”，部分主持并论文报告。

● 黄会林担任中国电视星光奖评委。

● 黄会林担任中国金鹰电视艺术节评委。

● 为庆祝北京师范大学建校 90 周年，绍武、会林指导学生创作话剧《教育世家》，由北国剧社在首都剧场公演。

2003 年

● 北京师范大学艺术与传媒学院获批首批艺术学博士后科研流动站。

● 黄会林等主编《电影艺术导论》出版。

● 黄会林担任国家人事部“博士后流动站”评审专家。

● 黄会林担任教育部第四届艺术教育委员会常务委员。

● 黄会林担任中宣部“五个一工程奖”评委。

● 黄会林担任第二十三届中国电影金鸡奖评委。

● 黄会林担任中国电视飞天奖评委。

● 黄会林担任中国电视金鹰奖评委。

● 黄会林任北京影视艺术家协会名誉副主席。

2004 年

● 黄会林获北京市优秀教师奖。

● 黄会林“中国影视民族化战略研究”博士课程体系获北京师范大学高等教育教学成果一等奖。

● 黄会林担任第十一届中国电影政府奖华表奖评委。

● 黄会林担任《电影艺术辞典》中国电影100周年纪念版编委。

2005 年

● 黄会林启动“中国影视对未成年人影响”系列研究，成果连续五年发表于核心期刊。

● 黄会林主编《新世纪高等学校教材：影视艺术学科基础教程系列》(14 种)开始出版。

● 黄会林应邀赴奥地利、德国参加中国民乐演出交流。

● 黄会林率团赴新加坡演出。

● 黄会林担任第二十五届中国电影金鸡奖评委。

● 黄会林担任电影频道百合奖评委，此后连年继续。

2006 年

● 黄会林等论文《受众与影视品牌战略发展的民族化思考》获北京市第九届哲学社会科学优秀成果二等奖。

● 黄会林主编《影视学术前沿丛书》(4 种)开始出版。

● 黄会林等著《中国电视艺术发展史教程》出版。

● 黄会林参加北京市文联文化交流团访问北欧四国。

● 黄会林担任中国电影家协会《电影艺术》杂志社编委。

● 黄会林担任第十三届中国人口文化奖评委。

● 黄会林任《中国电视艺术年鉴》编委会副主任。

2007 年

● 北京师范大学艺术与传媒学院电影学获批全国重点(培育)学科。

● 黄会林担任教育部哲学社会科学研究重大课题攻关项目《中国艺术学科体系建设研究》首席专家。

● 黄会林主编《影视受众研究丛书》(8 种)开始出版。

● 黄会林担任中宣部“五个一工程奖”评委。

● 黄会林担任第二十六届中国电影金鸡奖评委。

2008 年

● 黄会林主编《经典名片解读教程(上、下)》获教育部国家级普通高等教育精品教材。

● 黄会林等主编《电影学导论》《电视学导论》出版。

● 北京师范大学举行纪念“黄会林执教 50 周年”活动。

● 黄会林担任北京影视春燕奖评委会总评委。

2009 年

● 黄会林获评北京师范大学资深教授。

● 黄会林、绍武提出“第三极文化”理念。

●《黄会林、绍武文集》(10 册)出版。

2010 年

● 黄会林创立以“第三极文化”理论为指导的中国文化国际传播研究院，担任院长。

● 黄会林发表“第三极文化”系列论文。

● 黄会林主编《新中国北京文艺 60 年 1949—2009 电影卷》出版。

● 黄会林担任教育部艺术教育委员会常务委员。

● 黄会林担任教育部国家基础教育课程材料专家工作委员会委员。

● 黄会林担任教育部体卫艺教司全国第二届大学生艺术展演评委。

2011 年

● 黄会林创办“看中国·外国青年影像计划”。

● 黄会林主编《第三极文化论丛(第一辑)》出版。

● 黄会林启动“中国电影国际传播全球数据调研”系列研究。

● 黄会林担任教育部全国素质教育(舞蹈)专家委员会副主任委员。

● 黄会林担任第二十八届中国电影金鸡奖评委。

● 黄会林担任夏衍研究会顾问。

2012 年

● 2012 年度“看中国·外国青年影像计划”。

● 黄会林主编《银皮书·2011 中国电影国际传播年度报告》出版。

● 黄会林主编《第三极文化论丛(2012)》出版。

● 黄会林启动“走出去”第三极文化系列论坛，率专家团赴美国洛杉矶，进行中美电影对话。

● 绍武、会林长篇小说《红军家族前传》出版。

● 黄会林担任中国电影家协会电影教育和产业发展委员会顾问。

2013 年

● 2013 年度“看中国·外国青年影像计划”扩大至 4 地、24 人。

● 黄会林主编《银皮书·2012 中国电影国际传播年度报告》出版。

● 黄会林主编《第三极文化论丛(2013)》出版。

● 黄会林率专家团赴法国巴黎，进行“走出去”论坛：中法文化对话。

● 黄会林在法国巴黎市政厅被授予“中国文化国际传播特别贡献奖”。

● 黄会林担任国家外国专家局高端外国专家项目评审专家。

2014 年

● “看中国·外国青年影像计划”扩大至 5 地、58 人。

● 黄会林主编《银皮书·2013 中国电影国际传播年度报告》出版。

● 黄会林主编《第三极文化论丛(2014)》出版。

● 黄会林著《第三极文化与中国影视民族化》出版。

● "会林、绍武学术思想研讨会"举行。

● 黄会林主编英文期刊 *International Communication of Chinese Culture* 创刊。

● 黄会林委派专家团赴俄罗斯莫斯科，进行"走出去"论坛：中俄文化对话。

● 刘川生、高峰、董奇、黄会林策划制作的电视纪录片《九天——1979 年邓小平访美》在中央电视台播出。

● 会林文化基金成立。

● 黄会林担任中国电影家协会国际传播工作委员会顾问、理论评论委员会第二届理事会顾问。

● 黄会林担任中国高等教育学会影视教育专业委员会名誉理事长。

2015 年

● "看中国·外国青年影像计划"扩大至 10 地、100 人。

● 2014 年度"看中国"专书《此城·此人·此文化》出版。

● "看中国·外国青年影像计划"设立"金目奖"。

● 黄会林主编《银皮书·2014 中国电影国际传播年度报告》出版。

● 黄会林主编《第三极文化论丛(2015)》出版。

● 黄会林率专家团赴英国牛津，进行"走出去"论坛：中英文化对话。

● 黄会林著《岁月匆匆——三十五载翰墨留痕》出版。

● 首届会林文化奖举办，罗多弼、韩美林获奖，麦戈文获特殊贡献奖。

● 黄会林担任第三十届中国电影金鸡奖评委。

● 黄会林担任巴黎中国电影节荣誉顾问。

● 黄会林担任宋庆龄基金会名誉理事。

● 黄会林获得"感动师大"新闻人物称号。

● 绍武为《追忆英烈——武安抗战英烈传》作序。

2016 年

● "看中国·外国青年影像计划"扩大至 13 地、101 人。

● 2015 年度"看中国"专书《人·家·国》出版。

● 2016 年度"看中国"专书《风采·民族·文化》出版。

● 黄会林主编《银皮书·2015中国电影国际传播年度报告》出版。

● 黄会林主编《第三极文化论丛(2016)》出版。

● 黄会林率专家团赴瑞典斯德哥尔摩，进行“走出去”论坛：中瑞文化对话。

● 安乐哲、乐黛云获得第二届会林文化奖。

● 黄会林获北京市师德榜样称号。

● 中国高等院校影视学会首届“学人奖”之“终身成就奖”

2017年

●“看中国·外国青年影像计划”保持12地、103人。

●“砥砺奋进的五年”大型展览展出“看中国”事例。

● 2017年度“看中国”专书《工匠·传承·创新》出版。

●《民心相通：一带一路看中国·外国青年影像计划》和《民心相通：金砖国家看中国·外国青年影像计划》入选峰会用书。

● 黄会林主编《银皮书·2016中国电影国际传播年度报告》出版。

● 黄会林主编《第三极文化论丛(2017)》出版。

●“北京社科名家文库”《目送归鸿——黄会林自选集》出版。

● 黄会林率专家团赴美国檀香山，进行“走出去”论坛：中美文化对话。

● 白乐桑、李学勤获得第三届会林文化奖。

2018年

● 贝淡宁、陈来获得第四届会林文化奖，李芬芳获特殊贡献奖。

●“会林、绍武教育思想研讨会”举行。

（由罗军、朱政等整理，如有遗漏，请函

luojun@bnu.edu.cn 或电 010-58805680）

后　记

从2016年3月开始，我开始断断续续采访黄会林、绍武二位先生，记录和整理老人家的口述，也逐渐接近了两位长者的心灵，切实感受到他们的血脉。自从2003年进入师门，2012年加盟黄先生创办的中国文化国际传播研究院，十几年耳濡目染，受二位老师点拨，越来越清晰、坚定地认为，他们都是彻底的、认真的、称职的、而且是战略型的教育家，同时也是“学为人师、行为世范”的榜样。并且，萌生了一个念头——在适当的时机召开一次二老的教育思想研讨会，正式地将二老教育思想的研究从一个模糊的轮廓变为落实的行动，起码将从教60年的历史点滴汇聚成可供后人研究的资料。

机会很快降临。2018年，恰逢两位先生执教六十周年。2017年约莫9月，我向中国文化国际传播研究院高峰（黄先生2002级博士生）执行院长、艺术与传媒学院书记于丹（黄先生1998级博士生）和院长胡智锋（黄先生1999级博士生）几位师门先进请教后，大家一拍即合，决定召开一次黄会林、绍武教育思想研讨会。最早策划于2017年10月30日进行，并于9月以中国文化国际传播研究院和会林文化基金、艺术与传媒学院合办名义陆续发出了邀请函。

邀请函

某某先生、女士：

黄会林先生1958年提前毕业留校任教至今，已逾59载，先后在中文系、艺术系、艺术与传媒学院任教，历经任教现代文学教研室、与绍武先生创作《梅岭星火》等影视作品、创办北国剧社、主持恢复艺术系、创建艺术与传媒学院、开创“北京大学生电影节”、募资兴建田家炳艺术楼、创立中国文化国际传播研究院、创设“看中国·外国青年影像计划”等，耕耘不止，桃李满天下，即将在持续的博士生培养中迎来执教六十周年纪念。

2018年3月9日上午九点，北京师范大学艺术与传媒学院、中国文化国际传播研究院、会林文化基金将在京师学堂联合主办“黄会林、绍武教育思想研讨会”，就二位先生的教育理念、教育实践、教育创新等展开多学科研讨。

如蒙赏光，并就黄先生教育思想做10分钟点评，不胜荣幸！会后将集册出版会议发言和论文。

顺祈冬安！

中国文化国际传播研究院

会林文化基金

艺术与传媒学院

由于愿意参加研讨的学者很多，且大多身居要职，无法短期内凑出可同时出席的日子，众口难调，数度改期，最终取最大公约数，在2018年3月9日隆重举行。研讨当日的内容构成了本书的第一编。基于这些年向二位先生持续的学习，我冒昧对研讨的话题进行了力图周密的布局和安排，约请研讨者分别从不同角度对先生们的教育思想展开了立体的回顾、梳理与提炼。值得欣慰的是，这个部分不负众望，成为截至目前学界对中国影视教育的开拓型、战略型教育家个案研究中较为全面的讨论。在此，向所有出席当天会议的领导、学者深深鞠躬！对各位的精彩见解深表钦佩！

第二编汇集了黄会林先生本人历年就受教于师和教书育人的相关论述，涉及学科建设、教材编纂、学会活动、国际考察、师长回忆、师大情缘以及为弟子、后学专著所做开篇序言等，也算是专项编目。这部分文字均为先生原创的独家资料，忠实体现了先生对于教育的严谨态度和持续耕耘，便于今后的研究者们快速了解会林先生教育思想诞生与演进的时代背景、学术环境和内在逻辑。

第三编以突出绍武先生为主。由于篇幅所限，无法全数收录，只能罗列绍武、会林作品录。十分感谢绍武先生亲自动笔，用质朴的语言把自己重大贡献低调地陈述出来，高风亮节，流诸笔端。

第四编是一个特别的合集，摘取了会林先生部分硕士生、博士生和博士后以及几位隔代弟子在其毕业论文和出站报告的“后记”“致谢”中对会林、绍武两位先生的感激之情。在本编中，弟子们各具特色地展示了桃李满天下的两位先生“下自成蹊”的境界。本编所呈现的弟子阵容、弟子就读时的起点、弟子对两位恩师的深情厚谊以及弟子们在现实生活中取得的众所周知的后续成就，佐证了两位先生传奇的人生经历与悠长的教育生涯，以及六十年伫立于三尺讲台造就的神奇。

当然，关于黄会林、绍武先生教育事业的文字记述和讨论并非起于近日。早在2008年，王宜文教授等弟子就举办过“黄会林教授从教四十周年座谈会”，本书第五编所收录的文章就有当时座谈会的记录。本编另收录近年来部分学生笔下的两位教育家，作为补充。

第六编是媒体对黄先生的一部分采访、报道，希望呈现一个媒体向社会大众报道的黄会林、绍武。其中，有对教育思想的直接记述，也有对教育家本人的事迹介绍。

第七编是黄会林、绍武二位先生的大事记。此项工作，我着手于2016年春天，2017年冲刺了大半年，在两位老人家不厌其烦的指导下，对历史事实的时间、地点、人物、事件进行了逐一核查，朱政、杨歆迪、杨卓凡提供了协助，在此，要特别感谢她们。目前本编只能做到用最少的语言浓缩历史线索。其实，哪个条目展开都是一篇文章、一段故事。愿后学循此捷径不断扩充，形成先生们教育生涯的丰满图谱。

本书截稿于2018年教师节，东筹备、西耽误，最终撞在这一天，真是天意！在这一天之前，北京师范大学隆重为全国“四有好老师”举行了颁奖典礼；这一天之前，黄先生又去为艺术与传媒学院新生进行了“开学第一课”。两位先生的教育实践还在延续，他们的教育思想还有待更多、更深入的开掘、研究和继承……

感谢高峰、胡智锋、于丹、向云驹几位老师的指导与配合！感谢朱政、马琛、杨歆迪、杨卓凡、王欣、刘江凯、李国芳、孙子荀、胡志飞、王超、祁雪晶、李雅琪等研究院同事为筹办研讨会以及后续稿件处理付出的艰辛！

本人才疏学浅，本无力把握两位长者的教育思想研讨，编辑此书更如蚂蚁撼树，实感高不可攀。庆幸的是，会林、绍武先生不嫌我愚钝，扬我之所长、训我之所短。我也有近水楼台先得月的私心。冒进中，不足之处恐怕比比皆是，望读者批评指正。

罗　军

2018 年 9 月 10 日

图书在版编目（CIP）数据

回望·第三极：黄会林、绍武60年教育思想/罗军主编.
—北京：北京师范大学出版社，2019.1
ISBN 978-7-303-24303-7

Ⅰ.①回… Ⅱ.①罗… Ⅲ.①黄会林-教育思想-文集②绍武-教育思想-文集 Ⅳ.①G40-092.76

中国版本图书馆CIP数据核字（2018）第255679号

营销中心电话 010-58805072 58807651
北师大出版社学术著作与大众读物分社 http://xueda.bnup.com

XIFANG DANGDAI MEIXUESHI
出版发行：北京师范大学出版社 www.bnup.com
北京市海淀区新街口外大街19号
邮政编码：100875
印　　刷：北京盛通印刷股份有限公司
经　　销：全国新华书店
开　　本：730 mm×980 mm 1/16
印　　张：30
字　　数：510千字
版　　次：2019年1月第1版
印　　次：2019年1月第1次印刷
定　　价：98.00元

策划编辑：王则灵 周劲含　　责任编辑：王 蕊
美术编辑：李向昕　　装帧设计：李向昕
责任校对：段立超 陈 民　　责任印制：马 洁